Der pharmakologisch verbesserte Mensch

34 Studien des Büros für
Technikfolgen-Abschätzung
beim Deutschen Bundestag

Das Büro für Technikfolgen-
Abschätzung beim Deutschen
Bundestag (TAB) berät das Par-
lament und seine Ausschüsse in
Fragen des gesellschaftlich-tech-
nischen Wandels. Das TAB ist
eine organisatorische Einheit
des Instituts für Technikfolgen-
abschätzung und Systemanalyse
des Karlsruher Instituts für
Technologie (KIT).

Die „Studien des Büros für Technik-
folgen-Abschätzung" werden vom
Leiter des TAB, Professor Dr. Armin
Grunwald, und seinem Stellvertreter,
Dr. Thomas Petermann, wissenschaft-
lich verantwortet.

Arnold Sauter
Katrin Gerlinger

Der pharmakologisch verbesserte Mensch

Leistungssteigernde Mittel als gesellschaftliche Herausforderung

edition
sigma

Bibliografische Information der Deutschen Nationalbibliothek

Die Deutsche Nationalbibliothek verzeichnet diese
Publikation in der Deutschen Nationalbibliografie;
detaillierte bibliografische Daten sind im Internet
über http://dnb.d-nb.de abrufbar.

ISBN 978-3-8360-8134-4

Umschlaggestaltung: Joost Bottema, Stuttgart.

Druck: Rosch-Buch, Scheßlitz   Printed in Germany

INHALT

ZUSAMMENFASSUNG

»Doping fürs Gehirn«, »Kosmetik für graue Zellen«, »Pillen für den besseren Menschen« – Überschriften wie diese spiegeln seit einigen Jahren das öffentliche Interesse an einer wissenschaftlichen und gesellschaftlichen Entwicklung wider, die eine Steigerung der menschlichen Leistungsfähigkeit zum Gegenstand hat und in der bioethischen Debatte vor allem unter dem Begriff »Enhancement« behandelt wird. Es bestehen jedoch große Unsicherheiten in Bezug auf den Entwicklungsstand und die Verbreitung der unterschiedlichen Verfahren, über mögliche körperliche und psychische Wirkungen und Nebenwirkungen sowie über das Ausmaß und die Ausprägung sozioökonomischer Folgen.

Um die aktuelle und mittelfristige gesellschaftliche und politische Bedeutung des Themas Enhancement besser einschätzen zu können, hat der Ausschuss für Bildung, Forschung und Technikfolgenabschätzung des Deutschen Bundestages das Büro für Technikfolgenabschätzung beim Deutschen Bundestag (TAB) mit einem TA-Projekt zum Thema »Pharmakologische und technische Interventionen zur Leistungssteigerung – Perspektiven einer weiter verbreiteten Nutzung in Medizin und Alltag« beauftragt. Der Abschlussbericht des Projekts konzentriert sich auf bisherige Entwicklungen und plausible Fortschreibungen von Trends der Verwendung von (Psycho-)Pharmaka zur Leistungssteigerung in Beruf und Alltag. Technische (Neuroimplantate u.Ä.) und biomedizinische Interventionen (z.B. genetische Manipulationen) werden nicht behandelt, weil ihre gezielte Nutzung für eine verbreitete Leistungssteigerung gesunder Menschen ein höchstens langfristig vorstellbares Szenario darstellt.

MENSCHLICHE LEISTUNG UND IHRE PHARMAKOLOGISCHE BEEINFLUSSUNG

In der Enhancementdebatte wird die besondere gesellschaftliche Relevanz meist durch einen Verweis auf die mögliche individuelle und/oder kollektive Leistungssteigerung begründet. Selten wird aber genauer spezifiziert, was unter menschlicher Leistung verstanden wird und warum deren Steigerung nützlich wäre.

Im Unterschied zum physikalisch-technischen Leistungsverständnis, bei dem Leistung über den erbrachten Aufwand definiert wird, gehört zur menschlichen Leistung auch das erreichte Ergebnis. Der nötige Aufwand kann durch unterschiedliche individuelle Fähigkeiten (bzw. Organfunktionen) und deren zielgerichtete Anwendung erbracht werden. Da die verschiedenen Aufwands- und Ergebniskomponenten sehr vielfältig sein können, gilt die menschliche Leistung als qualitative Größe, die nur ansatzweise mithilfe von Kennziffern und darauf aufbauenden Messkonzepten quantifiziert werden kann. Damit einher geht die »Gefahr«, menschliche Leistung zu reduzieren auf das, was durch diese Kennziffern definiert und gemessen wird. Grundsätzlich zu unterscheiden sind physische von psychischen Leistungen.

Viele Sportarten basieren auf der exakten und vergleichenden Messung physischer Leistung als Ergebnis einer definierten Handlung. Mit Blick auf die Aufwandskomponente spielen die Skelettmuskulatur und die dort ablaufenden physiologischen Prozesse eine besondere Rolle. Je stärker eine definierte Leistung auf eine Muskeltätigkeit zurückgeführt werden kann, desto eher kann durch einzelne Mittel und Methoden in relevante Prozesse eingegriffen werden. Doping – als pharmakologische Steigerung einer definierten sportlichen Leistung – wirkt daher in gewissem Umfang, gleichzeitig hat es zahlreiche Nebenwirkungen.

Die Situation bei psychischen, speziell kognitiven Leistungen ist hingegen weit komplexer. Dies betrifft sowohl die zugrundeliegenden biologischen Prozesse als auch die Messverfahren, insbesondere aber die Bewertung der erzielten Ergebnisse. Diese ist stark kontextabhängig, z.B. von spezifischen Anforderungen in Ausbildungs- und Arbeitsumgebungen. Vergleichende Mess- und Bewertungsverfahren existieren vor allem auf hoch aggregierter Ebene, z.B. in Form von beruflichen Leistungsbeurteilungen oder Bildungsabschlüssen.

Richtet man den Blick auf die physiologische Aufwandskomponente, so spielen insbesondere das Gehirn und seine vielfältigen Fähigkeiten und Funktionen die entscheidende Rolle. Trotz der großen neurowissenschaftlichen Wissensfortschritte können nach wie vor lediglich Teilprozesse der Funktionsweise des Gehirns erklärt werden. An den hochkomplexen und bisher nur teilweise verstandenen Hirnprozessen setzen unterschiedliche Strategien der Beeinflussung an. Das Gehirn funktioniert aber bei Weitem nicht so einfach wie ein Muskel, und eine gezielte leistungsrelevante Beeinflussung, wie beim Doping im Sport, ist zumindest fraglich. Selbst wenn es gelingen sollte, einzelne Funktionen gezielt anzuregen, sagt dies nichts über eine mögliche Praxisrelevanz der Effekte aus, weil davon auszugehen ist, dass unterschiedliche kognitive, aber auch sonstige psychische Fähigkeiten emotionaler und sozialer Art eine geistige Leistung, zumal im Arbeitsleben, erst in ihrem Zusammenspiel ermöglichen. Ob pharmakologisches Enhancement eine praxisrelevante Leistungssteigerung erbringen kann, ist eine bislang offene Frage.

Bei Aussagen über leistungssteigernde Effekte unterschiedlicher Mittel und Methoden ist stets zu spezifizieren, auf welche Ziele sich diese Aussagen beziehen und von welchem Ausgangspunkt aus die jeweilige Steigerung erreicht wurde. Die möglichen Verfahren, mit denen unterschiedliche Fähigkeiten eines Individuums beeinflusst werden können, sind vielfältig. Von besonderer Relevanz im Kontext von Enhancement erscheinen folgende Strategien.

KONDITIONIERUNG DES ORGANISMUS DURCH LERNEN UND TRAINING

Es steht außer Frage, dass pädagogisch und psychologisch fundierte Lernmethoden das individuelle Fähigkeitsspektrum stärken und erweitern und damit die individuellen Grundlagen fundamental verbessern können, durch die menschliche Leistungen erbracht werden. Entsprechende Maßnahmen zielen nicht darauf ab, in einzelne biochemische neurologische Selbstregulierungsmechanismen einzugreifen, auch wenn diese durchaus betroffen sein können. Die Wirksamkeit von Lehr- und Lernmethoden wird in der Enhancementdebatte auch kaum infrage gestellt. Spekuliert wird vielmehr darüber, inwiefern diese möglicherweise ergänzt, verstärkt, verbessert oder gar ersetzt werden könnten.

WIRKUNG VON NAHRUNGSBESTANDTEILEN

Ob Nahrungsbestandteile in den Konzentrationen, in denen sie in Lebensmitteln enthalten sein dürfen, jenseits der ernährungsphysiologischen auch spezifische leistungssteigernde Effekte haben können, ist unklar bzw. umstritten. Wirksamkeits- und Werbeaussagen von Anbietern entsprechender Produkte konnten jenseits von Effekten durch den Ausgleich von Mangelzuständen durch wissenschaftliche Studien bisher nicht belegt werden.

Die immer wieder genannten Beispiele Kaffee und Tee als seit Langem verfügbare wirkungsvolle, nebenwirkungsarme Enhancementsubstanzen bilden eine gewisse Ausnahme. Unstrittig ist, dass in Ermüdungsphasen durch den Konsum von Kaffee oder Tee die körperliche Wachheit verbessert werden kann. Dieser Effekt wird vor allem der psychostimulierenden Substanz Koffein zugeschrieben, welche als natürlicher Bestandteil unterschiedlicher Pflanzen in gewissen Konzentrationen in Lebensmitteln enthalten sein darf. Dennoch gilt Koffein als Wirk- und nicht als Nährstoff, und ab bestimmten Konzentrationen, ab denen der Substanzkonsum mit verstärkten Nebenwirkungen einhergeht, gelten koffeinhaltige Produkte als Arzneimittel (s.u.). Diese historisch gewachsene Sonderstellung kann nicht sinnvoll auf neue potenzielle Enhancementsubstanzen übertragen werden. In den jüngsten Debatten zur sogenannten Health-Claims-Verordnung im Deutschen Bundestag wurde deutlich, dass weitgehender politischer Konsens besteht, pharmakologisch wirksame Substanzen nicht als Lebensmittelbestandteile zuzulassen.

WIRKUNGSPROFILE PHARMAKOLOGISCHER SUBSTANZEN BEI GESUNDEN

Pharmakologische Substanzen wirken auf unterschiedliche körpereigene Steuerungsprozesse ein. Vor allem in der Kombination mit Training lassen sich einzelne Dimensionen der physikalischen (z.B. Ausdauer oder Kraft) oder motorischen Fähigkeiten (z.B. Fingerfertigkeiten oder präzise Bewegungen) beeinflussen. Aufgrund deren langjähriger Verwendung zur Leistungssteigerung im Sport werden – trotz der geringen Transparenz bei dieser Thematik – sowohl die Wirkungen als auch die vielfältigen, teilweise gravierenden Nebenwirkungen nicht in Abrede gestellt.

Im Kontext der Verbesserung psychischer Fähigkeiten werden unterschiedliche Strategien verfolgt, um vor allem im Gehirn die Aktivität der Nervenzellen zu erhöhen, vorrangig indem in Prozesse der aktivierenden Neurotransmitter Dopamin und Noradrenalin eingegriffen wird. Zur Stimmungsaufhellung wird auch in die Prozesskette von Serotonin eingegriffen. Für Substanzen aus dem Bereich der Heilpflanzen und Naturmedizin (z.B. Ginkgoextrakte) gibt es bisher keine anerkannten leistungsrelevanten Wirksamkeitsbelege. Der Wirkungsnachweis, dass spezifisch wirksame Psychopharmaka bei gesunden Menschen tatsächlich zu einer leistungsrelevanten Verbesserung einzelner Fähigkeiten führen können, gilt bisher insgesamt noch nicht als erbracht. Das Nebenwirkungspotenzial dieser Substanzen ist erwiesenermaßen erheblich. Dies wurde teils erst unter langjährigen Anwendungsbedingungen in vollem Ausmaß deutlich und führte vielfach zur Revision der Nutzen-Risiko-Bewertung und entsprechenden Zulassungs- und Anwendungseinschränkungen. Insbesondere zu folgenden Substanzen wurden bislang Wirkungsaussagen mit Blick auf eine Leistungssteigerung bei Gesunden gemacht:

Amphetamine: Mehrere Reviews verfügbarer Studien sprechen dafür, dass Amphetamine kognitive, insbesondere exekutive Fähigkeiten steigern können (Aufmerksamkeit, Reaktionszeit). Positive Effekte traten insbesondere nach Schlafdefiziten und/oder bei Personen mit tendenziell geringer ausgeprägtem Arbeitsgedächtnis auf. Bei ohnehin guten Ausgangssituationen (kein Schlafdefizit, gute Arbeitsgedächtnisleistungen) führten Amphetamine hingegen eher zu Leistungsverschlechterungen.

Methylphenidat: Die Wirkungsaussagen hierzu sind in unterschiedlichen Studien widersprüchlich. Bereits zur Frage, ob müdigkeitsbedingte Fähigkeitseinschränkungen ausgeglichen werden können, gibt es unterschiedliche Einschätzungen. Ob neben der Erhöhung der Wachheit eine explizite Verbesserung kognitiver Fähigkeiten bei Gesunden möglich ist, bleibt umstritten. Es gibt Anzeichen, dass Personen mit schwächerem Arbeitsgedächtnis durch den Substanzkonsum bestimmte Fähigkeiten eher verbessern können. Bei Personen mit ohnehin hohem Arbeitsgedächtnis stiegen durch den Substanzkonsum die Fehlerhäufigkeiten, und die Ergebnisse bei Leistungstests verschlechterten sich.

Modafinil kann ähnlich wie Koffein Ermüdungserscheinungen reduzieren. Ob darüber hinaus auch kognitiv leistungssteigernde Effekte mit dem Substanzkonsum einhergehen, ist unklar. Bei Modafinil gibt es leichte Indizien, dass Personen mit geringeren IQ-Werten eher profitieren.

Durch Beta-Blocker können menschliche Leistungen, die besondere feinmotorische Fähigkeiten erfordern, bei erhöhter Aufregung – z.B. in Form von sogenanntem Lampenfieber – sicherer erbracht werden.

Es gibt einzelne Hinweise, dass Levodopa, das zur Behandlung von Dopaminmangel u.a. bei Parkinson eingesetzt wird, zu Verbesserungen bei einfachen assoziativen Lernleistungen führen kann und dass die ähnlich verwendete Substanz Tolcapon selektiv bei Personen, die genetisch bedingt Dopamin schneller abbauen, zu Verbesserungen bei exekutiven Fähigkeiten und des episodischen Gedächtnisses führt. Für die – schon therapeutisch nur schwach wirksamen – Antidementiva genauso wie für die Substanzgruppe der Antidepressiva konnten hingegen bislang bei Gesunden keinerlei Effekte in Bezug auf psychische Fähigkeiten oder gar Leistungen belegt werden.

In der Gesamtschau lässt sich feststellen, dass es derzeit keine Belege gibt, dass verfügbare Substanzen wirkungsvoll menschliche Leistungen steigern können und gleichzeitig nebenwirkungsarm sind. Effekte lassen sich lediglich in Bezug auf einzelne kognitive Fähigkeiten (z.B. Aufmerksamkeit, Reaktionszeit) nachweisen, von denen man allerdings teilweise annimmt, dass sie in heutigen Ausbildungs- und Arbeitsumgebungen eine besondere Relevanz haben.

Einschränkend muss jedoch gesagt werden, dass Wirksamkeitsuntersuchungen von Arzneimitteln normalerweise nicht an gesunden Probanden durchgeführt werden (s.u.), sodass die diesbezügliche Wissensbasis äußerst gering ist. Dennoch deutet einiges darauf hin, dass die physische und psychische Verfassung der als gesund definierten Versuchsteilnehmer einen wichtigen Bestimmungsfaktor für die Wirksamkeit unterschiedlicher pharmakologischer Substanzen darstellt. Einiges spricht dafür, dass die bisher verfügbaren Substanzen – wenn überhaupt – lediglich in den Fällen leistungsrelevante Effekte hatten, in denen sich die Probanden in einer gewissen defizitären Ausgangssituation befanden. Auch spricht einiges dafür, dass bei Probanden mit einem hohen Ausgangsniveau eine zusätzliche Aktivierung des allgemeinen Wachheitszustands oder eine Erhöhung von Neurotransmitterkonzentrationen eher zu schlechteren kognitiven Leistungen führten.

ENHANCEMENTSUBSTANZEN: RECHTLICHE ABGRENZUNG, NORMATIVER UMGANG UND VERBREITUNG

Die Vorgaben des derzeitigen Regulierungssystems üben entscheidenden Einfluss auf die zukünftige Entwicklung, Verbreitung und Nutzung möglicherweise leistungssteigernder Substanzen aus. Auch wenn potenzielle Enhancementsubstanzen sehr wahrscheinlich unter das Arzneimittelrecht fallen werden, ist es, um Enhancement in seiner Komplexität zu erfassen, nötig, auch den Grenzbereich zu Lebensmitteln zu thematisieren, da dieser voraussichtlich als Wegbereiter und Wunschverstärker fungiert.

NORMATIVER UMGANG MIT LEBENSMITTELN

In Lebensmitteln können neben Nährstoffen weitere Substanzen enthalten sein, jedoch dürfen diese – über die ernährungsphysiologische Wirkung hinaus – keine »besondere« Wirksamkeit auf den Organismus haben. Vor diesem Hintergrund wird Lebensmitteln zunächst keine negative Wirkung respektive Gesundheitsgefahr unterstellt, und vom Verbraucher wird im Umgang ein vernünftiges Ermessen erwartet. Die Verkehrsfähigkeit von Lebensmitteln ist kaum beschränkt, sie können entsprechend ihrem natürlichen biologischen Vorkommen ohne Zulassungsverfahren in den Verkehr gebracht werden.

Zum Schutz der Gesundheit können jedoch Einschränkungen festgelegt werden. Aufgrund der zunehmenden Möglichkeiten, einzelne Substanzen einem Lebensmittel zusätzlich beizumengen oder zu entziehen, kann die mit ausgewogener Ernährung allgemein übliche Aufnahmemenge dieser Substanzen erheblich über- oder unterschritten werden, wodurch entsprechende Stoffgemische zunehmend sowohl ernährungsphysiologische als auch spezifischere gesundheitsfördernde oder -gefährdende Eigenschaften besitzen können. Für diese wurden teilweise neue Kategorien (z.b. Nahrungsergänzungsmittel) eingeführt und der normative Umgang in Richtung Arzneimittelrecht angepasst (z.b. Festlegung von Dosisgrenzen, Marktzugang geknüpft an Zulassung).

Im Lebensmittelrecht ist kein Wirkungsnachweis von Lebensmittelbestandteilen verankert. Hersteller haben eine gewisse Informationsverantwortung, die z.B. Irreführung ausschließt und krankheitsbezogene Aussagen bis auf Ausnahmen verbietet. Seit Inkrafttreten der Health-Claims-Verordnung (HCVO) müssen allgemein wirkungsbezogene bzw. gesundheitsbezogene Aussagen anhand wissenschaftlich hinreichend gesicherter Daten belegt werden und sind genehmigungspflichtig. Über mögliche Gesundheitsrisiken durch den Konsum von Lebensmitteln müssen Hersteller in Europa nicht informieren.

Gegenwärtig rücken spezifische Wirkmechanismen einzelner Lebensmittel oder Lebensmittelbestandteile zunehmend in den Forschungsfokus, da Lebensmitteln mit gesundheitlichem Zusatznutzen große Marktpotenziale zugesprochen werden. Der verlangte Nachweis einer gesundheitsbezogenen Wirksamkeit – speziell bei psychologischen und Verhaltensfunktionen – bei gleichzeitigem Verbot krankheitsbezogener Aussagen dürfte die Entwicklung von Konzepten fördern, wie ein (gesundheitlicher Zusatz-)Nutzen in Richtung Enhancement ohne Vorliegen eines krankhaften Zustands belegt werden kann.

NORMATIVER UMGANG MIT ARZNEIMITTELN

Arzneimittel werden definiert als Stoffe oder Stoffgemische mit einer besonderen (pharmakologischen, immunologischen oder metabolischen) Wirkung auf den menschlichen Organismus. Aufgrund der Wirkmächtigkeit der Stoffe und zum Schutz der Gesundheit (vor schädlicher Wirkung) gründet sich das Arzneimittelrecht auf ein »Verbotsprinzip mit Erlaubnisvorbehalt«. Um Arzneimittel herstellen und in den Verkehr bringen zu dürfen, ist eine Zulassung erforderlich, die auf einem Wirkungsnachweis der jeweiligen Substanz aufbaut, für die der Hersteller die Beweislast trägt. Für Neuzulassungen muss er mittels wissenschaftlich anerkannter Verfahren (klinische Studien) sowohl die Verträglichkeit bzw. Sicherheit (Risikodimensionen) als auch die medizinische, meist therapeutische Wirksamkeit (Nutzendimension) untersuchen und nachweisen. Die Marktzulassung wird dann für die Behandlung des spezifischen krankheitsrelevanten Zustands gewährt, für den der Hersteller den therapeutischen Nutzen nachgewiesen hat. Die Pflichtinformationen zu den Wirkungen und Nebenwirkungen des Arzneimittels werden im Zulassungsverfahren ebenfalls geprüft und festgelegt.

Nicht nur Arzneimittel selbst, sondern auch die für deren Zulassung nötigen Arzneimittelstudien sind genehmigungspflichtig. Unabhängige Ethikkommissionen und die Zulassungsbehörden prüfen anhand international weitgehend gleicher ethischer Standards, deren Kern eine Abwägung des potenziellen Nutzens gegenüber dem Risiko, dem die Versuchsteilnehmer ausgesetzt sind, bildet. Das übliche Verfahren zur Bestimmung eines Nutzenkriteriums ist die Festlegung eines krankheitsrelevanten Zustands als Ausgangspunkt, von dem aus ein therapeutischer Effekt der Substanz belegt wird. Die therapeutische Wirksamkeit wird dementsprechend durch die Behandlung erkrankter Probanden nachgewiesen.

Diese fallspezifische, krankheitsbezogene Nutzen-Risiko-Abwägung stellt eine Barriere dar, welche die gezielte Erforschung möglicher Enhancementeigenschaften pharmakologischer Substanzen begrenzt. Diese Barriere ist jedoch keineswegs unüberwindbar, denn die therapeutische Nutzendefinition kann teilweise weit ausgelegt werden. So forscht bereits heute die pharmazeutische Industrie auch in den Grenzgebieten krankheitsrelevanter Zustände, z.B. zur eher präventiven Behandlung leichter Demenzen.

Im Zulassungsverfahren prüft die jeweilige Behörde die Studienergebnisse und wägt die nachgewiesene therapeutische Wirksamkeit gegen erkennbare gesundheitliche Risiken ab. Eine Substanzzulassung zu Enhancementzwecken ist damit eigentlich ausgeschlossen. Eine Zulassung wird für die medizinische Indikation erteilt, für die eine Substanzwirksamkeit nachgewiesen wurde, wenn die Einhaltung vorgegebener Sicherheits- und Qualitätsstandards der Herstellung gewährleistet werden kann.

Auf welchem Weg eine pharmakologische wirksame Substanz im Anschluss zum Verbraucher kommt, hängt von der Art der Verkehrsfähigkeit ab, die im Zulassungsverfahren substanzbezogen festgelegt wird. Je nach Gefährdungspotenzial der Substanz wird der Zugang über ein abgestuftes »Gatekeepersystem« (Apotheken, Ärzte) geregelt. Besonderes Augenmerk wird auf die Weitergabe von Wirkstoffinformationen gelegt. Diese müssen der Forschung und dem Gatekeepersystem umfassend zur Verfügung gestellt werden, Verbraucher sollen vor allem vor einseitigen (Wirkungs-)Aussagen geschützt werden (woraus Werbeeinschränkungen oder -verbote resultieren). Da Wirkungsaussagen wissenschaftlich belegt sein müssen und Enhancementwirkungen nicht direkt untersucht werden, wären entsprechende Aussagen in den Pflichtinformationen gegenwärtig nicht zulässig.

In der Praxis zeigt sich jedoch, dass es zahlreiche Umgehungsstrategien des Direktwerbeverbots gibt, die insbesondere darauf abzielen, eine Nachfrage u.a. nach leistungssteigernden Substanzen zu erzeugen. Am deutlichsten wird dies, wenn über Werbematerial körperliche und psychische Zustände systematisch pathologisiert und mögliche Verbesserungen in Aussicht gestellt werden. Für den Verbraucher ist es schwer bis unmöglich, in der Vielfalt von Angeboten neutrale und wissenschaftlich fundierte von einseitiger, unvollständiger oder falscher Information zu trennen.

Anders als im Lebensmittelrecht wird dem Verbraucher im Arzneimittelrecht nicht unterstellt, dass er allein und vollumfänglich über die – gesundheitsförderliche – Verwendung von Arzneimitteln entscheiden kann. Er kann und soll auf das öffentliche Gesundheitssystem zurückgreifen und sich beraten lassen. Rezeptpflichtige Arzneimittel erhält er nur über einen Arzt. Für diesen sind Erhalt und Wiederherstellung der Gesundheit seiner Patienten oberstes Handlungsgebot. Mit dem Gatekeepersystem soll sichergestellt werden, dass die Verwendung von Arzneimitteln mit möglichst geringen gesundheitlichen Risiken für den Verbraucher einhergeht. Es bietet aber keine Garantie, dass ein Arzneimittel nur im Rahmen der zugelassenen Indikation verwendet wird. Eine Substanz kann vielmehr prinzipiell auch jenseits der Zulassung (»off label«), z.B. zu Enhancementzwecken, verwendet werden. Erste Analysen der Arzneimittelverordnungen von Methylphenidat und Modafinil liefern Hinweise, dass Off-Label-Verschreibungen wohl nicht nur Randerscheinungen sind.

Im Krankheitsfall werden die Behandlungskosten weitgehend von den Krankenkassen übernommen (erster Gesundheitsmarkt). Durch die zunehmende Leistungsbeschränkung anhand der Kriterien »ausreichend, zweckmäßig und notwendig« wird eine ungewollte Finanzierung von denkbaren Enhancementmittelverschreibungen stark begrenzt. Der Ausschluss aus dem ersten kann eine Verschiebung in den zweiten Gesundheitsmarkt (der Selbstzahler), der insbesondere für Gatekeeper (Apotheker, Ärzte) zunehmend betriebswirtschaftlich relevant wird, bewirken. Allerdings stellen das vorhandene, teilweise erhebliche Nebenwirkungsspektrum von potenziellen Enhancementsubstanzen sowie das Dopingverbot des Arzneimittelgesetzes klare Barrieren gegenüber einer großflächigen Ausdehnung möglicher Gefälligkeitsverschreibungen dar.

Treten infolge des Konsums von Lebens- oder Arzneimitteln – egal, ob sach- oder unsachgemäß – gesundheitliche Beeinträchtigungen auf, fällt die Folgenbehandlung bislang ursachenunabhängig in den Handlungsauftrag der Ärzte und den Leistungskatalog der Krankenkassen wie auch weiterer Sozialleistungsträger. Es ist schwer vorstellbar, dass bei Beibehaltung der gegenwärtigen Prinzipien des deutschen Sozialrechts sich die Kostenträger einer Leistungsübernahme im Spezialfall Enhancement würden verschließen können. Folglich würde die Behandlung zunehmender möglicher Folgeschäden durch Enhancementverhalten wohl kollektiv finanziert werden.

NUTZUNG VON UND UMGANG MIT ENHANCEMENTSUBSTANZEN

Im Rahmen der deutschen Rechtsordnung kann der Konsum bestimmter, auch gesundheitsschädlicher Substanzen (z.B. Dopingmittel oder illegale Drogen) de jure nicht verboten werden, sondern lediglich der Umgang mit ihnen bzw. Handlungen Dritter, die diesen Umgang befördern könnten. In Deutschland sind ca. 1,4 bis 1,9 Mio. Menschen von rezeptpflichtigen psychotropen Arzneimitteln abhängig, weitere 1,7 Mio. Personen werden als mittel- bis hochgradig gefährdet eingestuft. Es ist davon auszugehen, dass ein Teil dieser Personen ein solches Verhalten entwickelt, obwohl sie ursprünglich »nur« ihre Leistungen in beruflichen Umgebungen zumindest erhalten, vielleicht auch verbessern wollten. Erste empirische Studien liefern Hinweise auf das Ausmaß der Verwendung pharmakologischer Substanzen zur Leistungssteigerung in Ausbildungs- und Arbeitsumgebungen. In einer Befragung im Auftrag der Deutschen Angestelltenkrankenkasse (DAK) zum Thema »Doping am Arbeitsplatz« gaben 5 % der Befragten an, dass sie selbst schon potente Arzneimittel ohne medizinische Notwendigkeit genommen hatten, 2,2 % taten dies häufig bis regelmäßig. In einer Befragung von Schülern und Studenten in Deutschland gaben 1,5 % der Schüler und 0,8 % der Studenten an, schon einmal rezeptpflichtige Arzneimittel zu Enhancementzwecken eingenommen zu haben. Ähnlich Werte wurden auch in anderen europäischen Studentenbefragungen ermittelt. In den USA gaben ca. 7 % ein solches Verhalten zu.

Anders als beim Doping im Sport, bei dem eine Ablehnung in weiten Teilen der Öffentlichkeit beobachtet werden kann, scheint bei der Verwendung von potenziell leistungssteigernden Substanzen in Alltags- oder Arbeitsumgebungen die Ablehnung eines solchen Verhaltens gesellschaftlich nicht so stark ausgeprägt zu sein. Zwar lehnte die Mehrheit der im Auftrag der DAK Befragten »Dopingverhalten« am Arbeitsplatz ab, dennoch akzeptierte etwa jeder vierte beispielsweise die generelle Steigerung der Aufmerksamkeits-, Gedächtnis- und Konzentrationsleistungen als Grund für ein solches Verhalten, gefolgt von dem Wunsch, die Müdigkeit während der Arbeitszeit zu senken sowie die Arbeitszeit bei Termindruck verlängern zu können. Zumindest zur Erreichung der letzten beiden Zielsetzungen können manche der verfügbaren pharmakologischen Substanzen einen gewissen Beitrag leisten.

DEBATTE ÜBER ENHANCEMENT IN ETHIK UND SOZIALWISSENSCHAFTEN

Bislang existieren also nahezu keine pharmakologischen Substanzen, für die eine relevante kognitive leistungssteigernde Wirkung bei Gesunden nachgewiesen werden konnte (im Gegensatz zur physischen Leistungssteigerung durch Doping im Sport). Und alle potenziell infrage kommenden Substanzen rufen nicht zu vernachlässigende Nebenwirkungen hervor. Welchen Umfang die bewusste, intentionale Anwendung von vermeintlich leistungssteigernden Substanzen durch Menschen im Alltag hat – auch darüber ist wenig bekannt. Auf diese »Defizite« des Gegenstands Enhancement reagieren Vertreter von Philosophie und Ethik häufig durch eine Erörterung hypothetischer Enhancementmittel, diejenigen aus den Sozialwissenschaften durch eine Verortung von »Enhancement« in eine übergeordnete Entwicklung der Medikalisierung.

MITTEL – ZWECKE – KONSEQUENZEN

Die bioethische Debatte über Enhancement konzentriert sich auf drei Schwerpunkte:

> Was ist Enhancement? Welche Mittel werden benutzt, welche Absichten verfolgt? Wie lässt es sich von anderen Handlungen und Zielen abgrenzen?
> Wie ist Enhancement mit Blick auf die »klassischen« Prinzipien der medizinischen Bioethik zu bewerten?
> Welche Konsequenzen kann Enhancement für das Verständnis von der Natur des Menschen, für Menschenbilder und Gesellschaftsentwürfe entfalten?

Definitions- und Abgrenzungsprobleme sind ein Charakteristikum der bioethischen Enhancementdebatte. Es gibt kein weithin akzeptiertes Verständnis – weder bezüglich der zu betrachtenden Mittel noch der Ziele von Enhancement. Äußerst weiten Definitionen (»all mechanisms which make possible better life«) stehen Versuche genauerer Unterscheidungen von Doping, Verbessern und Verändern gegenüber. Für die ethische Bewertung wäre insbesondere die Unterscheidung von Enhancement und Therapie als medizinisch indizierte Maßnahmen wichtig – dies ist aber gerade im Einzelfall oft umstritten und auch theoretisch bzw. konzeptionell kaum leistbar, weil es keine trennscharfe Definition von Krankheit und Gesundheit gibt, sondern eine Pluralität verschiedener Krankheitsbegriffe.

Ein Ausweg, der von vielen Debattenteilnehmern gewählt wird, ist die ethische Prüfung hypothetischer – spezifisch wirksamer, nebenwirkungsarmer – Enhancementmittel, die nicht gleichzeitig auch als Arzneimittel verwendet werden. Die daraus abgeleiteten Einschätzungen können jedoch nicht unmittelbar auf die verfügbaren, wenig spezifisch wirkenden und/oder mit starken Nebenwirkungen verbundenen Psychopharmaka und sonstigen Substanzen angewendet werden.

Ethische Betrachtungen bleiben deshalb regelmäßig abstrakt (wie auch die teils verwendeten Begriffe »spekulative« oder »explorative« Ethik signalisieren). Ein Vergleich z.b. der »Qualität des Glücks«, das durch pharmakologisches Enhancement gegenüber traditionellen Formen mentaler Selbstveränderung, wie Konzentrationsübungen, Meditation, psychologisches Coaching, ermöglicht werden könnte, muss ohne empirische Basis rein hypothetisch bleiben. Das Gleiche gilt für eine denkbare, ethisch problematische Beeinträchtigung der Identität und Authentizität durch Enhancementsubstanzen i.e.S., wenn diese die Persönlichkeit der Nutzerinnen und Nutzer stärker oder irreversibel verändern würden.

Die Frage nach der Freiwilligkeit der Nutzung von Enhancementmitteln hingegen kann substanzieller auch ohne Wissen über die spezifischen Wirkungen und Nebenwirkungen von leistungssteigernden Pharmaka diskutiert werden. Das Prinzip der persönlichen Autonomie wird vorrangig mit Blick auf die Abwehr eines heimlichen oder schleichenden Zwangs oder gar einer Pflicht zur pharmakologischen Leistungssteigerung diskutiert. Zu prüfen ist, ob eine zunächst vordergründig individuell und autonom erscheinende Nutzung von Enhancementsubstanzen Wettbewerbsspiralen in Gang setzen kann, bei denen von einer Autonomie der Entscheidungen kaum noch ausgegangen werden kann.

Aus der Perspektive des Gerechtigkeitsprinzips wird teilweise eine Verpflichtung der Gesellschaft zum Angebot und zur Finanzierung von Enhancementmitteln abgeleitet, mit dem Ziel, unfaire Wettbewerbsbedingungen, z.B. bei Prüfungen und in Bewerbungssituationen, zu verhindern, ökonomisch bedingte selektive Zugangsmöglichkeiten oder angeborene Nachteile und Ungleichheiten auszugleichen – auch dieses Szenario trifft auf die bekannten Substanzen mit unklaren Wirkungen und erheblichen Nebenwirkungen nicht zu.

Neben ethischen Betrachtungen der möglichen konkreten individuellen und sozialen Konsequenzen einer Anwendung von biomedizinischen Technologien werden in der Debatte über Enhancement häufig auch grundsätzliche Sorgen um die »Zukunft der menschlichen Natur« geäußert. Diese knüpfen entweder an weitreichende Visionen biotechnischer Manipulationen oder aber an Szenarien einer umfassenden Pharmakologisierung des Alltags an. Während für die Realisierung einer gezielten Umgestaltung des menschlichen Körpers und seiner Fähigkeiten, z.B. mithilfe gentechnischer Eingriffe, auf absehbare Zeit wenig spricht,

wird eine Pharmakologisierung als Teil einer Medikalisierung psychosozialer
Probleme seit Längerem beobachtet und sozialwissenschaftlich untersucht.

ENHANCEMENT ALS ERSCHEINUNGSFORM DER MEDIKALISIERUNG

Die Ausweitung medizinischer Behandlungsmöglichkeiten als Konsequenz vielfältiger biomedizinischer Forschungs- und Entwicklungsbemühungen hat im
20. Jahrhundert sowohl zu einer enormen Ausdehnung und Ausdifferenzierung
des Gesundheitssystems als auch zu einer Diffusion ursprünglich medizinischer
Technologien und Sichtweisen in angrenzende Bereiche geführt. Bei dieser »Medikalisierung« können verschiedene Prozesse unterschieden werden: eine Ausweitung medizinischer Diagnostik (Pathologisierung), eine Entgrenzung medizinischer Therapie (Veralltäglichung), eine Entzeitlichung von Krankheit (Prädiktion)
sowie die »Verbesserung« der menschlichen Natur (Enhancement). Markante
Beispiele für die Ausweitung medizinischer Diagnostik sind die Entwicklung der
Diagnose »Aufmerksamkeitsdefizit-/Hyperaktivitätsstörung« (ADHS) sowie die
Pathologisierung einer nachlassenden Libido oder ausgeprägter Schüchternheit.
Charakteristisch für viele dieser Grenzverschiebungen ist eine Gewichtsverlage-
rung von psychosozialen hin zu somatischen Ursachenerklärungen.

Die wichtigsten Unterschiede zwischen den vier Entgrenzungs- und Medikalisie-
rungsdynamiken betreffen die jeweilige gesellschaftliche Rolle der verschiedenen
Akteure (aus Medizin und Wirtschaft, Medien, Wissenschaft, Politik sowie nicht
zuletzt die Patienten bzw. neuen Kunden). Die Veralltäglichung medizinischer
Eingriffe im Fall der kosmetischen Chirurgie wird beispielsweise erheblich über
Ratgeberliteratur, durch die mediale Berichterstattung und die Kunden selbst
vorangetrieben – bei einer gewissen Distanz der »klassischen« Ärzteschaft, die
ihren Handlungsauftrag in der Heilung von Krankheiten sieht. Im Falle der prädiktiven Gendiagnostik hingegen, als Hauptbeispiel der »Entzeitlichung von
Krankheit«, ist die treibende Kraft eher die biowissenschaftliche Grundlagenforschung, die immer mehr Erkrankungen mit genetischen Risikofaktoren in Verbindung bringt.

Der Fall ADHS wiederum, der vielen Beobachtern in seiner historischen Entwicklung als paradigmatischer Fall der Medikalisierung von abweichendem sozialem Verhalten gilt, das mit Schwierigkeiten bei der kognitiven Leistungserbringung einhergehen kann, ist durch ganz andere Konstellationen gekennzeichnet. Die Antwort auf die Frage, welches Verhalten »noch gesund« und welches »schon krankhaft« ist, kann nur zum Teil mithilfe biologisch-medizinischer
Messverfahren beantwortet werden. Darüber hinaus basiert die Diagnose auch
auf der Bewertung des Umfelds und der Selbsteinschätzung. Gerade bei erwachsenen Menschen mit der Diagnose ADHS wird das Krankheitsbild anscheinend
auch als »Chance« be- und ergriffen: Sie verschafft den Zugang zu Arzneimitteln, die laut Selbstauskunft zumindest von manchen Anwendern als gezielt und

kontrolliert wahrnehmbare Option der Leistungssteigerung und Selbstoptimierung eingeordnet und erfahren werden. Damit ist dies eines der wenigen Beispiele für ein vermutlich wirksames Enhancement, allerdings in einem nicht leicht zu bestimmenden Grenzbereich zur »klassischen« Therapie.

Besonders facettenreich erscheint der Bereich des »Anti-Agings«, der als Mischform von Pathologisierung und Veralltäglichung den wohl bedeutendsten und vielfältigsten Bereich der Medikalisierung darstellt: So werden sinkende Hormonspiegel als medizinische Indikation für konkrete »therapeutische« Maßnahmen herangezogen, gleichzeitig wird eine Vielzahl von Substanzen mit völlig unklaren und unbelegten Wirkungen vertrieben. Bei einem befürchteten kontinuierlichen Nachlassen der Leistungsfähigkeit sind die Erwartungen der betroffenen älteren Menschen an den Effekt von Anti-Aging-Maßnahmen in vielen Fällen vermutlich niedriger und gleichzeitig möglicherweise Placeboeffekte ausgeprägter als beim Griff zu vermeintlich leistungssteigernden Mitteln durch Jüngere. Häufig dürfte es genügen, dass die Betroffenen annehmen, ohne die Mittel wäre ihr Leistungsabfall noch deutlicher ausgefallen. Es erscheint daher plausibel, dass sich in diesem Bereich fragwürdige »Neuroenhancementmittel« am Leichtesten ausbreiten können.

LEISTUNGSSTEIGERNDE MITTEL DER ZUKUNFT – EIN ERWEITERUNGSSZENARIO

Anknüpfend an die Ausgangsannahme der ethischen Debatte, dass es zukünftig Substanzen geben könnte, die bei Gesunden spezifisch leistungssteigernd wirken und gleichzeitig nebenwirkungsarm sind, wird im TAB-Bericht in Form eines Erweiterungsszenarios der Frage nachgegangen, wie diese Substanzen vom medizinisch-pharmakologischen Innovationssystem hervorgebracht werden können. Grundsätzlich erscheint es zwar unwahrscheinlich, dass Stoffe starke, spezifische Effekte auf relevante psychische Fähigkeiten ausüben können, ohne gleichzeitig andere physische oder psychische Prozesse negativ zu beeinflussen, doch bleibt dies letztlich nur eine – wenn auch wissenschaftlich plausible – Annahme und keine Gewissheit.

LEISTUNGSSTEIGERNDE PHARMAKA IM DERZEITIGEN FORSCHUNGS- UND INNOVATIONSSYSTEM

Das (bisherige) Angebot an vermeintlich leistungssteigernden Substanzen resultiert aus den Entdeckungen des biologisch-medizinischen Forschungssystems und der Entwicklungstätigkeit wissenschaftlicher Einrichtungen, sowohl aus öffentlichen (z.B. Universitäten) als auch privatwirtschaftlichen (z.B. Arzneimittelhersteller) mit ihren wechselseitigen Verschränkungen. National wie international gibt es derzeit einen Trend zu einem Stufenmodell der medizinisch-pharmakologischen Forschung mit

> weitgehend öffentlich finanzierter Grundlagen-, Versorgungs- und anderer themenspezifischer Forschung,
> Ausgründungen von kleinen und oft hochspezialisierten Unternehmen (sogenannte Spin-offs) für die ersten Produktentwicklungsschritte und
> zunehmend großen Pharmaunternehmen, die die notwendigen Ressourcen für die Produktentwicklung bis zur Marktzulassung bereitstellen können.

Diese FuE-Akteure richten ihre Tätigkeiten maßgeblich an den Vorgaben der Forschungsförderer (vor allem im nichtkommerziellen Bereich) sowie den vermuteten Absatzchancen und Marktpotenzialen möglicher Produkte und deshalb an den Kriterien der Marktzulassung aus (vor allem im kommerziellen Bereich), für deren Einhaltung die Zulassungs- und Kontrollbehörden national und international eine zentrale Rolle spielen. Neben diesen legalen Strukturen existieren auch illegale, aus denen heraus ebenfalls vermeintlich leistungssteigernde Substanzen in den Verkehr gebracht werden können.

Im Bereich der Grundlagenforschung ist die Beschäftigung mit der Thematik kognitive Leistung oder emotionale Verfasstheit sowie der Möglichkeiten, diese zu beeinflussen, bereits heute ein wissenschaftlich interessantes und potenziell lohnendes Thema. Anwendungsorientiertere Ansätze – z.B. eine gezielte Analyse leistungssteigernder Effekte von pharmakologischen Substanzen bei Gesunden oder gar eine unmittelbare Wirkstoffentwicklung – sind kaum bekannt, und mögliche Kooperationen mit der pharmazeutischen Industrie dürften für öffentliche Forschungseinrichtungen erst bei einer arzneimittelrechtlich erleichterten Zulassung von Neuroenhancern tatsächlich attraktiv werden.

Es ist offensichtlich, dass pharmakologische Substanzen, denen ein Potenzial zur Leistungssteigerung unterstellt wird, bisher kaum gezielt gesucht und entdeckt wurden. Vielmehr waren sie meist seit Jahren zur Behandlung unterschiedlicher Krankheitssymptome zugelassen, bevor ihre (vermeintlich) leistungssteigernde Wirkung bei Gesunden in der Anwendung eher zufällig zutage trat. Es erscheint auch für die Zukunft plausibel, dass der Verbreitungspfad der »zufälligen Anwendungserweiterung« wahrscheinlicher ist als Ergebnisse aus gezielter medizinischer (Grundlagen-)Forschung und Entwicklung – zumindest solange die derzeitigen medizinethischen Handlungsnormen sich nicht ändern und die klinischen Prüfungs- und Zulassungsverfahren ebenfalls bestehen bleiben, die eine gezielte Suche nach leistungssteigernden Effekten von pharmakologischen Substanzen bei Gesunden bislang stark begrenzt haben.

Allerdings sind bereits heute FuE-Aktivitäten in den Grenzbereichen des medizinethisch und -rechtlich Zulässigen zu beobachten (Untersuchungen des Militärs zur leistungssteigernden Wirkung verfügbarer Pharmaka, Pharmaforschung zum Erhalt der Leistungsfähigkeit im Alter). Darüber hinaus könnte eine gezielte Erforschung und Entwicklung von leistungssteigernden Pharmaka auch in Ländern erfolgen, die andere Regulierungsstandards aufweisen und über große wissenschaftliche Kapazitäten verfügen (wie China, Indien, Brasilien). Entsprechende Substanzen könnten in diesen Ländern zugelassen und von dort aus international verbreitet werden.

ELEMENTE UND IMPLIKATIONEN EINES ERWEITERUNGSSZENARIOS

In dem Erweiterungsszenario des TAB-Berichts wird untersucht, was nötig wäre, um die bisherige Logik und die Prozeduren der wichtigsten Arzneimittelmärkte mit der Erforschung und Entwicklung von pharmazeutischen Wirkstoffen und Arzneimitteln zur »Leistungssteigerung bei Gesunden« kompatibel zu machen. Dieser Frage und der nach den möglichen Folgen für das Gesundheits- und Innovationssystem ist bislang noch niemand tiefer nachgegangen.

Die bisherigen rechtlichen Voraussetzungen stehen einer Zulassung von Arzneimitteln zur Leistungssteigerung Gesunder (im Folgenden »HLP« für hypothetische leistungssteigernde Pharmaka) entgegen. Ein Marktzugang über eine Erweiterung von Lebensmittelkategorien erscheint wenig wahrscheinlich, weil HLP (per Definition) biologische Wirkungen entfalten, die über die aus lebensmittelrechtlicher Sicht zulässigen Wirkungen hinausgehen. Der Arzneimittelbegriff hingegen erfasst alle Stoffe, die der Beeinflussung physiologischer Funktionen dienen – auch ohne Krankheitsbezug. Da Letzterer jedoch eine notwendige Voraussetzung für die Marktzulassung bildet, müsste das Zulassungsverfahren angepasst werden.

Insgesamt müsste ein Wechselspiel zwischen wissenschaftlichen Entwicklungen und politischen Entscheidungen entstehen, damit eine relevante Beschleunigung der FuE-Dynamik bei leistungssteigernden Pharmaka einsetzen kann. Normatives Fundament einer rechtlichen Ermöglichung müsste die Anerkennung der Leistungssteigerung bei Gesunden als Nutzendimension für pharmakologische FuE einerseits im Rahmen der Arzneimittelzulassung und andererseits im Rahmen der derzeitigen medizinethischen Beurteilungsverfahren sein.

Auch wenn eine Leistungssteigerung bei Gesunden in Zukunft als individuell und/oder gesellschaftlich nützlich bewertet würde, dürften die Anforderungen an die Sicherheitsprüfung und die gesamte Nutzen-Risiko-Bewertung von HLP strenger als für die Zulassung zur therapeutischen Verwendung sein. Eine Zulassungsvoraussetzung wäre vermutlich der Ausschluss schwerwiegender Nebenwirkungen, wahrscheinlich würden seltene und langfristige, vermutlich auch indirekte Neben- bzw. Folgewirkungen psychosozialer Art größere Beachtung finden. Da diese zwangsläufig besonders schwer zu erfassen sind, wäre ein grundsätzlicher sowie langwieriger wissenschaftlicher, gesellschaftlicher und politischer Disput über den Umgang mit diesen Risiken wahrscheinlich.

Allein zur Erfassung der Folgeschäden läge nach der Marktzulassung der Zugang zu den Substanzen über ein Gatekeepermodell nahe, d.h. Abgabe von HLP nur durch legitimierte Personen mit Informations- und Dokumentationspflichten sowie der Möglichkeit der Rückmeldung der Anwender an diese Personen. Eine Beschränkung der Gatekeeper auf ausgebildete Ärzte erschiene realistisch. In den Berufsordnungen der Ärzte müsste dann der Begriff des ärztlichen Handlungsraums grundsätzlich überdacht und vermutlich erweitert werden.

RISIKOABSCHÄTZUNG UND WIRKUNGSNACHWEIS

Verglichen mit der Entwicklung von therapeutischen Pharmaka ergeben sich neue Herausforderungen und Schwierigkeiten bei HLP sowohl beim Wirkungsnachweis als auch bei der Risikoabschätzung – als Grundlage für eine belastbare Nutzen-Risiko-Bewertung im Rahmen der Marktzulassung.

Bei therapeutischen Studien gilt die Frage nach dem gesellschaftlichen Wert regelmäßig als positiv beschieden. Auch nichttherapeutische Forschung an Menschen wird im Allgemeinen dadurch gerechtfertigt, dass sie der Weiterentwicklung der Medizin dient und damit künftig auch therapeutischen Nutzen hervorbringen kann. Inwiefern das Ziel einer Leistungssteigerung bei Gesunden diese Legitimation liefern kann, müsste de novo begründet werden.

Klinische Studien der Phase I würden sich bei HLP wohl nur wenig von denjenigen für Arzneimittel zu therapeutischen Zwecken unterscheiden. Allerdings könnten bei HLP, anders als bei potenziellen Therapeutika, schon erste Wirksamkeitsaspekte in Phase I mit untersucht werden. Der eigentliche Wirksamkeitsbeleg für einen therapeutischen Einsatz von Arzneimitteln wird gegenwärtig in den Phasen II und III erbracht. Bei HLP wäre der Wirksamkeitsbegriff ein anderer – dementsprechend müsste der Wirksamkeitsnachweis auf andere Weise erbracht werden. Ähnlich wie die Anforderungen an die Sicherheit dürften auch die an den Wirksamkeitsnachweis bei HLP größer als bei einer therapeutischen Verwendung sein.

NEUE ANFORDERUNGEN AN DAS GESUNDHEITSSYSTEM

Bei HLP könnten aufgrund ihrer Wirkungsweise auf zentrale Funktionen des Gehirns unerwünschte psychosoziale Folgen (z.B. auf Leistungsfähigkeit, Leistungsprofil und personale Identität) nicht ausgeschlossen werden. Deshalb müssten diese bereits im Rahmen der klinischen Prüfung besonders intensiv untersucht werden – die sich damit zu einer klinisch-sozialen Prüfung entwickeln würde. Hierzu müssten teils völlig neue Beurteilungsmaßstäbe und -verfahren entwickelt werden, viele Parameter dürften nur sehr begrenzt vorab testbar sein. Daher käme einem systematischen Langzeitmonitoring eine entscheidende Rolle zu, wobei neben möglichen individuellen auch gesellschaftliche Folgedimensionen in den Blick zu nehmen wären. Von wem und wie dies zu bewerkstelligen wäre, ist völlig unklar. Unzweifelhaft erscheint, dass an die Information der Anwender leistungssteigernder Pharmaka hohe Anforderungen gestellt würden. Besondere Kennzeichnungsvorschriften wären zu diskutieren, mögliche Abgrenzungsprobleme zur Kennzeichnungspflicht von Dopingsubstanzen wären zu erwarten.

Bei HLP wäre grundsätzlich damit zu rechnen, dass ein Teil der Anwender problematische Konsummuster entwickelt. Bei individuellen gesundheitlichen Schäden würden vermutlich ähnliche Verfahren der Behandlung – und ihrer Erstattung – zum Tragen kommen wie bei sonstigen Substanzen bisher. Ein auftretender Missbrauch könnte jederzeit zu einer Neubewertung der Nutzen-Risiko-Abwägung führen und in einen Entzug der Zulassung münden.

RÜCKWIRKUNGEN AUF DAS INNOVATIONSSYSTEM

Als längerfristige Konsequenzen einer wachsenden Dynamik der Entwicklung und Diffusion von HLP erscheinen verschiedene Änderungen im Forschungs- und Innovationssystem plausibel:

> Sobald sich Zulassungsmöglichkeiten für HLP, vor allem in der Europäischen Union oder in den USA, vielleicht aber auch in wachsenden Absatzmärkten der Schwellenländer, abzeichneten, würden pharmazeutische Unternehmen voraussichtlich mit intensiven Forschungs- und Entwicklungsanstrengungen beginnen, um sich neue Marktchancen zu erschließen. Für diese Expansion wären erhebliche Investitionen erforderlich, die vor allem von großen, global agierenden Unternehmen getätigt werden können.

> Die Erschließung des neuen Marktes würde zu einer zumindest vorübergehenden Verlangsamung der Forschungs- und Entwicklungstätigkeit im medizinisch-pharmakologischen Kernbereich führen, da begrenzt zur Verfügung stehende Ressourcen dieses Sektors in den Enhancementbereich umgeleitet würden.

> Für Gesundheitsdienstleister böten sich neue Wachstumschancen. Speziell ausgebildete Ärztinnen und Ärzte könnten die Anwender von HLP betreuen. Da HLP-Leistungen privat zu finanzieren wären, könnte es bei der ärztlichen Versorgung zu Änderungen kommen, weil kassenärztliche Leistungen vergleichsweise schlechter honoriert werden. Der sich bereits heute bei bestimmten therapeutischen Behandlungen abzeichnende Ärztemangel würde verstärkt werden.

> Für die sozialen Sicherungssysteme entstünden Behandlungskosten als Folge von unsachgemäßem Konsum, zumindest aber aufwendige Rechtsstreitigkeiten bezüglich einer Kostenübernahme. Der Druck, die derzeitigen Verfahrensweisen in Bezug auf Leistungsbegrenzungen und Leistungsausschlüsse zu konkretisieren, würde wachsen.

DOPING UND ENHANCEMENT: GEMEINSAMKEITEN UND UNTERSCHIEDE ZWISCHEN SPORT UND BERUFSLEBEN

Die Parallelen der Handlungen bei (Neuro-)Enhancement und Doping im Sport sind kaum zu übersehen: Menschen nehmen pharmakologische Substanzen ein, um ihre Leistung zu steigern. Es liegt daher nahe, Erkenntnisse aus der wissenschaftlichen Befassung mit der Dopingproblematik im Leistungs- und Breitensport zu den möglichen Implikationen einer gezielten und weitverbreiteten Nutzung leistungssteigernder Substanzen hinsichtlich ihrer Übertragbarkeit auf die Situation in Alltag und Berufsleben systematisch auszuwerten.

RECHTFERTIGUNGS- UND VERHALTENSMUSTER

Der Diskurs zum Doping als pharmakologische Leistungssteigerung bietet vor allem bei der Frage der ethischen Vertretbarkeit – Recht auf Selbstbestimmung und Selbstschädigung, Chancengleichheit und Gerechtigkeit – viele Parallelen zur Enhancementdebatte und kann als deren Vorläufer verstanden werden. Ein Unterschied besteht darin, dass beim Doping nur eine Minderheit die explizite Freigabe fordert, während beim Enhancement von vielen Debattenteilnehmern gegen ein Verbot der Nutzung möglicher Substanzen argumentiert wird. In bioethischen Analysen zu Enhancement wird daher häufig die Folgerung abgeleitet, dass in einer rationalen und liberalen Gesellschaft auch Doping im Sport nicht verboten sein sollte. In beiden Diskursen wird dabei der Nutzen nur vage benannt – die Risiken werden verharmlost oder in der autonomen Verantwortung der Anwender verortet. Diese Betonung der individuellen Handlungsperspektive unter Ausblendung systembedingter Zusammenhänge sowie überindividueller pathologischer Auffälligkeiten des »abweichenden Verhaltens« stellt eine offensichtliche Parallele von Doping- und Enhancementdiskurs dar.

Für das Verständnis von Enhancement sind zwei immanente Dynamiken des Dopinggeschehens im Leistungssport besonders aufschlussreich: das »Quantitätsgesetz des Dopings« und der »Drop-out« von Dopingunwilligen. Ersteres wurde aus der Beobachtung abgeleitet, dass selbst wenn es im niedrigen, »therapeutischen« Dosierungsbereich so etwas wie ein gesundheitlich unschädliches Doping geben könnte, Sportler im Verlauf ihrer Karriere fast zwangsläufig in den »nichttherapeutischen«, zunehmend gesundheitsschädlichen und gleichzeitig immer weniger Leistungszugewinn versprechenden Dosierungsbereich hineingelangen. Das »Drop-out« als der vorzeitige Ausstieg aus dem System Leistungssport sowohl von Sportlern als auch von Betreuern und Funktionären, welche die pharmakologische Leistungssteigerung nicht mitmachen wollen, gilt als eine in der öffentlichen Wahrnehmung wenig beachtete systemische Konsequenz der Ausbreitung von Dopinghandlungen. Hierdurch verliert der Sport besonders kritische, selbstbewusste und konsequente Akteure. Darüber hinaus findet zu einem späteren Zeitpunkt eine »Ausmusterung« von Athleten statt, welche die dopingbasierten Anforderungen nicht erfüllen. Zusammengenommen spricht all dies dagegen, dass eine »gemäßigte, kontrollierte« Form der menschlichen pharmakologischen »Optimierung« realistisch und aussichtsreich ist.

Insgesamt repräsentiert Doping im Sport ein zwar prinzipiell nicht regelkonformes, aber dennoch angepasstes Verhalten, das in einigen Sportarten eher die Norm als die Ausnahme darstellen dürfte. Entscheidend für die individuelle und gesellschaftliche Akzeptanz von Doping ist eine auf das Ergebnis reduzierte Leistungsdefinition. In der Berufswelt erscheint die Bewertung von Leistung, gleich unter welchen Bedingungen sie erbracht wurde, eigentlich noch viel uneingeschränkter positiv, weil in der Regel mit »Doping am Arbeitsplatz« nicht – wie im Sport – Konkurrenten durch pharmakologische Manipulation aus dem Feld geschlagen, sondern Betriebsziele erreicht werden. Die positive Konnotation von Leistung(ssteigerung) führt vermutlich auch dazu, dass die Frage, ob die pharmakologische Intervention überhaupt konkret leistungssteigernd ist, oft gar nicht substanziell diskutiert wird.

Die Sportsoziologie hat gezeigt, wie irreführend es ist, Dopinghandlungen lediglich als individuell zu verantwortendes Fehlverhalten zu interpretieren. Vielmehr stellt Doping immer eine durch die Werte und Normen des soziokulturellen Bezugssystems geprägte Handlung dar. Die Abweichung von den explizit erlaubten Maßnahmen erfolgt dann, wenn die legitimen Mittel nicht mehr ausreichen, um die Systemanforderungen zu erfüllen. Regelverstöße können von Abweichlern dann als Ausdruck von Konformität und Integrationsbereitschaft rationalisiert werden. Zusätzlich erleichtert wird abweichendes Verhalten dann, wenn entgegen der offiziellen Norm des Dopingverbots gleichzeitig informelle Normen Doping gutheißen und es als Therapie, Konstitutionsförderung oder Nachteilvermeidung neu codieren.

Beim Neuroenhancement wäre ebenfalls von einem abweichenden, »innovativen« Verhalten zu sprechen, als Versuch von Einzelpersonen, sich an überfordernde Sozialstrukturen anzupassen. Je unsicherer die persönliche Leistungserbringung erscheint und je größer etwa die Gefahr, den Arbeitsplatz zu verlieren oder wichtige Ausbildungsziele nicht zu erreichen, desto höher ist die Wahrscheinlichkeit, dass Menschen darauf mit dem Griff zu Arzneimitteln reagieren, wenn diese eine Hilfestellung versprechen.

Wenig überzeugend ist die Argumentation, dass bei einer freien Verfügbarkeit von Enhancementpräparaten jeder selbst entscheiden könne, ob er davon Gebrauch machen möchte oder nicht. Der strukturelle Druck würde damit nicht nachlassen, sondern eher zunehmen, denn es steht nicht zu erwarten, dass die Leistungsanforderungen nicht weiter steigen. Gleichzeitig erscheint die Bereitschaft zur Einnahme von Arzneimitteln oder Substanzen zur Leistungssteigerung als Zeichen fehlender Selbstwirksamkeitserwartung. Es ist wenig plausibel, dass

Menschen mit hoher geistiger Leistungsfähigkeit eine pharmakologische Leistungssteigerung als Zuwachs an Souveränität und Autonomie erleben. Die Untersuchungen zum Substanzgebrauch bei Studenten und Schülern sprechen dafür,
dass es – ähnlich wie beim Doping im Sport – nicht vorrangig die talentiertesten,
sondern eher die »in der zweiten Reihe« stehenden, hohem Erwartungsdruck aus-
gesetzten Menschen sind, die mithilfe verschreibungspflichtiger Arzneimittel versuchen, ihre Ausbildungs- und Wettbewerbsziele zu erreichen.

PATHOLOGISCHE ASPEKTE DER HOCHLEISTUNG UND PRÄVENTIONSFRAGEN

Viele Menschen nehmen Dopingmittel ein, obwohl sie keine Leistungssportler
sind (in Deutschland geschätzt ca. 1 Mio.). Dies spricht für eine zunehmend zumindest problematische, wenn nicht gar krankhafte Ausformung der gesellschaftlichen Leistungsorientierung. Beruflich besonders leistungsorientierte Menschen versuchen besonders hartnäckig, so weit wie möglich Kontrolle über den
eigenen Körper auszuüben. Das wenig diskutierte Phänomen der Sportsucht
kann genauso wie zunehmende Fälle von Essstörungen als Teil weitverbreiteter
Körperwahrnehmungs- und -umgangsstörungen verstanden werden.

Über die Bedingungsfaktoren herrscht allerdings keine Klarheit, z.B. zu den Wechselwirkungen zwischen Leistungsorientierung, Substanzgebrauch und Suchtproblematik. Französische Suchtexperten haben bei (Hoch-)Leistungssportlern eine
deutlich höhere Anfälligkeit für Drogensucht gefunden als bei Nicht- oder Gelegenheitssportlern. Ob dies primär auf die bereits vorher vorhandene Persönlichkeitsstruktur der Betroffenen zurückzuführen ist und welchen Anteil der Substanzgebrauch und die Systemstruktur des Leistungssports haben, sind Untersu-
chungsfragen mit Relevanz auch für die Enhancementdebatte. Zu prüfen wäre,
inwieweit geistige Arbeit ähnliche negative Folgen zeitigen kann, wie dies bei der
körperlichen Hyperaktivität anscheinend festzustellen ist. Spezifisch wäre zu fragen, ob der Konsum von Neuroenhancementpräparaten oder andere Formen
von Arzneimittelmissbrauch hierfür ein zusätzliches Risiko darstellen oder nicht.

Das soziale Umfeld übt großen – mäßigenden oder verstärkenden – Einfluss auf
Sucht- und Abhängigkeitsverhalten der Sportler aus. Nicht Substanzen oder
Verhaltensweisen alleine erzeugen Sucht, sondern der Umgang einer bestimmten
Persönlichkeit mit Substanzen in einem soziokulturellen Umfeld. Mit Blick auf
einen Arzneimittelmissbrauch jenseits des Sports ist es wenig zweifelhaft, dass
verhaltensbezogene Präventionsansätze nicht im Bereich von Verbot und Strafe,
sondern eher im Bereich einer allgemeinen Gesundheitserziehung anzusiedeln
wären. Insbesondere bei Jugendlichen haben sich Präventionsbemühungen in
Form von bloßen Warnungen vor gesundheitlichen Beeinträchtigungen wenig
bewährt. Vielmehr geht es um die Förderung von Schutzfaktoren und Kompetenzen, wobei die biografischen Bedingungen und sozialen Umgebungen von
Kindern und Jugendlichen (Elternhaus, Schulen) in Präventionsmaßnahmen ein-

zubeziehen wären. Gleichzeitig sollten die für unerwünschtes Verhalten maßgeblichen Gelegenheitsstrukturen (z.b. des Zugangs zu Arzneimitteln) so gestaltet werden, dass dieses nicht befördert wird (Verhältnisprävention).

BEDEUTUNG FÜR DAS BERUFSLEBEN

Die Anwendung von Enhancementpräparaten in der Arbeitswelt wird teilweise als seriöse Antwort auf die Zunahme von psychischen Anforderungen im Berufsleben dargestellt. Sie erscheint als Maßnahme, schwer zu bewältigende Komplexität zu reduzieren und Überforderungssituationen handhabbar werden zu lassen. In kurzfristiger Perspektive mögen solche Nutzenerwartungen noch plausibel erscheinen. Langfristig, dies legt die historische Entwicklung des Dopinggeschehens nahe, erscheint das Konzept der pharmakologischen Manipulation von Menschen jedoch wenig erfolgversprechend.

Die im Fall des Dopings erkennbaren Zwänge scheinen auch in der Arbeitswelt, gerade bei den Hochqualifizierten, immer mehr Platz zu greifen. Dabei gefährden wachsende Belastungen nicht nur die Gesundheit der Betroffenen, sondern auf Dauer auch die erfolgreiche Weiterentwicklung der Betriebe insgesamt. Entsprechend dem aus der Sportwissenschaft bekannten »Quantitätsgesetz des Trainings« werden für immer kleinere Leistungsverbesserungen immer größere Anstrengungen erforderlich. Das Betreten weiterer Eskalationsstufen, ob durch Doping, Arzneimittelmissbrauch und zukünftig eventuell durch wirkungsvolles Neuroenhancement, macht diesen Prozess weder rückgängig noch erträglicher. Es muss daher auch im Sinn der Unternehmen sein, die Entwicklungen einer um sich greifenden pharmakologischen Unterstützung zu beobachten und gegebenenfalls gegenzusteuern.

Sollte die von mehreren Hirnforschern und Psychopharmakologen vertretene Ansicht zutreffen, dass ein von Natur und Umgebung sehr gut ausgebildetes Gehirn durch pharmakologische Beeinflussung in seiner Leistungsfähigkeit eigentlich nur beeinträchtigt werden kann, weil es praktisch bereits am Optimum arbeitet – dann ergäben sich gerade für die besonders »anfälligen« Hochleistungsberufstätigen nur Nachteile durch Enhancement. Das Gefühl der Überforderung würde vermutlich nicht abgeschwächt, sondern vielmehr noch verstärkt: weil die Betroffenen sich überhaupt genötigt fühlen, diese Mittel zu nehmen, und dann feststellen, dass sie ihnen auf Dauer nichts nützen.

HANDLUNGSFELDER

Aus den Ergebnissen des TAB-Berichts ergeben sich Handlungsmöglichkeiten in den Bereichen Forschung, Regulierung, Verbraucherschutz und Prävention sowie öffentliche Debatte.

FORSCHUNG

Forschungsbedarf ergibt sich vor allem mit Blick auf die verschiedenen gesellschaftlichen Erscheinungsformen bewusster Pharmanutzung zur Leistungserbringung. Vorliegende empirische Analysen bieten eine Ausgangsbasis, die
durch Untersuchungen insbesondere zu folgenden Fragen zu verbreitern wäre:

> Wie groß ist der Anteil der Menschen – differenziert nach sozialen Gruppen,
  beruflichen Kontexten und Lebenssituation –, die bewusst Arzneimittel (oder
  illegale Substanzen) einnehmen, um ihre Leistung zu steigern, ohne dass sie
  sich als krank empfinden, und welche Substanzen werden genommen?
> Welche Bedeutung hat die Ausbildungs-/Arbeitsumgebung? Sind die Betrof-
  fenen zufrieden mit ihrer Situation oder würden sie alternative Handlungs-
  optionen vorziehen, die keinen Substanzkonsum einschließen würden?
> Welche ökonomischen und sozialen Bedingungen und Entwicklungen beein-
  flussen das konkrete Nutzungsverhalten und die prinzipielle Akzeptanz der
  Substanzverwendung?
> Welche gesundheitlichen und psychosozialen Folgen sind beobachtbar?
> Ausgehend vom Sportdoping: Welche Wechselwirkungen bestehen zwischen
  Leistungsorientierung, Substanzgebrauch und Suchtproblematik?
> Kann geistige Arbeit ähnliche negative Folgen haben, wie dies bei körperlicher
  Hyperaktivität in Form von Sportsucht anscheinend festzustellen ist?

Sinnvoll erscheint es, die derzeit vorhandene Wissensbasis über beobachtete und
denkbare Effekte – in den Grenzen der gültigen forschungs- und medizinethischen Vorgaben – noch gründlicher als bislang auszuwerten.

Da Forschung und Entwicklung im Pharmamarkt ausgesprochen global ausgerichtet sind und leistungssteigernde Pharmaka durchaus zunächst im außereuropäischen Raum Fuß fassen könnten, ist ein periodisches Monitoring der internationalen Entwicklungen in diesem Bereich angezeigt.

REGULIERUNG

Dringender Regelungs- bzw. rechtlicher Anpassungsbedarf zum Tatbestand
»Pharmakologisches (Neuro-)Enhancement« ist nicht erkennbar. Alle bislang als
vermeintliche Enhancer bekannten Substanzen fallen unter das Arznei-, das Be-
täubungs- oder das Lebensmittelrecht. Die Frage eines Substanz- oder Konsumverbots stellt sich daher derzeit nicht.

Allerdings kann ein gewisser Klärungsbedarf mit Blick auf das im Arzneimittelgesetz (AMG) verankerte Dopingverbot begründet werden, welches zum Schutz
der Gesundheit das Inverkehrbringen und Verschreiben sowie die Anwendung
von Arzneimitteln bei anderen zu Dopingzwecken ausschließlich im Sport verbietet (§ 6a AMG). Sollte sich im Zuge der detaillierteren empirischen Erhebungen herausstellen, dass der Missbrauch von Arzneimitteln zur psychischen/kogni-

tiven Leistungssteigerung ein ähnlich großes Problem wie das zur physischen Leistungssteigerung darstellt, dann läge es nahe, eine Gleichstellung beider Vorgänge im Arzneimittelgesetz zu prüfen.

Eine regulative Unschärfe besteht darüber hinaus bei der therapeutischen Nutzendefinition als Legitimation klinischer Forschung und späterer Zulassung von Arzneimitteln. Substanzen können gegebenenfalls zugelassen, aber aus dem Leistungskatalog insbesondere der gesetzlichen Krankenkassen ausgeschlossen werden. Als Konsequenz wird vermutlich eine wachsende Zahl von Substanzen vorwiegend auf dem zweiten Gesundheitsmarkt umgesetzt, dessen Erfassungs- und Kontrollmechanismen weniger strikt als die des ersten sind. Mit Blick auf mögliche Enhancementtendenzen wäre eine systematische, transparente und detaillierte Erhebung der Verschreibungen und Umsätze notwendig. Auch müsste die unabhängige Nutzen-Risiko-Bewertung gestärkt und eine seriöse, leicht zugängliche und verständliche Information der Patienten bzw. Klienten bei individuellen Gesundheitsleistungen oder Off-Label-Verschreibungen sichergestellt werden. Die in ihrem Umfang nicht genau bekannte, intransparente heutige Praxis gezielter Off-Label- oder Gefälligkeitsverschreibungen in den Grenzbereichen zur Leistungssteigerung durch Ärzte erfordert eine gesamtgesellschaftliche und berufsständische Auseinandersetzung mit der Thematik.

Im Bereich des Lebensmittelrechts wäre eine Beobachtung der Zielerreichungseffekte der Umsetzung der Health-Claims-Verordnung und ggf. eine Überprüfung der Auflagen speziell im Bereich der Leistungssteigerungsbewerbung wichtig, um diesbezüglich wunscherzeugende oder -verstärkende Praktiken zu begrenzen.

GESUNDHEITLICHER VERBRAUCHERSCHUTZ UND PRÄVENTION

Viele Gründe sprechen dagegen, dass die Verwendung pharmakologischer Substanzen eine adäquate, gesellschaftlich wünschenswerte Handlungsoption für den Umgang mit besonders fordernden oder auch überfordernden Leistungserwartungen bzw. -vorgaben ist. Die Beobachtung, dass diese Handlungsoption trotz möglicher vielfältiger, nicht unerheblicher Nebenwirkungen praxisrelevant ist, spricht für die Notwendigkeit einer ganzheitlichen Stärkung von gesundheitsbewussten individuellen Lebensweisen unter anderem durch die Bereitstellung und Vermittlung von verlässlichen Informationen sowie durch die Gestaltung gesundheitsfördernder Umfeldbedingungen im Sinn der Ottawa-Charta der WHO.

Eine notwendige Voraussetzung hierzu wäre, ein Gegengewicht zu interessengeleiteten Werbeaussagen und unübersichtlichen Internetinformationen zu schaffen und Verbraucher verständlich, umfassend und vertrauenswürdig über Wirkungs-, Nichtwirkungs- und Nebenwirkungsaussagen sowohl von Lebensmitteln als auch von Arzneimitteln zu informieren.

Bei der Gestaltung gesundheitsfördernder Umfeldbedingungen in Ausbildung und Beruf muss unterschieden werden zwischen der allgemeinen Frage nach der Ausgestaltung und Durchsetzung von Leistungsanforderungen – die eine gesamtgesellschaftliche Grundsatzfrage darstellt (s.u.) – und konkreten Maßnahmen der Gesundheitsförderung in Arbeits- und Ausbildungsumgebungen. Während die betriebliche Gesundheitsförderung einschließlich der humanen Gestaltung der Arbeit vor allem im Verantwortungsbereich des Arbeitgebers liegt, ist die Situation bei Selbst- und Scheinselbstständigen, bei von Arbeitslosigkeit Betroffenen und auch bei Schülern und Studenten diffuser bzw. völlig anders. Besonderes Augenmerk sollte auf die zunehmenden psychischen Belastungen (durch wachsenden Zeitdruck und schnell wechselnde Aufgaben) gelegt werden, die anscheinend bei allen Bevölkerungsgruppen zu vermehrten Erkrankungen führen.

GESELLSCHAFTLICHE UND POLITISCHE DEBATTE

Die vorrangige gesellschaftliche und politische Relevanz von Enhancement erschließt sich nicht aus dessen Verständnis als Teil einer wissenschaftlich-technisch fundierten »Verbesserung des Menschen«, sondern daraus, dass pharmakologische Interventionen zur Leistungssteigerung Teil einer »Medikalisierung der Leistungs(steigerungs)gesellschaft« sind. Gegenstand der gesellschaftlichen und politischen Auseinandersetzung müsste also der zukünftige Stellenwert pharmakologischer und sonstiger (bio)medizinischer Strategien und Maßnahmen beim Umgang mit Leistungsvorgaben und -anforderungen in der globalisierten Ausbildungs- und Arbeitswelt sowie mit den Folgen des demografischen Wandels sein. Dazu wären die Schul-, Studien- und Arbeitsbedingungen zu hinterfragen und gegebenenfalls die Leistungskennziffern anzupassen, anstatt von vornherein Strategien maximaler individueller und kollektiver Leistungssteigerung als unausweichlich anzusehen. Hierfür sprechen zumindest mittel- und längerfristig auch betriebs- und volkswirtschaftliche Gründe. Das Beispiel des Dopings im Sport bietet hierbei Anschauungsmaterial zu einer möglichen Selbstzerstörung eines Wettbewerbssystems durch unbegrenzte Leistungssteigerungserwartung.

Ein gewichtiges Argument für ein pharmakologisches Enhancement, das in vielen bioethischen Einlassungen angeführt wird, wäre ein besonderer Nutzen für weniger leistungsstarke Menschen insbesondere im Beruf und dadurch die Herbeiführung größerer Chancengleichheit und Gerechtigkeit. Die Analyse der Wirkungen der bisher verfügbaren Substanzen deutet darauf hin, dass Personen in »defizitären« Ausgangssituationen eher profitieren könnten. Wenn sich diese These erhärten sollte, verstärkt sich die schwierige Frage der Grenzziehung aufgrund der fortschreitenden Pathologisierung normaler Zustände, der sich immer auch die sozialen Sicherungssysteme stellen müssen. Gleichzeitig sprechen die bisherigen Befragungen dafür, dass am ehesten solche Personen leistungssteigernde Substanzen verwenden, die sehr gut ausgebildet sind und über eine hohe Leistungsbereitschaft verfügen – und sich dennoch überfordert fühlen. Insgesamt erscheint es wenig überzeugend, dass ein berufliches Enhancement als autonome Handlung mit positiven Folgen erlebt würde.

Wenn sich in ferner Zukunft stärkere Hinweise als bislang auf spezifische, leistungssteigernde Wirkungen ohne relevante unerwünschte Nebenwirkungen ergeben, dürften Stimmen laut werden, die eine systematischere Erforschung von Enhancementmitteln fordern. Bei der Frage nach der öffentlichen Forschungsförderung müsste angesichts des damit zu vollziehenden Paradigmenwechsels in der medizinischen Forschung spätestens dann ein gesellschaftlicher Meinungsbildungsprozess initiiert werden, ob dies wirklich eine gewünschte Verwendung von öffentlichen Ressourcen darstellt.

Die Ergebnisse des vorliegenden Berichts sprechen allerdings nicht dafür, dass leistungssteigernde Substanzen die öffentliche Wohlfahrt, das soziale Gefüge oder das individuelle Glück auf längere Sicht positiv beeinflussen können.

Unter dem Begriff »Enhancement« – für den kein passendes deutsches Synonym existiert – werden seit einigen Jahren vor allem aus techniksoziologischer und bioethischer Perspektive sowohl bio- und medizintechnische Entwicklungen als auch der veränderte Umgang wachsender Teile der Gesellschaft mit pharmakologisch wirksamen Substanzen verhandelt. Es geht dabei um »Interventionen in den menschlichen Körper«, die eine subjektive oder objektive Leistungssteigerung bewirken sollen, wozu im weiten Sinn auch eine Stimmungssteuerung oder kosmetische Veränderungen gezählt werden. Von bioethischer und naturwissenschaftlicher Seite gibt es – neben vielen anderen Positionen – Forderungen nach einer intensiveren, systematischen Erforschung leistungssteigernder Mittel und Methoden, im Gesundheits- und Sozialbereich dominieren Warnungen vor wachsenden inneren und äußeren Zwängen zum pharmakologischen »Alltagsdoping« im Kontext einer zunehmenden Dienstleistungs- und Wunscherfüllungsmedizin des zweiten Gesundheitsmarktes.

HINTERGRUND UND ZENTRALE ASPEKTE DES THEMAS   1.

Eine besondere psychische, in vieler Hinsicht aber auch physische Leistungsfähigkeit gilt zunehmend als Voraussetzung für eine erfolgreiche berufliche und persönliche Lebensgestaltung in modernen Industriegesellschaften. Dieser gesellschaftliche Trend manifestiert sich in verschiedenen Teilbereichen und wird durch unterschiedliche ökonomische, soziale und wissenschaftliche Entwicklungen beeinflusst. Als wissenschaftliche Basis einer möglichen Leistungsbeeinflussung werden zunehmend die pharmakologische und medizintechnische Forschung sowie deren Erkenntnisse und Produkte thematisiert, die eigentlich der Behandlung von Krankheiten dienen und primär hierfür entwickelt werden. Durch etliche dieser Substanzen und Technologien könnten möglicherweise nicht nur psychische oder physische Probleme behandelt werden, sondern gezielt Teilaspekte des individuellen psychischen oder physischen Leistungsvermögens (z.B. Konzentrationsfähigkeit, Muskelkraft) über ein »normales« Maß hinaus gesteigert werden. Dabei werde es, so wird vielfach angenommen, zunehmend schwieriger, Grenzen zwischen medizinisch eindeutig indizierter, medizinisch ebenfalls begründbarer (»off label use«) und medizinisch nichtindizierter, ggf. missbräuchlicher Verwendung pharmakologischer und (neuro)technischer Interventionsmöglichkeiten zu ziehen. Es sei zu erwarten, dass die dadurch mögliche individuelle Verbesserung der Leistungsfähigkeit zukünftig immer mehr Lebensbereiche durchdringe, ohne dass die Folgen einer solchen Entwicklung hin zu einem »Alltagsenhancement« ausreichend bekannt seien.

Als fördernde Faktoren für diese Entwicklung werden außer den wachsenden wissenschaftlich-technischen Möglichkeiten insbesondere Veränderungen im gesellschaftlichen und individuellen Verständnis von Gesundheit und Krankheit angesehen sowie neue Verteilungsstrukturen für Produkte und Informationen (weltweite Verfügbarkeit, ohne dass traditionelle Kontrollstrukturen z.b. für Pharmaka greifen). Mehrere Projekte des TAB haben Hinweise auf eine zunehmende Entwicklung und Diffusion von Pharmaka und anderen medizinischen Verfahren einschließlich (neuro)technischer Interventionen zur Verbesserung der individuellen Leistungsfähigkeit in Alltagssituationen für Teilbereiche geliefert: die Projekte »Hirnforschung« (Hennen et al. 2008 u. TAB 2007), »Converging Technologies« (TAB 2008a) sowie »Gendoping« (Gerlinger et al. 2008 u. TAB 2008b). Auch andere deutsche und europäische Einrichtungen der Technikfolgenabschätzung haben sich in den vergangenen Jahren mit dem Thema Enhancement befasst, darunter die Europäische Akademie zur Erforschung und Beurteilung von Folgen wissenschaftlich-technischer Entwicklungen (Merkel et al. 2007), die European Technology Assessment Group im Auftrag von STOA, der TA-Einrichtung des Europäischen Parlaments (Coenen et al. 2009), TA-SWISS, die schweizerische parlamentarische TA-Institution (mit Projektabschluss im Jahr 2011; www.ta-swiss.ch) sowie das Institut für Technikfolgenabschätzung und Systemanalyse (ITAS) mit einem Schwerpunkt bei Nano- und Neurotechnologien bzw. Converging Technologies (u.a. Fiedeler 2008; Grunwald 2008; ITAS 2009).

BEAUFTRAGUNG, ZIELSETZUNG UND VORGEHENSWEISE   2.

Nach wie vor bestehen jedoch große Unsicherheiten in Bezug auf viele der wissenschaftlichen und technischen Möglichkeiten, deren Entwicklungsstand und daraus resultierender Zeithorizonte für eine breitere Diffusion, ebenso über mögliche Wirkungen und Nebenwirkungen sowie über das Ausmaß und die Ausprägung von gesellschaftlichen Folgedimensionen. Deshalb ist das TAB vom Ausschuss für Bildung, Forschung und Technikfolgenabschätzung des Deutschen Bundestages mit einem Projekt zum Thema »Pharmakologische und technische Interventionen zur Leistungssteigerung – Perspektiven einer weiter verbreiteten Nutzung in Medizin und Alltag« (Kurztitel: »Enhancement«) beauftragt worden.

Das Projekt sollte – basierend auf einer Bestandsaufnahme erkennbarer Tendenzen – Ursachen für die Nutzung von pharmakologischen und technischen Interventionen zur Leistungssteigerung, mögliche Folgedimensionen sowie daraus ableitbare Fragestellungen für Politik und Gesellschaft thematisieren. Die Herausforderung dieses TA-Projekts bestand darin, die Vielfalt wissenschaftlicher Entwicklungen, relevanter Technologiefelder und möglicher gesellschaftlicher Auswirkungen umfassend, aber fokussiert auf politisch relevante Fragestellungen darzustellen und zu analysieren. Hierfür wurde das Projekt in zwei Phasen unterteilt, eine Explorations- und eine Vertiefungsphase.

ERGEBNISSE DER EXPLORATIONSPHASE

Die Explorationsphase diente einer breiter angelegten Bestandsaufnahme. Neben einer Erhebung und Auswertung abgeschlossener und laufender Untersuchungen zum Thema Enhancement durch die Projektbearbeiter des TAB wurden sechs Gutachten vergeben: zum Stand der Erforschung und Entwicklung relevanter Psychopharmaka, zum Vergleich kognitiver Enhancementtrainings mit pharmakologischen und technischen Interventionen, zu Lebensmitteln, die als leistungssteigernd beworben werden, sowie zur sozialwissenschaftlichen, zur ethischen und zur rechtlichen Debatte der Thematik (Kap. I.3). Eine vorläufige Auswertung der Ergebnisse der Gutachten wurde auf einem internen Workshop mit den Gutachterinnen und Gutachtern ausführlich diskutiert. Als Ausgangspunkt für die Schwerpunktsetzung in der Vertiefungsphase ergaben sich die folgenden Einschätzungen.

ARBEITSDEFINITION VON ENHANCEMENT UND SYSTEMABGRENZUNG

Die Konturen des Untersuchungsgegenstandes Enhancement erscheinen auch nach Jahren der wissenschaftlichen Auseinandersetzung unscharf. Unter dem Begriff, für den kein passendes deutsches Synonym existiert, werden von vielen Experten in unterschiedlichen Kontexten, Projekten und Publikationen verschieden weitgefasste »Interventionen in den menschlichen Körper« verstanden. Die im Projekttitel enthaltene Fokussierung auf eine »weiter verbreitete Nutzung pharmakologischer und technischer Interventionen zur Leistungssteigerung in Medizin und Alltag« schließt zwar z.B. rein kosmetische Eingriffe aus, lässt aber immer noch ein weites Untersuchungsfeld zu. Diese Unschärfe resultiert mindestens aus vier Gründen:

> unklare Begrifflichkeit und Messbarkeit der »Leistungssteigerung« im Übergangsbereich von Doping (innerhalb der »normalen« Grenzen menschlicher Leistungsfähigkeit), Verbessern (über die Grenzen hinaus) und Verändern (qualitative Erweiterung der Leistungen bzw. Fähigkeiten);

> Schwierigkeiten bei der Grenzziehung zwischen Krankheit und Gesundheit, bei der Bestimmung von Start- und Endpunkt einer medizinischen (Defizit-)Behandlung (einschließlich präventiver Maßnahmen), bei der Unterscheidung zwischen medizinisch eindeutig indizierter, medizinisch begründbarer (»off label use«) und medizinisch nichtindizierter, ggf. missbräuchlicher Verwendung;

> Subsumierung äußerst heterogener Mittel und Methoden (in sehr unterschiedlichen Entwicklungsstadien) unter den Begriff;

> wenig empirische Daten zur Verbreitung der Nutzung der verschiedenen Enhancementmittel und -methoden.

Eine präzise Definition von Enhancement ist daher kaum zu leisten. Für die *Vertiefungsphase* des TA-Projekts erfolgte mit Blick auf die kurz- und mittelfristige gesellschaftliche und politische Bedeutung eine *Eingrenzung auf pharmazeutisch wirksame Stoffe*, d.h., im engeren Sinn technische (Neuroimplantate u.Ä.) sowie biomedizinische Interventionen (z.B. genetische Manipulationen) wurden nicht behandelt. Diese Ansätze befinden sich zum größten Teil in so frühen Entwicklungsphasen, dass die Frage nach ihrer möglichen zukünftigen Nutzung für eine Leistungssteigerung in Beruf und Alltag allenfalls spekulativ beantwortet werden könnte.

VORLÄUFIGE BEFUNDE ZUR NUTZUNG VON ENHANCEMENTMITTELN

In den Fokus des Projekts wurden plausible Projektionen beobachtbarer wissenschaftlicher und gesellschaftlicher Trends der Verwendung von Pharmaka als Enhancementmittel in Beruf und Alltag gestellt. Bei diesen handelt es sich vorrangig um Psychopharmaka, welche die Stimmung, die Wachheit und Aufmerksamkeit oder die Gedächtnisleistung beeinflussen (sollen). Typische Mittel zur physischen Leistungssteigerung sind vor allem aus dem Doping im Leistungs-, Fitness- und Breitensport bekannt. Die Befunde zur Verwendung pharmakologischer Enhancementmittel aus der Explorationsphase ergaben das folgende vorläufige Bild:

> Es existiert kaum evidenzbasiertes Wissen bezüglich der leistungssteigernden Wirkung von Medikamenten bei Gesunden, weil diese nicht erforscht wird (Nutzenaspekt). Daher sind auch Nebenwirkungen und erst recht mögliche Langzeitfolgen bei einem solchen Gebrauch nicht untersucht (Risikoaspekt).
> Dennoch verwenden Teile der Gesellschaft bestimmte Pharmaka mit der Intention, ihre Leistung in Ausbildung, Beruf und im privaten Bereich zu steigern.
> Zugangsmöglichkeiten zu diesen Mitteln bestehen je nach Substanz durch freien Erwerb, Verschreibung oder illegale Beschaffung.
> Fördernde Faktoren sind vermutlich das Erstarken des zweiten Gesundheitsmarktes mit der Eigenfinanzierung von Leistungen aufgrund der zunehmenden Nichterstattung von Medikamenten und Therapien durch gesetzliche Krankenkassen sowie neue Informationsmöglichkeiten durch das Internet.
> Patienten sind vermutlich aktiv Nachfragende, gleichzeitig ergeben sich für sie fundamentale Orientierungs- und Vertrauensprobleme durch unklare oder irreführende Informationen.
> Enhancementtendenzen sind verbunden mit einem Wandel des Selbstverständnisses der Ärzteschaft bzw. der Medizin in Richtung Dienstleistung und Wunscherfüllung, im Kontext einer zunehmend kompetitiven »Leistungsstei-

gerungsgesellschaft« und als Folge ökonomischer, politischer und rechtlicher Entwicklungen und Vorgaben.

THEMEN DER VERTIEFUNGSPHASE

In der Vertiefungsphase des TA-Projekts wurden zwei Entwicklungspfade der künftigen Verwendung von Arzneimitteln zur Leistungssteigerung näher betrachtet:

> zum einen das »Business-as-usual-Szenario«, bei dem die Diffusion im Gesundheitssystem und der Gesellschaft entsprechend den bestehenden Rahmenbedingungen und Entwicklungstendenzen vonstatten geht, und
> zum anderen die regulativen Voraussetzungen und Hemmnisse sowie Folgen eines »Erweiterungsszenarios« der Nutzung von Enhancementmitteln, das sich aus gezielten wissenschaftlichen Entwicklungsbemühungen und politischen Entscheidungen ergeben könnte.

Für eine Vertiefung der Frage nach den Ursachen und Motiven von Enhancement wurde darüber hinaus das Doping im (Leistungs- und Breiten-)Sport dahingehend untersucht, welche der dort prägenden Verhaltensformen und Systembedingungen auch für Enhancement in Berufs- und Alltagssituationen relevant sein könnten. Zu diesen Themen wurden drei weitere Gutachten vergeben (Kap. I.3).

Die Ergebnisse der Gutachten und Literaturauswertungen aus beiden Projektphasen wurden im vorliegenden Endbericht zusammengeführt.

KOOPERATION MIT GUTACHTERINNEN UND GUTACHTERN   3.

Folgende Gutachten wurden in der Explorationsphase vergeben:

> *Neuro-Enhancement – Die Argumente.* Centrum für Bioethik, Westfälische Wilhelms-Universität Münster (Autoren: Dr. Johann S. Ach, Dr. Benedetta Bisol)
> *Marktangebot von Lebensmitteln, die mit Aussagen zur Leistungssteigerung oder über die Beeinflussung des optischen Erscheinungsbildes beworben werden.* Christina Rempe, Berlin
> *Psychopharmakologisches Neuroenhancement – Aktuelle Möglichkeiten, Risiken und Perspektiven.* Klinik und Hochschulambulanz für Psychiatrie und Psychotherapie, Charité-Universitätsmedizin Berlin (Autoren: Dimitris Repantis, Prof. Dr. Isabella Heuser)
> *Der Stand der psychologischen Forschung zu Enhancement-Trainings im Vergleich zu pharmakologischen und technischen Interventionen.* Dr. Ralph Schumacher, Prof. Dr. Elsbeth Stern, Berlin/Zürich
> *Enhancement in Medizin und Alltag: Eine erste Sondierung der ethischen Implikationen und des rechtlichen Regulierungsbedarfs.* Prof. Dr. Jürgen Si-

mon, Ass. Jürgen Robienski, Dr. Rainer Paslack; Bardowick, Lüneburg, Bielefeld

> *Die Entgrenzung der Medizin und die Optimierung der menschlichen Natur – Biopolitische Strategien und Praktiken des Enhancements und ihre Aneignung durch die Individuen, illustriert anhand der Beispiele ADHS und Anti-Aging-Medizin.* Dr. Willy Viehöver, PD Dr. Peter Wehling, Fabian Karsch, Dr. Stephan Böschen; Augsburg

In der Vertiefungsphase wurden folgende Gutachten vergeben:

> *Das Gesundheitssystem und seine derzeitige und zukünftige Rolle bei der Diffusion von Enhancementmitteln.* IGES Institut GmbH, Berlin (Autoren: Hans-Holger Bleß, Dr. Katrin Krämer, Hans-Dieter Nolting)
> *Forschungs- und Innovationssystem: Medikamentöse Leistungssteigerung – ein künftiges Entwicklungsfeld?* risicare GmbH, Zürich (Autoren: Dr. Anne Eckhardt, Dr. Andreas Bachmann, Dr. Gordon Gundert, Michèle Marti, Dr. Juliane Neuss Münzel, Dr. Harry Telser)
> *Doping und Medikamentenmissbrauch in Sport und Beruf. Soziologische und psychologische Aspekte des Dopings und ihr Projektionspotential für das Enhancementproblem.* Dr. Andreas Singler, Prof. Dr. Gerhard Treutlein, Mainz

Mit allen Gutachterinnen und Gutachtern erfolgte während und nach Erstellung der Gutachten ein intensiver Austausch. Zur Kommentierung von Teilen des Berichtsentwurfs konnte Prof. Dr. Klaus Lieb von der Universität Mainz gewonnen werden. Allen Beteiligten sei herzlich für die engagierte und geduldige Kooperation gedankt. Unter den Kollegen in TAB und ITAS waren dies Dr. Christoph Revermann, der bis zur Erstellung des Abschlussberichts das Projekt mit bearbeitet hat, sowie Christopher Coenen und einmal mehr insbesondere Dr. Thomas Petermann, die durch Gegenlesen und detailliertes Kommentieren zur Verbesserung des vorliegenden Berichts entscheidend beigetragen haben. Ein besonderer Dank gebührt den Kolleginnen B.-Ulrike Goelsdorf für die gründliche Durchsicht des Manuskripts und das Endlayout sowie Johanna Kniehase für die Erstellung der Grafiken. Alle verbleibenden Unzulänglichkeiten liegen in der Verantwortung des Verfassers und der Verfasserin, Dr. Arnold Sauter und Dr. Katrin Gerlinger.

AUFBAU DES BERICHTS   4.

Kapitel II (*Menschliche Leistung und ihre pharmakologische Beeinflussung*) beginnt mit einer Diskussion der Begriffe menschliche Leistungen und Fähigkeiten, der Möglichkeiten und Grenzen ihrer Erfassung sowie einem Einblick in den biologischen Wissensstand. Den Schwerpunkt des Kapitels bildet die Darstellung der einschlägigen Substanzgruppen und relevanter Einzelstoffe, der belegten

Wirkungs- und Nebenwirkungsprofile, ihrer Verwendungen sowie der angenommenen und nachgewiesenen Effekte im Kontext der Leistungssteigerung. Gegenübergestellt werden psychologisch fundierte, kognitive Trainingsmaßnahmen sowie nichtinvasive Technologien wie elektrische oder magnetische Felder.

Kapitel III (*Enhancementsubstanzen als Lebens- oder Arzneimittel? Rechtliche Abgrenzung, normativer Umgang und Verbreitungswege*) widmet sich der Rechtslage bei Zulassung und Inverkehrbringen von Arznei- und Lebensmitteln mit besonderer Berücksichtigung der Informationsbereitstellung und Bewerbung durch Anbieter und Gatekeeper (Ärzte und Apotheker). Beschrieben werden die bekannten und vermuteten Verbreitungswege leistungssteigernder Substanzen im ersten und zweiten Gesundheitsmarkt sowie über sonstige Kanäle. Den Abschluss bildet die Zusammenfassung des Wissensstands über die Verbreitung der Nutzung von Pharmaka zur psychisch/kognitiven und physischen Leistungssteigerung.

In Kapitel IV wird die *Debatte über Enhancement in Ethik und Sozialwissenschaften* unter dem speziellen Blickwinkel der konkreten gesellschaftlichen und politischen Relevanz der aufgeworfenen Fragen und abgeleiteter Folgerungen behandelt. Die ethische Debatte wird eher knapp dargestellt, weil sich viele der einschlägigen Analysen weniger auf empirische Beobachtungen oder plausible Annahmen als auf spekulative Fälle hypothetischer Enhancementmittel beziehen. Ausführlicher wird der Frage nachgegangen, welche sozialwissenschaftlichen Erkenntnisse dafür sprechen, dass die Nutzung von Substanzen mit der Absicht einer Leistungssteigerung als Teil einer Medikalisierung psychosozialer Probleme in einer zunehmend wettbewerbsorientierten Gesellschaft verstanden werden kann bzw. muss.

Kapitel V (*Leistungssteigernde Mittel der Zukunft – ein Erweiterungsszenario*) füllt eine bislang zentrale Leerstelle der gesamten Debatte zum pharmakologischen Enhancement: Ist die Zielsetzung Leistungssteigerung überhaupt anschlussfähig an die bisherige Logik und die Prozeduren der Erforschung und Entwicklung von pharmazeutischen Wirkstoffen und Arzneimitteln, insbesondere mit Blick auf die rechtlichen Vorgaben? Welche wissenschaftlichen, gesellschaftlichen und politischen Entwicklungen wären nötig, damit Enhancementsubstanzen in Zukunft tatsächlich eine so große Rolle spielen könnten, wie v.a. in den bioethischen Überlegungen angenommen wird? Das resultierende Szenario spricht gegen eine vorrangig wissenschaftsgetriebene Dynamik und für einen großen Gestaltungsspielraum von Politik und Gesellschaft.

Auch in Kapitel VI (*Doping und Enhancement: Gemeinsamkeiten und Unterschiede zwischen Sport und Berufsleben*) wird ein Aspekt der Problematik analysiert, der bislang anscheinend – und erstaunlicherweise – kaum vertieft behandelt worden ist: die möglichen Lehren aus der pharmakologischen Leistungssteigerung im gesellschaftlichen Teilsystem Sport bei einer Projektion auf das Berufs-

leben. Dargestellt wird, was aus der natur- und sozialwissenschaftlichen Forschung zur Dopingproblematik (zu Motiven, Triebkräften, Systemeinflüssen,
pathologischen Folgen, Präventionsmöglichkeiten) für Enhancement als medikamentöse Problemlösung wachsender Leistungsanforderungen in Ausbildung
und Beruf abgeleitet werden kann.

In Kapitel VII *(Resümee und Handlungsfelder)* schließlich wird ein Fazit zur wissenschaftlichen, gesellschaftlichen und politischen Relevanz des Phänomens
»pharmakologisches Enhancement« gezogen und der daraus ableitbare Hand-
lungsbedarf in den Bereichen Forschung, Regulierung, gesundheitlicher Verbraucherschutz und öffentliche Debatte benannt.

ZUR VERWENDUNG DES BEGRIFFS ENHANCEMENT   5.

Wie in Kapitel I.2 erläutert, gibt es sehr unterschiedliche Verwendungsweisen
des Begriffs Enhancement. Auf der einen Seite stehen die besonders weiten Definitionen unter Einschluss einer Vielzahl technischer und biomedizinischer Interventionen zur Beeinflussung und Gestaltung des menschlichen Körpers in belie-
biger Hinsicht, auf der anderen Seite konzentriert sich ein wichtiger Teil der
fachwissenschaftlichen und öffentlichen Debatte unter den Begriffen »kognitives« oder »Neuroenhancement« auf eine Leistungssteigerung (oder »Verbesserung«) *geistiger* bzw. *psychischer* Kapazitäten des Menschen in Abgrenzung zu
einer physischen Leistungssteigerung. Ein Grund ist, dass geistige Leistung als
entscheidende Determinante ökonomischen und sozialen Erfolgs gilt, während
physische Leistungsfähigkeit oft nur als Basis für die geistige Leistungserbringung verstanden bzw. deren gezielte Manipulation, z.B. durch kosmetische Eingriffe oder substanzgestützten Muskelaufbau, dem Bereich der Selbstdarstellung
oder Authentizitätserfahrung im Privatleben zugeordnet wird. Hinzu kommt,
dass die pharmakologische physische Leistungssteigerung als Doping im Leistungssport zumindest vordergründig gesellschaftlich überwiegend verpönt und
auch formal verboten ist, sodass der Handel mit entsprechenden Substanzen explizit unter Strafe gestellt ist (Kap. III.3). Aus dem Negativimage des Dopings
folgen in der Enhancementdebatte anscheinend thematische »Berührungsängs-
te«, weshalb die physischen Effekte tendenziell ausgeblendet werden.

Die größte öffentliche Aufmerksamkeit für das Thema »kognitives« oder »Neuroenhancement« resultierte in den vergangenen Jahren auf internationaler Ebene
Ende 2008 aus einem Plädoyer von sechs renommierten Hirnforschern sowie des
Chefredakteurs von »Nature« für einen verantwortlichen Gebrauch entsprechender Substanzen (Greely et al. 2008), in Deutschland im Herbst 2009 aus
dem »Memorandum zu Chancen und Risiken des Neuro-Enhancements: Das
optimierte Gehirn« einer interdisziplinären Arbeitsgruppe aus vier renommierten

Forschungseinrichtungen (Galert et al. 2009). Die deutschen Autoren sprechen sich für eine kritische, aber offene Befassung mit den Potenzialen und Effekten potenziell leistungssteigernder Psychopharmaka und gegen eine Vorverteilung als »Hirndoping« – und vor allem gegen ein daraus ableitbares prophylaktisches Verbot – aus. Genau dieser Begriff aber bildete den Titel der bislang umfassendsten populärwissenschaftlichen Darstellung durch einen deutschen Fachexperten (Lieb 2010), der sich allerdings nicht mit hypothetisch denkbaren, spezifisch leistungssteigernden und nebenwirkungsarmen Substanzen befasst, genausowenig wie mit Drogenkonsum, sondern unter Hirndoping »die missbräuchliche Anwendung verschreibungspflichtiger Medikamente zur geistigen Leistungssteigerung« versteht. Auch die bisher umfangreichste Erhebung zum Gebrauch leistungssteigernder Substanzen durch Berufstätige in Deutschland im Auftrag der Deutschen Angestelltenkrankenkasse wurde mit dem Begriff »Doping am Arbeitsplatz« betitelt (DAK 2009, S. 37 ff.; hierzu Kap. III.4.1). Andere Fachwissenschaftler(gruppen) haben die Begriffe »mentales Enhancement« verwendet (Merkel et al. 2007) oder bevorzugen »kognitives Enhancement« gegenüber »Neuroenhancement«, weil es nicht darum gehe, die Neuronenstrukturen, sondern das Denken zu verbessern (Metzinger 2009).

Wie im folgenden Kapitel zu den biologischen Grundlagen und Wirkdimensionen bekannter Enhancementsubstanzen allerdings gezeigt wird, sind die bislang nachgewiesenen Effekte klein, und eine klare Abgrenzung geistiger, psychischer, kognitiver, mentaler, emotionaler von physischen Wirkungen ist in vielen Fällen gar nicht möglich. Daher wird im vorliegenden Bericht keine explizite Beschränkung auf ein »Neuroenhancement« o.Ä. unternommen, auch wenn der Schwerpunkt der Betrachtung auf einer pharmakologischen Beeinflussung der geistigen Leistungsfähigkeit liegt.

Wenn im Folgenden von Enhancement oder Enhancementmitteln/-substanzen gesprochen wird, heißt das nicht, dass der Effekt einer Leistungssteigerung tatsächlich beobachtet und dokumentiert worden ist, sondern zunächst einmal nur, dass die »pharmakologische Intervention« mit der *Absicht* der »Leistungssteigerung« erfolgt ist. Die Bedeutung dieser im Vorhinein etwas umständlich erscheinenden Unterscheidung sollte in den folgenden Kapiteln deutlich zutage treten.

MENSCHLICHE LEISTUNG UND IHRE
PHARMAKOLOGISCHE BEEINFLUSSUNG II.

In der Enhancementdebatte werden Möglichkeiten und Grenzen der Veränderung von menschlichen Eigenschaften, von Fähigkeiten bzw. Leistungen thematisiert. Wie einleitend (Kap. I) gezeigt, wird das Themenfeld teilweise sehr weit gesteckt, bis hin zu bestimmten Bereichen der Reproduktionsmedizin, der Gentherapie, der kosmetischen Chirurgie oder der Verlangsamung von Alterungsprozessen (Coenen et al. 2009; President's Council on Bioethics 2003; Simon et al. 2008). Eine besondere gesellschaftliche Brisanz wird meist dann hervorgehoben, wenn durch die Veränderungen bessere individuelle Leistungen erbracht werden können, die in Verbindung mit kollektiven und/oder gesellschaftlichen Ansprüchen und sozialen oder ökonomischen Zielsetzungen für den Einzelnen auch verwertbar sind. Damit werden zwei Ebenen und deren wechselseitige Verschränkungen betrachtet: zum einen die Ebene des Individuums, mit seinen Möglichkeiten und Grenzen, bestimmte Ergebnisse zu erzielen und individuelle Entscheidungen zu treffen, und zum anderen die kollektive oder gesellschaftliche Ebene, auf der eine Wertzumessung oder Verwertung dieser Ergebnisse erfolgt, indem bestimmte Anforderungen gestellt, Leistungen verlangt und dadurch die Rahmung für Einzelentscheidungen vorgegeben werden.

Im Folgenden wird die Nutzendimension pharmakologischer Interventionen zur Leistungssteigerung insbesondere mit Blick auf kollektiv verwertbare menschliche Leistungen diskutiert. Häufig wird die gesellschaftliche Nutzendimension in Betrachtungen zum Enhancementphänomen eher unscharf behandelt, was gerade mit Blick auf die ethische und politische Bewertung nicht unproblematisch ist (Näheres hierzu in Kap. IV). Auch werden Begriffe auf der Ebene des Individuums (Eigenschaften, Persönlichkeitsmerkmale, Fähigkeiten, Leistungen) meist nicht näher definiert, teils inkonsistent verwendet oder synonym benutzt.

Die folgende Diskussion einschlägiger Begriffe (Kap. II.1) erhebt nicht den Anspruch, unterschiedliche fachspezifische Konzepte umfassend darzustellen oder gar zu einen. Sie soll aber ermöglichen, diese Begriffe weitestgehend einheitlich zu verwenden. In Kapitel II.2 werden unterschiedliche Verfahren und Möglichkeiten vorgestellt, die darauf abzielen können, die Fähigkeiten von gesunden Menschen zu steigern. Der Wissensstand zu pharmakologischen Substanzen und ihren Wirkungen insbesondere in Bezug auf Fähigkeits- und Leistungsdimensionen Gesunder wird in Kapitel II.3 dargestellt. Danach werden zum Vergleich andere Substanzen, im Wesentlichen pflanzliche Inhaltsstoffe und ihre Effekte (Kap. II.4), sowie kognitive Trainings und nichtinvasive technische Mittel (Kap. II.5) thematisiert.

BEGRIFFE UND BIOLOGISCHE GRUNDLAGEN   1.

MENSCHLICHE LEISTUNGEN   1.1

Leistung ist ein abstrakter Begriff, der je nach Kontext und fachlicher Blickrichtung unterschiedlich definiert wird. Im Kern kann Leistung als ein durch einen Aufwand geschaffener Wert verstanden werden. Im naturwissenschaftlichen Kontext steht die Aufwandskomponente einer »Leistung« im Zentrum der Betrachtung. Am deutlichsten wird dies bei der physikalischen Leistungsdefinition: Dort ist Leistung als Quotient aus aufgewendeter Energie (oder verrichteter Arbeit) und der dazu benötigten Zeit definiert. Das dadurch mögliche Ergebnis liegt außerhalb des Betrachtungsraums der Physik. Auch in der Medizin, deren Untersuchungsfokus auf die Funktionsweisen einzelner Organe und deren Stoffwechselprozesse gerichtet ist, wird vorrangig die Aufwandskomponente einer menschlichen Leistung untersucht und, wenn überhaupt, von dort aus eine Projektion auf deren Anwendung oder Ergebnis versucht. In der Folge wird der Begriff (menschliche) Leistung in der Medizin eher wenig verwendet, am häufigsten noch in der Arbeitsmedizin, meist als abstrakter Zielwert für eine medizinische (Be-)Handlung (z.B. Erhalt von Leistungsfähigkeit) (z.B. Landau/Presse 2009).

Eine andere Perspektive dominiert in der Verhaltensforschung und in der Psychologie, die eine *menschliche* Leistung als ein bestimmtes Handlungsergebnis oder -ziel verstehen (Ergebniskomponente), um entweder vom Individuum selbst gesetzte (von innen) oder von außen vorgegebene Anforderungen zu erfüllen. Im Gegensatz zur medizinischen Perspektive geht die Verhaltensforschung von diesen Anforderungen aus, die ein Individuum erfüllen will oder soll, und fragt, welches Verhalten und welche Fähigkeiten – kurz: welcher individuelle Aufwand – dazu nötig sind. In der Regel wird dem Ergebnis nur dann ein Wert zuerkannt, wenn es durch einen gewissen Aufwand erbracht wird. Menschliche Leistung kann in diesem Sinn als eine Art Gütemaßstab gesehen werden, anhand dessen ein individueller Aufwand und ein Ergebnis miteinander ins Verhältnis gesetzt und bewertet werden (Lück et al. 1984) (Abb. 1).

Im Folgenden wird an diese Leistungsbetrachtung angeknüpft. Es werden ebenfalls nur die Bereiche der Veränderung individueller Fähigkeiten thematisiert, die potenziell be- oder verwertbare menschliche Leistungen hervorbringen können.[1] Ein Handlungsergebnis, das als menschliche Leistung gewertet wird, entsteht

---

1   Medizinische Bereiche, wie die kosmetische Chirurgie oder Reproduktionsmedizin, werden nicht mit dem hier verwendeten Begriff der menschlichen Leistung assoziiert und in der Folge auch nicht thematisiert, auch wenn unterschiedliche Studien sie ebenfalls unter dem Begriff Enhancement verorten (Coenen et al. 2009; President's Council on Bioethics 2003).

unter Einsatz verschiedener Fähigkeiten (Eigenschaften) in einer bestimmten Umgebung (Schumacher/Stern 2008, S. 3). Die nachfolgende Abbildung 1 soll diese begriffliche Abgrenzung schematisch verdeutlichen.

ABB. 1   **MENSCHLICHE LEISTUNG:**
SCHEMATISCHE DARSTELLUNG BEGRIFFLICHER KATEGORIEN

medizinische Perspektive (Muskel-, Neurophysiologie)		verhaltenswissenschaftliche Perspektive (Sport, Psychologie)	
		menschliche Leistung	
		Gütemaßstab, anhand dessen Aufwand und Ergebnis bewertet werden	
biologische Grundlagen	individueller Aufwand		Ergebnis/Ziel
Zusammenspiel unterschiedlicher Organe und Stoffwechselprozesse	Voraussetzung spezifische Fähigkeiten (Funktionen)	Anwendung Handlung/ Verhalten im Umfeld	Bewältigung von Anforderungen (selbst gesetzt und/oder aus dem Umfeld)

Eigene Darstellung

In der Gesamtschau könnte man die naturwissenschaftlichen Perspektiven tendenziell mit einer aufwandsbezogenen Kostenbetrachtung und die verhaltenswissenschaftliche Perspektive eher mit einer ergebnisbezogenen Nutzenbetrachtung vergleichen. Bisher sind nur einzelne Dimensionen der menschlichen Leistung quantifizierbar, sodass sich nur bestimmte Konzepte in Bezug auf menschliche Leistung empirisch fundieren lassen. Abgegrenzt werden physische (körperliche) von psychischen (geistige) Leistungen.

PHYSISCHE LEISTUNGSDIMENSIONEN

Physische Leistungen des Menschen können in mancher Hinsicht in einem engeren physikalischen Sinn verstanden werden. So gilt die Geschwindigkeit, mit der eine Strecke zurückgelegt oder ein Gegenstand gehoben wird, als physische Leistung eines Individuums. Die Muskulatur ist das ausführende Organ, durch das eine physische Leistung erbracht werden kann.

Ausgehend von den jeweiligen Umfeldanforderungen oder Aufgaben, die es zu bewältigen gilt, wurden physische Leistungen in besonderem Maße kollektiv oder gar gesellschaftlich wertgeschätzt, solange diese nicht maschinell erbracht werden konnten. Mit zunehmender Industrialisierung und Mechanisierung sank ihr Stellenwert vor allem in der Arbeitswelt. In der Moderne lassen sich physische Leistungen vor allem in der »Sonderwelt des Sports« ökonomisch und gesellschaftlich, teils auch politisch verwerten (Franke 2007, S. 7 ff.). Der Sport hat für die Messung und den Vergleich von physischen Leistungen unterschiedlichste Konzepte hervorgebracht. Die Spanne reicht von Wettkämpfen der sogenannten CGS-Sportarten[2], bei denen Ergebnisse einzelner Sportler direkt in physikalischen Einheiten gemessen und verglichen werden, bis zu Wettkämpfen, die vielfältigere Fähigkeiten erfordern, wie z.b. Mannschaftsballsportarten, bei denen Handlungsergebnisse nicht mehr in physikalischen Einheiten, sondern mittels abstrakter, aber mess- und vergleichbarer Konstrukte (geschossene Tore) quantifiziert werden.

Nachdem bei CGS-Sportarten vergleichsweise einfache singuläre Handlungen ausgeführt werden, können spezifische Teile der Skelettmuskulatur und deren relevante Stoffwechselprozesse durch Trainingsmaßnahmen gezielt so konditioniert werden, dass dies zu einer messbaren Leistungssteigerung führt. Vom physischen Zustand des Einzelnen lässt sich dabei in hohem Maße auf das erreichbare Ergebnis schließen (z.b. ist die maximale Sauerstoffaufnahme des Körpers in l pro Minute [VO$_2$max] ein relativ guter physiologischer Prädiktor für sportliche Ausdauerleistungen; weniger als 25 ml gilt als pathologisch, mehr als 75 ml erreichen nur Spitzensportler im Ausdauerbereich). Trainingspläne, sowohl für die Rehabilitation als auch für den Sport, werden zunehmend unter Mitwirkung von Leistungsphysiologen der Arbeits- oder Sportmedizin erstellt.

Bei Mannschaftsballsportarten ist das Ergebnis zwar ebenfalls messbar, die dabei vollzogenen nötigen Handlungen erfolgen jedoch unter Einsatz einer Vielzahl individueller Fähigkeiten. Umfeldfaktoren haben eine deutlich höhere Relevanz, sodass die Aufwandskomponente eine viel größere Komplexität aufweist. Zwar sind auch hier einzelne physische Fähigkeiten wie Schnelligkeit eine notwendige Voraussetzung, jedoch lässt sich vom physischen Zustand des Einzelnen nur bedingt auf das Mannschaftsergebnis schließen.

Auf der gesellschaftlichen Ebene sind durch die Kombination von starker Idealisierung und Kommerzialisierung einzelner Sportarten die besten Ergebnisse auch in besonderem Maße finanziell verwertbar (sowohl bei CGS- als auch bei Mannschaftssportarten). Auch wenn die gesellschaftliche Wertschätzung bestimmter sportlicher Höchstleistungen durch eine Vielzahl von Faktoren bestimmt wird, besteht dennoch weitgehende Einigkeit, dass eine wie auch immer geartete Authentizität der sportlichen Leistung existieren muss (Ergebnis und Aufwand können in Beziehung zueinander gesetzt werden). Geht diese Authentizität verloren – bzw. verliert der Vergleichsmaßstab, der Aufwand und Ergebnis in Beziehung zueinander setzt, zumindest einen Teil seiner Aussagekraft –, kann dies negative Folgen für den gesellschaftlichen Stellenwert haben (z.b. Stellung des Profiradsports in den letzten Jahren in Deutschland).

---

2   CGS: Abkürzung der Einheiten Zentimeter (cm), Gramm (g), Sekunde (s) (Emrich et al. 2004, S. 227).

PSYCHISCHE LEISTUNGSDIMENSIONEN

Psychische Leistungen – die durch das Gehirn als ausführendes Organ entstehen – können sehr vielfältig sein, deshalb wird oft von unterschiedlichen psychischen Leistungsdimensionen gesprochen. Verwertbar und daher mit dem Leistungsbegriff vorrangig assoziiert sind vor allem die oft begrifflich synonym verwendeten mentalen, kognitiven bzw. Denkleistungen eines Individuums.

Parallel zur sinkenden kollektiven bis gesellschaftlichen Wertzumessung physischer Leistungen vor allem in arbeitsweltlichen Umgebungen stiegen die Verwertbarkeit und damit der Stellenwert unterschiedlicher psychischer Leistungsdimensionen. Jedoch unterliegen auch sie zeitlichen Veränderungen (z.b. sinkt die Verwertbarkeit menschlicher Rechenleistungen durch die Entwicklung von Computern und ihrer ständig steigenden maschinellen Rechenleistung oder steigt die Verwertbarkeit von fremdsprachlichen Leistungen durch die Globalisierung). Auch wenn die Umfeldanforderungen nicht wie im Sport eindeutig normiert sind, gibt es etliche quantifizierbare Ergebnis- oder Zielkennziffern, durch die bestimmte psychische Leistungsdimensionen abgebildet werden sollen (z.b. Lernleistungen, Bildungsabschlüsse). Die konkreten Aufgaben, die dazu erfüllt werden müssen, stehen jedoch nicht wie in einzelnen Sportarten fest (z.b. 100 m weit laufen), sondern werden kontinuierlich den Umfeldbedingungen angepasst (so ist eine »gute Mathematiknote« heutzutage kein Indikator für besondere Kopfrechenleistungen). Die Wertschätzung psychischer Leistungsdimensionen erfolgt in unterschiedlichsten Lern-, Arbeits- und Alltagsumgebungen. Vielfältige Umwelteinflüsse und zurückliegende Erfahrungen und Lernprozesse haben insgesamt eine hohe Relevanz für die konkrete Leistungserbringung.

Vom (Leistungs-)Ergebnis ausgehend, wurden in der Psychologie und Verhaltensforschung unterschiedliche Konzepte zur Messung psychischer, vor allem kognitiver Leistungsdimensionen entwickelt (Schumacher/Stern 2008 S.3). Die Spanne reicht von einer möglichst differenzierten Erfassung singulärer Ergebnisse (z.b. Zahlen oder Wörter/Vokabeln abzurufen) bis zu abstrakten, möglichst viele Dimensionen einschließenden Kenngrößen (z.b. Intelligenzquotient, Arbeitsgedächtnis), die mittels spezifischer Tests erhoben werden. Diese Kenngrößen sind theoriegeleitete Konstrukte, mit denen unter Zuhilfenahme statistischer Verfahren einerseits Schlüsse auf unterschiedliche psychische Fähigkeiten gezogen und andererseits Prognosen für bestimmte zukünftige Ergebnisse (z.b. Schulabschluss) abgeleitet werden. Aus den Ergebnissen einzelner einfacher kognitiver Tests kann jedoch häufig nur bedingt oder gar nicht auf komplexe, noch dazu zukünftige Leistungen z.b. in der Schule oder im Beruf geschlossen werden.

Mit Blick auf ein zu erzielendes Ergebnis werden vielfältige Lern- und Trainingskonzepte entwickelt, um Fähigkeiten auszubauen oder zu erhalten, sodass bestimmte psychische Leistungen erbracht werden können. Diese Konzepte weisen gewisse Bezüge zu medizinischen bzw. neurowissenschaftlichen Erkenntnissen über die Funktionsweise des Gehirns auf. Das begrenzte Wissen über die funktionalen Zusammenhänge zwischen neurophysiologischen Beobachtungen und verhaltenspsychologischen Effekten sowie der starke Umwelteinfluss auf die komplexe Leistungserbringung verhindern zumindest bislang eine stärkere naturwissenschaftliche Fundierung der Lern- und Trainingskonzepte – das Gehirn ist kein Muskel.

MENSCHLICHE FÄHIGKEITEN   1.2

Auf der Ebene des Individuums entstehen Fähigkeiten aus der biografischen Einheit von biologischen Gegebenheiten und spezifischen Umfeldfaktoren. Wesentlich ist ihre Veränderbarkeit als Folge kontinuierlicher Lern- und Anwendungsprozesse in Rückkopplung mit den Umfeldfaktoren. Die Vielzahl der Möglichkeiten zur Veränderung menschlicher Fähigkeiten führt dazu, dass die jeweiligen individuellen Ausprägungen sehr unterschiedlich sein können. Daher werden in den Verhaltenswissenschaften die individuellen Fähigkeiten auch als Kompetenzen oder Eigenschaften eines Menschen bezeichnet. In der Medizin wird statt von Fähigkeiten häufig auch von unterschiedlichen Organfunktionen gesprochen.

Analog zur menschlichen Leistung werden als zwei Haupttypen physische und psychische Fähigkeiten unterschieden, die jeweils weiter untergliedert werden können. Eine Möglichkeit der Differenzierung ist beispielsweise (Jost 2008, S. 61 ff.):

> *physische Fähigkeiten* (mit denen körperliche Tätigkeiten ausgeführt werden können)
  • physikalische Fähigkeiten (z.B. Ausdauer, Kraft, Schnelligkeit, Fitness)
  • motorische Fähigkeiten (z.B. manuelle Fertigkeiten, Fingerfertigkeiten, Beweglichkeit)
> *psychische Fähigkeiten* (die es erlauben, mentale/geistige Tätigkeiten auszuführen)
  • kognitive Fähigkeiten (Fähigkeiten/Funktionen, die mit Wahrnehmung, Lernen, Erinnern und Denken, also der menschlichen Erkenntnis- und Informationsverarbeitung in Zusammenhang stehen und im Zusammenspiel auch allgemein als Intelligenz einer Person bezeichnet werden); diese können weiter differenziert werden in
    – operative bzw. exekutive Fähigkeiten (wie Aufmerksamkeit, Konzentration, Bearbeitungsgeschwindigkeit, Merkfähigkeit, Einfallsreichtum, Verarbeitungskapazität) sowie

- inhaltsgebundene Fähigkeiten (wie numerisches, verbales oder figurales Denken)[3]
- emotionale Fähigkeiten (z.b. Motivation, Wille, Gefühle wie Angst, Ärger, Freude, Ekel sowie Ehrgeiz, Selbstdisziplin, psychische Beanspruchbarkeit)
- soziale Fähigkeiten (Eigenschaften, die die Interaktion mit anderen Personen ermöglichen, z.b. Teamfähigkeit, Hilfsbereitschaft)

Aus der Liste wird deutlich, dass, abgesehen von den physikalischen Fähigkeiten und den damit erreichbaren Leistungen, die Dimensionen des menschlichen Fähigkeitsspektrums überwiegend qualitative Größen sind (die nicht direkt in physikalischen Einheiten gemessen werden können).

Eine Möglichkeit, sich diesen Kategorien anzunähern, ist die Zerlegung in unterschiedliche Faktoren oder Elemente. In Bezug auf die weitere Differenzierung gibt es verschiedene Theorien und Ansätze, jedoch keinen wissenschaftlichen Konsens bezüglich der Binnenstruktur der einzelnen Kategorien. Bei den kognitiven Fähigkeiten ist eine mehrdimensionale Betrachtung verbreitet, mit operativen/exekutiven Fähigkeitsdimensionen auf einer Ebene und inhaltsgebundenen Fähigkeitsdimensionen auf einer zweiten Ebene. Es wird ebenfalls angenommen, dass soziale und emotionale Fähigkeitsdimensionen wichtige Einflussfaktoren sind, die auf Prozesse der Leistungserbringung beschleunigend oder hemmend wirken. Mithilfe von unterschiedlichen Modellen wird versucht, diese Binnenstruktur psychischer Fähigkeitsdimensionen näher zu erforschen und empirisch zu fundieren.

MÖGLICHKEITEN UND GRENZEN DER QUANTIFIZIERUNG VON LEISTUNGEN UND FÄHIGKEITEN   1.3

Abgesehen von den direkt messbaren physikalischen Leistungen erfolgt die Quantifizierung menschlicher Leistungsdimensionen und der dazu nötigen Fähigkeiten mithilfe von Modellen und statistischen Verfahren. Dazu wird oft der eigentliche qualitative Sachverhalt (als absolute Größe nicht direkt messbar) durch eine unterschiedlich große Anzahl von messbaren Größen stellvertretend beschrieben und diese in der Folge quantifiziert. Es wird so möglich, Veränderungen zu erfassen und auch den Einfluss von Maßnahmen zur Entwicklung/Veränderung zu bestimmen. Werden gleiche Aufgaben und Messmethoden wiederholt eingesetzt, erlauben die so ermittelten Werte einen Vergleich zu einer Kontrollgruppe (Querschnitt) oder zu einem Basiswert (Längsschnitt). Wie bei jeder modellhaften Darstellung birgt dieses Vorgehen grundsätzlich die Gefahr,

---

3   Diese Aufzählung basiert wesentlich auf dem »Berliner Intelligenzstrukturmodell« (Kubinger/Jäger 2003), andere Modelle oder Konzepte bezeichnen einzelne Dimensionen anders.

durch die Reduzierung auf messbare Kennziffern das eigentliche Phänomen aus dem Blick zu verlieren. Dennoch ist es oft die einzige Möglichkeit, bestimmte Aussagen empirisch zu untermauern.

INTELLIGENZ – ERFASSUNG EINES KOMPLEXEN SACHVERHALTS DURCH ZERLEGUNG IN UNTERSCHIEDLICHE EINZELDIMENSIONEN

Versuche, psychische Leistungen und Fähigkeiten in einzelne Dimensionen zu zerlegen und in ihrem Zusammenspiel zu quantifizieren, werden in der Psychologie seit vielen Jahren vorgenommen (Psychometrie). Erste wichtige Arbeiten zur Quantifizierung psychischer Leistungsdimensionen und zu Schlussfolgerungen auf entsprechende Fähigkeiten lieferte C. Spearman vor ca. 100 Jahren mit seiner »Zwei-Faktoren-Theorie der Intelligenz«, wobei der erste Faktor die Gesamtheit der kognitiven Fähigkeiten und der zweite Faktor die anderen psychischen Fähigkeiten präsentierte. In der Folgezeit entstanden verschiedene Multifaktorenkonzepte und Strukturmodelle, mit einer unterschiedlich großen Anzahl an Vektoren, Faktoren, Dimensionen. Immer vielfältigere kognitive Anforderungen wurden in Intelligenztestaufgaben formuliert, die immer differenzierter einzelne Fähigkeiten messen sollen. Die Bandbreite dieser unterschiedlichen kognitiven Fähigkeitsdimensionen wird kontinuierlich größer. Jäger et al. (1982) inventarisierten mehr als 2.000 Intelligenztestaufgaben, die bis dahin in der Literatur beschrieben wurden, Carroll (1993) reanalysierte ca. 400 Datensätze zu Intelligenztests. Beide entwickelten daraus ihrerseits Tests, mit denen Aussagen zur Binnenstruktur der Intelligenz empirisch fundiert werden sollen. Auch wenn zu dieser Binnenstruktur der einzelnen Fähigkeitsdimensionen kein wissenschaftlicher Konsens herrscht, werden dennoch gewisse Hierarchiekonzepte und Rangfolgen angenommen: Die Fähigkeit, komplexe Informationen zu verarbeiten, bei denen verschiedene Denkvorgänge kombiniert und sachgerecht beurteilt werden müssen, wird für die Beurteilung der Intelligenz als Summe kognitiver Fähigkeiten eines Individuums vielfach höher gewichtet als beispielsweise einfaches assoziatives Lernen (z.B. Vokabellernen). Beim Vergleich von Effekten durch einzelne Maßnahmen ist stets darauf zu achten, für welche psychologischen Fähigkeitskonstrukte bzw. auf welchem Komplexitätsniveau diese Effekte nachgewiesen wurden.

Durch beispielhafte Leistungsanforderungen wird mittels standardisierter Leistungsmessung vor allem auf individuelle kognitive Fähigkeitsdimensionen (oder deren Teilbereiche) geschlossen. Ob diese kognitiven Fähigkeiten in der tatsächlichen Anwendung zu entsprechenden Leistungen führen, wird jedoch auch durch verstärkende oder hemmende Faktoren, wie die Ausprägung nichtkognitiver psychischer Fähigkeiten (z.B. Selbstdisziplin, Motivation) sowie die jeweiligen Umweltbedingungen, beeinflusst (Vock 2004, S. 5).

Durch Intelligenztests oder -modelle wird das eigentlich qualitative Phänomen »mentale Leistung« stellvertretend durch messbare Teilsegmente erfasst. Anders formuliert: Intelligenz wird reduziert auf das, was Intelligenztests messen und normieren (Asendorpf 2009, S. 80). Bei Intelligenztests erfolgt in der Regel eine Erfassung über die Zerlegung in Einzeldimensionen. In der Auswertung werden diese einzeln erfassten Dimensionen jedoch wieder zusammengeführt zu einem Gesamtwert – dem Intelligenzquotienten (IQ). Der IQ ist kein Absolutwert für kognitive Fähigkeiten, sondern ein relativer Wert, der in Bezug auf die Lösung bestimmter kognitiver Aufgaben die Abweichung einer Person vom Durchschnitt einer Kontrollgruppe angibt (100 ist der Durchschnittswert). Kennziffern wie der IQ sind psychometrische Konstrukte, von denen jedoch mehrheitlich angenommen wird, dass sie von gewisser Aussagekraft bezüglich der individuellen Fähigkeiten sind, Anforderungen aus dem heutigen Lebensumfeld erfüllen zu können.

ARBEITSGEDÄCHTNIS – EIN PSYCHOLOGISCHES KONSTRUKT ZUR GANZHEITLICHEN ERFASSUNG

Neben den Ansätzen, psychische Fähigkeitsdimensionen für die quantitative Erfassung immer stärker zu zerlegen, gibt es umgekehrt auch Ansätze der ganzheitlichen Betrachtung.

In der Psychologie wurde in den letzten 20 Jahren versucht, die unterschiedlichen Einzeldimensionen wie Intelligenz, Aufmerksamkeit, Konzentrationsfähigkeit, Selbstdisziplin und Motivation in eine umfassende Theorie des Arbeitsgedächtnisses (»working memory«) zu integrieren, um die individuelle Aufwandskomponente einer mentalen Leistung in ihrer Gesamtheit zu erfassen (hierzu und zum Folgenden Schumacher/Stern 2008, S. 6 ff.).

Zentraler Aspekt der Theorie des Arbeitsgedächtnisses ist die Verarbeitung von Informationen im Gehirn. Sie basiert auf der Unterscheidung zwischen den prinzipiell im Langzeitspeicher verfügbaren Informationen und den situativ aktivierten Gedächtnisinhalten (Kurzzeitgedächtnis). Im Arbeitsgedächtnis wird die über die Wahrnehmung aufgenommene Information mit Informationen aus dem Langzeitgedächtnis verbunden und in zielgerichtetes Verhalten umgesetzt. Die Kapazität des Arbeitsgedächtnisses ist beschränkt, sowohl bezüglich der über die Wahrnehmung eingehenden Informationen als auch der aus dem Langzeitgedächtnis aktivierten Informationen. Nur ein Bruchteil der externen Information kann aufgenommen und ein kleiner Ausschnitt der Inhalte des Langzeitgedächtnisses aktiviert werden. Diese Beschränkung ist funktional, denn nur so kann zielgerichtetes Verhalten gezeigt werden. In einem funktionierenden Arbeitsgedächtnis werden alle eingehenden Informationen abgeschirmt, die nicht zur Ausführung von zielgerichtetem Verhalten benötigt werden. Offenheit für neue Information ist erst wieder gegeben, wenn das Ziel erreicht wurde.

Das Arbeitsgedächtnis ist jedoch nicht nur an der Bewältigung kognitiver Anforderungen beteiligt, sondern koordiniert auch emotionale Prozesse und soziales Verhalten. Die Entwicklung der Fähigkeit zur Emotionsregulation wie auch von Selbstdisziplin als Fähigkeit, kurzfristig befriedigende Ziele zugunsten von längerfristigen Zielen zurückzustellen, basiert ganz wesentlich auf der Funktionsweise des Arbeitsgedächtnisses. Ein funktionierendes Arbeitsgedächtnis ist damit beschäftigt, die Passung der aktuell verfolgten Ziele zu koordinieren, mit diesen Zielen inkompatible Information aus dem Langzeitgedächtnis zu unterdrücken und irrelevante Reize von außen abzuschirmen. Dieses komplexe System der Verhaltenssteuerung ist anfällig für Störungen, die aus der Außenwelt, dem Langzeitgedächtnis oder aus Zielkonflikten resultieren können.

Auch wenn verschiedene Aspekte des Arbeitsgedächtnisses bisher nicht eindeutig geklärt sind (z.B. zur Binnenstruktur), wird die grundsätzliche Annahme, dass die Kapazität des Arbeitsgedächtnisses Grundlage und begrenzender Faktor der intellektuellen Fähigkeiten einer Person ist, von etlichen Forschern geteilt (Vock 2004, S. 2). Entsprechende Testverfahren werden sowohl zur Diagnostik des intellektuellen Potenzials im Kindesalter (»Hochbegabungstest«) (Vock 2004) als auch zur Erfassung von Störungen des Arbeitsgedächtnisses bei psychiatrischen Krankheitsbildern wie Aufmerksamkeitsdefizit-/Hyperaktivitätsstörung (ADHS), Schizophrenie oder demenziellen Erkrankungen eingesetzt (Barkley 2006; Frith/Frith 2007; Lindenberger et al. 2006). Menschen mit diesen Störungen gelingt es häufig nicht, ihre Ziele im Auge zu behalten und ihr Verhalten darauf auszurichten.

Mit dem psychologischen Konstrukt »Arbeitsgedächtnis« wird also versucht, die individuelle Aufwandskomponente (als Summe aus spezifischen Fähigkeiten und deren zielgerichteter Anwendung) in ihrer Gesamtheit abzubilden. Es kann damit auf einer ähnlich hohen Hierarchieebene wie allgemeine Intelligenzerfassungen angesiedelt werden. Laut Schumacher/Stern (2008, S. 8) gibt es einen substanziellen Zusammenhang zwischen dem allgemeinen Intelligenzquotienten, so wie er in Intelligenztests gemessen wird, und der Leistung im Lösen von Aufgaben zum Arbeitsgedächtnis.

Die psychologische Forschung stellt mit den Messverfahren zur Erfassung der Intelligenz oder des Arbeitsgedächtnisses Mittel bereit, die eine präzise Beschreibung und Quantifizierung von psychischen Leistungen und den dazu nötigen Fähigkeiten ermöglichen. Mit ihnen kann geprüft werden, ob Veränderungen auf der medizinischen bzw. neurowissenschaftlichen Seite (wie zum Beispiel eine Erhöhung des Dopaminspiegels) auch Leistungssteigerungen auf der verhaltenswissenschaftlichen Ebene entsprechen, die sich darin zeigen, dass Personen bestimmte Anforderungen tatsächlich besser bewältigen können (Schumacher/Stern 2008, S. 3).

Aus der psychologischen Perspektive sind spezifische Fähigkeiten zwar notwendige Voraussetzungen für eine menschliche Leistung (Schumacher/Stern 2008, S. 32), jedoch keine hinreichende Bedingung, da sie nur in ihrer zielgerichteten Anwendung und in einem spezifischen Umfeld Ergebnisse, die als menschliche Leistung bewertet werden, hervorbringen.

Diese vorgestellten Konzepte zur Erfassung hochgradig differenzierter, aber auch genereller Fähigkeitsspektren sind genuin psychologische Konstrukte, die im Rahmen der Verhaltensforschung entwickelt wurden, um damit Unterschiede im menschlichen Verhalten zu erklären. Es sind keine medizinischen oder neurowissenschaftlichen Konzepte, die eine neurologisch messbare Aktivität bzw. die Leistung klar definierter Hirnteile oder -areale beschreiben.

BIOLOGISCHE GRUNDLAGEN   1.4

Aus biologischer Perspektive basieren Fähigkeiten eines Individuums im Kern darauf, dass ein Organismus in der Lage ist, Informationen (Reize/Signale) aufzunehmen, umzuwandeln, weiterzuleiten, zu selektionieren, abzuspeichern und eine – biochemische oder motorische – Reaktion bei einem ausführenden Organ zu veranlassen. Die Informationsverarbeitung geschieht innerhalb des menschlichen Nervensystems mit seinen Subsystemen, für die Leistungserbringung bedarf es weiterer ausführender Organe. Eine menschliche Leistung entsteht also im Zusammenspiel von psychischen und physischen Fähigkeitsdimensionen mit unterschiedlichen Anteilen.

Trotz der großen Wissensfortschritte im Bereich der Neurowissenschaften können nach wie vor höchstens Teilprozesse der Informationsverarbeitung und Prozesssteuerung insbesondere des zentralen Nervensystems (ZNS) erklärt werden. Auch wenn unbestritten ist, dass geistige Leistungen nur durch das Zusammenspiel unterschiedlicher Teilbereiche des gesamten Nervensystems entstehen können, herrscht weitgehende Einigkeit, dass der vordere Teil der Hirnrinde (präfrontaler Kortex) für komplexere Denkvorgänge eine besondere Rolle spielt. Im präfrontalen Kortex wird das »oberste Kontrollzentrum« für eine situationsangemessene Handlungssteuerung verortet, denn dort werden bereits verarbeitete sensorische Signale empfangen, mit Gedächtnisinhalten und emotionalen Bewertungen abgestimmt und anschließend Handlungen initiiert. Darüber hinaus ist er auch an der Regulation emotionaler Prozesse beteiligt. Aufgrund dieser Funktions- oder Fähigkeitszuschreibung stellt der präfrontale Kortex eine Verbindung zur psychologischen Theorie des Arbeitsgedächtnisses her. Störungen im präfrontalen Kortex erschweren oder verhindern zielgerichtetes Verhalten, weil einerseits eingehende Informationen nicht ausreichend gefiltert und andererseits Inhalte des Langzeitgedächtnisses nur teilweise aktiviert werden (Schumacher/ Stern 2008, S. 7).

Aus neurophysiologischen Befunden ist bekannt, dass sich der präfrontale Kortex sehr viel langsamer als die anderen Hirnteile entwickelt und dass auch im Erwachsenenalter durch Lernen und Erfahrung eine Weiterentwicklung zu beobachten ist (Neubauer/Stern 2007). Vor diesem Hintergrund ist es verständlich, dass Kinder in den ersten Lebensjahren in den Aufgaben zum Arbeitsgedächtnis noch sehr schlecht abschneiden und sich bis in die späte Kindheit noch spezifische Defizite in der Koordination von Zielen feststellen lassen (Schumacher/Stern 2008, S. 9).

Es herrscht weitgehender Konsens, dass die Informationsverarbeitung im Gehirn nicht nach dem Alles-oder-nichts-Prinzip, sondern in feinen Abstufungen mit unterschiedlich hoher Aufmerksamkeit erfolgt (Schumacher/Stern 2008, S. 14). Vieles spricht dafür, die unterschiedlichen Hirnfunktionen/-fähigkeiten nicht kategoriell in einfach und komplex zu differenzieren, sondern von einem stufenlosen Kontinuum zwischen unbewusst-reflektorisch und bewusst-reflektierten Vorgängen auszugehen. Einzelne Prozesse erfolgen durch das Zusammenwirken von bewussten und unbewussten Anteilen. Dabei entlasten z.b. Automatisierungen und ein effizienter Wissensaufbau insbesondere das begrenzte Arbeitsgedächtnis, sodass frei werdende Kapazitäten für parallele Aktivitäten und Denkprozesse genutzt werden können (Schumacher/Stern 2008, S. 10).

Auf der zellulären Ebene spielen für die Informationsübertragung und -verarbeitung unterschiedliche Neurotransmitter (Botenstoffe des Nervensystems) eine wichtige Rolle. Sie sind an einer Vielzahl von Prozessen auf beiden Seiten der Blut-Hirn-Schranke (im peripheren und im zentralen Nervensystem) beteiligt, können diese Schranke jedoch nicht passieren. Wichtige Neurotransmitter sind Glutamat und Acetylcholin (sie kommen am häufigsten vor), Dopamin und Noradrenalin (auch als aktivierende Transmitter bezeichnet, weil sie über die Steigerung des Erregungszustands der Nervenzellen positive Impulsverstärkungen bewirken) sowie das besonders vielfältig wirkende Serotonin.

Darüber hinaus spielen auch inhibitorische Neurotransmitter als hemmende Signalstoffe (z.b. Gamma-Aminobuttersäure [GABA] und Glycin) oder Kotransmitter (z.b. Adenosin, das die Ausschüttung von aktivierenden Neurotransmittern blockiert) wichtige Rollen bei unterschiedlichen Prozessen im Gehirn. Bei der Umwandlung oder dem Abbau von Transmittern sind sogenannte Kofaktoren beteiligt, z.b. Vitamin C bei der Umwandlung von Dopamin in Noradrenalin im ZNS oder das COMT-Enzym (Catechol-O-Methyltransferase)[4], das Dopamin im synaptischen Spalt zwischen zwei Nervenzellen deaktiviert und abbaut.

---

4   Die Aktivität des COMT-Enzyms ist genetisch bedingt. Je nach Genotyp ergibt sich eine unterschiedlich ausgeprägte Aktivität dieses Enzyms. Eine geringe Enzymaktivität (bei sogenannten met/met-Genotypen) geht mit höheren Dopaminkonzentrationen einher (Repantis/Heuser 2008, S. 8). Einige Studien weisen zwar darauf hin, dass met/met-Individuen über höhere Arbeitsgedächtniskapazitäten verfügen (Egan et al. 2001), dennoch vermögen die bisher gefundenen Varianten des Gens nur 0,1 % der Intelligenzunterschiede zu erklären (Stern 2010, S. 38).

Psychoaktive Substanzen, die mit der Steigerung von Gehirnfunktionen in Verbindung gebracht werden (Kap. II.2), greifen vor allem in den Stoffwechsel der Neurotransmitter und deren Funktionsweise ein (Kasten).

BEISPIELHAFTE WIRKUNGSDIMENSIONEN VON NEUROTRANSMITTERN

> *Acetylcholin* vermittelt die Signalübertragung im gesamten Nervensystem. Eine wichtige Rolle wird ihm bei Lernprozessen unterstellt. Bei der Alzheimerschen Krankheit sterben acetylcholinproduzierende Nervenzellen ab.

> *Dopamin* spielt im Gehirn insbesondere im präfrontalen Kortex eine wichtige Rolle mit Auswirkungen auf kognitive und exekutive Fähigkeiten wie Motivation oder die Steuerung der Motorik. Aufgrund seiner vielfältigen Beteiligung an unterschiedlichen Prozessen wirken sich Dopaminspiegeländerungen auf sehr unterschiedliche Organe aus. Dopamin wird aus der Aminosäure Tyrosin über das Zwischenprodukt Levodopa bzw. L-Dopa, das die Blut-Hirn-Schranke passieren kann, gebildet. Dopamin ist darüber hinaus die Vorgängersubstanz von Noradrenalin.

> *Noradrenalin* steuert im Zentralnervensystem die psychische Stressanpassung, indem es Aufmerksamkeit und geistige Leistungsbereitschaft steigert und parallel Immunfunktionen kurzfristig hemmt (ähnlich wie Adrenalin im Blut). Dauerbelastungen können zu Noradrenalinmangel führen, infolge dessen die geistige Leistungsfähigkeit beeinträchtigt wird und Depressionen auftreten können. Erhöhte Konzentrationen von Dopamin und Noradrenalin in Teilen des Gehirns werden auch mit der Entstehung von Substanzabhängigkeiten in Verbindung gebracht (Fatke/Förstl 2010, S. 28).

> *Serotonin* beeinflusst ebenfalls viele Gehirnfunktionen, da es an der Steuerung von Wahrnehmung und Verhalten sowie des Schlafs und weiterer Prozesse beteiligt ist. Diese vielfältigen Wirkungen werden mit der großen Zahl unterschiedlicher Serotoninrezeptoren begründet. Die bekannteste Wirkung von Serotonin ist die Hemmung der Impulsivität und des aggressiven Verhaltens, indem es bestimmte, für emotionale Prozesse verantwortliche Regionen der Großhirnrinde stimuliert.

Die Informations-/Signalübertragung innerhalb einer Nervenzelle erfolgt durch elektrische Spannungsänderungen an der Zellmembran, diejenige zwischen den Zellen auf biochemischem Weg (Abb. 2): Erreicht ein elektrisches Signal z.B. die Dopaminvesikel der Synapsen des informationsübertragenden (präsynaptischen) Neurons, schütten die Vesikel Dopamin in den synaptischen Spalt aus, das sich an spezifische Rezeptoren der informationsempfangenden (postsynaptischen) Zellmembran heftet. Wenn auf diese Weise ausreichend viele Rezeptoren an der informationsempfangenden Seite der Synapse aktiviert wurden, entsteht im Anschluss wieder ein elektrisches Potenzial, das über die Nervenzellmembran bis zu den nächsten Synapsen geleitet wird.

ABB. 2   **SYNAPSENAKTIVITÄT**

Wenn ein dopaminproduzierendes präsynaptisches Neuron aktiv ist, geben Vesikel (Bläschen) den Neurotransmitter frei ①. Einige Dopaminmoleküle überqueren den synaptischen Spalt, heften sich an Rezeptoren am postsynaptischen Neuron und aktivieren sie ②. Dadurch steuern sie das Feuern des postsynaptischen Neurons. Pumpen auf dem präsynaptischen Neuron saugen dann Dopamin aus dem Spalt zurück in die Zelle ③.

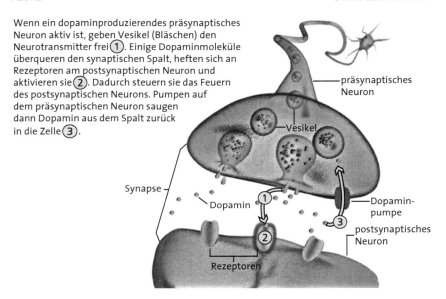

Quelle: nach Stix 2010, S. 50

Nach der Dopaminausschüttung »saugt« das präsynaptische Neuron über eine Art »Pumpe« (sog. Rückaufnahmetransporter) freies Dopamin teilweise wieder auf und leitet es in die Vesikel des Neurons zurück. Dadurch wird eine Überstimulation der Nervenzellen durch zu hohe Dopaminkonzentrationen verhindert bzw. eine neue postsynaptische Nervenzellerregung durch neue Dopaminfreisetzung ermöglicht. Teilweise wird Dopamin im synaptischen Spalt deaktiviert und schrittweise abgebaut.

Je häufiger eine Synapse angeregt wird, desto mehr Botenstoffe werden ausgeschüttet und desto mehr Rezeptoren bilden sich heraus. Diese Verstärkung entspricht einem Lernvorgang, denn ankommende Reize werden nun leichter weitergeleitet als vorher. Versuche, Lernprozesse mit technischen Mitteln zu beeinflussen, setzen an den elektrischen Mechanismen bei der Informationsübertragung an (Kap. II.5.2).

Das Wissen über die Funktionsweise von Lernvorgängen sowie über die Abspeicherung von Informationen (Gedächtnisformung) auf molekularer oder zellbiologischer Ebene ist jedoch noch äußerst unscharf und befindet sich im Stadium der Grundlagenforschung. Mithilfe neuer bildgebender Verfahren gelingt es zunehmend, die Anatomie und die Funktionsweise einzelner Teile des Nervensystems auf unterschiedlichen Ebenen wie auch die biochemischen und elektrischen Mechanismen der Informationsübertragung zu verstehen. Die dabei ablaufenden Prozesse formen durch ein komplexes, fein reguliertes Gleichgewicht spezifische psychische Funktionen (Stix 2010, S. 48). Mit dem bisher erreichten Erkenntnisstand lassen sich die verschiedenen biologischen Bedeutungsebenen von Informationen und ihrer Verarbeitung noch bei Weitem nicht im Detail verstehen, z.b. bezüglich der Frage, welchen Einfluss Gefühlszustände auf die Entstehung unterschiedlicher Gedächtnisinhalte haben.

Auch die erheblichen Forschungsanstrengungen zur Aufklärung und Therapie psychischer Krankheiten sowie von geistigen Abbauprozessen haben bisher nur Strategien mit begrenztem Erfolg hervorgebracht. Das Phänomen, das Verbesserungen in Bezug auf eine Fähigkeitsdimension Verschlechterungen in anderen Dimensionen mit sich brachten, konnte auch für kognitive Fähigkeiten nachgewiesen werden. Ein Beleg dafür sind Versuche mit genetisch veränderten Mäusen, bei denen zwar die Fähigkeit, Informationen aufzunehmen und im Langzeitgedächtnis abzuspeichern, verbessert werden konnte, deren Leistungen bei komplexen Anforderungen jedoch gleichzeitig nachließen (Stix 2010, S. 52).

Ausgehend vom derzeitigen medizinischen Kenntnisstand, sehen einige Forscher auf dem Gebiet der Neurobiologie bzw. der Gedächtnisforschung ein Missbrauchspotenzial ihrer Forschungsergebnisse zur kognitiven Leistungssteigerung Gesunder nicht unmittelbar und bezeichnen die Neuroenhancementdebatte als vorrangig spekulativ (z.B. Langlitz 2010a). Andere Wissenschaftler hingegen sehen Ansatzpunkte für pharmakologisches Neuroenhancement unter anderem bei der Synthese, der Ausschüttung und Wiederaufnahme von Neurotransmittern, der Stimulation oder Blockade von Rezeptoren oder auch in der Verbesserung der Energieversorgung des Gehirns (z.B. Lieb 2010; Quednow 2010).

ANSATZPUNKTE UND GRENZEN DER VERBESSERUNG MENSCHLICHER FÄHIGKEITEN   2.

Wie in Kapitel II.1. skizziert, verfügt der menschliche Organismus durch das Zusammenspiel unterschiedlicher Organe und deren jeweiliger Stoffwechselprozesse über bestimmte Fähigkeiten, durch die er vielfältige Leistungen erbringen kann. Das Fähigkeitsspektrum ist individuell unterschiedlich ausgebildet und veränderbar. Mit einer individuellen Leistungsdiagnostik kann eine spezifische Positionsbestimmung vorgenommen und auf deren Grundlage festgestellt werden, ob ein überdurchschnittlicher, durchschnittlicher, defizitärer oder gar ein krankhafter Zustand eines Individuums vorliegt.

Auch ist das Fähigkeitsspektrum nicht konstant verfügbar, sondern unterliegt periodischen Schwankungen. Die einzelnen Fähigkeiten des Körpers hängen vom

Wachzustand ab, der zeitlich begrenzt ist. Jedes Individuum braucht regelmäßig Regenerationsphasen. Die Anwendbarkeit der einzelnen Fähigkeiten hängt zentral von der »Wachheit«, dem Aktivierungszustand des Organismus ab. Dessen Spanne reicht von Stadien höchster Erregung (z.b. durch Bedrohung/Angst hervorgerufen, wobei normalerweise nichtverfügbare Reserven mobilisiert werden) über »normale« Wach- und Müdigkeits- bzw. Erschöpfungsphasen bis zu hochgradig unbewussten Zuständen (z.b. Tiefschlaf). Der Aktivierungszustand ist von zentraler Bedeutung für viele körperliche Prozesse. Im Kontext der leistungssteigernden Wirksamkeit von Psychopharmaka wird »Wachheit« als ein Funktionszustand des Nervensystems beschrieben, der die Voraussetzung für Aufmerksamkeit und Konzentration darstellt.[5]

Es gibt vielfältige Möglichkeiten, unterschiedliche Fähigkeiten eines Individuums zu beeinflussen, um es zu besseren Leistungen zu befähigen. Eine Kategorisierung dieser Vielfalt kann anhand der Kontaktnähe zum oder der Eingriffstiefe in den menschlichen Organismus vorgenommen werden. Auch der normative Umgang mit Produkten und Substanzen orientiert sich in gewisser Weise an der Eingriffstiefe, sowohl bei Substanzen, die verzehrt, eingenommen oder injiziert werden (Lebens- und Arzneimittel; Kap. III), als auch bei nicht zum Verzehr bestimmten materiellen Artefakten (»normale« handelsfähige Waren und Medizinprodukte bis hin zu Implantaten). Der Umgang mit nichtstoffgebundenen Konditionierungs- und Ausbildungsmaßnahmen (Trainings- und Lernstrategien), die ebenfalls eine nicht unerhebliche Eingriffstiefe aufweisen können, wird hingegen bisher nicht normativ gefasst. Folgende Kategorien erscheinen relevant:

> *Konditionierung des Organismus durch Training und Lernen*: Konditionierungsmaßnahmen werden mehr oder weniger spezifisch auf einzelne Fähigkeitsdimensionen abgestimmt. Sie zielen originär nicht darauf ab, in körpereigene Selbstregulierungsmechanismen direkt einzugreifen, bewirken aber mitunter weitreichende Veränderungen auf zellulärer oder organischer Ebene.[6]

> *Spezielle Ernährung*: Sie zielt auf eine optimale Zufuhr der für spezifische Stoffwechselprozesse benötigten Substanzen ab, sodass einerseits in der Trainingsphase die relevanten Organe aufgebaut werden und andererseits dort zum Zeitpunkt der Leistungserbringung eine optimale Energieumwandlung erfolgen kann. Durch eine spezifische Ernährung sollen Nährstoffe optimal

---

5   Lieb (2010, S. 68 ff.) fasst die Dimensionen Wachheit und Aufmerksamkeit zusammen und grenzt Müdigkeit als eigene Dimension ab.

6   Durch gezieltes Sprint- oder Krafttraining kann der Anteil der schnellen Muskelfasern auf bis zu 70 % erhöht, bei gezieltem Ausdauertraining auf bis zu 20 % gesenkt werden (ohne spezifisches Training setzt sich menschliche Muskulatur etwa zu gleichen Teilen aus langsamen und schnellen Muskelfasern zusammen). In Bezug auf mentale Leistungen wird angenommen, dass durch Lernprozesse beteiligte neuronale Netze verstärkt werden.

zur Verfügung gestellt werden, ohne dass dadurch in die Steuerung der körpereigenen Stoffwechselprozesse direkt eingegriffen wird.

> *Einsatz pharmakologischer Substanzen*: Pharmakologische Substanzen sind
keine Nährstofflieferanten, sondern wirken auf die körpereigenen Steuerungsprozesse ein. Vor allem in der Kombination mit Training lassen sich einzelne
Dimensionen der physikalischen (z.b. Ausdauer oder Kraft) oder motorischen
Fähigkeiten (z.b. Fingerfertigkeiten oder präzise Bewegungen) beeinflussen.
Vorrangige pharmakologische Ansatzpunkte zur Verbesserung physischer Fähigkeiten sind der Aufbau der Skelettmuskulatur und die Verbesserung der
dort ablaufenden Stoffwechselprozesse (Sauerstoffversorgung sowie Energiebereitstellung), bei motorischen Fähigkeiten durch die Reduzierung der Wirkung von Stresshormonen. Nur im organisierten Sport ist die Verwendung
pharmakologischer Substanzen jenseits einer therapeutischen Anwendung zur
Verbesserung individueller Fähigkeiten und damit zur physischen Leistungssteigerung als Doping explizit verboten. Wie der Name schon sagt, zielen Psychopharmaka darauf ab, Stoffwechselprozesse im Gehirn zu beeinflussen. Im
Kontext der Verbesserung psychischer Fähigkeiten werden unterschiedliche
Strategien verfolgt, um die Aktivität der Nervenzellen zu erhöhen, vorrangig
indem in Prozesse der aktivierenden Neurotransmitter Dopamin und Noradrenalin eingegriffen wird. Zur Stimmungsaufhellung wird auch in die Prozesskette von Serotonin eingegriffen. Aufgrund der Wirkung der Substanzen
an unterschiedlichen Stellen im menschlichen Organismus treten neben den
angestrebten spezifischen Effekten oft zahlreiche Nebenwirkungen auf.

> *Einsatz technischer Hilfsmittel*: Je nach Kontaktnähe/Eingriffstiefe in das In-
dividuum werden »normale« Gebrauchsgegenstände und unterschiedliche
Klassen von Medizinprodukten unterschieden (Überblick bei Fiedeler 2008;
Aktualisierung z.B. bei Stieglitz 2010). Bisher gibt es keine Hinweise, dass bei
gesunden Menschen implantierte technische Hilfsmittel (wie z.B. bei der tiefen
Hirnstimulation) einzelne Fähigkeiten jenseits von krankhaften Zuständen
verbessern können (Stieglitz 2010, S. 789). Sie werden deshalb bei den nach-
folgenden Betrachtungen nicht mehr berücksichtigt.

> *Änderung der genetischen Disposition*: Bisher sind mehr als 300 Gene be-
kannt, deren Defekte zu schweren geistigen Behinderungen führen können
(Stern 2010, S. 38). Für relevante Unterschiede im normalen Bereich kognitiver Fähigkeiten gibt es gegenwärtig keine belastbaren Befunde. In Bezug auf
die Entwicklung geistiger Fähigkeiten spricht gegenwärtig alles dafür, dass
sehr viele, über alle Chromosomen verteilte Gene zusammenwirken (Stern
2010, S. 37 f.). Auch das TAB-Projekt »Gendoping« ergab, dass das Wissen
zu physischen Hochleistungsgenvarianten bislang äußerst begrenzt, unscharf
und widersprüchlich ist, sodass »erfolgversprechende« Verfahren zur gezielten
Veränderung der genetischen Disposition auf absehbare Zeit höchst unwahrscheinlich sind. Es wurden keine Hinweise gefunden, dass Strategien der

Menschenselektion oder -züchtung für sportliche Leistungssteigerungen in absehbarer Zeit technisch machbar wären (Gerlinger et. al 2008, S. 8; TAB 2008b, S. 4).

Weitgehend unstrittig ist, dass Trainings- und Lernstrategien das individuelle Fähigkeitsspektrum erheblich steigern können. Es ist auch unbestritten, dass sich mit diesen Fähigkeiten nur dann entsprechende Leistungen erbringen lassen, wenn während des gesamten Prozesses (Fähigkeitsentwicklung und Leistungserbringung) eine ausreichende Versorgung mit Nährstoffen gewährleistet ist. Ob eine Spezialnahrung zusätzliche Effekte hervorrufen kann, wird bereits in Bezug auf die Erbringung physischer Leistungen kontrovers diskutiert. Analog verläuft die Diskussion in Bezug auf psychische Leistungsdimensionen (Kap. III.2.4).

Es kann davon ausgegangen werden, dass durch die Kombination von Training und Einsatz pharmakologischer Substanzen einzelne physische Fähigkeitsdimensionen temporär erweitert werden können, dies jedoch mit zahlreichen Neben- und Langzeitwirkungen einhergeht. Ob dieser Sachverhalt auf psychische Fähigkeitsdimensionen übertragen werden kann, ist eine offene Frage. Denn die psychischen Fähigkeiten zugrunde liegenden biologischen Prozesse haben eine weit höhere Komplexität und Verschiedenartigkeit als die von physischen Fähigkeiten und Leistungen. Die Gehirnfunktionen werden zwar zunehmend besser verstanden, dennoch besteht weitgehende Einigkeit, dass psychische Fähigkeiten nicht allein aus der Struktur des Gehirns und der zugrundeliegenden biologischen Prozesse erklärt werden können. Es existiert eine so starke Umwelt- oder Kontextabhängigkeit, dass entsprechende Prozesse nahezu bei jedem Menschen unterschiedlich verlaufen. Dies sollte mit Blick auf zukünftige Möglichkeiten der Beeinflussung berücksichtigt werden.

PHARMAKOLOGISCH WIRKSAME SUBSTANZEN 3.

Pharmakologisch wirksame Stoffe – Substanzen, die auf körpereigene Steuerungsprozesse einwirken und diese beeinflussen – sind im normativen Umgang heute vor allem, aber nicht ausschließlich, Arzneimittel (Kap. III). Arzneimittel haben eine anerkannte therapeutische Wirksamkeit, das heißt, einen wie auch immer gearteten Nutzen bei der Behandlung von Krankheiten. Das Wirkungsspektrum der meisten pharmakologischen Substanzen ist im Kontext der Behandlung von krankhaften Zuständen erforscht und analysiert. Ein therapeutischer Nutzen ist, zumindest was die verschreibungspflichtigen Substanzen anbelangt, durch entsprechende Studien belegt, die die Voraussetzung für die Zulassung als Arzneimittel sind. Die Substanzwirksamkeit muss jedoch nicht explizit an einen krankheitsrelevanten Zustand gebunden sein. Einzelnen Substanzen wird mitunter eine leistungssteigernde Wirkung auch bei Gesunden unterstellt.

Da die Verwendung von Arzneimitteln zur Leistungssteigerung im Sport in Deutschland (§ 6a AMG[7]), aber auch in vielen anderen Ländern verboten ist, werden physisch leistungssteigernde Wirkmechanismen innerhalb der pharmakologischen Forschung explizit nicht verfolgt. Als Nebenaussagen zu anderen Studien sind sie jedoch teilweise möglich. So brachte zum Beispiel die Forschung in Bezug auf bessere Nachweisverfahren zu Doping mit Erythropoetin auch Erkenntnisse in Bezug auf leistungssteigernde Effekte dieser Substanz (Thomsen et al. 2007), was kontrovers kommentiert und diskutiert wurde und zahlreiche Stellungnahmen und Gegenäußerungen nach sich zog.

Auch wenn der Einsatz von Arzneimitteln zur Leistungssteigerung außerhalb des Sports nicht unter das Dopingverbot fällt, entspricht ein solcher dennoch nicht den ethischen Grundprinzipien der medizinischen Forschung (Kap. III.3.2). In der Folge werden Fragen zu leistungssteigernden Effekten von pharmakologisch wirksamen Substanzen bei Gesunden gegenwärtig nicht systematisch mit den üblichen Standards für klinische Prüfungen untersucht. Dennoch gibt es vereinzelt Untersuchungen zu erweiterten Wirkdimensionen von bereits zugelassenen Arzneimitteln, die auch Aussagen zu leistungssteigernden Effekten an gesunden Freiwilligen liefern. Wie im Folgenden gezeigt wird, ist das Wissen über eine mögliche Steigerung psychischer Fähigkeitsdimensionen mittels pharmakologischer Substanzen bislang jedoch äußerst begrenzt.

Repantis/Heuser (2008) haben einen systematischen Review wissenschaftlicher Publikationen vorgenommen und Hinweise gesucht, ob die Verwendung psychopharmakologischer Substanzen Effekte auf psychische Fähigkeitsdimensionen bei Gesunden nach sich ziehen. Deren Ergebnisse wurden abgeglichen mit ähnlichen Überblicksarbeiten (z.B. Lieb 2010; Schumacher/Stern 2008, S. 15 ff.). Nachfolgend werden unterschiedliche Substanzen thematisiert, die als Psychostimulanzien (Kap. II.3.1), Antidepressiva (Kap. II.3.3) oder Antidementiva (Kap. II.3.4) klassifiziert sind, sowie einzelne Arzneimittel jenseits dieser Gruppen (Kap. II.3.2 u. II.3.5).

PSYCHOSTIMULANZIEN   3.1

(Psycho-)Stimulanzien sind Substanzen, die die Aktivität bestimmter Nervenzellen im Gehirn erhöhen. Sie zeichnen sich hauptsächlich durch folgende Wirkungen aus: Verringerung des Schlafbedürfnisses und des Hungergefühls, Erhöhung des Motivationsniveaus und der Vigilanz (Daueraufmerksamkeit) sowie Euphorie und Hyperaktivität (Repantis/Heuser 2008, S. 7). Die Liste der verschiedenen Substanzen ist lang und wird teils unterschiedlich strukturiert. Sie können beispielsweise unterteilt werden in

---

7   Arzneimittelgesetz

> *Amphetamine* bzw. *amphetaminähnliche Substanzen* mit stark eingeschränktem oder verbotenem Umgang (Betäubungsmittel, teils illegale Drogen),
> *Xanthine* (z.b. Koffein, Theophyllin, Theobromin), die in etlichen Pflanzen in geringer Konzentration natürlich vorkommen (z.b. Kaffee, Tee und Kakao) und niedrigdosiert in Lebensmitteln enthalten sein dürfen, sowie
> *weitere Substanzen*, die nicht untergliedert werden und deren Umgang ganz unterschiedlich normiert ist, z.b. Nikotin (legale Droge), Kokain (illegale Droge) oder Modafinil (Arzneimittel).

AMPHETAMINE

Als Amphetamin bezeichnet man einerseits eine bestimmte Substanz (chemische Bezeichnung 1-Phenylpropan), andererseits wird es als ein Oberbegriff für unterschiedliche psychotrope Substanzen verwendet, u.a. das natürlich vorkommende Ephedrin oder das synthetische Metamphetamin. Auch die mit Speed und Ecstasy bezeichneten illegalen Drogen sind Amphetaminderivate.

WIRKUNGSWEISE – NEBENWIRKUNGEN

Amphetamine wirken auf die Dopamin- und Noradrenalinprozesse im ZNS und aktivieren das »Belohnungssystem« im Gehirn. Man nimmt an, dass Amphetamine nicht nur die direkte Freisetzung von Dopamin und Noradrenalin aus den Nervenzellen fördern, sondern auch die Dopamin- und Noradrenalintransporter blockieren und damit die Rückaufnahme dieser Transmitter aus dem Nervenzellspalt verhindern. Durch die Störung des Rücknahmeprozesses nach der Ausschüttung bekommt die Zelle kein Stoppsignal, schüttet Noradrenalin und Dopamin weiterhin ungebremst aus, und in der Folge steigt der außerzelluläre Transmitterspiegel unabhängig vom Signalimpuls (Repantis/Heuser 2008, S. 8) (Abb. 3). Die erhöhten Transmitterkonzentrationen im Nervenzellspalt führen zu einer erhöhten Nervenzellaktivität. Amphetamine fördern über die erhöhten Dopamin- und Noradrenalinspiegel die Wachheit, Aufmerksamkeit und Konzentration. Die Substanzwirkung ist stark dosisabhängig. Zu hohe Dosen können ein Gefühl des Getriebenseins bewirken und die Konzentrationsfähigkeit wieder einschränken (Lieb 2010, S. 66 f.).

Die Substanzeinnahme bei Gesunden geht mit einem hohen psychischen und körperlichen Abhängigkeitspotenzial einher, insbesondere bei intranasaler oder intravenöser Applikation, da durch diese Einnahmeart Dopamin pulsartig im Gehirn freigesetzt wird, was mit euphorischen Zuständen einhergeht. In hohen Dosierungen können Amphetamine lebensbedrohlichen Bluthochdruck und Herzrhythmusstörungen verursachen und psychotische Zustandsbilder auslösen.

Die wiederholte Einnahme von Amphetaminen kann möglicherweise das Absterben von Nervenzellen befördern.[8]

ABB. 3   **MEDIKAMENTÖS VERSTÄRKTE SYNAPSENAKTIVITÄT**

Amphetamine Ⓐ gelangen über den Pumpmechanismus in das präsynaptische Neuron und steigern die Freisetzung von Dopamin in den synaptischen Spalt. Dadurch steht mehr Dopamin für die Rezeptoren des postsynaptischen Neurons bereit.

Methylphenidat ⊂Ⓜ⊃ blockiert die Wiederaufnahme von Dopamin. Auch in diesem Fall steht mehr Dopamin für die Bindung an ein postsynaptisches Neuron zur Verfügung, und die Stärke des übermittelten Signals nimmt zu.

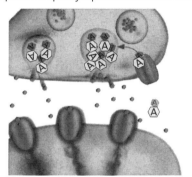
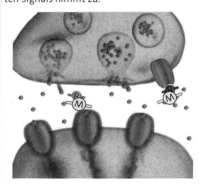

Quelle: nach Stix 2010, S. 50

VERWENDUNG

1887 wurde Amphetamin erstmalig synthetisiert. 1929 gelang die großtechnische Herstellung. 1932 wurden Amphetamine in der Medizin eingeführt. Sie wurden in den 1930er und 1940er Jahren als rezeptfreie Arzneimittel gegen Erkältungen und Übergewicht, aber auch (aufgrund fehlender Alternativen) gegen schwere psychische oder neurologische Erkrankungen eingesetzt (Lieb 2010, S. 64). Zu Beginn des Zweiten Weltkriegs entdeckte man die konzentrationsfördernde und stimulierende Wirkung, woraufhin u.a. Soldaten Amphetamine als sogenannte »go pills« verabreicht wurden (Emonson/Vanderbeek 1995; Kenagy et al. 2004). Aufgrund von Suchtfällen wurde in Deutschland 1941 der Verkehr reglementiert (Reichsopiumgesetz). Parallel zum beobachteten Missbrauch bei der Substanzverwendung konnte in klinischen Studien die unterstellte Wirksamkeit mehrheitlich nicht nachgewiesen werden, sodass die Verwendung nach und

---

8   Auf eine tabellarische Darstellung von Nebenwirkungen wird anders als bei den folgenden Beispielen verzichtet, da die derzeit in Deutschland zugelassenen ephedrinhaltigen Arzneimittel Stoffgemische mit mehreren Wirkstoffkomponenten sind und deren Nebenwirkungsspektrum nicht auf einzelne Bestandteile bezogen werden können.

nach eingeschränkt wurde. Heute sind Amphetamine in den USA nur noch zur Behandlung von ADHS und Narkolepsie zugelassen. Aufgrund der hohen Diskrepanz zwischen den verkauften Mengen und den Prävalenzraten für die genannten Krankheiten kann vermutet werden, dass auch gesunde Menschen Amphetamine in den USA ohne medizinische Indikation bzw. missbräuchlich benutzen. In Deutschland ist gegenwärtig das eigentliche Amphetamin 1-Phenylpropan als nicht verkehrsfähiges Betäubungsmittel (Anlage I BtmG[9]) klassifiziert, Metamphetamin oder Ephedrin (bzw. Norpseudoephedrin) sind verkehrs- und verschreibungsfähige Betäubungsmittel (Anlage III BtmG). In Deutschland können sie z.b. bei Narkolepsie, einer neurologischen Erkrankung, bei der aufgrund der Störung des Schlaf-Wach-Rhythmus häufige Schlafattacken während des Tages auftreten, als Mittel zweiter Wahl verwendet werden (DGN 2008, S. 5 f.). Amphetamine stehen auf der Liste der verbotenen Substanzen der Welt-Anti-Doping-Agentur (Kategorie: S6 Stimulanzien; WADA 2011 S. 7). Die Verwendung zur Leistungssteigerung im Sport ist infolgedessen verboten (Kap. III.3.3).

EFFEKTE IM KONTEXT VON LEISTUNGSSTEIGERUNG

1962 wurde erstmals über »Enhancement menschlicher Leistung mittels Amphetaminen« berichtet (Weiss/Laties 1962). Seitdem wurden diverse Studien mit unterschiedlichen Präparaten durchgeführt. In der Gesamtschau konnten die meisten Studien, die ohne krankheitsrelevanten Ausgangspunkt durchgeführt wurden, eine verbessernde Wirkung in Bezug auf kognitive Fähigkeiten nachweisen, besonders auf exekutive Fähigkeitsdimensionen oder das auf ähnlicher Hierarchieebene angesiedelte Arbeitsgedächtnis. Repantis/Heuser (2008, S. 8) sehen durch die Mehrheit der seit 1962 durchgeführten Studien den Nachweis für eine verbessernde Wirkung auf die kognitive Fähigkeiten von Gesunden, besonders auf das Arbeitsgedächtnis und die exekutiven Funktionen, als erbracht. Auch Lieb (2010, S. 69 f.) kommt in seinem Review medizinischer Studien zu dem Schluss, dass Amphetamine dosisabhängig die Wachheit und Aufmerksamkeit verbessern und sich die Reaktionszeit verkürzt. Effekte seien insbesondere zu beobachten, wenn müdigkeitsbedingt die Fähigkeiten eingeschränkt sind.

Untersuchungen mit einer differenzierteren Betrachtung des »nichtkrankheitsrelevanten Ausgangspunkts« ergaben folgende Hinweise: Die durch Amphetamin hervorgerufene Erhöhung des Dopaminspiegels und damit in Verbindung gebrachte Folgedimensionen könnten von der Kapazität des Arbeitsgedächtnisses abhängig sein, denn Versuchsteilnehmer, deren Arbeitsgedächtnisleistung im unteren Normbereich lag, profitierten von der Amphetamineinnahme, wohingegen Individuen im höheren Leistungsbereich keine Verbesserung erfuhren oder sich sogar verschlechtern (Mattay et al. 2000). Diese unterschiedlichen Effekte wurden auch beobachtet, wenn die Probanden anhand ihrer genetischen Aus-

---

9   Betäubungsmittelgesetz

stattung (Genotypen) differenziert betrachtet wurden. Personen, die aufgrund ihrer genetischen Ausstattung eine eher geringe Dopaminkonzentration im präfrontalen Kortex haben (val/val-Genotypen), konnten ihre Arbeitsgedächtnisleistungen durch Amphetamineinnahme erhöhen. Bei Personen mit genetisch bedingtem hohem Dopaminspiegel (met/met-Genotypen) verschlechterten sich die Leistungen des Arbeitsgedächtnisses auf der schwierigsten Stufe eher (Mattay et al. 2003). Solange Amphetamine defizitäre, wenn auch nicht als krankheitsrelevant definierte Dopaminkonzentrationen ausglichen, wurden positive Effekte in Bezug auf kognitive Fähigkeitsdimensionen beobachtet, bei hohen Dopaminausgangskonzentrationen führte die Amphetamineinnahme eher zu Verschlechterungen (Repantis/Heuser 2008, S. 8).

METHYLPHENIDAT – EINE AMPHETAMINÄHNLICHE SUBSTANZ

WIRKUNG – NEBENWIRKUNG

Methylphenidat (MPH) ist eine amphetaminähnliche Substanz, die die Wiederaufnahme von Noradrenalin und Dopamin in den Präsynapsen hemmt, jedoch anders als die Amphetamine nicht direkt die Freisetzung dieser Substanzen fördert (Abb. 2 u. 3). Durch die Blockade steigen deren Konzentrationen im synaptischen Spalt nur, wenn die Nervenzellen ohnehin aktiv sind und vorher die Transmitter ausgeschüttet wurden. Im Gegensatz zu Amphetaminen, die durch die direkte Transmitterfreisetzung auch unabhängig von der Zellaktivierung stimulierend wirken, hat MPH also nur dann einen stimulierenden Effekt, wenn bereits geistige Leistungen erbracht werden (Lieb 2010, S. 72).

Basierend auf den Gebrauchsinformationen von Arzneimitteln mit MPH als alleiniger Wirksubstanz listet Tabelle 1 mögliche Nebenwirkungen von MPH auf.

Bei missbräuchlicher Verwendung von MPH können aufgrund abweichender Dosierungen und Verabreichungsarten (Rauchen, Schnupfen, Injizieren) auch andere als die in Tabelle 1 aufgeführten Nebenwirkungen auftreten. Da Langzeitstudien nicht vorliegen, können keine belastbaren Aussagen über Abhängigkeitspotenzial und Toleranzentwicklung bei gesunden Menschen getroffen werden. Dass die orale Einnahme von MPH zu überschwänglicher Euphorie führt, erscheint anhand der Studienlage als unwahrscheinlich (Repantis/Heuser 2008, S. 9).

VERWENDUNG

MPH kann seit 1944 synthetisch hergestellt werden. 1954 wurde es erstmals als Arzneimittel zugelassen (Handelsname: Ritalin®). Die stimulierende Wirkung wurde sehr schnell erkannt, sodass es früh zur Behandlung chronischer Erschöpfung, bei Antriebsstörungen, Depression oder altersbedingten Verhaltensstörungen eingesetzt wurde. Seit 1971 fällt MPH in Deutschland unter das Betäubungsmittelgesetz. MPH ist für die Behandlung von ADHS bei Kindern indiziert und wird »off label« auch bei Erwachsenen gegen Aufmerksamkeitsstörungen verwendet (Lieb 2010, S. 71).

TAB. 1   **METHYLPHENIDAT: MÖGLICHE NEBENWIRKUNGEN* BEI THERAPEUTISCHER VERWENDUNG**

Häufigkeit	evtl. schwerwiegend	weitere
≥ 10 %		Kopfschmerzen, Nervosität, Schlaflosigkeit
1–10 %	unregelmäßiger Herzschlag; Stimmungsschwankungen, Persönlichkeitsveränderungen	Gelenkschmerzen; trockener Mund; erhöhte Temperatur; Haarausfall; Schläfrigkeit, Benommenheit; verminderter Appetit; Juckreiz, Ausschlag; Husten, Hals-/Nasenentzündung; hoher Blutdruck, rascher Herzschlag; Schwindel, unkontrollierbare Bewegungen, Überaktivität; Aggressivität, Erregtheit, Ängstlichkeit, depressive Stimmung, Reizbarkeit, anomales Verhalten
0,1–1 %	Suizidgedanken; Sehen, Fühlen oder Hören von Dingen, die nicht existieren; unkontrollierte Sprache und Körperbewegungen; Allergieanzeichen	Verstopfung, Blut im Urin; Zittern; Doppelsehen, verschwommenes Sehen; Muskelschmerzen, -zucken; Kurzatmigkeit, Brustschmerzen; erhöhte Leberwerte; Zorn, Rastlosigkeit, Traurigkeit, übermäßige Umgebungswahrnehmung, Schlafstörungen

* Nebenwirkungen sind die beim bestimmungsgemäßen Gebrauch eines Arzneimittels auftretenden schädlichen unbeabsichtigten Reaktionen. Schwerwiegende Nebenwirkungen sind Nebenwirkungen, die tödlich oder lebensbedrohend sind, eine stationäre Behandlung oder Verlängerung einer stationären Behandlung erforderlich machen, zu bleibender oder schwerwiegender Behinderung, Invalidität, kongenitalen Anomalien oder Geburtsfehlern führen (§ 4 Abs. 13 AMG).

Quelle: Gebrauchsinformation von Arzneimitteln mit dem alleinigen Wirkstoff Methylphenidat (www.pharmnet-bund.de, 15.4.2011)

Seit den 1990er Jahren wird regelmäßig über steigende Verordnungszahlen und Verkaufsmengen berichtet, die auf verschiedene Ursachen zurückgeführt werden. Neben dem Anstieg der ADHS-Diagnosen, der Zunahme der medikamentösen Behandlung sowie der vermehrten Off-Label-Verwendung wird auch der Einsatz zur Leistungssteigerung oder als Freizeitdroge wegen der angeblich berauschenden Wirkung als mögliche Ursache für die steigenden Absatzzahlen vermutet (Hennen et al. 2008, S. 153 ff.).

Auf der Grundlage eines europäischen Risikobewertungsverfahrens wurde das Anwendungsgebiet von MPH im Juni 2006 europaweit eingeschränkt. Danach ist die ausschließliche medikamentöse Behandlung mit MPH bei ADHS unsachgemäß und stattdessen eine multimodale Therapie angezeigt (ausführlicher Tab. 11, Kap. III.3.5, sowie Kap. IV.2.2.1). Der Gemeinsame Bundesausschuss hat diese Einschränkung im September 2010 übernommen und in der Arzneimittel-Richtlinie festgelegt, dass MPH nur in der bestimmungsgemäßen, zugelassenen Anwendung zulasten der gesetzlichen Krankenversicherung (GKV) verordnet werden darf (Bundesanzeiger Nr. 181 vom 30. November 2010, S. 3975).

MPH steht auf der Liste der verbotenen Substanzen der Welt-Anti-Doping-Agentur. Die Verwendung zur Leistungssteigerung im Sport ist verboten (WADA 2011).

EFFEKTE IM KONTEXT VON LEISTUNGSSTEIGERUNG

Bereits 1973 wurde an gesunden Probanden im Alter von über 60 Jahren über einen längeren Zeitraum MPH getestet. Sie fühlten sich zwar weniger müde als die Placebokontrollgruppe, messbare Veränderungen psychischer Fähigkeitsdimensionen konnten jedoch nicht festgestellt werden (Gilbert et al. 1973). Lieb (2010, S. 72) kommt zu der Einschätzung, dass zwar Effekte bezüglich der Wachheit auftraten, mögliche Folgeeffekte auf bestimmte exekutive Fähigkeiten, wie verbesserte Aufmerksamkeit sowie verkürzte Reaktionszeit, aber schwächer waren als bei der Einnahme von Amphetaminen. Repantis/Heuser (2008, S. 9) verweisen darauf, dass nur ältere Studien Hinweise auf leichte Effekte bei kognitiven Fähigkeiten liefern, in neueren Studien diese Belege jedoch fehlen und es in der Summe keine Hinweise auf eine Leistungssteigerung gibt. Dennoch berichteten viele der Probanden, die den Wirkstoff einnahmen, von einem subjektiv empfundenen Gefühl gesteigerter Leistungsfähigkeit. Dies könnte erklären, warum sich das weitverbreitete Vorurteil einer vermeintlichen Verbesserung leistungsrelevanter Fähigkeiten durch MPH hält (Repantis/Heuser 2008, S. 10). Es könnte jedoch auch daran liegen, dass die Wirksamkeit von MPH mit der eines Placebos verglichen wurde, das ebenfalls wirksam war. In diesem Fall können einzelne Personen durchaus starke Effekte erleben, die aber reine Placeboeffekte sind und in kontrollierten Studien nicht der Wirkung der Substanz zugeschrieben werden.

In den genannten Studien konnten weder in Bezug auf Wachheit noch auf exekutive Fähigkeiten, wie Aufmerksamkeit, noch auf die Stimmung (als eine emotionale Fähigkeitsdimension) positive Effekte belegt werden. Berichtet wurde hingegen von einem positiven Effekt auf das Gedächtnis bereits nach der einmaligen Einnahme der Substanz (Repantis/Heuser 2008, S. 11). Die kontinuierliche Einnahme über eine oder sechs Wochen zeigte wiederum keine relevanten Effekte (Gilbert et al. 1973; Gobbi et al. 2003).

Defizite durch einen Schlafentzug waren durch MPH ebenfalls nicht zu beheben. Wenn im Untersuchungsdesign durch Schlafentzug eine Mangelsituation explizit erzeugt wurde, konnte keine Verbesserung der Aufmerksamkeit nachgewiesen werden, auch wenn die Probanden subjektiv ein verbessertes Befinden äußerten

(Bishop et al. 1997; Roehrs et al. 1999 u. 2004), das bis zur Selbstüberschätzung reichte (Bray et al. 2004).

Wie bei Amphetaminen ergeben sich in der differenzierteren Betrachtung auch bei MPH Hinweise, dass Personen mit einem schwachen Arbeitsgedächtnis durch die Einnahme eher profitieren als Personen, die von vornherein über ein gutes Arbeitsgedächtnis verfügen (Mehta et al. 2000). Es gibt Anzeichen, dass bei bereits hohem Ausgangsniveau die Fehlerhäufigkeit durch die Verwendung von MPH steigt, weil durch Impulsivität bis hin zu Selbstüberschätzung Versuchspersonen reagierten, bevor alle nötigen Informationen vollständig verarbeitet waren (Schumacher/Stern 2008, S. 16).

KOFFEIN – SUBSTANZGRUPPE DER XANTHINE

WIRKUNG – NEBENWIRKUNG

Koffein hat ein relativ breites Wirkungsspektrum, es wirkt sowohl auf unterschiedliche Organsysteme als auch auf das Nervensystem. Koffein fördert über eine mehrstufige biochemische Prozesskette die Ausschüttung des Stresshormons Adrenalin und verlängert dessen Wirkung im Körper. Koffein kann die Blut-Hirn-Schranke fast ungehindert passieren. Im ZNS greift es in die vor Überanstrengung schützende Selbstregulierung der Neuronen ein. Aktive Neuronen tauschen Transmitter wie Dopamin aus, verbrauchen dabei Energie und setzen parallel dazu den Kotransmitter Adenosin frei, der an spezifische Rezeptoren bindet. Je aktiver eine Zelle ist, desto mehr Adenosin wird produziert, desto mehr Rezeptoren werden mit Adenosin besetzt und desto stärker wird das dadurch ausgelöste Signal, die Zellaktivität zu reduzieren. Koffein hat eine ähnliche chemische Struktur wie Adenosin, es kann dieselben Rezeptoren besetzen, ohne sie jedoch zu aktivieren und das Drosselungssignal auszulösen. Die Neuronen arbeiten trotz steigender Adenosinkonzentration weiter, die Dopaminaktivität bleibt hoch (Lieb 2010, S. 144; Wyatt et al. 2004).

Die meisten in Deutschland zugelassenen koffeinhaltigen Arzneimittel sind Substanzmischungen, häufig wird Koffein schmerzlindernden Substanzen beigemischt. Die in Tabelle 2 beschriebenen Nebenwirkungen im Rahmen der therapeutischen Verwendung wurden den verfügbaren Gebrauchsinformationen von Arzneimitteln entnommen, deren Wirkstoff ausschließlich Koffein war.

VERWENDUNG

Koffein ist ein Naturstoff, der in mehr als 100 Pflanzenarten, deren Blättern, Früchten oder Samen enthalten ist, z.B. im Tee- und Kaffeestrauch. Damit ist Koffein niedrigdosiert in Kaffee und Tee enthalten – Getränke, die in Europa seit Jahrhunderten, in Asien (Tee) bereits seit Jahrtausenden konsumiert werden.

Koffein gilt als pharmakologisch aktive Substanz, die weltweit am häufigsten konsumiert wird. Aufgrund der stimulierenden Wirkung verbreitete sich der Konsum vergleichsweise schnell. Regional begrenzte Verbote im 18. und 19. Jahrhundert hatten meist soziale oder wirtschaftspolitische Hintergründe und ließen sich gesellschaftlich nicht lange aufrechterhalten (Maritsch/Uhl 1989, S. 6 ff.). Koffein darf niedrigdosiert in Lebensmitteln enthalten sein, höherdosierte Stoffgemische (Koffeintabletten) fallen unter das Arzneimittelgesetz. Eine Tablette Coffeinum® beispielsweise enthält eine Dosis von 200 mg Koffein (was etwa zwei Tassen Kaffee entspricht) und ist apothekenpflichtig.

TAB. 2	KOFFEIN: MÖGLICHE NEBENWIRKUNGEN BEI THERAPEUTISCHER VERWENDUNG
Häufigkeit	**Nebenwirkungen***
o.A.	Nebenwirkungen sind abhängig von individueller Substanzempfindlichkeit und Dosierung; bei Niedrigdosierung: Steigerung der Herzfrequenz, Schlaflosigkeit, innere Unruhe, Magen-Darm-Beschwerden; bei Höherdosierung bzw. bei hoher Empfindlichkeit: Reizbarkeit, Kopfschmerzen, Verstärkung des natürlichen, normalerweise nichtwahrnehmbaren Muskelzitterns. Längerer, insbesondere höher dosierter Gebrauch von Koffein führt zu Toleranzentwicklung gegenüber den meisten Wirkungen und Nebenwirkungen. Bei abruptem Absetzen nach längerem Gebrauch: Kopfschmerzen, Müdigkeit, Muskelschmerzen, Nervosität und vegetative Symptome (z.B. Schweißneigung, Schwindelgefühl, Zittern, Herzklopfen, -beklemmung).

*   In Gebrauchsanweisungen von Arzneimitteln sind Aussagen zu Nebenwirkungen nicht vollständig harmonisiert, d.h., nicht immer sind Häufigkeitsangaben oder Angaben zum Schweregrad enthalten. Dementsprechend weichen die Tabellenstrukturen zu den Substanznebenwirkungen in diesem Kapitel teilweise voneinander ab.

Quelle: Gebrauchsinformation unterschiedlicher Arzneimittel mit Koffein als alleinigem Wirkstoff (www.pharmnet-bund.de, 15.4.2011)

Als Stimulans stand Koffein ab einem gewissen Grenzwert – der einen normalen Konsum koffeinhaltiger Getränke zuließ – eine Zeitlang auf der Liste der verbotenen Dopingsubstanzen. Die Nachweisverfahren waren jedoch nicht spezifisch genug und konnten angezweifelt werden. 2004 wurde Koffein von der Welt-Anti-Doping-Agentur aus der Liste der verbotenen Substanzen gestrichen.

EFFEKTE IM KONTEXT VON LEISTUNGSSTEIGERUNG

Kaffee bzw. das darin enthaltene Koffein wird in der Enhancementdebatte oft beispielhaft angeführt als eine wirkungsvolle und nebenwirkungsarme Substanz zur Leistungssteigerung, deren liberal gehandhabter Konsum gesellschaftlich eine Zeitlang umstritten war, sich jedoch als weitgehend unbedenklich durchgesetzt hat.

Koffein in niedriger Dosierung verringert Ermüdungserscheinungen. Die fast ausschließlich anregende Wirkung ist an exekutiven Fähigkeitsdimensionen, wie Aufmerksamkeit und Konzentrationsvermögen, sowie emotionalen Fähigkeitsdimensionen, wie Antrieb und Stimmung, beobachtbar, was mit der erhöhten Dopaminaktivität in Verbindung gebracht wird. Durch Koffein werden das Atemzentrum und der Kreislauf angeregt und motorische Gehirnzentren beeinflusst. Dadurch können sich die Reaktionszeiten verkürzen. Koffein kann wahrscheinlich durch die erhöhte Adrenalinausschüttung, die tendenziell eine Verschiebung kognitiver Fähigkeiten zugunsten von Reflexhandlungen bewirkt, auch physische Ausdauerleistungen steigern (Grebe 2010). Es wird angenommen, dass Leistungen, die besondere kognitive Fähigkeiten (z.b. eine komplizierte visuell-motorische Koordination) erfordern, durch hohe Koffeindosierungen eher beeinträchtigt werden.

Die Effekte von Koffein bei Gesunden sind insbesondere bei einem Schlafdefizit zu beobachten (Lieb 2010).

MODAFINIL

WIRKUNG – NEBENWIRKUNG

Modafinil gehört zu einer Gruppe psychostimulierender Substanzen, die sich in der Molekülstruktur von den amphetaminartigen Stimulanzien deutlich unterscheiden. Nicht nur die pharmakologischen Eigenschaften der Substanz, sondern auch ihre physiologischen und Verhaltenseffekte deuten auf eine andere Wirkweise als bei den amphetaminähnlichen Stimulanzien hin. Es wird angenommen, dass Modafinil sowohl die Aktivität der stimulierenden Transmitter Dopamin und Noradrenalin steigert als auch die Aktivität des dämpfenden Botenstoffs Gamma-Aminobuttersäure (GABA) reduziert (Lieb 2010, S, 74). Laut Herstellerangaben fördert Modafinil die Wachheit, indem es selektiv über das Schlaf-Wach-Zentrum die Hirnrinde aktiviert. Einen Konsens über seinen präzisen neurochemischen Wirkmechanismus gibt es bisher nicht.

Obwohl Modafinil keine euphorisierende Wirkung aufweist und kein Abhängigkeitspotenzial zu haben scheint, kann aufgrund der fehlenden Langzeitstudien an Gesunden insbesondere ein Abhängigkeitspotenzial dennoch nicht ausgeschlossen werden. Genauso wenig können Aussagen über langfristige Nebenwirkungen gemacht werden (Repantis/Heuser 2008, S. 12).

VERWENDUNG

Modafinilhaltige Arzneimittel sind in Frankreich seit den 1980er Jahren zugelassen, in den USA seit 1998 (Handelsname in den USA Provigil®, deutscher Name Vigil®). Seit 2008 fällt Modafinil in Deutschland nicht mehr unter das Betäubungsmittelgesetz (wegen der geringen Suchtgefahr).

TAB. 3	MODAFINIL: MÖGLICHE NEBENWIRKUNGEN BEI THERAPEUTISCHER VERWENDUNG

Häufigkeit	evtl. schwerwiegend	weitere
≥10%		Kopfschmerzen
1–10%		Schwindelgefühle, Schläfrigkeit, Schlafstörungen; Wahrnehmung von ungewöhnlich schnellem Herzschlag; Brustschmerzen; Erröten; Mundtrockenheit; Appetitverlust, Übelkeit, Bauchschmerzen, Verdauungsstörungen; Schwäche; Taubheit oder Kribbeln in Händen oder Füßen; verschwommenes Sehen; erhöhte Leberenzymwerte
0,1–1 %.		Rücken-, Nacken-, Gelenkschmerzen, Anschwellen von Füßen und Händen, Muskelprobleme (Krämpfe, Zucken, Zittern, Koordination); Drehschwindel; heuschnupfenähnliche Beschwerden (Nase, Atemwege, Mund, Augen, Haut); Nasenbluten, Halsschmerzen oder Nasennebenhöhlenentzündung (Sinusitis); Sehstörungen; Schwitzen; Blutdruck-, Herzschlagänderungen; Schluckbeschwerden; starke Blähungen; Reflux; veränderter Urin, häufiges Wasserlassen; erhöhter Blutzucker- und Cholesterinspiegel; Appetits-, Gewichts-, Durst-, Geschmacksveränderungen; Erbrechen; Migräne; Sprach- und Schlafstörungen, anormale Träume; Verlust des sexuellen Verlangens
o. A.	plötzliche Atemschwierigkeiten, Schwellungen in Gesicht, Mund oder Hals; Hautausschlag oder Juckreiz insbesondere am ganzen Körper; Veränderungen der geistigen Verfassung und des Wohlbefindens	

Quelle: Gebrauchsinformation zu Arzneimitteln mit dem alleinigen Wirkstoff Modafinil (www.pharmnet-bund.de, 15.4.2011)

Ursprünglich war Modafinil zugelassen bzw. medizinisch indiziert zur Behandlung von Erkrankungen, die mit ausgeprägter Tagesmüdigkeit einhergehen, wie z.B. Narkolepsie, bei Schlafapnoeerkrankungen oder chronisches Schichtarbeitersyndrom. Laut Lieb (2010, S. 74) wurde trotz fehlender klinischer Wirksamkeitsbelege Modafinil auch außerhalb dieser zugelassenen Indikation zur Behandlung von ADHS, aber auch bei mit Müdigkeit und Antriebslosigkeit einhergehenden Erkrankungen wie Depression eingesetzt. Vor allem die letztgenannte

Off-Label-Verwendung scheint mit besonderen Risiken einherzugehen. Die neu-erliche Risikobewertung von Modafinil der Europäischen Arzneimittelagentur (EMA) hat zu einer starken Einschränkung der medizinischen Indikation im Februar 2011 geführt. Das Nutzen-Risiko-Verhältnis wurde nur noch für er-wachsene Patienten mit Narkolepsie als günstig bewertet – für alle anderen Indi-kationen wurde die Zulassung entzogen. Zudem soll bei Patienten mit einer Vorgeschichte von Psychosen, Depressionen und Manien sowie Alkohol-, Arz-neimittel- oder Drogenmissbrauch Modafinil nur mit besonderer Vorsicht einge-setzt und diese Patientengruppe sorgfältig überwacht werden (Cephalon 2011).

Modafinil steht auf der Liste der verbotenen Substanzen der Welt-Anti-Doping-Agentur. Die Verwendung zur Leistungssteigerung im Sport ist somit verboten (WADA 2011).

EFFEKTE IM KONTEXT VON LEISTUNGSSTEIGERUNG

Modafinil wird sowohl von Patienten als auch von Gesunden eine positive Wir-kung auf kognitive Fähigkeiten zugesprochen, deren Ursachen vermutlich in der Erhöhung der Wachheit bzw. der Verminderung des Schlafbedürfnisses liegen. Laut Repantis/Heuser (2008, S. 11 f.) wird gegenwärtig die Wirkung von Moda-finil als Neuroenhancer intensiv untersucht. Die Studienergebnisse, in denen Mo-dafinil verwendet wurde, ohne dass ein defizitärer Ausgangspunkt vorherrschte, bezeichnen Repantis/Heuser (2008, S. 12) als insgesamt widersprüchlich. Auch Schumacher/Stern (2008, S. 22) sind der Meinung, dass die vorliegenden Unter-suchungen zu kognitiven Effekten kein einheitliches Bild ergeben. Ein Nachweis, dass Modafinil bei gesunden Menschen die kognitiven Leistungen steigert, könne daraus nicht abgeleitet werden. Lieb (2010, S. 74) schätzt, dass die Wirkmäch-tigkeit von Modafinil bei »ungestressten Erwachsenen« etwa zwischen der von Methylphenidat und Amphetaminen liegt.

In zwei Richtungen wurde der »nichtkrankheitsrelevante Ausgangspunkt« diffe-renzierter betrachtet: Zum einen wurden die Probanden einem Schlafdefizit aus-gesetzt (der Wachheitszustand also insgesamt vermindert), und zum anderen wurde anhand des individuellen kognitiven Fähigkeitspotenzials (mittels IQ ge-messen) gruppiert.

Studien zur Modafinilwirkung bei Gesunden nach Schlafentzug wurden meist vom Militär – insbesondere dem amerikanischen, französischen und kanadi-schen – in Auftrag gegeben. Anhand von Studien mit Schlafentzugsperioden (im Durchschnitt 36 Stunden) und einmaliger Modafinileinnahme konnte gezeigt werden, dass die Wachheit wieder auf das Niveau vor Schlafentzug gebracht werden konnte. Gedächtnisleistungen der mit Modafinil behandelten Probanden waren nach dem Schlafentzug besser als bei denen, die mit einem Placebo be-handelt wurden. Die Ergebnisse in Bezug auf die Aufmerksamkeit waren unter-schiedlich. Die Stimmung schien unbeeinflusst zu bleiben. Bei längerem Schlafentzug und mehrmaliger Modafinileinnahme blieb zwar die Wachheit besser erhalten als bei Placebo, nicht jedoch exekutive Fähigkeiten wie Aufmerksamkeit. Diese verschlechterten sich sowohl bei Probanden mit Modafinil als auch mit Placebo (Repantis/Heuser 2008, S. 11 f.).

In zwei Studien wurden die Probanden vor und nach der Modafinilverabreichung gebeten, ihre Leistungen selbst einzuschätzen (Baranski et al. 2002; Baranski/ Pigeau 1997). Prospektiv konnten die Probanden ihre zu erbringende Leistung noch richtig einschätzen. Retrospektiv überschätzten die Befragten tendenziell ihre eigenen kognitiven Fähigkeiten unter Modafinil.

Eine differenzierte Untersuchung anhand des IQ unterschied zwei Gruppen: eine Gruppe, in der die Probanden einen IQ von 106 ± 0,6 hatten (der also bereits über dem auf 100 genormten mittleren Intelligenzwert liegt), und eine mit Probanden mit noch höherem IQ (115,5 ± 0,5) (Randall et al. 2005). Die Versuchspersonen nahmen im normalen Wachzustand Modafinil und wurden danach mit umfangreichen Tests zu einer großen Bandbreite kognitiver Fähigkeiten untersucht. Sie konnten nach der Modafinileinnahme lediglich visuelle Reize schneller erkennen. In der differenzierten Betrachtung beschränkte sich diese einzige positive Wirkung auf die Personengruppe mit einem IQ von 106 (Schumacher/Stern 2008, S. 22). Die Autoren der Studien schließen denn auch vorsichtig, dass die Möglichkeit zur Verbesserung kognitiver Fähigkeiten durch Modafinil vom IQ bzw. dem jeweiligen Ausgangsniveau kognitiver Fähigkeiten abhängig sein könnte (Repantis/Heuser 2008, S. 12).

AMPHETAMIN, KOFFEIN, MODAFINIL UND PLACEBO IM VERGLEICH

In einer doppelblinden randomisierten Studie im Auftrag der US-Armee wurden 48 gesunde junge Erwachsene über 85 Stunden wachgehalten. Nach 64 Stunden Schlafentzug bekamen je zwölf Probanden 20 mg D-Amphetamin, 400 mg Modafinil, 600 mg Koffein oder ein Placebo. Alle drei Substanzen hatten etwa gleich große Effekte in Bezug auf Wachheit und einfache psychomotorische Fähigkeiten, die zwei bis vier Stunden getestet wurden. Die Placebogruppe schnitt in diesen Tests schlechter ab (Wesensten et al. 2005).

NIKOTIN

WIRKUNG – NEBENWIRKUNG

Nikotin wirkt sehr schnell auf das Nervensystem auf beiden Seiten der Blut-Hirn-Schranke. Es bindet an nikotinerge Acetylcholinrezeptoren und aktiviert diese. Diese spezifischen Rezeptoren haben einen engen Bezug zum präfrontalen Kortex und zum dopaminergen Belohnungssystem. Nikotin fördert die Ausschüttung unterschiedlicher Neurotransmitter (Adrenalin, Dopamin, Serotonin, Noradrenalin,

Endorphine) und löst dadurch u.a. eine positive Gefühlskaskade im Belohnungszentrum aus. Durch regelmäßigen Nikotinkonsum setzt eine Toleranzentwicklung ein, da die Anzahl der Rezeptoren steigt und diese gleichzeitig unempfindlicher werden.

Nikotin hat beim Inhalieren ein sehr hohes Abhängigkeitspotenzial, bei oraler Einnahme oder Aufnahme über die Haut (Pflaster) hingegen kaum. Rauchen (wodurch neben Nikotin auch etliche andere Stoffe wie Teer usw. aufgenommen werden) ist einer der wichtigsten Risikofaktoren für chronische, nichtübertragbare Krankheiten wie Herz-Kreislauf- und chronische Atemwegserkrankungen, Krebs und Typ-2-Diabetes. Rauchen schädigt nahezu jedes Organ im Körper und verkürzt das Leben um durchschnittlich zehn Jahre (DKFZ 2010).

Um die gesundheitlichen Gefahren durch Rauchen zu senken, kann die Nikotinaufnahme im Rahmen der Suchtentwöhnung[10] über einen gewissen Zeitraum medizinisch indiziert sein und auf unterschiedliche Art appliziert werden. In den Gebrauchsinformationen wird einerseits über Nebenwirkungen wie Schlaflosigkeit, Schwindel, Kopfschmerzen, Übelkeit berichtet, die auch mit dem Aufgeben des Rauchens in Zusammenhang stehen. Darüber hinaus wird auch über applikationsspezifische Nebenwirkungen berichtet: bei Pflastern z.B. Hautreizungen an der Applikationsstelle, bei oraler Applikation Reizungen im Mund- und Rachenbereich, Übelkeit, Erbrechen oder bei Inhalatoren Atemwegserkrankungen (www.pharmnet-bund.de, 15.4.2011).[11]

VERWENDUNG

Reines Nikotin ist in der Gefahrstoffkennzeichnung als sehr giftig klassifiziert. Nikotin ist niedrigdosiert im Tabak enthalten, der in vielen Kulturkreisen seit Jahrtausenden auf unterschiedliche Weise konsumiert wird. Trotz der schwerwiegenden gesundheitlichen Gefahren ist Tabak ein fester Bestandteil der Alltagskultur und gilt national wie international als legale Droge, darf also gehandelt werden. In Deutschland ist der Markt für Tabakerzeugnisse weitgehend frei, wobei sich gegenwärtig der gesellschaftliche Umgang erheblich ändert. Rechtlich wird die Substanz singulär gehandhabt (durch das sogenannte »Vorläufige Tabakgesetz«). Eine Verschiebung weg von der hohen Bewertung liberaler Konsumentenrechte hin zu Schutzrechten der Nichtkonsumenten (Schutz vor dem Passivrauchen) ist zu beobachten. Hauptursache für diese Verschiebung sind die wissen-

---

10 Nikotinabhängigkeit ist international wie auch national als Krankheit anerkannt. Innerhalb der WHO-Krankheitsklassifikation wird sie als »Psychische und Verhaltensstörungen durch Tabak« (ICD-10: F17) mit einem multifaktoriellen Ursachengefüge als Summe aus inneren und äußeren Faktoren bezeichnet.
11 Aufgrund der Vielfältigkeit der Applikationsformen von Nikotin und der davon nicht unabhängigen möglichen Nebenwirkungen wird auf eine tabellarische Darstellung aller in den Gebrauchsanweisungen aufgeführten Nebenwirkungen verzichtet.

schaftlich immer besser belegbaren gesundheitlichen Folgeschäden. Auch wenn derzeit kein Konsumverbot in Erwägung gezogen wird, werden erhebliche Anstrengungen unternommen, dem Konsum möglichst wenig Vorschub zu leisten.

Für Nikotin ist keine therapeutische Wirksamkeit im eigentlichen Sinn nachgewiesen. Lediglich im Kontext der Suchtbekämpfung kann es zur Erleichterung des Entwöhnungsprozesses in Form von Nikotinpflastern, -kaugummis oder -sprays verwendet werden (Nikotinersatztherapie). Diese Nikotinpräparate zur Suchtbekämpfung gelten weitgehend als apothekenpflichtige verschreibungsfreie Arzneimittel (Kap. III.3.3).

EFFEKTE IM KONTEXT VON LEISTUNGSSTEIGERUNG

Nikotin wirkt in geringer Dosierung kurzzeitig stimulierend. Zu den leistungssteigernden Effekten gehören vor allem die Steigerung psychomotorischer Fähigkeiten sowie verbesserte Aufmerksamkeit. Ob Nikotin direkte leistungssteigernde Effekte auf Gedächtnis und Lernen hat, ist umstritten. In einer Studie haben 16 nichtrauchende Piloten an zwei Tagen zweimal einen Kaugummi mit oder ohne Nikotin gekaut und daran anschließend einen Testflug am Flugsimulator durchgeführt. Die Piloten absolvierten die Testflüge am Nikotintesttag signifikant besser (Mumenthaler et al. 2003).

SUBSTANZEN GEGEN DOPAMINMANGEL   3.2

Neurodegenerative Erkrankungen, die unter anderem mit einem Dopaminmangel im ZNS einhergehen (z.B. Parkinsonerkrankung), versucht man gegenwärtig pharmakologisch mit zwei Strategien zu behandeln:

> durch Erhöhung der Dopaminkonzentration im ZNS (z.B. indem der Dopaminvorläufer Levodopa zugeführt wird) sowie
> durch Verhinderung des Dopaminabbaus (z.B. indem das am Dopaminabbau beteiligte COMT-Enzym gehemmt wird).

LEVODOPA (L-DOPA)

Durch den Einfluss von Dopamin auf unterschiedliche Verarbeitungspfade im Gehirn wird eine Aktivierung des Belohnungssystems und eine Verbesserung des Arbeitsgedächtnisses und der exekutiven Funktionen erreicht; Dopamin spielt darüber hinaus eine wichtige Rolle bei der Regulation der Motorik.

WIRKUNG – NEBENWIRKUNG

Levodopa ist die Vorstufe von Dopamin, das wiederum zu Adrenalin oder Noradrenalin verstoffwechselt werden kann. Es kann als einzige der genannten Sub-

stanzen die Blut-Hirn-Schranke passieren. Die eigentliche gewünschte pharmakologische Wirksamkeit im ZNS entfaltet nicht Levodopa, sondern dessen
Stoffwechselprodukte.

TAB. 4	LEVODOPA: MÖGLICHE NEBENWIRKUNGEN BEI THERAPEUTISCHER VERWENDUNG

Häufigkeit	Nebenwirkungen
≥ 10 %	Übelkeit, Erbrechen, Durchfall, verminderter Appetit; krankhaft-traurige Verstimmungen, Depressionen (die jedoch bei der Parkinsonkrankheit auch Teil des Krankheitsbildes sein können); Schlafstörungen
	bei längerer Behandlungsdauer und/oder hoher Dosierung: unwillkürliche Bewegungen, schwerwiegende Schwankungen in der Beweglichkeit; vorübergehende Änderungen bestimmter Leberenzym- und Blutwerte
1–10 %	unregelmäßiger Herzschlag, niedriger Blutdruck (Folge: Schwindel, Ohnmacht); Kopfschmerzen, Mundtrockenheit, geändertes Geschmacksempfinden; Sinnestäuschungen; Ängstlichkeit; Schnupfen, Bronchitis, fieberhafte Infektionen
0,1–1 %	Geschmacksverlust

Quelle: Gebrauchsinformation zu Arzneimitteln mit den Wirkstoffen Levodopa 100 mg
und Benserazid 25 mg (www.pharmnet-bund.de, 15.4.2011)

VERWENDUNG

Levodopa ist seit den 1970er Jahren als Arzneistoff zugelassen. In Kombination
mit Carbidopa wurde es in die Liste der unentbehrlichen Arzneimittel der Weltgesundheitsorganisation aufgenommen (WHO 2010), um Krankheiten zu behandeln, die infolge eines Dopaminmangels entstehen (z.B. Parkinsonerkrankung, Restless-Legs-Syndrom). In Deutschland sind gegenwärtig 250 Arzneimittel mit dem Wirkstoff Levodopa in Kombination mit weiteren Wirkstoffen zugelassen (www.pharmnet-bund.de).

EFFEKTE IM KONTEXT VON LEISTUNGSSTEIGERUNGEN

Wenn Effekte von Levodopa im Kontext von Leistungssteigerungen thematisiert
werden, wird regelmäßig auf die Studie von Knecht et al. (2004) Bezug genommen: Dabei wurde 20 gesunden jungen Personen fünf Tage lang doppelblind
entweder Placebo oder eine niedrige Dosierung (100 mg) von Levodopa verabreicht. Nach jeder Einnahme sollten die Teilnehmer ein Set von Nonsenswörtern
auswendig lernen. Die Levodopagruppe lernte im Vergleich zur Placebogruppe
mehr und schneller, sie konnte sich sowohl am Ende jedes Behandlungstages als
auch einen Monat nach der letzten Medikamenteneinnahme an diese Wörter
besser erinnern. In einer weiteren Studie (Flöel et al. 2008b) wurde der Effekt

von Levodopa auf feinmotorische Fähigkeiten (z.b. die Bewegungsgeschwindig-
keit der Hände) untersucht. Bei den getesteten älteren 20 Teilnehmern konnte
eine signifikante Verbesserung festgestellt werden, nicht jedoch bei den jüngeren
Probanden. Repantis/Heuser (2008, S. 13) schlussfolgern, dass bei älteren Menschen allgemein ein dopaminerges Defizit vorliegen und Levodopa zur Verbesserung feinmotorischer Fähigkeiten eingesetzt werden könnte.

TOLCAPON

Die therapeutische Wirkung von Levodopa kann durch die Substanz Tolcapon
verstärkt werden.

WIRKUNG – NEBENWIRKUNG

Die Wirkung von Tolcapon entsteht über mehrere Stufen. Tolcapon hemmt im
ZNS das COMT-Enzym, das vor allem im präfrontalen Kortex Dopamin inakti-
viert und abbaut. Hierdurch wird das Absinken der Dopaminkonzentration
vermindert. Dieser Effekt wurde jedoch nur bei sog. val/val-Genotypen beobachtet, bei denen das COMT-Enzym voll aktiv ist (Lieb 2010, S. 109). Bei met/met-
Genotypen oder val/met-Mischtypen, bei denen das COMT-Enzym nur sehr
gering aktiv ist, hat die Störung der Wirkungskaskade keinen dopaminkon-
zentrationssteigernden Effekt.

TAB. 5	TOLCAPON: MÖGLICHE NEBENWIRKUNGEN BEI THERAPEUTISCHER VERWENDUNG
Häufigkeit evtl. schwerwiegend	**weitere**
≥ 10 %	psychiatrische Erkrankungen (Schlafstörun-gen, exzessives Träumen, Schläfrigkeit, Ver-wirrtheit, Halluzinationen), Erkrankungen des Nervensystems (Störungen des Bewegungs-ablaufs, Kopfschmerzen, Schwindel), Gefäßer-krankungen (orthostatische Störungen), Er-krankungen des Gastrointestinaltrakts (Übel-keit, Erbrechen, Durchfall)
1–10 %	Infektionen der oberen Atemwege, Influenza, Hypokinesie, Synkopen, Erbrechen, Verstop-fung, Urinverfärbungen, Bauch- und Brust-schmerzen sowie verstärktes Schwitzen
0,01–0,1 % akute Leberschäden, mögli-cherweise tödlich endend	

Quelle: Fachinformation Tasmar-Filmtabletten (www.rote-liste.de, 17.4.2011)

VERWENDUNG

Seit 1998 ist die Substanz Tolcapon (Handelsname in Deutschland Tasmar) zugelassen. Da unter Anwendungsbedingungen mitunter gravierende Nebenwirkungen aufgetreten sind, wurden die Zulassungsvereinbarungen wieder eingeschränkt. Aufgrund des Risikos seltener, aber möglicherweise letaler akuter Leberschäden darf die Substanz gegenwärtig nur noch zur Behandlung von Parkinson als sogenannte Second-Line- (wenn andere Therapien nicht anschlagen) und Add-On-Substanz (in der Kombination mit Levodopa/Carbidopa bzw. Benserazid) von Ärzten mit Erfahrung in der Parkinsonbehandlung verwendet werden (Fachinformation Tasmar; www.rote-liste.de, 17.4.2011).

EFFEKTE IM KONTEXT VON LEISTUNGSSTEIGERUNG

Aufgrund des Wirkungsmechanismus von Tolcapon werden Effekte auf psychische Fähigkeitsdimensionen vor allem bei Personen vermutet, bei denen das dopaminabbauende COMT-Enzym im präfrontalen Kortex vollaktiv ist (val/val-Genotypen). Eine Arbeitsgruppe des National Institutes of Health (USA) führte 2007 im Rahmen einer Überprüfung eines Therapiekonzepts (klinische Studie Phase IIa) Untersuchungen an 47 gesunden Freiwilligen durch, wobei Effekte von Tolcapon und Placebo miteinander verglichen wurden (Apud et al. 2007). Die Probanden wurden anhand ihres Genotyps stratifiziert: 17 val/val-Typen (COMT-Enzym vollaktiv), 11 met/met-Typen (COMT-Enzym gering aktiv) und 21 val/met-Mischtypen. Alle drei Gruppen hatten eine ähnliche IQ-Ausprägung (mittlerer IQ zwischen 107 und 108) und absolvierten unterschiedliche kognitive Tests. Das berichtete Nebenwirkungsprofil von Tolcapon und Placebo war ähnlich. Die Studie baute nicht darauf auf, dass ein »defizitärer« Ausgangszustand (durch Schlafdefizit) oder Unterschiede in kognitiven Fähigkeiten (IQ) pharmakologisch behandelt wurden. Auch konnte gezeigt werden, dass die genetischen bedingten COMT-Enzymvarianten keine Entsprechung in der Ausprägung des IQ oder Ausbildungszeiten haben (Apud et al. 2007, S. 1012). Die Studie ergab einen signifikanten genotypabhängigen Substanzeffekt. Tolcapon verbesserte selektiv nur bei gesunden Personen mit val/val-Genotyp exekutive Fähigkeiten und das verbale episodische Gedächtnis sowie die Effizienz der Informationsverarbeitung im präfrontalen Kortex (assoziiert mit dem Konstrukt des Arbeitsgedächtnisses). Bei Personen des met/met-Genotyps führte Tolcapon zu schlechteren Testergebnissen. Die Autoren bewerten dies als ersten Beweis für pharmakologisches Enhancement von kognitiven Fähigkeitsdimensionen bei »normalen« Personen, ohne dass Psychostimulanzien verwendet wurden (Apud et al. 2007, S. 1016).

ANTIDEPRESSIVA   3.3

WIRKUNG – NEBENWIRKUNG

Antidepressive Wirkstoffe sollen Symptome wie depressive Stimmungen in unterschiedlichen Ausprägungen, Verlust von Interesse und Freude, erhöhte Ermüdbarkeit, Konzentrations- und Aufmerksamkeitsdefizite bekämpfen. Dazu greifen sie in unterschiedliche Neurotransmittersysteme ein. Während Antidepressiva der ersten Generation auf Transmittersysteme und Rezeptoren gleichzeitig einwirkten, was oft mit erheblichen Nebenwirkungen verbunden war, setzen die neueren Antidepressiva singulärer an und sind in der Regel besser verträglich. Antidepressiva werden differenziert in (Repantis/Heuser 2008, S. 6):

> *Serotonin-Wiederaufnahme-Hemmer* (SSRI), darunter Fluoxetin (in den USA unter dem Handelsnamen Prozac® bekannt), sowie zahlreiche andere Substanzen mit ähnlichen Wirkprofilen;
> *Noradrenalin-Wiederaufnahme-Hemmer* (SNRI);
> kombinierte Serotonin-Noradrenalin-Wiederaufnahme-Hemmer (SSNRI);
> *Monoaminooxidasehemmer* (Antidepressiva der älteren Generation mit vergleichsweise ungünstigem Nebenwirkungsprofil).

Die jeweiligen Antidepressiva haben ein unterschiedliches Wirkungsprofil. Neben der stimmungsaufhellenden Wirkung bei depressiven Symptomen entfalten sie je nach Rezeptorbindungsprofil eher antriebssteigernde, antriebsneutrale oder antriebsdämpfende bzw. beruhigende Wirkungen. Die therapeutisch erwünschten Wirkungen treten in der klinischen Anwendung erst nach wiederholter bzw. mehrwöchiger Einnahme auf. Bei den im Kontext der Leistungssteigerung relevantesten Substanzen – SSRI – werden in deren Gebrauchsinformation folgende Nebenwirkungen aufgeführt (Tab. 6).

VERWENDUNG

Das therapeutische Anwendungsgebiet von Antidepressiva hat sich in den letzten zwei Jahrzehnten über den engeren Bereich der depressiven Störungen ausgeweitet. Sie sind gegenwärtig indiziert für die Behandlung von Angsterkrankungen (generalisierte Angststörungen, Phobien und Panikstörungen), Zwangsstörungen, posttraumatischen Belastungsstörungen, Schmerzsyndromen, Essstörungen sowie für das prämenstruell-dysphorische Syndrom. Zusätzlich ergeben sich aus verschiedenen Studien und aus der klinischen Praxis Hinweise für eine therapeutische Wirkung von Antidepressiva bei somatoformen Störungen und dem Chronic-Fatigue-Syndrom (Repantis/Heuser 2008, S. 5). Diese breitere Anwendung wurde durch die Einführung der neuen Substanzklassen unterstützt, die bei vergleichbarer therapeutischer Wirksamkeit ein deutlich reduziertes Nebenwirkungsprofil aufweisen, sodass die Bereitschaft für eine medikamentöse Behandlungsform sowohl bei Ärzten als auch bei Patienten steigt.

TAB. 6   ANTIDEPRESSIVA VOM SSRI-TYP: MÖGLICHE NEBENWIRKUNGEN
                      BEI THERAPEUTISCHER VERWENDUNG

Häufigkeit	evtl. schwerwiegend	weitere
> 10 %		vorrangig zu Behandlungsbeginn, dann rückläufig: Übelkeit, Mundtrockenheit, Appetitlosigkeit, Durchfall, Verstopfung, Erbrechen, Bauchschmerzen, Blähungen, Geschmacksveränderungen, Schluckbeschwerden vorübergehend: Kopf-/Gliederschmerzen, Schlaflosigkeit, Nervosität, Müdigkeit, Angst-/Schwindelgefühle, Zittern, Benommenheit, Störungen der Sexualfunktion (z. B. Impotenz, Verminderung der Libido, verlängerte bis Dauererektion), Empfindungs-/Denkstörungen, Albträume, Verwirrtheit, Unruhe, Schwäche, übermäßiges Schwitzen, Sehstörungen, Juckreiz, Herzklopfen, Brustschmerzen, Hitzewallungen; Gewichtsabnahme
1–10 %		allergische Reaktionen einschließlich Verkrampfung der Bronchien, Schwellungen von (Schleim-)Haut, Nesselsucht, Hautausschläge, zum Teil mit Juckreiz oder Bläschenbildung, mit Allgemeinsymptomen wie Fieber, Vermehrung weißer Blutkörperchen (Leukozytose), Gelenkschmerzen, Atemnot oder Schwellungen im Gewebe (Ödem); Beeinträchtigung der Konzentration, Gähnen, Störungen beim Wasserlassen
0,1–1 %	schwere systemische Reaktionen bei Lunge, Niere oder Leber (möglicherweise mit Gefäßentzündung) in Verbindung mit Hautreaktion	
o. A.	Suizidgedanken, suizidales Verhalten, Verschlechterung der Depression/Angststörung	

Quelle: Gebrauchsinformation zum Arzneimittel Fluoxetin (AbZ 20 mg Hartkapseln)[12] (www.pharmnet-bund.de, 15.4.2011)

Kritiker kommentieren diese Entwicklung als Aufweichung der diagnostischen Kriterien für psychische Krankheiten (Healy 2004), infolgedessen ein gewisser

---

12 Laut pharmnet-bund.de sind in Deutschland gegenwärtig 44 Arzneimittel mit der Substanz Fluoxetin zugelassen. Da nur vereinzelt wie bei Fluoxetin AbZ 20 mg Hartkapseln neben der Nennung der Nebenwirkung auch Häufigkeitsangaben enthalten sind, wurde diese Gebrauchsinformation als Quelle genutzt.

Anteil der Verschreibungen vermutlich nicht an Patienten im engeren Sinn geht, sondern vielmehr an Menschen, die eher mit Alltagsproblemen als mit einer Erkrankung zu kämpfen haben (Kap. IV.2).

EFFEKTE IM KONTEXT VON LEISTUNGSSTEIGERUNG

Bei Antidepressiva spielt die Dauer der Einnahme eine wichtige Rolle für die Wirksamkeit. Auch ohne krankheitsrelevanten Ausgangspunkt ließ sich bei einmaliger Einnahme kein Effekt finden. Es liegen nur wenige Studien mit Gesunden und mehrwöchiger Einnahmedauer vor. Lieb (2010, S. 81 f.) bewertet die Ergebnisse anhand des Signifikanzkriteriums als eindeutig: »In der Gesamtschau der Studien verbessert keine der Substanzen im Vergleich zu Placebo die Stimmung von gesunden Menschen.«

Auch Repantis/Heuser (2008, S. 6) kommen zu der Einschätzung, dass Aussagen in Bezug auf die Wirkungen der Einnahme von Antidepressiva auf einzelne kognitive Fähigkeiten wie Aufmerksamkeit und Reaktionszeiten, oder auf das Gedächtnis insgesamt widersprüchlich sind. Es wurden mindestens so viele Studien gefunden, die keinerlei Wirkung zeigten, wie Studien mit positiven Ergebnissen.

Jenseits der widersprüchlichen direkten Effekte vermuten Repantis/Heuser (2008, S. 6), dass Antidepressiva, auch wenn sie keinen nachweisbaren direkten Effekt auf die Stimmung haben, dennoch die Einstellung von Individuen positiv beeinflussen können und so möglicherweise indirekt wirken (Einfluss auf emotionsgeladene Informationsverarbeitung: erhöhte Wahrnehmungsschwelle für Wut und Angst, verbesserte Merkfähigkeit positiv geladener Wörter; auf soziale Fähigkeitsdimensionen: Probanden waren kooperativer, weniger feindselig und neigten weniger zu Kritik. Lieb (2010, S. 82) weist jedoch darauf hin, dass die Wirksamkeit der Substanzen zur Behandlung depressiver Symptome kein Indiz dafür ist, dass bei Gesunden eine Stimmungsverbesserung zu erwarten sei. Antidepressiva wirken wahrscheinlich nur dann, wenn ein Mangel an Botenstoffen wie Serotonin oder Noradrenalin vorliegt, den die jeweiligen Substanzen ausgleichen.

ANTIDEMENTIVA   3.4

In die Substanzgruppe der Antidementiva – Substanzen, die zur Behandlung von Demenzerkrankungen zugelassen sind – fallen gegenwärtig

> *Acetylcholinesterasehemmer* (Arzneistoffe der zweiten Generation: Donepezil, Galantamin und Rivastigmin), welche die Acetylcholinkonzentration im ZNS erhöhen, sowie
> *Memantine* als Antagonisten der Glutamatrezeptoren vom N-Methyl-D-Aspartat-Typ.

WIRKUNG – NEBENWIRKUNG

Antidementiva entfalten ihre Wirkung nur, wenn sie über einen längeren Zeitraum eingenommen werden. Auch dann ist die positive Wirkung auf bereits entwickelte Symptome von Demenzerkrankungen nur relativ gering. Sie können bei einem Teil der Erkrankten das weitere Nachlassen unterschiedlicher psychischer Fähigkeiten vorübergehend aufhalten (Lieb 2010, S. 78). Das grundsätzliche Voranschreiten der Erkrankung können sie allerdings nicht verlangsamen oder gar aufhalten. Bei leichten kognitiven Beeinträchtigungen (z.B. im Vorstadium einer Alzheimerdemenz) untersucht man derzeit die Wirkungsdimensionen. Eindeutige Ergebnisse liegen jedoch noch nicht vor (Repantis/Heuser 2008, S. 14 f.).

TAB. 7	DONEPEZIL: MÖGLICHE NEBENWIRKUNGEN BEI THERAPEUTISCHER VERWENDUNG	
Häufigkeit	**evtl. schwerwiegend**	**weitere**
> 10 %		Durchfall, Übelkeit, Kopfschmerzen
1–10 %		Erkältung, Appetitlosigkeit, Wahnvorstellungen, Erregungszustände, aggressives Verhalten, Ohnmachtsanfälle, Schwindel, Schlaflosigkeit, Erbrechen, Bauchbeschwerden, Juckreiz, Hautausschlag, Muskelkrämpfe, Harninkontinenz, Müdigkeit, Schmerzen, Fallneigung
0,1 – 1 %	Magen- oder Zwölffingerdarmgeschwüre Magen- oder Darmblutungen Krampfanfälle	langsamer Herzschlag; geringfügiger Anstieg der Konzentration der Muskelkreatinkinase im Blut
< 0,1 %	Leberfunktionsstörungen, -entzündung	

Quelle: Gebrauchsinformation zu Arzneimitteln mit dem alleinigen Wirkstoff Donepezilhydrochlorid (www.pharmnet-bund.de, 15.4.2011)

VERWENDUNG

In Deutschland kam der erste Acetylcholinesterasehemmer 1995 auf den Markt. Gegenwärtig sind die Substanzen der zweiten Generation für die Behandlung der leichten bis mittelschweren Alzheimerdemenz zugelassen und unterliegen der Verschreibungspflicht.

Auch Memantin ist ein verschreibungspflichtiges Arzneimittel, das zur Behandlung der mittelschweren bis schweren Alzheimerdemenz in Europa und den USA zugelassen ist. Der therapeutische Nutzen wurde in den vergangenen Jahren vom Institut für Qualität und Wirtschaftlichkeit im Gesundheitswesen (IQWiG) mehrfach untersucht und bewertet. Die ungenügende Nutzenbewertung in Bezug auf den Erhalt kognitiver Fähigkeiten aus dem Jahr 2009 (IQWiG 2009) wurde 2011 revidiert, sodass das Medikament nun wieder zur Verzögerung des Fortschreitens der Alzheimerdemenz zulasten der GKV verschrieben werden kann (IQWiG 2011). Sichere Belege, dass eine prophylaktische Einnahme von Antidementiva die Entwicklung einer Alzheimerdemenz verhindern kann, gibt es gegenwärtig nicht (Lieb 2010, S. 80).

EFFEKTE IM KONTEXT VON LEISTUNGSSTEIGERUNG

Repantis/Heuser (2008, S. 14 f.) werteten neun Studien mit Acetylcholinesterasehemmern aus und verweisen auf häufig zitierte, aber sich teilweise widersprechende Studien.

> Yesavage et al. (2002): Im Rahmen einer randomisierten, placebokontrollierten, doppelblinden Studie mit zwei parallelen Gruppen trainierten 18 Piloten mittleren Alters am Flugsimulator und führten dann eine Reihe von Manöverübungen durch, bei denen individuelle Leistungen gemessen wurden. Im Anschluss nahmen sie 30 Tage lang Donepezil bzw. Placebo ein und wiederholten danach die Manöverübungen. Die Piloten der Donepezilgruppe erreichten wieder das ursprüngliche Leistungsniveau bei den trainierten Manöverübungen, die Leistungen der Piloten der Placebogruppe verschlechterten sich.

> Gron et al. (2005): 30 junge gesunde Männer nahmen 30 Tage lang Donepezil bzw. Placebo ein. Nur bei der Donepezilgruppe konnte am Ende eine Verbesserung des verbalen und visuellen episodischen Gedächtnisses festgestellt werden. Die Verbesserungen waren jedoch selektiv, das heißt, andere kognitive Fähigkeiten wie Aufmerksamkeit, Arbeitsgedächtnis oder semantisches Gedächtnis verbesserten sich nicht.

> Beglinger et al. (2005): 26 gesunde ältere Personen (zwischen 55 und 75 Jahren) nahmen 14 Tage lang Donepezil bzw. Placebo ein. Bei einem umfangreichen Test am Ende der Einnahmezeit schnitt die Donepezilgruppe in Bezug auf Reaktionszeiten, Aufmerksamkeit und Kurzzeitgedächtnis schlechter ab. Leistungsverbesserungen konnten weder zu diesem noch zu einem späteren Zeitpunkt beobachtet werden. Damit wurden die Ergebnisse einer vergleichbaren Vorläuferstudie von 2004 der gleichen Autoren weitgehend bestätigt.

Insgesamt bewerten Repantis/Heuser (2008, S. 14 f.) die verfügbaren Belege als nicht ausreichend, um die Annahme einer positiven Wirkung insbesondere von Donepezil auf Gesunde zu untermauern. Auch für die Substanz Memantin konnten anhand der derzeit durchgeführten fünf Studien an Gesunden (alle mit einmaliger Einnahme) keine eindeutig positiven Effekte nachgewiesen werden. Repantis/Heuser (2008, S. 14 f.) äußern sich dahingehend, dass zum Neuroenhancementpotenzial von Antidementiva nur wenige Aussagen getroffen werden können. Plausibel erscheint ihnen die Vermutung, dass sich eher bei regelmäßiger Einnahme eine positive Wirkung entfalten könnte, die auch vom Alter der Probanden abhängig sei. Die Datenlage reiche aber bisher nicht aus, um verlässliche Aussagen zu verbessernden Effekten auf kognitive Fähigkeiten mittels Antidementiva treffen zu können.

Auch Lieb (2010, S. 80) relativiert die angeblich positiven Effekte der »Pilotenstudie« (Yesavage et al. 2002). Er bewertet die Ergebnisse der Verwendung von Antidementiva bei Gesunden als »im besten Fall widersprüchlich« und sieht derzeit keine Hinweise dafür, dass die genannten Substanzen bei Gesunden wirksam sind.

BETA-BLOCKER   3.5

WIRKUNG – NEBENWIRKUNG

Beta-Blocker binden an unterschiedliche spezifische Rezeptoren von Noradrenalin und Adrenalin (Beta-Adrenozeptoren). Sie unterbrechen dadurch deren Wirkmechanismen und blockieren das sogenannte adrenerge Stresssystem. In Stresssituationen werden Noradrenalin und Adrenalin vermehrt gebildet. Diese Botenstoffe können kurzzeitig bestimmte physische und psychische Reserven aktivieren, indem Ressourcen auf bestimmte zentrale Prozesse gelenkt werden. Die Steigerung von Herzfrequenz und Blutdruck zur Verbesserung der Energiebereitstellung, die Verstärkung emotionaler Lernprozesse und die Zentrierung auf wichtige psychische Fähigkeiten gehen unter anderem einher mit einem kurzzeitigen Absinken peripherer Fähigkeiten (z.B. Feinmotorik) sowie des Immunsystems oder einer Verlangsamung von Verdauungsprozessen (Wehling, M. 2005, S. 52 ff.).

Beta-Blocker können darüber hinaus eine aktivierende Wirkung auf spezifische Rezeptoren haben, gefäßerweiternd wirken oder die Gedächtnisspeicherung traumatischer Inhalte reduzieren (Cahill et al. 1994). Aufgrund dieser Eigenschaften werden Beta-Blocker bei unterschiedlichen Krankheiten seit Langem therapeutisch eingesetzt (z.B. Bluthochdruck, vielfältige Herzkrankheiten, aber auch zur Behandlung von Angstzuständen oder Migräne). Lieb (2010, S. 85) weist auch darauf hin, dass sie aufgrund der Hemmung der Gedächtnisspeicherung traumatischer Erlebnisse zur Vorbeugung von posttraumatischen Belastungsstörungen sinnvoll sein könnten.

TAB. 8	BETA-BLOCKER: MÖGLICHE NEBENWIRKUNGEN BEI THERAPEUTISCHER VERWENDUNG

Häufigkeit	Nebenwirkungen
0,1–1 %	insbesondere zu Behandlungsbeginn: Müdigkeit, depressive Verstimmungen, Schwindelgefühl, Verwirrtheit, Kopfschmerzen, Schwitzen, Albträume oder verstärkte Traumaktivität, Schlafstörungen und Halluzinationen
	vorübergehende Magen-Darm-Beschwerden (Übelkeit, Erbrechen, Leibschmerzen, Verstopfung, Durchfall)
	allergische Hautreaktionen (Rötung, Juckreiz, Exantheme, Hautausschläge bei Lichteinwirkung)
	Missempfindungen, Kältegefühl an den Gliedmaßen

Quelle: Gebrauchsinformation zu Arzneimitteln mit dem alleinigen Wirkstoff Metoprololtartrat (www.pharmnet-bund.de, 15.4.2011)

VERWENDUNG

Die ersten Beta-Blocker wurden in den 1960er Jahren entwickelt. Wegen des günstigen Wirkungs-Nebenwirkungs-Profils zählen sie aufgrund der vielfältigen Indikationen zu den am häufigsten verschriebenen Arzneimitteln überhaupt. 2006 wurden allein in Deutschland 1,98 Mrd. Tagesdosen verschrieben (Schwabe/Paffrath 2008, S. 9).

Beta-Blocker stehen auf der Liste der verbotenen Substanzen der Welt-Anti-Doping-Agentur. Die Verwendung ist jedoch nicht generell, sondern nur in ausgewählten Sportarten, die eine präzise Feinmotorik erfordern, verboten (WADA 2011).

EFFEKTE IM KONTEXT VON LEISTUNGSSTEIGERUNG

Da Beta-Blocker bereits in geringer Dosierung periphere Angstsymptome wie Herzklopfen oder Zittern vermindern (Lieb 2010 S. 85), können menschliche Leistungen, die mit erhöhter Aufregung bis zu Lampenfieber einhergehen und besonders feinmotorische Fähigkeiten erfordern, sicherer erbracht werden. Immer wieder kolportierte Anwendungsbeispiele sind im Sportbereich die Schießdisziplinen wie Biathlon oder im Musikbereich die Instrumentalmusik. Auch Lieb (2010, S. 86) weist darauf hin, dass Beta-Blocker häufig von Musikern vor Bühnenauftritten eingenommen werden.

Über die Verwendung von Beta-Blockern besonders in der Musik wird immer wieder spekuliert: Vor allem bei Musikern, deren Instrumente höchste Anforderungen an feinmotorische Fähigkeiten stellen, wird die Verwendung der Substanz mitunter vermutet, insbesondere wenn geforderte höchste Präzision auf ein altersbedingtes Nachlassen einzelner Fähigkeiten trifft und dies im Kontext von kollektiv hochverwertbaren Handlungsergebnissen geschieht. Die Verwendung von Beta-Blockern wird dann mitunter als Maßnahme zur Bekämpfung von Nervosität oder Lampenfieber umschrieben oder auch als Maßnahme, um altersbedingten feinmotorischen Einbußen vor allem der Finger entgegenzuwirken. Außerhalb des Sports gilt die Verwendung zwar nicht als Doping, dennoch wird kaum über diesen Arzneimitteleinsatz gesprochen, was zumindest als Indiz gewertet werden kann, dass eine solche Verwendung Grenzbereiche des Arzneimitteleinsatzes betrifft und nicht unumstritten ist.

Eine Verwendung von Beta-Blockern zur gezielten Verbesserung von kognitiven Fähigkeiten scheint nicht plausibel, da ein Blockieren des adrenergen Stresssystems dies eher konterkariert (Lieb 2010, S. 85).

MÖGLICHE ZUKÜNFTIGE NEUROENHANCER?   3.6

Im Folgenden werden einige Substanzen vorgestellt, deren (vermuteter oder intendierter) Wirkmechanismus ein Neuroenhancementpotenzial erwarten lässt, über deren faktische Wirkung auf Gesunde gegenwärtig jedoch noch kaum Erkenntnisse vorliegen, da sie sich noch in frühen Entwicklungsphasen befinden und keine Marktzulassung haben (Repantis/Heuser 2008, S. 15 f.).

Insbesondere zur Behandlung der Alzheimerdemenz werden diverse neue Substanzen untersucht. Entwicklungsstrategien auf dem Gebiet der Antidementiva zielen entweder auf eine symptomatische Therapie und/oder eine Therapie ab, die direkt am molekularen Ort der Pathogenese eingreift. Da letztere Prozesse bei Gesunden nicht auftreten, dürften deren Effekte nicht ohne Weiteres auf Gesunde übertragbar sein. Experten gehen davon aus, dass therapeutische Strategien, die auf eine Verzögerung der Krankheitsentwicklung abzielen, sich nicht zur Verbesserung eines nichtdefizitären Ausgangsniveaus eignen und demzufolge eine Enhancementwirkung bei Gesunden unwahrscheinlich sei (Vellas et al. 2007).

Es gibt auch Forschungsansätze zu therapeutischen Strategien mit Substanzen, die hauptsächlich eine Verbesserung von bereits aufgetretenen Symptomen kognitiver Beeinträchtigung erzielen sollen. Ein Beispiel ist Dimebon, dem mitunter potenzielle Enhancementeigenschaften unterstellt werden, ohne dass tatsächlich Informationen zu einer möglichen Wirkung bei Gesunden vorliegen (Bachurin et al. 2001). Dimebon war früher in Russland als Antihistaminikum zugelassen, wurde jedoch aus kommerziellen Gründen wieder vom Markt genommen. Auch wenn die Substanz derzeit nicht vertrieben wird, wird die Substanzeigenschaft »Blockade neurologischer Signalwege« (mögliche therapeutische Strategie für neurodegenerative Erkrankungen) wieder untersucht. Als die Biotechnologiegesellschaft Medivation und deren Entwicklungspartner Pfizer die Phase-III-Studien begannen, prognostizierten Analysten bei positivem Verlauf bereits Umsätze für das Jahr 2015 in Höhe von 2 Mrd. US-Dollar. Im März 2010 gaben Pfizer und Medivation allerdings bekannt, dass sowohl primäre als auch sekundäre Endpunkte der klinischen Studie verfehlt wurden.[13]

Weitere neue Substanzen aus verschiedenen Klassen werden für unterschiedliche psychiatrische Indikationen untersucht. Dazu zählen unter anderem Ampakine, die durch Modulation der sogenannten glutamatergen AMPA-Rezeptoren exzitatorische Neurone stark anregen. Erhöhte exzitatorische Neurotransmission fördert die Langzeitpotenzierung, ein Prozess, der auf zellulärer Ebene die Grundlage für Gedächtnis und Lernen bildet. Manche Ampakine haben auch in Studien an Gesunden einen positiven Effekt gezeigt. So verbessert z.b. Ampalex (das zuerst entwickelte Ampakin) das Gedächtnis von gesunden älteren Probanden (Ingvar et al. 1997). Der Forschungsfokus liegt im Moment jedoch auf anderen, potenteren Substanzen der Ampakinklasse mit längerer Halbwertszeit (z.b. CX-717, Farampator). CX-717 wurde unter anderem an Probanden nach Schlafentzug getestet, konnte die Beeinträchtigungen infolge des Schlafdefizits jedoch nicht aufheben (Wesensten et al. 2007). Farampator verbesserte zwar bei älteren Probanden das Kurzzeitgedächtnis, verschlechterte aber das episodische Gedächtnis bei Probanden, die über Nebenwirkungen (z.b. Kopfschmerzen, Schläfrigkeit und Übelkeit) berichteten (Wezenberg et al. 2007).

In der Debatte zu Präparaten für ein mögliches kognitives Enhancement werden mitunter auch CREB-Modulatoren genannt. Der Transkriptionsfaktor CREB (»cAMP response element binding protein«) spielt eine Rolle in der Formation des Langzeitgedächtnisses. Nachdem Eric Kandel für seinen Beitrag zur Aufklärung der CREB-Wirkweise im Jahr 2000 den Nobelpreis für Medizin erhielt, richteten sich große Erwartungen auf die CREB-Modulatoren, die bisher jedoch nicht erfüllt werden konnten (Kap. V.1.1).

Weitere neue pharmakologische Substanzen, welche insbesondere für Indikationen wie z.b. leichte kognitive Störungen oder Krankheiten, die mit verminderten kognitiven Fähigkeiten einhergehen, entwickelt werden, könnten regelmäßig auch für Enhancementzwecke relevant werden. Die bestehenden Register kommerzieller klinischer Studien bieten eine Möglichkeit, den Stand der diesbezüglichen FuE-Aktivitäten detailliert zu beobachten (Kap. III.3.2).

ANDERE SUBSTANZEN: PFLANZLICHE INHALTSSTOFFE   4.

Nachfolgend werden beispielhaft einige Substanzen beschrieben, deren Wirkmächtigkeit (Bioaktivität) in Bezug auf die Beeinflussung körpereigener Steuerungsprozesse im Vergleich zu pharmakologischen Substanzen als geringer ein-

---

13 http://investors.medivation.com/releasedetail.cfm?releaseid=448818, 14.10.2010

geschätzt wird, die aber dennoch mit der Steigerung unterschiedlicher Leistungsdimensionen in Verbindung gebracht oder zumindest umworben werden. Normativ gelten sie als Zusatzstoffe für Lebensmittel. Wenn diese Zusatzstoffe in
Lebensmitteln angereichert werden, gelten sie als Nahrungsergänzungsmittel
(NEM) (Kap. III.2.2). Rempe (2008) hat in der »NEM-Liste 2008« (herausge-
geben von der Apothekergenossenschaft Essen) nach Produkten recherchiert, die
mit kognitiven Fähigkeiten und »Nervenleistung« in Verbindung gebracht werden. Eine Recherche mit den Suchbegriffen »Leistungssteigerung«, »Konzentrationsfähigkeit«, »Konzentrationsschwierigkeiten« sowie »Gedächtnis« und die
sich daran anschließende Prüfung der Trefferliste auf NEM-Eigenschaften ergab
13 relevante Produkte mit den in Tabelle 9 aufgeführten Werbeaussagen zu In-
haltsstoffen.

TAB. 9	WERBEAUSSAGEN ZU LEBENSMITTELINHALTSSTOFFEN IM KONTEXT KOGNITIVER LEISTUNGSSTEIGERUNG
Einsatzgebiete	**Inhaltsstoffe**
Unterstützung der Gedächtnis- und Konzentrationsfähigkeit bei geistiger Erschöpfung	Ginkgo, Ginseng, Rhodiola Rosea, Phospholipide, Lecithin, Aminosäuren (L-Glutamin, L-Phenylalanin)
mentale und physische Leistungsfähigkeit, Nerven, Nervosität, Merkfähigkeit	B-Vitamine, Magnesium
Lernphasekapseln	B-Vitamine, Lithothamnium, Ovophospho-lipide
Stress	B-Vitamine, Magnesium, Selen, Bioflavo-noide
Versorgung von Gehirn-, Nerven- und Gefäßzellen; Konzentrations- und Leistungsfähigkeit, Gedächtnisleistung	Omega-3- und Omega-6-Fettsäuren (DHA, EPA)
optimierte/optimale Leistungssteigerung	L-Carnitin, Kreatin

Quelle: nach Rempe 2008, S. 16

Aus Tabelle 9 wird deutlich, dass insbesondere Ginkgo, B-Vitamine und mehrfach ungesättigte Fettsäuren mit Wirkungen auf kognitive Fähigkeitsdimensionen in Verbindung gebracht werden. Für diese und ausgewählte weitere Substanzen sollen beispielhaft Vorgehensweisen und Tendenzen bei der Wirkungs-
bewertung diesbezüglicher Information vorgestellt werden. Ohne Anspruch auf
Vollständigkeit werden nachfolgend Aussagen unterschiedlicher Akteursgruppen
hinsichtlich möglicher leistungssteigernder Effekte skizziert und wenn möglich
gegenübergestellt: zum einen von Herstellern und deren Verbänden (Bundesverband des deutschen Lebensmittelhandels, BVL, sowie der europäische Dachver-

band Confédération des Industries Agro-Alimentaires, CIAA), die Listen für gesundheitsbezogene Werbeangaben ihrer Produkte erstellen und diese genehmigen lassen, zum anderen von Überwachungs- und Prüfinstitutionen, auf nationaler Ebene z.b. das Bundesamt für Verbraucherschutz und Lebensmittelsicherheit (ebenfalls BVL) oder die englischen Food Standards Agency (FSA) sowie auf europäischer Ebene die Behörde für Lebensmittelsicherheit (European Food Safety Autority, EFSA).

SUBSTANZEN AUS DEM BEREICH HEILPFLANZEN UND NATURMEDIZIN   · 4.1

Extrakte aus Heilpflanzen (z.b. Ginkgo, Ginseng) sind Beispiele für den Grenzbereich pharmakologisch wirksamer Substanzen. Oft sind sie nur aufgrund ihrer langjährigen Anwendung als Arzneimittel registriert (Status von traditionell angewendeten Arzneimitteln), ohne dass jemals ein wissenschaftlich fundierter Nachweis der Substanzwirksamkeit erbracht wurde. Es hat bereits zahlreiche gerichtliche Auseinandersetzungen gegeben, ob der jeweiligen Substanz eine pharmakologische Wirkung zukommt oder ob sich der Zusatz des Stoffes auf rein ernährungsphysiologische beziehungsweise geschmackliche Zwecke beschränkt. In der jüngeren Rechtsprechung zur Thematik wird zunehmend zugunsten der Lebensmitteleigenschaft entschieden. Dies entlastet Hersteller und Prüfbehörden von langwierigen und aufwendigen Zulassungsverfahren entsprechender Produkte, wie es für Arzneimittel verpflichtend wäre. Dies mag zum Teil gerechtfertigt sein, ermöglicht aber gleichzeitig Produkten fragwürdigen Nutzens einen einfachen Marktzutritt, wenn auch nur im Lebensmittelbereich (Rempe 2008, S. 41)(Kap. III.2 u. III.3).

GINKGO BILOBA

Im Arzneimittelinformationssystem pharmnet-bund.de sind 121 zugelassene Arzneimittel gelistet, die Ginkgoextrakte enthalten. Teilweise sind Gebrauchs- und Fachinformationen verfügbar. Wenn die Substanz jedoch als homöopathisches Arzneimittel zugelassen ist, sind weder Angaben zur therapeutischen Wirksamkeit noch zu Nebenwirkungen enthalten. In den Gebrauchsanweisungen vom November 2010 von Ginkgoblätterextrakten, die eine reguläre Arzneimittelzulassung haben, war die Substanz zur symptomatischen Behandlung von hirnorganisch bedingten Leistungsstörungen im Rahmen eines therapeutischen Gesamtkonzepts bei Abnahme bzw. Verlust erworbener geistiger Fähigkeiten (demenzielles Syndrom) indiziert und das in Tabelle 10 dargestellte Nebenwirkungsprofil vermerkt.

TAB. 10	GINKGOBLÄTTEREXTRAKTE: MÖGLICHE NEBENWIRKUNGEN BEI THERAPEUTISCHER VERWENDUNG
Häufigkeit	**Nebenwirkungen**
o.A.	Blutungen an einzelnen Organen (vor allem bei gleichzeitiger Einnahme mit gerinnungshemmenden Arzneimitteln); bei überempfindlichen Personen: allergische Hautreaktionen bis schwere Überempfindlichkeitsreaktionen (allergischer Schock) möglich; leichte Magen-Darm-Beschwerden, Kopfschmerzen, Schwindel

Quelle: Gebrauchsinformation zu Ginkgoblätterextrakt 120 mg (www.pharmnet-bund.de, 15.4.2011)

Hersteller und deren Verbände halten den Wirksamkeitsnachweis von Ginkgoblätterextrakten für erbracht, auch wenn er als Lebensmittelzusatzstoff verwendet wird. Der europäische Dachverband der Ernährungsindustrie (CIAA-Liste) hält die Aussage, dass Ginkgo eine positive Wirkung auf kognitive Funktionen hat, für zulässig (Rempe 2008, S. 24 f.). Unterschiedliche Hersteller geben beispielsweise an, dass ihre Ginkgoextrakte

> zugelassen sind zur Behandlung von Gedächtnis- und Konzentrationsstörungen bei demenziellem Syndrom und vor weiterem Abbau schützen,[14]
> bei Gedächtnisstörungen, altersbedingten Konzentrationsstörungen, Ohrensausen, Schwindel anwendbar sind und Gedächtnisleistung und Lernvermögen steigern sowie die Konzentration verbessern,[15]
> bei Gedächtnisschwäche und Konzentrationsstörungen bei nachlassender mentaler Leistungsfähigkeit infolge zunehmender Funktionseinbußen der Nervenzellen im Gehirn helfen und je nach Darreichung unterschiedliche Wirkstärken haben und konzentrierter, ausgeglichener und belastbarer machen.[16]

Zwei systematische Reviews, die eine Vielzahl von wissenschaftlichen Studien zur Wirksamkeit von Ginkgo biloba vergleichend reanalysiert haben, liegen derzeit vor. Für eine Therapie von leichten kognitiven Störungen oder Demenzen weist das IQWiG beim Therapieziel »kognitive Fähigkeiten« auf sehr heterogene Ergebnisse hin, aufgrund dessen zur Größe eines möglichen Effekts keine Aussage getroffen werden kann (IQWiG 2008, S. vii). Die zweite vergleichende Studie kommt ebenfalls zu dem Schluss, dass widersprüchliche Ergebnisse vorliegen und dass die Behauptung, Ginkgo biloba habe einen signifikanten Nutzen für Personen mit kognitiven Störungen oder Demenzen, unseriös sei (Birks/Grimley Evans 2009).

---

14   www.hexal-natuerlich.de/arzneimittel/arzneimittel.php, 5.10.2010
15   www.stada.de/gesundheitundmehr/produkte/PRODUKT_UEBERSICHT/produkt/
details. asp?AGID=168, 5.10.2010
16   www.tebonin.de/schwabe/Arzneimittel/Tebonin/index.php, 5.10.2010

Zu Aussagen ohne krankheitsrelevanten Ausgangspunkt verweisen Schumacher/ Stern (2008, S.23) auf eine placebokontrollierte Studie mit 115 Personen über 60 Jahre, bei der über sechs Wochen ein Ginkgopräparat entsprechend den Herstellerangaben bzw. Placebo eingenommen wurde. Mittels umfangreicher standardisierter Tests wurden Lern-, Gedächtnis-, Aufmerksamkeits-, Konzentrations- sowie sprachliche Ausdrucksfähigkeiten untersucht. Bei keiner dieser kognitiven Fähigkeiten konnte ein signifikanter Unterschied zwischen der Ginkgo- und der Placebogruppe belegt werden (Solomon et al. 2008). Auch Lieb (2010, S.150) sieht keine Wirksamkeitsbelege, weder für einen therapeutischen noch für einen präventiven Einsatz von Ginkgoextrakten bei kognitiven Störungen und hält es folglich für sinnlos, Ginkgo biloba zur Leistungssteigerung mit oder ohne defizitärer Ausgangslage in Betracht zu ziehen.

B-VITAMINE   4.2

B-Vitamine sind in Lebensmitteln natürlich enthalten (Mikronährstoffe). Als Zusatzstoffe zu Lebensmitteln können die natürlich vorkommenden Konzentrationen erhöht werden. Entsprechende Produkte werden normativ als Untergruppen von Lebensmitteln klassifiziert (Kap III.2.2).

VITAMIN B1 – THIAMIN

Vitamin B1 muss im Organismus erst in seine biologisch aktiven Formen umgewandelt werden, die sogenannte Koenzyme vor allem für unterschiedliche Kohlehydratstoffwechselprozesse darstellen. Wird dem Körper kein Thiamin zugeführt, sind nach ca. 14 Tagen die körpereigenen Reserven zu 50 % abgebaut. Ein Mangel löst u.a. Müdigkeit und Störungen im Nervensystem aus. Laut Bundesinstitut für Risikobewertung (BfR) gibt es weder Hinweise, dass selbst bei exzessivem Konsum Nebenwirkungen auftreten, noch, dass eine Überversorgung für den Verbraucher Vorteile mit sich bringt. Es bewertet die Relevanz von Einzelstudien, die zu anderen Ergebnissen kommen, als fraglich (Domke et al. 2004, S.119 ff.).

Nur bei einem geringen Teil der Bevölkerung wurde ein suboptimaler Versorgungszustand bis hin zum Mangel (vor allem bei Menschen mit exzessivem Alkoholkonsum) festgestellt, während im Allgemeinen die deutsche Bevölkerung ausreichend mit Thiamin versorgt ist (Domke et al. 2004, S.124). Thiaminsupplemente werden zur Prophylaxe oder zur Behandlung von Mangelzuständen verwendet. Effekte von Thiamin z.B. in Bezug auf psychische Fähigkeiten und bei Alzheimererkrankung wurden untersucht. Die europäische Expertengruppe für Vitamine und Minerale (EVM) bewertet die Ergebnisse aus diesen Untersuchungen insgesamt als widersprüchlich. Sie hat jenseits ernährungsphysiologischer Effekte keine weiter gehenden nützlichen Effekte identifiziert (EVM 2003, S. 74).

Entsprechend der CIAA-/BVL-Liste über gesundheitsbezogene Werbeangaben gilt für Vitamin B1 sinngemäß als zulässig: »Thiamin unterstützt die normale Funktion des Nervensystems« (Rempe 2008, S. 18). Die Werbeaussagen mancher Hersteller, Händler oder Nutzer gehen darüber weit hinaus. So heißt es z.b. im »Naturheilkundelexikon«: »Die hervorragendste Eigenschaft des Vitamins B1 ist indessen seine Fähigkeit, die geistige Einstellung des Menschen positiv zu beeinflussen. Man hat es deshalb auch das ›Moral-Vitamin‹ genannt. Vitamin B1 ist für viele Menschen eine unverzichtbare Hilfe bei der Bewältigung von belastenden Situationen wie Krankheiten, Angstzuständen (Prüfungsängste, Phobien), traumatischen Zuständen z.b. nach Operationen usw. Es fördert dann eine positive Grundhaltung, die die glückliche Bewältigung solcher Situationen oft erst möglich macht oder doch erheblich erleichtern kann.«[17] Aussagen wie diese sind durch die wissenschaftliche Studienlage definitiv nicht gedeckt (Domke et al. 2004, S. 122; EVM 2003, S. 74).

VITAMIN B6 – PYRIDOXIN

Vitamin B6 ist an der Biosynthese verschiedener Neurotransmitter, einschließlich Serotonin, Gamma-Aminobuttersäure (GABA), Dopamin und Noradrenalin beteiligt und spielt deshalb mittelbar eine Rolle bei der Regulierung von mentalen Prozessen und Stimmungen (EVM 2003, S. 80 ff.; Rempe 2008, S. 18). Ein Mangel an Vitamin B6 ist sehr selten und tritt bei ausgewogener Ernährung praktisch nicht auf. Ein schwerer Vitamin-B6-Mangel äußert sich u.a. in neurologischen Störungen (z.B. Sensibilitätsstörungen, Verwirrtheitszustände). In Deutschland wird im Durchschnitt deutlich mehr Vitamin B6 aufgenommen, als zur Bedarfsdeckung für erforderlich gehalten wird. Zu den Risikogruppen für suboptimale Versorgung gehören vor allem untergewichtige Personen bzw. Menschen mit geringer Nahrungsaufnahme sowie Personen mit chronisch hohem Alkoholkonsum (Domke et al. 2004, S. 159).

Aussagen zu sicheren Tagesdosen und Obergrenzen für die Einnahme von Vitamin B6 lassen sich anhand der derzeit verfügbaren Studien nicht ableiten. Wenn Vitamin B6 isoliert und hochdosiert eingenommen wird, können neurotoxische Effekte auftreten. Aufgrund seiner biologischen Aktivität zählt es in reiner Form als Arzneistoff. Die EVM (2003, S. 80) bestätigt die therapeutische Wirksamkeit bei bestimmten Stoffwechselproblemen und eine Symptomverbesserung u.a. bei peripheren Nervenerkrankungen. Singulär wird Pyridoxin kaum beworben, viel eher als Mischung unterschiedlicher B-Vitamine.

---

17 www.naturheilkundelexikon.de/uv/vitamin-b1.html, 5.10.2010

VITAMIN B9 – FOLSÄURE

Vitamin B9 ist für den Organismus essenziell. Auch Folsäure muss erst in eine für den menschlichen Organismus nutzbare Form (Tetrahydrofolsäure oder andere Folate) umgewandelt werden. Ein Sättigungsprozess stoppt diese Umwandlung, weitere Folsäure wird danach nicht metabolisiert, sondern zirkuliert in unveränderter Form und wird ausgeschieden (Bailey/Ayling 2009). Die Funktion der Folate hängt zum Teil eng mit der der Vitamine B6 und B12 zusammen. Tetrahydrofolsäure ist als Koenzym an zahlreichen Stoffwechselvorgängen – auch des Gehirns – beteiligt, z.b. beim Abbau des Stoffwechselprodukts Homocystein im Blut.

Geringe Folsäure- und erhöhte Homocysteinkonzentrationen im Blut werden mit verminderten kognitiven Fähigkeiten in Verbindung gebracht. In einer über drei Jahre laufenden Fall-Kontroll-Studie mit mehr als 800 Personen im Alter von 50 bis 70 Jahren wurde nachgewiesen, dass sich kognitive Fähigkeiten (Gedächtnis und Informationsverarbeitung), die mit zunehmendem Alter tendenziell zurückgehen, signifikant verbesserten, wenn eine erhöhte Homocysteinkonzentration durch die zusätzliche Gabe von Folsäure abgesenkt wurde (Durga et al. 2007). Kritiker relativieren die Effekte dieser Maßnahme aufgrund des gestiegenen Krebsrisikos, das ebenfalls mit einem erhöhten Folsäurekonsum einhergeht (das Brustkrebsrisiko stieg um 50 %). Sie bezweifeln, dass durch eine Überdosierung von Folsäure beim Menschen ein zusätzlicher gesundheitlicher Effekt ausgelöst wird. Vielmehr erhöhe sich aufgrund der schnellen Sättigung bei den Umwandlungsprozessen lediglich der Kreislauf von nicht umsetzbarer Folsäure im Körper (Bailey/Ayling 2009). Aus Sicht des BfR muss das Risiko für unerwünschte gesundheitliche Wirkungen im Zusammenhang mit der Verwendung von synthetischer Folsäure in Lebensmitteln als mäßig bezeichnet werden (Domke et al. 2004, S. 184).

Folsäure darf Lebensmitteln des allgemeinen Verzehrs zugesetzt werden (Verordnung über den Zusatz von Vitaminen und Mineralstoffen sowie anderen Stoffen zu Lebensmitteln [COM(2003) 671 final vom 10.11.2003]). Die in Deutschland durchgeführten Verzehrserhebungen deuten darauf hin, dass 80 bis 90 % der Bevölkerung (in allen Altersgruppen) die Zufuhrempfehlungen für Folatäquivalente durch den Verzehr normaler unangereicherter Lebensmittel nicht erreichen. Es bestehen jedoch Unsicherheiten darüber, welchen Beitrag angereicherte Lebensmittel bei Erwachsenen tatsächlich zur Bedarfsdeckung leisten (Domke et al. 2004, S. 177).

VITAMIN B12 – COBALAMIN

Vitamin B12 ist bei der Bildung der Hülle von Nervenfasern und der Aufnahme von Folsäure in menschliche Zellen beteiligt. Die Leber speichert Vitamin B12 in einer Menge, die den Bedarf für circa drei Jahre deckt, daher ist ein Vitamin-B12-Mangel erst nach Jahren bemerkbar. Ein stark ausgeprägter Vitamin-B12-Mangel kann unter anderem zu Müdigkeit, Verwirrung, Demenzen oder Depression führen. Die EVM (2003, S. 93 ff.) erkennt einen Nutzen von höher dosiertem Vitamin B12 zur Beeinflussung von Biorhythmen in Zusammenhang mit Schlafstörungen und anderen Krankheitssymptomen an.

Entsprechend den Berechnungen des BfR gibt es Hinweise, dass im Durchschnitt deutlich mehr Vitamin B12 aufgenommen wird, als zur Bedarfsdeckung für erforderlich gehalten wird. Es gibt keine Hinweise für das Vorliegen von Mangelzuständen. Nach Einschätzung des BfR besteht bei der Verwendung von Vitamin B12 zum Zwecke der Lebensmittelanreicherung ein geringes gesundheitliches Risiko für den Verbraucher. Bisher sind keine unerwünschten Nebenwirkungen beschrieben worden, die auf eine überhöhte Zufuhr von Vitamin B12 aus Lebensmitteln oder Supplementen zurückgeführt werden konnten (Domke et al. 2004, S. 211).

HERSTELLERAUSSAGEN ZU B-VITAMINEN

Unterschiedliche Nahrungsergänzungsmittel, meist Kombinationspräparate diverser Vitamine der B-Reihe, Mineralstoffe sowie Spurenelemente, werden in Apotheken, Drogerien oder über das Internet angeboten. Obwohl ein Mangel an B-Vitaminen in der deutschen Bevölkerung bis auf Folsäure eher selten und vor allem auf Risikogruppen beschränkt ist, bewerben Hersteller von Vitamin-B-Kombipräparaten ihre Produkte u.a. folgendermaßen:

> »B-Vitamine für starke Nerven auch in Stresssituationen«;[18]
> »B-Vitamine – für mehr Energie, Konzentrations- und Leistungsfähigkeit (das Kombinationspräparat aus Vitamin B12, B1, B2 und B6 beeinflusst den natürlichen Energiestoffwechsel des Körpers, trägt zu geistiger Leistungsfähigkeit bei und leistet einen wesentlichen Beitrag zur Unterstützung von Gedächtnis, Konzentration und geistiger Leistungsfähigkeit) «.[19]

Durch wissenschaftliche Studien sind diese Werbeaussagen bisher nicht belegt.

---

18 www.klosterfrau.de/index~uuid~8F3CC613B926E9AEEF473EF5B4CAB162~prod_
    ids~100~p_group_id~-1003~s_group_ids~-1003.htm, 5.10.2010
19 www.biovital.de/index.php?page=biovital_dynamic, 5.10.2010

UNGESÄTTIGTE FETTSÄUREN   4.3

Die Bedeutung unterschiedlicher mehrfach ungesättigter Fettsäuren für das Gehirn ist unbestritten. So kommt Docosahexaensäure (DHA) besonders in den aktiven Zonen der Synapsen und Photorezeptoren hochkonzentriert vor und ist für eine normale Entwicklung des Sehens und der Kognition von Bedeutung. Aus funktioneller Sicht sind die Omega-3-Fettsäure Eicosapentaensäure (EPA) sowie die Omega-6-Fettsäuren Gamma-Linolsäure (GLA) und Arachidonsäure (AA) von Bedeutung (Rempe 2008, S. 22). Wirkmechanismen werden ihnen unterstellt u.a. in Bezug auf Veränderungen dopaminerger Funktionen, die intrazelluläre Signalübertragung sowie für das Wachstum und die Synapsenbildung von Nervenzellen.

Ungesättigten Fettsäuren wird eine Vielzahl gesundheitsfördernder Eigenschaften zugesprochen (z.B. bezüglich des Herz-Kreislauf-Systems und bei rheumatoiden Erkrankungen). Anhand zahlreicher Studien, die sich zum Teil jedoch auf den Fischverzehr beziehen und nicht auf den Konsum von isolierten Stoffen in Kapselform, deuten sich die genannten Wirkungen an, jedoch sind hinsichtlich des tatsächlichen Nutzens noch viele Fragen offen (Rempe 2008, S. 19). Laut EFSA (2010, S. 3) unterstützen Omega-3-Fettsäuren normale Hirnfunktionen. Bei unterschiedlichen Krankheiten deuten sich positive Effekte durch den Konsum von Omega-3-Fettsäuren an, eindeutige Wirkungsbelege stehen noch aus.

Bei Personen mit ADHS wurden teilweise niedrigere Omega-3-Fettsäure-Spiegel im Blut gefunden als bei Gesunden (Antalis et al. 2006). Unterschiedliche Metaanalysen zur Wirksamkeit einer ergänzenden Therapie von ADHS durch Supplementierung mit ungesättigten Fettsäuren bewerten die Resultate bisher als wenig überzeugend und exemplarisch für die Studienlage im Allgemeinen, die eine große Heterogenität aufweist. Eine entsprechende Therapie kann als primäre Behandlung anhand der Datenlage nicht gestützt werden. Auch die standardmäßige ergänzende Therapie durch Supplementierung mit ungesättigten Fettsäuren ließe sich anhand der Datenlage nicht stützen. Eine Ausnahme besteht lediglich, wenn tatsächlich ein Mangel an ungesättigten Fettsäuren diagnostiziert wurde (Grosse 2006; Häßler et al. 2007; Richardson/Montgomery 2005). Die Bundesärztekammer und die Arbeitsgemeinschaft ADHS der Kinder- und Jugendärzte e.V. schlossen sich in umfangreichen Stellungnahmen diesem Urteil an und übernahmen die Bewertung in ihre ADHS-Behandlungsleitlinien (Tab. 11, Kap. III.3.5). Auch die EFSA bewertet die Datenlage bezüglich eines Zusammenhangs zwischen langkettigen ungesättigten Fettsäuren und der Entwicklung des kindlichen Gehirns, sonstiger kognitiver Fähigkeiten, der Konzentration oder des Sehvermögens als heterogen und in der Summe als bislang unzureichend. Vor diesem Hintergrund erscheint eine entsprechende Bewerbung von Lebensmitteln zweifelhaft (EFSA 2008; Rempe 2008, S. 20).

Es gibt Anzeichen, dass bei Personen mit kognitiven Einschränkungen und Alzheimererkrankung die Supplementierung mit Omega-3-Fettsäuren den Krankheitsverlauf verzögern kann (Morris et al. 2005). Eindeutige Wirksamkeitsbelege stehen jedoch noch aus.

TYROSIN   4.4

Im Auftrag des US-amerikanischen Verteidigungsministeriums wurden 2008 wissenschaftliche Belege für 86 Nahrungsergänzungsmittel in Bezug auf ihr Potenzial zur Leistungssteigerung aus militärischer Perspektive überprüft und bewertet (Williams et al. 2008). Lediglich Tyrosin wurde als interessant für weitere Analysen angesehen, da Belege gefunden wurden, dass in Stresssituationen kognitive Fähigkeiten durch zusätzliche Tyrosineinnahme gesteigert werden können.

Tyrosin wird aus der mit der Nahrung aufgenommenen essenziellen Aminosäure L-Phenylalanin gebildet und ist Ausgangssubstanz für die Biosynthese weiterer Aminosäuren, wie z.b. Levodopa, welches wiederum zu Dopamin und dann zu Adrenalin und Noradrenalin verstoffwechselt werden kann.

Williams et al. (2008, S. 33 ff.) vermuten, dass Tyrosin als Zwischenprodukt bei der Bildung von Dopamin und Noradrenalin durch eine verbesserte Resistenz akuter Stresssituationen eine leichte Wirkung bezüglich kognitiver Leistungsparameter entfalten kann. Dass Tyrosin kognitive Fähigkeiten in relevantem Maße steigern kann, bezweifeln sie jedoch, da die beobachteten Effekte nur sehr gering waren.

KOGNITIVES TRAINING UND SONSTIGE METHODEN   5.

PSYCHOLOGISCH FUNDIERTE TRAININGSMASSNAHMEN   5.1

Streiflichtartig soll nachfolgend ein kleiner Einblick in die Thematik Effekte von Training und Lernen auf kognitive Fähigkeitsdimensionen und mögliche Leistungen gegeben werden. Es ist allgemein unstrittig, dass durch Training und Lernen einzelne psychische Fähigkeitsdimensionen ausgebaut und effizienter genutzt werden können. Die Frage, ob psychische Fähigkeiten in ihrer Gesamtheit verbessert werden können, wird jedoch nach wie vor kontrovers diskutiert (Schumacher/Stern 2008, S. 10). Das heißt, es ist offen, ob sich durch gezieltes Training die menschliche Informationsverarbeitung insgesamt bzw. die »Intelligenz« oder die Effizienz des »Arbeitsgedächtnisses« steigern lassen. Jenseits der Wissenschaft geht man mit großer Selbstverständlichkeit davon aus, dass es möglich ist, die mentale Informationsverarbeitung insgesamt zu verbessern. Begriffe wie »Denksport« oder »Gehirnjogging« werden z.b. regelmäßig in Werbematerialien verwendet und suggerieren, dass das Gehirn im Grunde wie ein Muskel funktioniere und es sich daher auch in ähnlicher Weise trainieren und konditionieren lasse wie die Skelettmuskulatur durch Ausdauertraining. Doch dass Gehirnjogging wirklich intelligenter macht, ist wissenschaftlich nicht belegt (Schumacher/Stern 2008, S. 11). Mit zahlreichen Untersuchungen ist lediglich gezeigt worden, dass man durch das Lösen von Denksport- oder Intelligenztestaufgaben Experte auf diesem Gebiet wird (Salomon/Perkins 1989). Mit unterschiedlichen Studien wurden Effekte von Gehirnjogging auf kognitive Fähigkeiten untersucht (Mac Donald et al. 2007; Papp et al. 2009). Die bisher wohl umfangreichste Studie, bei der 11.430 gesunde Teilnehmer von 18 bis 60 Jahren sechs Wochen lang regelmäßig Gehirnjogging betrieben, zeigte, dass die jeweiligen Aufgaben bei regelmäßigem Training schneller gelöst werden konnten, Transfereffekte selbst bei sehr ähnlichen kognitiven Aufgaben konnten jedoch nicht empirisch belegt werden (Owen et al. 2010). Bei älteren Menschen scheint das sogenannte Gehirnjogging eine Möglichkeit zu sein, sich geistig rege zu halten (Deary et al. 2007). Allerdings gibt es bisher keine Belege dafür, dass diese Methoden effizienter sind als andere geistige Aktivitäten, wie zum Beispiel Lesen. Jaeggi et al. (2008) meinen, Trainingseffekte auf die Effizienz des Arbeitsgedächtnisses nachweisen zu können. Allerdings gibt es bei dieser Studie noch viele offene methodische Fragen (Sternberg 2008).

Unabhängig von der Ausgangssituation der individuellen Ausprägung des Arbeitsgedächtnisses oder der Intelligenz gibt es unterschiedliche Kulturtechniken, die helfen, die vorhandenen geistigen Ressourcen effizient zu nutzen. Und es gibt durchaus Möglichkeiten, eine geringere Intelligenz durch gezieltes Üben und den Erwerb von Wissen zu kompensieren. Als besonders effiziente bereichsspezifische kognitive Trainingsmethode gilt die Einübung von Automatismen, die dazu führt, dass möglichst wenig Arbeitsspeicherkapazität für eine einzelne Aufgabe benötigt wird. Durch Studien ist belegt, dass durch Training/Lernen erworbenes Vorwissen einen effizienten Wissensaufbau und schnellen Zugriff ermöglicht, was den Arbeitsspeicher entlasten und Intelligenzunterschiede kompensieren kann (Grabner et al. 2003 u. 2006). Diese Automatismen bleiben jedoch bereichsspezifisch – wer Autofahren automatisiert hat, hat damit noch nicht das 1 x 1 automatisiert (Schumacher/Stern 2008, S. 34).

Schumacher/Stern (2008, S. 31 ff.) weisen darauf hin, dass Wissen die Voraussetzung für Können ist und gerade bei komplexen Fähigkeiten, wie z.B. mathematisch abstraktes Denken, das erst im Laufe der kulturellen Entwicklung entstanden ist, der Erwerb dieses Wissens von allen Menschen gezielte und nicht selten langwierige Übung voraussetzt und dass dies für intelligente Menschen genauso gilt wie für weniger intelligente – Intelligenz also kein Freibrief für Können ist.

Schumacher/Stern (2008, S. 32) bezeichnen es als Mythos, dass Intelligenz für kognitive Leistungen sowie für den schulischen und beruflichen Erfolg wichtiger sei als Wissen. Ohne die Vorteile von Intelligenz beim Wissenserwerb zu negieren, verweisen sie darauf, dass erworbenes bereichsspezifisches Wissen der beste Prädiktor zur Erklärung und Vorhersage von *Leistungsunterschieden* ist. Intelligenz sei weder eine notwendige noch eine hinreichende Bedingung für Höchstleistungen. Vielmehr seien Wissen/Expertise und Intelligenz zwei Faktoren, die unabhängig voneinander Einfluss auf die Leistung nehmen, deren Effekte insofern additiv sind, dass eine geringere Intelligenz durch eine größere Expertise kompensiert werden kann.

Jedoch gibt es Belege, dass durch gezielte Trainingsmethoden auch komplexe kognitive Fähigkeiten verbessert werden können. Schumacher/Stern (2008, S. 36 ff.) bezeichnen diese Maßnahmen als Ansätze zu einer bereichsübergreifenden Förderung kognitiver Fähigkeiten, die gezielt am »verstehenden Lernen« ansetzen, was als deutlich komplexer im Vergleich zum einfacheren »assoziativen Lernen« gilt. Motivationstrainings, als ein Teilsegment der Stärkung emotionaler Fähigkeitsdimensionen und Einflussfaktor auf bereichsspezifische Lernprozesse, scheinen zwar Effekte in Bezug auf die Effizienz des Arbeitsgedächtnisses zu haben, doch auch hier ist die Frage der Generalisierbarkeit noch offen (Schumacher/Stern 2008, S. 11).

NICHTINVASIVE TECHNISCHE MITTEL   5.2

GLEICHSTROM

Eine weder pharmakologische noch sonst substanzgebundene Intervention zur Modulation von Gehirnfunktionen besteht in der Beeinflussung der Gehirnrinde durch von außen an den Schädel angelegten Gleichstrom (Schumacher/Stern 2008, S. 23 ff.). Der Mechanismus, der dieser Art der Neuromodulation zugrunde liegt, ist noch weitgehend unbekannt. Es wird vermutet, dass sich der Gleichstrom durch die Veränderung des Ruhemembranpotenzials und damit der Erregbarkeit der Nervenzellen auf die Aktivierung der Gehirnrinde auswirkt.

Vergleichbar zur Studie zum Effekt von Levodopa wurde am Universitätskrankenhaus Münster auch der Frage nachgegangen, inwieweit sich durch das Anlegen von Gleichstrom das Lernen von Vokabeln unterstützen lässt (Flöel et al. 2008a). Dazu nahmen 19 Personen nach einer zufälligen Anordnung an 30-minütigen Sitzungen unter drei Bedingungen (Stimulation mit anodischem oder kathodischem Gleichstrom, keine Stimulation) teil. In dieser Zeit sollten die Teilnehmer ein Set von Nonsenswörtern auswendig lernen. Die Tests im Anschluss an die Lernphase zeigten, dass die Gruppe mit dem anodischen Gleichstrom bessere Leistungen erbrachte als die Gruppe mit dem kathodischen Gleichstrom und die

Kontrollgruppe. Die Autoren leiten aus ihrer Untersuchung die Schlussfolgerung ab, dass diese Art der elektrischen Intervention möglicherweise ein Mittel zur Unterstützung von Sprachtrainings bei Schlaganfallpatienten sein könnte. Gleichstrom wurde auch in einer experimentellen Studie an der Universität Lübeck eingesetzt, um auf die Konsolidierung neugelernter Inhalte im Schlaf Einfluss zu nehmen (Marshall et al. 2006). 13 Personen lernten vor dem Schlafengehen Wortpaare. Während des Schlafens wurde ihnen Gleichstrom appliziert (Versuchsgruppe) oder nicht (Kontrollgruppe). Beim Test am nächsten Morgen konnten sich Personen aus der Versuchsgruppe an etwa doppelt so viele Wortpaare erinnern (ca. 45 %) im Vergleich zur Kontrollgruppe (ca. 20 %). Die Autoren schließen daraus, dass sich Gleichstrom auf die Konsolidierung von assoziativ gelernten Inhalten positiv auswirkt.

MAGNETFELDER

Außer mit Gleichstrom gibt es experimentelle Versuche, mithilfe starker Magnetfelder Bereiche des Gehirns zu beeinflussen – entweder zu stimulieren oder zu hemmen. Diese ebenfalls nicht-invasive Technologie wird als transkranielle Magnetstimulation (TMS) oder als repetitive TMS (rTMS: Reizserie mit mehr als drei Einzelstimuli gleicher Frequenz) bezeichnet. Ab einer bestimmten Magnetfeldstärke kann ein ausreichend starkes elektrisches Feld auch in kleinen Bereichen der schädelnahen Großhirnrinde erzeugt werden und dabei Wirkungen ausüben (Barker et al. 1985). Beispielsweise gibt es Versuche im Rahmen der experimentellen Behandlung von Depressionen, einen Nutzen aus der gezielten Veränderung der Aktivität des präfrontalen Kortex zu ziehen. Anhand erster Studien zur Behandlung von neurologischen Erkrankungen lässt sich jedoch noch nicht sagen, ob der Einsatz von TMS oder rTMS therapeutisch relevante Effekte erreicht (Ridding/Rothwell 2007). Als mögliche Nebenwirkungen durch TMS-/rTMS-Anwendungen wurden das Auslösen eines epileptischen Anfalls, die Induktion von schmerzhaften lokalen Kontraktionen der Muskulatur sowie vorübergehende Kopfschmerzen und Tinnitus berichtet (Völkel 2007, S. 13).

In experimentellen Studien wurden Interferenzen zwischen rTMS-Anwendungen über dem Assoziationskortex mit Lern- und Gedächtnisfunktionen sichtbar – bisher allerdings negativ. Eine rTMS mit einer fünfsekündigen Verzögerungsphase zu einer visuellen Arbeitsgedächtnisaufgabe über demselben Areal führte zu einer signifikanten Zunahme fehlerhafter Antworten (Pascual-Leone et al. 1994). Und eine rTMS über dem präfrontalen Kortex beeinträchtigte das kurzzeitige Behalten von Wortlisten und das Generieren zufälliger Zahlen ebenfalls signifikant (Grafman et al 1994). Konnte bei depressiven Patienten durch rTMS bisweilen eine Besserung der depressiven Symptomatik erreicht werden, gaben gesunde Probanden auf Nachfrage an, dass bei ihnen die Traurigkeit zugenommen hätte (Pascual-Leone et al. 1991).

Aufgrund der negativen Effekte von TMS/rTMS auf unterschiedliche Hirnfunktionen scheint eine Verwendung zu Enhancementzwecken eher unwahrscheinlich.

ULTRASCHALL

Ebenfalls zum Bereich der nichtinvasiven Technologien können Forschungsansätze zugerechnet werden, die Ultraschallwellen (»low-intensity, low-frequency ultrasound«, LILFU) verwenden, um gezielt Hirnfunktionen zu beeinflussen. Anders als bei Gleichstrom- und Magnetfeldanwendungen, die »lediglich« die Oberfläche des Gehirns erreichen, können Ultraschallstimulationen zumindest theoretisch auch tiefer liegende Hirnbereiche erreichen. Zumindest im Tierexperiment konnten erste Stimulationen erreicht werden. Befürworter sehen große Anwendungspotenziale, bis hin zur Verbesserung von Aufmerksamkeit und Wahrnehmung, Stressabbau und Schmerzlinderung.

Die DARPA (Defense Advanced Research Projects Agency), eine Forschungs- und Entwicklungsabteilung des US-amerikanischen Verteidigungsministeriums, unterstützt die externe Forschung zum gezielten Ultraschalleinsatz finanziell.[20] Der Prototyp eines Ultraschallhelms wurde zum Patent angemeldet und eine Firma gegründet, die die Technologie vermarkten soll.[21]

FAZIT   6.

Ein großer Teil der Enhancementdebatte wird entlang der Annahme diskutiert, dass es Mittel gibt oder geben wird, die bei gesunden Menschen eine leistungssteigernde Wirkung ohne ernsthafte Nebenwirkungen ausüben können. Dass Pharmaka *physische* Leistungsdimensionen verbessern können, gilt als erwiesen, genauso wie die Tatsache, dass dieser Substanzkonsum mit zahlreichen Nebenwirkungen (kurz-, mittel- und langfristig) verbunden ist. Dies bildet die argumentative Grundlage des Dopingverbots im Sport. Ob dieser Sachverhalt auf psychische Leistungsdimensionen übertragen werden kann, ist in mehrfacher Hinsicht offen.

WIRKUNGSDIMENSION PSYCHISCHE LEISTUNGSSTEIGERUNG BEI GESUNDEN

Das Spektrum *psychischer* Leistungen ist groß. Bisher gibt es keine allgemein anerkannte Definition menschlicher Leistung, weder physischer noch psychischer (emotionaler, kognitiver, sozialer) Art, und daher auch kein einheitliches Konzept für deren Erfassung und Messung. Anders als im Sport, in dem einige physi-

---

20 http://medgadget.com/archives/2010/09/darpa_funding_transcranial_pulsed_ultrasound
    _to_stimulate_soldiers_brains.html, 13.10.2010
21 http://pages.synsonix.com/home, 13.10.2010

sche Einzelleistungen klar definiert sind, bleiben in alltagsweltlichen, vor allem in beruflichen Umgebungen menschliche Leistungen qualitative Größen, die nach wie vor nur schwer quantitativ gefasst werden können. Trotz der definitorischen Schwierigkeiten menschliche Leistung allgemein gültig zu fassen, besteht Konsens, dass bestimmte, insbesondere kognitive Fähigkeiten bzw. Hirnfunktionen von zentraler Bedeutung für psychische Leistungen sind.

Pharmakologische Substanzen können darauf abzielen, spezifische individuelle Fähigkeiten bzw. Organfunktionen zu verbessern oder länger verfügbar zu machen (z.B. Konzentrationsfähigkeit). Selbst wenn dies gelingen sollte, bedarf es wieder der Anwendung dieser gesteigerten Fähigkeit – in der sichtbar wird, ob aus der Maßnahme tatsächlich eine verbesserte Leistung resultiert. Insbesondere die Versuche mit wachheitsfördernden Arzneimitteln zeigen, dass längeres Wachsein nicht gleichbedeutend ist mit größerer Leistungserbringung.

Das Wissen über spezifische Wirkungen einzelner Substanzen auf die verschiedenen Hirnfunktionen und deren Stoffwechselprozesse ist gegenwärtig noch stark begrenzt. Für unterschiedliche psychische Erkrankungen, die mit einem Abbau kognitiver Fähigkeiten einhergehen, gibt es trotz intensiver Forschung bisher kaum wirkungsvolle pharmakologische Therapien. Die wenigen positiven Wirksamkeitsnachweise im Krankheitsfall können nicht auf die Situation von Gesunden übertragen werden, sondern höchstens als Indiz für mögliche Wirkungen betrachtet werden.

Wirksamkeitsuntersuchungen von Arzneimitteln an gesunden Probanden wurden aufgrund der derzeitigen Rechtslage nur vereinzelt durchgeführt. Ihre Ergebnisse sind aus methodischen Gründen untereinander kaum vergleichbar, weshalb eine Gegenüberstellung z.B. der Wirkungsstärke der unterschiedlichen Substanzen nicht aussagekräftig ist.

In der Gesamtschau sind die Ergebnisse aus verschiedenen Studien zur Wirksamkeit pharmakologischer Substanzen bei Gesunden widersprüchlich. Vieles deutet darauf hin, dass die physische und psychische Verfassung der gesunden Versuchsteilnehmer einen wichtigen Bestimmungsfaktor darstellt. Einiges spricht dafür, dass die bisher verfügbaren pharmakologischen Substanzen, wenn überhaupt, dann lediglich in den Fällen leistungsrelevante Effekte hatten, in denen sich die Probanden in einer defizitären Ausgangssituation befanden, auch wenn diese nicht explizit als pathologisch definiert war. So wirkten sämtliche psychostimulierenden Substanzen (Kap. II.3.1) nur dann aktivierend, wenn entweder bestimmte Fähigkeiten durch teilweise extreme Schlafdefizite erheblich eingeschränkt waren oder die Probanden über ein vergleichsweise weniger leistungsfähiges Arbeitsgedächtnis verfügten bzw. geringere IQ-Werte aufwiesen (was wiederum vermuten lässt, dass zumindest leicht verringerte oder defizitäre Dopaminkonzentrationen vorlagen). Umgekehrt spricht einiges dafür, dass sich bei

einem hohen Ausgangsniveau eine zusätzliche Erhöhung von Neurotransmitterkonzentrationen oder eine Aktivierung des allgemeinen Wachheitszustands sogar
negativ auf unterschiedliche Hirnfunktionen auswirkten. Der Konsum von Psychostimulanzien führte bei Probanden mit hohen IQ-Werten oder mit sehr gu-
tem Arbeitsgedächtnis eher zu Leistungsverschlechterungen.

Diese Beobachtungen korrespondieren mit dem Yerkes-Dodson-Modell (Abb. 4),
das von einem umgekehrt u-förmigen Zusammenhang zwischen individuellem
körperlichem Aktivierungsstand und der jeweiligen Leistung(sfähigkeit) ausgeht.
Bereits 1908 leiteten Robert Yerkes und John Dodson aus Versuchen mit Mäusen ab, dass Hirnfunktionen bis zu einem gewissen Grad durch körperliche Aktivierung gesteigert werden können, bei weiterer Aktivierung z.b. durch Stress,
Angst, Nervosität, aber auch durch Psychostimulanzien, die Leistung jedoch
wieder nachlässt (Fehlerquoten steigen, Merkfähigkeiten sinken usw.) (Yer-
kes/Dodson 1908).

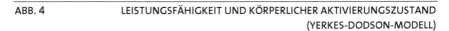

ABB. 4   LEISTUNGSFÄHIGKEIT UND KÖRPERLICHER AKTIVIERUNGSZUSTAND
                                           (YERKES-DODSON-MODELL)

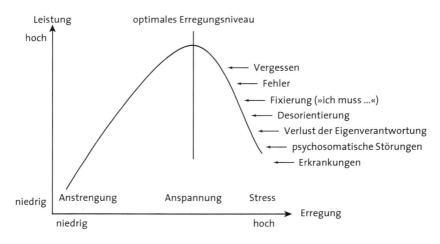

Quelle: mentalmed© 2007 (www.mentalmed.de/blog/uploads/Stress-modell/Yerkes-
          Dodson.jpg, 3.3.2011)

Dies legt insgesamt den Schluss nahe, dass pharmakologische Eingriffe in die
hochkomplexen Neurotransmittersysteme zwar für die Behandlung von Gehirn-
erkrankungen, die aufgrund gestörter oder verminderter Aktivierung dieser Botenstoffe mit reduzierten Hirnfunktionen/Fähigkeiten einhergehen, geeignet sind –
aber nicht, um Prozesse zu verbessern, die keiner defizitären Ausgangssituation
entspringen. Auch für die – schon therapeutisch nur schwach wirksamen – Anti-

dementiva genauso wie für die Substanzgruppe der Antidepressiva konnten bislang bei Gesunden keine Effekte in Bezug auf psychische Fähigkeiten oder gar Leistungen belegt werden.

Mit Blick auf Substanzen mit einer geringeren Bioaktivität – z.B. Vitamine und isolierte Nährstoffe, die rechtlich als Lebensmittel gelten, weil ihr Konsum in begrenzten Mengen physiologisch nötig ist und die Folgen durch Überdosierungen als unbedenklicher eingestuft werden, da ihre Toxizität vergleichsweise gering ist – ist festzuhalten, dass von ihnen schon definitionsgemäß kaum relevante Effekte auf spezifische Fähigkeiten ausgehen können. Anderenfalls würden sie als Arzneimittel eingestuft. Dass Herstellerangaben dennoch anderes suggerieren, kann als gezielte Werbestrategie gewertet werden, die eine entsprechende Nachfrage beim Verbraucher verstärkt oder sogar erst erzeugt (hierzu ausführlich das folgende Kap. III).

Unterschiedliche kognitive Trainingsmethoden, die nicht explizit in die Selbstregulierungsmechanismen von Neurotransmittern eingreifen, gelten hingegen sowohl als wirkungsvoll und nebenwirkungsarm wie auch als nachhaltig in Bezug auf die Steigerung der psychischen Leistungen von gesunden Menschen.

NEBENWIRKUNGEN

Substanzen, denen ein Potenzial zur Verbesserung psychischer Fähigkeiten unterstellt wird, greifen regelmäßig in die Stoffwechselprozesse unterschiedlicher Neurotransmitter ein. Aufgrund der vielfältigen Wechselwirkungen und komplexen Steuerungs- und Regelungsprozesse dieser Neurotransmitter scheint es hochgradig unwahrscheinlich, dass entsprechende Substanzen bei gesunden Konsumenten auf spezifische Fähigkeiten selektiv verbessernd wirken können, ohne dass Nebenwirkungen damit einhergehen. Alle bisher zugelassenen Arzneimittel, denen ein Potenzial zur Verbesserung kognitiver Fähigkeiten und/oder des allgemeinen Aktivierungszustands (Wachheit) bei Gesunden unterstellt wird, weisen ein großes Spektrum zum Teil erheblicher Nebenwirkungen auf (Kap. II.3).

RESÜMIERENDE NUTZEN-RISIKO-BEWERTUNGEN

Trotz des belegten und unübersehbaren Nebenwirkungspotenzials gibt es immer wieder sehr unterschiedliche Meinungen zur Gesamtbewertung im Sinne eines Wirkungs-Nebenwirkungs-Vergleichs einzelner pharmakologischer Substanzen. So bezeichneten Repantis/Heuser (2008, S. 13) im Jahr 2008 Modafinil insgesamt noch als wirkungsvoll nebenwirkungsarmes Präparat. Die europäische Arzneimittelagentur hat jedoch im Jahr 2010 ihre Nutzen-Risiko-Bewertung stark revidiert, das Nutzen-Risiko-Verhältnis bis auf eine einzige medizinische Indikation (erwachsene Narkoleptiker) als negativ bewertet und die Arzneimittelzulassung für alle anderen Verwendungen entzogen.

Bei verfügbaren psychotropen Substanzen stellen Repantis/Heuser (2008, S. 18) insgesamt einen Mangel an empirischen und experimentellen Daten zu deren Neuroenhancementeffekten fest. Vor diesem Hintergrund kann resümiert werden, dass das »stoffliche« Objekt der Enhancementdebatte – wirkungsvolle, nebenwirkungsarme leistungssteigernde Pharmaka für Gesunde – beim derzeitigen Wissensstand eigentlich nicht aus einer Nutzen-Risiko-Bewertung verfügbarer Substanzen abgeleitet werden kann.

Eine gezielte Untersuchung könnte belastbarere Daten liefern, sowohl zum Wirkungs- als auch zum Nebenwirkungspotenzial. Dem steht jedoch gegenwärtig unterschiedliche Barrieren entgegen, die in den vergangenen Jahrzehnten aus dem wissenschaftlichen, aber auch aus dem alltäglichen Umgang mit pharmakologischen Substanzen und deren Anwendung am Menschen entstanden sind (Kap. III). Den möglichen und nötigen Voraussetzungen einer zukünftigen gezielten Erforschung und Entwicklung von »echten« Enhancementmitteln widmet sich Kapitel V des vorliegenden Berichts.

ENHANCEMENTSUBSTANZEN ALS LEBENS- ODER ARZNEIMITTEL? RECHTLICHE ABGRENZUNG, NORMATIVER UMGANG UND VERBREITUNGSWEGE   III.

In der Enhancementdebatte wird häufig argumentiert, dass die bisherige Regulierung des Umgangs mit Arzneimitteln keinen angemessenen Rahmen für den Umgang mit zukünftig möglichen, spezifisch leistungssteigernden, aber nebenwirkungsarmen Substanzen bilde. Nachdem in der Vergangenheit sowohl auf nationaler als auch auf europäischer und internationaler Ebene enorme wissenschaftliche, wirtschaftliche und politische Ressourcen dafür eingesetzt worden sind, um die Zulassung, Vermarktung und Verbreitung von Arzneimitteln (und Medizinprodukten) auf eine transparentere und rationalere Grundlage zu stellen und die entsprechenden Verfahren zu harmonisieren, würde jede nicht nur marginale Änderung der Regulierung einer erneuten großen Anstrengung bedürfen.

Daher werden triftige Gründe nötig sein, um die Sinnhaftigkeit eines entsprechenden politischen Engagements zu begründen. Welche Änderungen der Daten- und Meinungsbildungslage hierfür erforderlich wären, wird im vorliegenden Bericht in Kapitel V im Rahmen eines »Erweiterungsszenarios« behandelt. Die Fortschreibung der bisherigen Entwicklung erfolgt jedoch – und aller Voraussicht nach nicht nur für kurze, sondern auf absehbare Zeit – im bestehenden Regulierungssystem. Dessen Vorgaben und Ausgestaltungen haben somit entscheidenden Einfluss auf die zukünftige Verbreitung und Nutzung potenziell leistungssteigernder Substanzen.

Der Fokus des vorliegenden Berichts liegt auf pharmakologischen Interventionen zur Leistungssteigerung. Dies könnte eine Beschränkung auf Arzneimittel – unter Ausschluss anderer Stoffklassen ohne explizit pharmakologische Eigenschaften wie z.B. Lebensmittel – nahelegen. Um Enhancement jedoch in seiner Komplexität zu erfassen, ist es nötig, auch den Grenzbereich zu Lebensmitteln zu thematisieren, da dieser Grenzbereich, in dem Nachfrage erzeugt und dadurch das Marktfundament gefestigt wird, offensichtlich als Wegbereiter und Wunschverstärker fungiert (Kap. III.2.4). Eine Befassung mit dem Lebensmittelrecht erscheint auch deshalb wichtig, weil in der gegenwärtigen Debatte um den gesellschaftlichen Umgang mit vermeintlich leistungssteigernden Stoffen häufig eine Vermischung der Kategorien zu beobachten ist. So wird im Zuge einer Argumentation für einen liberaleren Umgang mit Arzneimitteln meist auf den Konsum von Lebensmitteln wie Kaffee hingewiesen.

Auch besteht in der gegenwärtigen Befassung mit dem Phänomen weitgehender Konsens, dass die zukünftigen Mittel grundsätzlich in die bereits bestehende Substanzklassifikation einzuordnen sind. Zu klären ist, welche der bereits existierenden Regulierungen und Normen auf mögliche Enhancementsubstanzen Anwendung finden können und sollen. Vor diesem Hintergrund wird zunächst der derzeitige normative Umgang mit den einzelnen Substanzklassen skizziert und im Anschluss auf Strukturen oder Umfeldfaktoren hingewiesen, die in Bezug auf das Enhancementphänomen sehr wahrscheinlich von Relevanz sein werden.

Das folgende Kapitel behandelt vergleichend die Rechtslage bei der Zulassung und dem Inverkehrbringen von Lebens- und Arzneimitteln (unter besonderer Berücksichtigung der Informationsbereitstellung und Bewerbung) sowie die Rolle sogenannter »Gatekeeper« wie Ärzte und Apotheker. Dazu werden zunächst das strukturierende Abgrenzungskriterium und die darauf aufbauenden Legaldefinitionen von Lebens- und Arzneimitteln näher erläutert (Kap. III.1). Daran schließt sich ein Überblick über den normativen Umgang an, in Kapitel III.2 für Lebensmittel und in Kapitel III.3 für Arzneimittel. In Kapitel III.4 wird der Blick auf das Verbraucherverhalten gerichtet. In Kapitel III.5 werden die rechtlichen und ökonomischen Faktoren der Verbreitung von Enhancementsubstanzen zusammenfassend dargestellt.

SUBSTANZDEFINITION UND ABGRENZUNG   1.

Organismen benötigen zur Aufrechterhaltung ihrer Lebensfunktionen eine Reihe von Stoffen, die über die Nahrung aufgenommen und umgewandelt oder vom Organismus selbst gebildet werden. Grundsätzlich ist zu unterscheiden, ob ein Stoff Substanz- und/oder Energielieferant für unterschiedliche Prozesse des menschlichen Organismus ist oder ob er an der Steuerung und Regelung dieser Prozesse beteiligt ist, ohne selbst Substanz- oder Energielieferant zu sein. Erstere werden als Nährstoffe bezeichnet, ihr Wesensmerkmal ist die ernährungsphysiologische Eigenschaft (Substanz- und/oder Energieträger). Stoffgemische, die vor allem aus Nährstoffen bestehen, werden als Lebensmittel klassifiziert. Nährstoffe werden abgegrenzt von spezifischen Wirkstoffen, welche bereits in sehr kleinen Mengen im Organismus Funktionsveränderungen nach sich ziehen können, da sie an Steuerungs- und Regelungsprozessen des Organismus beteiligt sind. Diese spezifischen Wirkstoffe werden einerseits als Arzneistoffe bezeichnet, wenn sie in Zusammenhang mit Funktionseinschränkungen oder Krankheiten einen therapeutischen Nutzen entfalten können – also eine pharmakologische Eigenschaft haben. Stoffgemische, die Arzneistoffe beinhalten, werden als Arzneimittel klassifiziert. Andererseits werden spezifische Wirkstoffe ohne pharmakologische Eigenschaft auch als Gefahrstoffe bezeichnet.

Die Begriffe Lebensmittel, Arzneimittel und Gefahrstoffe werden rechtlich komplementär verwendet und voneinander abgegrenzt:

> *Lebensmittel* fallen unter das Lebensmittelrecht[22] und sind alle Stoffe oder Erzeugnisse, von denen nach vernünftigem Ermessen erwartet werden kann, dass sie in verarbeitetem, teilweise verarbeitetem oder unverarbeitetem Zustand von Menschen aufgenommen werden und u.a. keine Arzneimittel, Tabakerzeugnisse oder Suchtstoffe (Betäubungsmittel und psychotrope Stoffe) sind (Art. 2 Verordnung [EG] Nr. 178/2002). Es gibt verschiedene legaldefinierte Untergruppen, (z.b. Nahrungsergänzungsmittel, Lebensmittelzusatzstoffe), aber auch andere z.T. historisch gewachsene, nicht klar abgrenzbare Untergruppen (z.b. Genussmittel) (Kasten Kap. III.2.2).

> *Arzneimittel* fallen unter das Arzneimittelrecht[23] und sind definiert als alle Stoffe oder Stoffzusammensetzungen mit Eigenschaften zur Heilung, Linderung oder Verhütung von Krankheiten, sowie Stoffe, die durch eine pharmakologische, immunologische oder metabolische Wirkung physiologische Funktionen des Menschen beeinflussen oder für die medizinische Diagnose verwendet werden und die unter anderem keine Lebensmittel, kosmetischen Mittel oder Tabakerzeugnisse sind (§ 2 AMG). Der Arzneimittelbegriff ist normativ eng, aber nicht ausschließlich mit einer therapeutischen Eigenschaft verknüpft. Eine Untergruppe bilden *Betäubungsmittel* (Arzneimittel, deren missbräuchliche Verwendung in besonderem Maße unterstellt wird und deren Konsum die Gesundheit in besonderem Maße gefährden kann; § 1 Abs. 3 BtMG[24]).

> *Gefahrstoffe* oder *gefährliche Stoffe* fallen unter das Chemikalienrecht[25] und sind Stoffe, die u.a. gesundheitsschädlich, giftig, krebserzeugend, fortpflanzungsgefährdend oder erbgutverändernd, jedoch keine Lebensmittel, Tabakerzeugnisse oder Arzneimittel sind (§§ 2 und 3a ChemG).

Wesentliches Entscheidungskriterium für die Substanzklassifizierung ist die Wirksamkeitseigenschaft. Liegt eine ernährungsphysiologische Wirkung auf den Organismus vor, wird die Substanz als Lebensmittel klassifiziert. Lebensmittel dienen der menschlichen Ernährung, indem sie den kontinuierlichen Nährstoffbedarf absichern. Aus normativer Perspektive dürfen sie in allgemein üblicher Dosierung über die ernährungsphysiologische Wirkung hinaus keine besondere Wirksamkeit auf den Organismus ausüben (Rempe 2008, S. 5 ff.).

Hat ein Stoff eine solche besondere Wirksamkeit auf den Organismus, entscheidet die Gefährlichkeit in Kombination mit einem medizinischen bzw. therapeutischen Nutzen, also die pharmakologische Wirkung des Stoffes, über die Eingruppie-

---

22 Deutschland: Lebensmittel-, Bedarfsgegenstände- und Futtermittelgesetzbuch (LFGB); EU: Verordnung (EG) Nr. 178/2002
23 Deutschland: Arzneimittelgesetz (AMG); EU: Richtlinie 2001/83/EG (Gemeinschaftskodex für Humanarzneimittel, letztmalig geändert durch die Richtlinie 2008/29/EG)
24 Betäubungsmittelgesetz
25 Deutschland: Chemikaliengesetz (ChemG); EU: Verordnung (EG) Nr. 1907/2006 (REACH-Verordnung); Richtlinie 67/548/EWG Aktualisierung Richtlinie 2006/121/EG

rung in Arzneimittel oder Gefahrstoff. Da Gefahrstoffen per Definition keine positive Wirkung auf den Organismus unterstellt wird, werden sie in der weiteren Betrachtung nicht berücksichtigt.

Arzneimitteln werden im Gegensatz zu Lebensmitteln keine ernährungsphysiologischen, dafür aber pharmakologische Eigenschaften unterstellt, mit einer erheblich größeren Wirkmächtigkeit auf den Organismus. Jedoch sind sowohl Arznei- als auch Lebensmittel Stoffgemische, und vorrangig entscheidungsrelevant für die Zuordnung zu den sich normativ ausschließenden Kategorien und dem sich daraus ableitenden unterschiedlichen Umgang sind die enthaltenen Mengen einzelner Substanzen. Mit vielfältigen technologischen Möglichkeiten lassen sich diese Mengen mittlerweile jedoch mehr und mehr variieren, wodurch die Grenzen zwischen den Kategorien zunehmend ineinanderfließen. Deshalb erfolgt die Zuordnung neuer Substanzen zu den beiden Gruppen mittlerweile oft in Einzelfallentscheidungen (Rempe 2008, S. 10). Vor diesem Hintergrund konkretisierte das Bundesverwaltungsgericht 2007 das Abgrenzungskriterium dahingehend, dass eine Arzneimitteleigenschaft nur dann vorliegt, wenn belastbare wissenschaftliche Erkenntnisse belegen, dass das jeweilige Mittel die Funktionsbedingungen des menschlichen Körpers erheblich beeinflusst (BVerwG 2007). Anerkannte Werte oder Kennziffern, mithilfe derer die *erhebliche* Wirkung bzw. Nichtwirkung einer Substanz quantifiziert werden kann, gibt es jedoch bisher nicht. Im Rahmen der Arzneimittelzulassung wird dies im Einzelfall entschieden. Wesentliche Orientierungshilfen sind medizinische Klassifikationen von Krankheiten und deren Symptomen. Auch der Europäische Gerichtshof unterstrich für die Einstufung einer Substanz als Arzneimittel die enge Verknüpfung der Wirksamkeitseigenschaft mit einem krankheitsbezogenen Zweck. Für die Einstufung einer Substanz als Arzneimittel reiche es nicht aus, wenn ein Erzeugnis die Gesundheit im Allgemeinen fördert, vielmehr müsse es wirklich die Funktion der Verhütung oder Heilung (einer Krankheit) besitzen. Mit der Begründung wurde Knoblauchkapseln kein Arzneimittelstatus zugesprochen (Europäischer Gerichtshof, Urteil vom 15.11.2007, Rs. c-319/05) (Rempe 2008, S. 10 f.).

Dieser bereits in der Anlage schwierigen Abgrenzungssystematik widersprechen mitunter soziokulturelle, historisch gewachsene Besonderheiten in der Zuordnung einzelner Substanzen (z.B. Koffein, Alkohol). Zwar gelten Mindest-/Höchstmengen und Reinheitsanforderungen für Lebensmitteln zugesetzte Stoffe, nicht jedoch spezies-/arttypische Bestandteile, deren erhöhte Wirksamkeit typischerweise mit »natürlicher« oder »rein pflanzlicher« Wirkung umschrieben und beworben wird. Auch wenn einzelne Substanzen aufgrund langjähriger Verwendung und Verbreitung quasi Bestandsschutz genießen (wie z.B. alkohol- oder koffeinhaltige Stoffe als Lebensmittel), kann aus dieser Zuordnung kein Referenzmodell für andere Neuzulassungen abgeleitet werden. Diese müssen sich dem gegenwärtig vereinbarten Verfahren unterwerfen.

NORMATIVER UMGANG MIT LEBENSMITTELN   2.

Die wichtigsten Bestandteile von Lebensmitteln sind Nährstoffe, die dem Aufbau und dem Erhalt des Organismus (= ernährungsphysiologische Eigenschaft) dienen. Sie werden unterteilt in

> *Makronährstoffe* (z.B. Eiweiße, Kohlenhydrate), die in vergleichsweise großen Mengen verstoffwechselt werden und Substanz- und Energieträger für den Organaufbau (z.b. Skelettmuskulatur, Gehirn) und deren spezifische Funktionen oder Fähigkeiten (physisch, kognitiv) sind, und in
> *Mikronährstoffe* (z.b. Vitamine, Mineralien), die in weit geringeren Mengen benötigt werden und an unterschiedlichen Steuerungs- und Regelungsprozessen des Organismus beteiligt sind.

Darüber hinaus kann in Lebensmitteln eine Vielzahl weiterer Substanzen enthalten sein. Sie gelten als »natürliche Bestandteile«, wenn sie in biologischen Entstehungsprozessen des Nahrungsmittels gebildet werden, oder als »Zusatzstoffe«[26], wenn sie im Zuge der Verarbeitung zu einem technischen Zweck, beispielsweise zur Konservierung oder als Antioxidationsmittel, zugefügt werden. Die Wirkdimensionen dieser Stoffe können sehr vielfältig sein, ernährungsphysiologische Eigenschaften haben sie in der Regel nicht.

MISSBRAUCHSPRINZIP   2.1

Regulierungsseitig wird Lebensmitteln primär keine negative Wirkung respektive Gesundheitsgefahr unterstellt, und vom Verbraucher wird im Umgang ein vernünftiges Ermessen erwartet. Entsprechend dürfen Lebensmittel generell hergestellt und in den Verkehr gebracht werden, solange ein bestimmtes Verhalten nicht ausdrücklich verboten ist. Dieser Ansatz wird als »Missbrauchsprinzip« des Lebensmittelrechts bezeichnet. Ein Verbot bezieht sich auf

> gesundheitsschädliche und für den Verzehr ungeeignete Lebensmittel,
> spezifische, nicht natürlich enthaltene Zusatzstoffe, die einer Zulassung bedürfen, sowie
> vom Tier gewonnene Lebensmittel, sofern sie Stoffe mit pharmakologischer Wirkung jenseits von festgesetzten Höchstmengen enthalten (Absch. 2 LFGB).

Akteure sind also grundsätzlich frei, sichere Lebensmittel zu produzieren und zu vertreiben. Zum Schutz der Gesundheit können jedoch Herstellungs-, Behandlungs- und Verkehrsverbote sowie Verkehrsbeschränkungen festgelegt werden

---

26 Ca. 300 Zusatzstoffe sind EU-weit zugelassen und mit einheitlichen Nummern versehen. Diese können unterschiedliche Funktionen (z.B. Geschmacksverstärker, Konservierungsmittel) und folglich unterschiedliche Wirkpotenziale haben.

(§ 5 LFGB), wie z.b. beim Abgabeverbot alkoholhaltiger Getränke an Minder-
jährige (Jugendschutzgesetz) oder bei neuartigen Lebensmitteln (Novel-Food-
Verordnung [EG] Nr. 258/97 und deren Aktualisierung, Verordnung [EG]
Nr. 1882/2003).

UNTERKATEGORIEN, VERKEHRSFÄHIGKEIT   2.2

Grundsätzlich ist die Verkehrsfähigkeit von Lebensmitteln kaum beschränkt. Sie
können entsprechend ihrem natürlichen biologischen Vorkommen ohne Zulassungsverfahren in den Verkehr gebracht werden. Dabei richten sich die Produkt-
angebote der Hersteller unmittelbar an den Verbraucher, seine Wahrnehmung
und seine Präferenzen (»direct to consumer«). Der Verbraucher entscheidet allein
und eigenverantwortlich, was er in welcher Menge konsumiert.

Da einzelne Substanzen zunehmend aus Lebensmitteln extrahiert und/oder synthetisch hergestellt werden können, wird es möglich, sie einerseits Lebensmitteln
beizumengen (oder zu entziehen) sowie sie andererseits hochkonzentriert anzu-
bieten. In der Folge kann die mit ausgewogener Ernährung allgemein übliche
Aufnahmemenge dieser Substanzen erheblich überschritten werden, wodurch der
Ausschluss einer spezifischen Wirkung auf den Organismus infrage gestellt werden
kann. Entsprechende Stoffgemische können dadurch zunehmend sowohl ernährungsphysiologische als auch spezifische (gesundheitsfördernde oder -gefährden-
de) Eigenschaften besitzen.

In der Regel werden diese Stoffgemische nach wie vor vom Lebensmittelrecht
erfasst. Für sie werden jedoch Unterkategorien gebildet (Nahrungsergänzungsmittel und diätetische Lebensmittel; Kasten), und zunehmend werden Risikoana-
lysen für einzelne Substanzen oder Stoffgemische durchgeführt, die eine gesundheitliche Unbedenklichkeit absichern sollen. Auf der Grundlage dieser Untersuchungen werden Positivlisten erstellt, die eine Voraussetzung für das Inverkehrbringen sind und Handelsbegrenzungen und Informationsregelungen definieren. Die Verkehrsfähigkeit dieser Lebensmittelkategorien wird damit eingeschränkt und der normative Umgang in Richtung Arzneimittelrecht angepasst.
Die Zuordnung zu den jeweiligen Kategorien hängt im Wesentlichen von den
enthaltenen Nährstoffmengen oder dem Ausschluss bestimmter Substanzen im
Vergleich zu »traditionellen« Lebensmitteln ab, denen keine Substanzen zuge-
mischt oder entzogen wurden.

Der Umgang mit NEM und diätetischen Lebensmitteln ist international bisher nur
teilweise harmonisiert. Vor allem im Bezug auf die Zuordnung einzelner Mittel in
die unterschiedlichen Kategorien gibt es Abweichungen. Etliche Produkte, die beispielsweise in den USA als NEM erhältlich sind, werden aufgrund ihrer Wirksamkeit auf den Organismus in Deutschland als Arzneimittel klassifiziert.

LEGALDEFINIERTE UNTERKATEGORIEN VON LEBENSMITTELN

Nahrungsergänzungsmittel (NEM) sind Lebensmittel, die meist aus Mikronährstoffkonzentraten (Vitamine und Mineralien) oder sonstigen Stoffen mit ernährungsspezifischer oder physiologischer Wirkung (z.B. Probiotika, Enzyme, Ballaststoffe, Fettsäuren) bestehen und die allgemeine Ernährung ergänzen (§ 1 Abs. 1 NemV[27]). Während Nährstoffkonzentrate und deren Dosierungsgrenzen über Positivlisten (Anlagen 1 und 2 der NemV) explizit genannt werden, ist bisher weder national noch europaweit eindeutig geklärt, welche Substanzen unter den Begriff der »sonstigen Stoffe« mit ernährungsspezifischer oder physiologischer Wirkung fallen. In der Praxis zieht dies regelmäßig gerichtliche Auseinandersetzungen nach sich. Deutsche Überwachungsbehörden versuchen, diese Rechtslücke mit einem Verweis auf die Zusatzstoffverordnung zu füllen. Da aufgrund der freien Zugänglichkeit die Dosierungsgrenzen leicht umgangen werden können, ist das vernünftige Ermessen des Verbrauchers beim Verzehr von besonderer Bedeutung.

Diätetische Lebensmittel sind für eine besondere Ernährung bestimmt und richten sich an Verbrauchergruppen mit besonderen Ernährungserfordernissen (z.B. Personen mit gestörtem Stoffwechsel oder in besonderen physiologischen Umständen; § 1 DiätV[28]). Adressaten sind in erster Linie gesundheitlich beeinträchtigte Verbraucher. Sportler können zum angesprochenen Personenkreis gehören, nicht jedoch Personen im fortgeschrittenen Alter – eine speziell dem hohen Alter angepasste Kostform gilt nicht als diätetisches Lebensmittel. Für diätetische Lebensmittel gelten erweiterte Kennzeichnungsvorschriften insbesondere bezüglich spezifischer Nährwerte. Vordergründig geht es um eine optimale Nährstoffversorgung und nicht um einen therapeutischen Behandlungserfolg, dieser ist allenfalls Begleiterscheinung, nicht jedoch primärer Zweck. Optisch sind diätetische Lebensmittel meist nicht von anderen Lebensmitteln zu unterscheiden. Eine Untergruppe der diätetischen Lebensmittel sind *ergänzende bilanzierte Diäten* (EBD), die besondere medizinische Zwecke verfolgen. Sie sind ausschließlich für Patienten, nicht für »Normalverbraucher« bestimmt, müssen gekennzeichnet sein und dürfen nur unter ärztlicher Aufsicht verwendet werden (§ 21 DiätV).

Quelle: Rempe 2008, S. 5 ff.

---

27 Nahrungsergänzungsmittel-Verordnung
28 Diätverordnung

Außerhalb der legaldefinierten Lebensmittelkategorien werden weitere Bezeichnungen in unterschiedlichen Kontexten verwendet, z.B. Genussmittel und Functional Food (Kasten). Es sind in der Regel Mischformen aus unterschiedlichen Substanzkategorien mit unterschiedlichen Bestandteilen und Eigenschaften, die eine klare Substanzabgrenzung mindestens erschweren, wenn nicht gar verhindern.

LEBENSMITTELKATEGORIEN AUSSERHALB DER LEGALDEFINITION

Genussmittel heißen im deutschsprachigen Raum Lebensmittel bzw. Stoffe, die in erster Linie wegen ihres Geschmacks und der anregenden Wirkung verzehrt werden. Klassische Genussmittel sind Kaffee, Tee und Alkohol, früher galten auch Zucker, Kakao und Gewürze als solche. Tabakwaren galten ebenfalls lange Zeit als Genussmittel, fallen jedoch heute explizit nicht mehr unter die Lebensmitteldefinition. Eine inhaltsgleiche englische Entsprechung gibt es nicht, dort werden diese Stoffe als »luxury goods« oder »natural stimulants« bezeichnet, wobei die letztere Bezeichnung die besondere Wirksamkeit auf den menschlichen Organismus explizit hervorhebt. Die Zuordnung erfolgte in der Vergangenheit nicht anhand biochemischer Eigenschaften, sondern entwickelte sich aus soziokulturellen Kontexten und deren kollektiver Bewertung. Sie bildet für Neuzulassungen kein Referenzmodell.

Functional Food (Rempe 2008, S. 8 f.) wird seit Mitte der 1990er Jahre als Begriff verwendet für Lebensmittel, die neben der ernährungsphysiologischen Eigenschaft mit einem besonderen Einfluss auf die Gesundheit von Konsumenten, deren physische Leistungsfähigkeit oder deren Gemütszustand beworben werden (z.B. Verbesserung der körpereigenen Abwehrkräfte, Risikoreduktion für ernährungsabhängige Krankheiten oder Verlangsamung von Alterungsprozessen). Meist handelt es sich um Lebensmittel, bei denen die Konzentration einzelner Nährstoffkomponenten erhöht oder vermindert wurde. Angesichts bestehender Unschärfen hinsichtlich Definition und Abgrenzung befinden sich auch zahlreiche Produkte mit höchst zweifelhaftem Nutzen auf dem Markt (TAB 1999).

Die Bundesvereinigung der Deutschen Ernährungsindustrie bezeichnet Nahrungsmittel und Getränke mit einem gesundheitsfördernden Zusatznutzen allgemein als *Gesundheits- und Wellnessprodukte* (BVE 2007, S. 11). Spezifischere Lebensmittelkategorien bildet sie nicht.

Im englischsprachigen Raum tauchen auch Mischbegriffe wie »nutriceuticals« (gebildet aus »nutrition« und »pharmaceutical«) oder »nutricosmetics« (gebildet aus »nutrition« und »cosmetics«) auf, die explizit auf Mischprodukte aus Lebens- und Arzneimitteln abzielen.

WIRKSAMKEITSNACHWEIS UND INFORMATIONSPFLICHTEN   2.3

Da Lebensmitteln ernährungsphysiologische Eigenschaften und keine negativen Wirkungen bzw. Gesundheitsgefahren unterstellt werden, ist im Lebensmittelrecht kein Wirkungsnachweis von Lebensmittelbestandteilen auf den menschlichen Organismus verankert.

Um Gesundheitsgefährdungen zu vermeiden bzw. die Lebensmittelsicherheit zu gewährleisten und um den Verbraucher zu informieren, gibt es Hygiene- und Kennzeichnungsvorschriften. Zu den Pflichtinformationen für verpackte Lebensmittel gehören vor allem das Verzeichnis der Zutaten (in absteigender Reihenfolge der Mengenanteile, ohne Offenlegung der Rezeptur, einschließlich bekannter Allergene auch in sehr geringen Mengen) sowie Mindesthaltbarkeits- und Herstellerangaben (LMKV[29]). Die Verantwortung für regelkonforme Produktion, Information und Distribution liegt beim Hersteller bzw. Händler und wird in Deutschland stichprobenartig vom Bundesinstitut für Lebensmittelsicherheit und Verbraucherschutz überwacht.

Mithilfe dieser Information soll der Verbraucher vernünftige Ermessensentscheidungen bezüglich des Konsums treffen können, für die er selbst die Verantwortung trägt. Der Informiertheit der Verbraucher wird zunehmend mehr Beachtung geschenkt, sie gilt als wesentlicher Faktor für einen besseren Verbraucherschutz. Hersteller, aber auch Kontrollorgane haben eine gewisse Informationsverantwortung. Im europäischen Binnenmarkt impliziert diese Informationsverantwortung aufgrund des Missbrauchsprinzips auch ein Verbot der Irreführung. Zwischen Information und Werbung wird nicht explizit unterschieden.

Für alle Lebensmittel gilt, dass

> durch eine Produktwerbung der Verbraucher nicht getäuscht werden darf (§ 11 LFGB; Gesetz gegen unlauteren Wettbewerb),
> krankheitsbezogene Aussagen unzulässig sind (§ 12 Abs. 1 LFGB) und
> allgemein wirkungsbezogene bzw. gesundheitsbezogene Aussagen anhand wissenschaftlich hinreichend gesicherter Daten belegt sein müssen (§ 12 Abs. 3 LFGB; HCVO[30]).

In den USA haben Hersteller aufgrund der ausgeprägteren Produkthaftung eine weiter reichende Informationsverantwortung. Sie müssen Verbraucher auch über mögliche Risiken beim Konsum informieren (Pfeiffer et al. 2010, S. 50). In Europa gibt es diese Informationspflicht nicht.

---

29 Verordnung über die Kennzeichnung von Lebensmitteln
30 HCVO: Verordnung (EG) Nr. 1924/2006 des europäischen Parlaments und des Rates über nährwert- und gesundheitsbezogene Angaben über Lebensmittel vom 20. Dezember 2006

Bei Herstellerinformationen ist grundsätzlich zu unterscheiden, ob Aussagen sich lediglich auf die

> enthaltenen Nährstoffe beziehen (Pflichtinformation),
> auch die daraus resultierenden Nährwerte berücksichtigen
> oder ob darüber hinaus auch Aussagen zur Wirkung der Lebensmittel auf den Organismus gemacht werden.

Für einzelne Nährstoffe werden zunehmend Empfehlungen zu Tagesdosen verbindlich festgelegt (Richtlinie 2008/100/EG). Eine Kennzeichnung der Nährwerte ist innerhalb der EU nur bei legaldefinierten Unterkategorien von Lebensmitteln, oder wenn wirkungs- oder gesundheitsbezogene Angaben wie »Calcium ist gut für die Knochen« oder nährwertbezogene Angaben wie »fettreduziert« verwendet werden, verpflichtend vorgeschrieben. Für diese Angaben (nicht für die Stoffe an sich) wurde mit Inkrafttreten der Health-Claims-Verordnung (HCVO) im Jahre 2007 EU-weit das »Verbotsprinzip mit Erlaubnisvorbehalt« eingeführt. Die HCVO sieht vor, dass nur noch Lebensmittel mit einem »günstigen Nährwertprofil« nährwert- bzw. gesundheitsbezogene Angaben tragen dürfen, um Verbraucher, die eine ausgewogene Ernährung und gesunde Lebensweise anstreben, nicht irrezuführen (Begründung Nr. 11, HCVO). Hauptziel der HCVO ist, den seit Jahren zu beobachtenden unseriösen Werbeversprechen, die gezielt eine Nachfrage erzeugen sollen, Einhalt zu gebieten.

Laut Art. 4 Abs. 1 HCVO hätte die EU-Kommission eigentlich bis zum 19. Januar 2009 Nährwertprofile verbindlich festlegen sollen. Dies ist bislang jedoch noch nicht erfolgt.

Zwar rücken spezifische Wirkmechanismen einzelner Lebensmittel oder Lebensmittelbestandteile zunehmend in den Forschungsfokus, dennoch ist das Wissen in Bezug auf die Wirkmechanismen und Wechselwirkungen nach wie vor begrenzt (Domke et al. 2004). Um die Aussagen zu Wirkmechanismen einzelner Lebensmittelbestandteile wissenschaftlich zu fundieren und das diesbezügliche Wissen schrittweise auszubauen, wurden mit Inkrafttreten der HCVO im ersten (nationalen) Schritt die Hersteller aufgefordert, Vorschlagslisten zu nährstofffunktionsbezogenen, d.h. gesundheitsbezogenen Aussagen (Art. 13 HCVO) zu erstellen und einer ersten (nationalen) Prüfung zu unterziehen. Im Jahr 2007 hat der Bundesverband des deutschen Lebensmittelhandels (BVL) dem Bundesinstitut für Risikobewertung (BfR) mehr als 2.000 gesundheitsbezogene Angaben zur Prüfung vorgelegt. Das BfR bewertete die von den Herstellern eingereichten Belege als wissenschaftliche Begründung für gesundheitsbezogene Aussagen bei lediglich 20 % als ausreichend, bei 43 % war eine vertiefte Prüfung notwendig, und bei 37 % wurden die Belege als nicht ausreichend bewertet (BfR 2008, S. 4). Es wird allgemein angenommen, dass sich mit zunehmender Praxiswirksamkeit der HCVO dieses Verhältnis zugunsten qualitativ ausreichender Begründungen verbessern dürfte.

Bestimmte gesundheitsbezogene Aussagen von Lebensmitteln fallen in den Verantwortungsbereich der Europäischen Behörde für Lebensmittelsicherheit (EFSA) und werden nach der Prüfung über Positivlisten von der EU-Kommission europaweit zugelassen. Dieses Verfahren betrifft gesundheitsbezogene Aussagen zu »allgemeinen Funktionen« (Art. 13 Abs. 1 HCVO) wie

> Wachstum, Entwicklung und Funktionen des Körpers,
> psychologische und Verhaltensfunktionen (Lern- und Konzentrationsfähigkeit, Gedächtnis) sowie
> Körpergewicht (Gewichtskontrolle, Gewichtsabnahme, Sättigungsgefühl).

Die Bewertung aller 4.637 eingereichten gesundheitsbezogenen Aussagen zu allgemeinen Funktionen (z.b.»Protein baut ihre Muskeln auf«) sollte bis Juni 2011 abgeschlossen sein. Der aktuelle Bearbeitungsstand kann über das Internetportal der EFSA eingesehen werden.[31]

Eine dritte Kategorie bilden spezifische produktbezogene Aussagen

> zur Verringerung von Krankheitsrisiken,
> zur Entwicklung und Gesundheit von Kindern oder
> zu individuellen produktbezogenen Claims (Art. 13 Abs. 5, Art. 14 HCVO).

Hersteller, die solche Aussagen verwenden wollen, müssen unter Vorlage von wissenschaftlichen Belegen bei der EFSA eine Einzelfallprüfung beantragen. Die EFSA prüft und schlägt der EU-Kommission Annahme oder Ablehnung der jeweiligen Aussage vor, die darauf aufbauend gegebenenfalls eine Zulassung erteilt (BfR 2007b, S. 3). Zu diesen individuellen Claims wurden bisher nur etwa 280 Anträge eingereicht. Hiervon sind etwa 80 bearbeitet, die meisten davon wurden abgelehnt. Beispielsweise fand die EFSA keine wissenschaftlichen Belege dafür, dass Kinderschokolade® beim Wachsen hilft oder schwarzer Tee die Konzentrationsfähigkeit steigert. Die wenigen autorisierten Claims sind eher sehr allgemein gehalten, wie z.b. Omega-3-Fettsäuren liefern einen Beitrag zur optimalen Hirnentwicklung von Kleinkindern.[32] Von den in Kapitel II.4.2 vorgestellten Substanzen gelten beispielsweise die wissenschaftlichen Belege für Folsäure als gesichert, dass diese durch eine Absenkung des Homocysteinspiegels Krankheitsrisiken senken kann. Das Vorhandensein dieses Nährstoffs in einem Lebensmittel in bestimmten Mengen legitimiert entsprechende positive Werbeaussagen (BfR 2007a, S. 5; Domke et al. 2004, S. 169).

---

31 http://registerofquestions.efsa.europa.eu/roqFrontend/questionsListLoader?panel=NDA
32 http://ec.europa.eu/food/food/labellingnutrition/claims/community_register/rejected_health_claims_en.htm#art141b, 20.12.2010

Über mögliche Gesundheitsrisiken durch den Konsum von Lebensmitteln muss der Hersteller in Europa bisher nicht informieren. Lediglich wenn es Hinweise gibt, dass im Rahmen gewöhnlicher Ernährungsgewohnheiten und bei ordnungs- gemäßer Verwendung gesundheitliche Gefahren für den Verbraucher zu erwar- ten sind, sollen Unbedenklichkeitswerte ermittelt und berücksichtigt werden. Darüber hinaus werden zunehmend tolerierbare Höchstmengen für die tägliche Aufnahme von Vitaminen und Mineralstoffen gefordert, die auf einer umfassen- den Risikobewertung aufbauen sollen.

Da sich das »Verbotsprinzip mit Erlaubnisvorbehalt« auf gesundheitsbezogene Aussagen erstreckt, ist zu erwarten, dass diese Wirkdimensionen von Lebensmit- telbestandteilen auf den Menschen zukünftig stärker untersucht werden. Unter den Prüfauftrag der EFSA fallen u.a. explizit Aussagen zu psychologischen und Verhaltensfunktionen – Dimensionen, die auch im Kontext von Neuroenhance- ment von hoher Relevanz sind. Bereits 2005 mahnte der damalige Vizepräsident der Europäischen Kommission Günter Verheugen Studien an, die im Hinblick auf höher dosierte Mikronährstoffkonzentrate sowohl zur Vermeidung von Krankheiten als auch zur Optimierung von Organfunktionen bei gesunden Men- schen eine sichere Anwendung gewährleisten sollen (Verheugen 2005, S. 13). Da eine wissenschaftliche Fundierung entsprechender Aussagen verlangt wird, sind Forschung und Entwicklung folglich im Rahmen der HCVO grundsätzlich nötig.

Aufgrund der vielfältigen Möglichkeiten der Substanzmischungen und deren wechselseitigen Wirkungsbeeinflussungen bei menschlichen Stoffwechselprozessen eröffnet sich ein äußerst komplexes Forschungsfeld. Noch mangelt es an neutra- len, wissenschaftlich anerkannten Bewertungsverfahren in Bezug auf die Wirk- samkeit von Lebensmittel(bestandteile)n. Bisher erfolgt die Definition eines Sub- stanznutzens anhand einer günstigen Wirkung in Bezug auf die Reduktion von Erkrankungswahrscheinlichkeiten. Der verlangte Nachweis einer gesundheitsbe- zogenen Wirksamkeit speziell bei psychologischen und Verhaltensfunktionen mit gleichzeitigem Verbot krankheitsbezogener Aussagen dürfte die Entwicklung von Konzepten fördern, wie ein (gesundheitlicher Zusatz-)Nutzen ohne Vorliegen eines krankhaften Zustands belegt werden kann. Für den Bereich Lebensmittel wäre folglich die EFSA die am besten geeignete behördliche Einrichtung, die FuE-Aktivitäten im Kontext der Leistungssteigerung bei Gesunden überwachen oder kontrollieren könnte.

MARKTAKTEURE: EINSTELLUNGEN UND VERHALTEN   2.4

Ein besonderer Bedarf an bestimmten Nährstoffen wird teilweise für verschiedene Lebenssituationen oder bestimmte Bevölkerungsgruppen unterstellt. Die Deutsche Gesellschaft für Ernährung spricht sich lediglich für eine zusätzliche Versorgung mit Jod (jodiertes Speisesalz) für die gesamte Bevölkerung und Folsäure bei

Schwangeren aus. Sie verweist auf Verzehrserhebungen in Deutschland, die darauf hindeuten, dass 80 bis 90 % der Bevölkerung (in allen Altersgruppen) die Zufuhrempfehlungen von 200 µg Folsäure pro Tag durch ihre Ernährung nicht erreichen. Vor diesem Hintergrund empfiehlt z.b. das BfR Folsäurehöchstmengen von 200 µg pro Portion in angereicherten Lebensmitteln und 400 µg pro Tagesdosis für NEM (Domke et al. 2004, S. 169).

Unternehmen der Nahrungsmittelindustrie sehen regelmäßig einen viel weiter reichenden Bedarf an speziellen Lebensmitteln. Sie bieten eine wachsende Produktpalette an Lebensmitteln für unterschiedliche individuelle Situationen an, die regelmäßig mit Aussagen zur Stärkung der Gesundheit, teilweise bis zur Leistungssteigerung oder andere Zusatznutzenkategorien, beworben werden. Rempe (2008, S. 7) verweist in diesem Zusammenhang auf ergänzend bilanzierte Diäten zur Behandlung von Konzentrationsstörungen oder Stress und Erschöpfungssymptomen. Herstellerseitig werden FuE-Aktivitäten zur Entwicklung spezifischer Lebensmittel möglichst mit gesundheitlichem Zusatznutzen gezielt ausgebaut, wodurch sie selbst einen nicht unerheblichen Anteil an der derzeitigen Marktentwicklung haben dürften. Auch wenn aufgrund uneinheitlicher Abgrenzungen teilweise unterschiedliche Marktschätzungen vorgenommen werden, sind sich Analysten über die hohe Dynamik des Marktes für entsprechende Functional-Food-Produkte einig. Henke (2009, S. 17) schätzt den Umsatz mit diesen Produkten in Deutschland im Jahr 2007 auf 8,1 Mrd. Euro, mit jährlichen Wachstumsraten seit der Jahrtausendwende von ca. 7 %. Teilweise werden Functional Food und Biolebensmittel in Marktanalysen zum sogenannten zweiten Gesundheitsmarkt mit einbezogen (Bundesregierung 2008), wodurch dessen angenommener Umfang gegenüber engeren Definitionen erheblich steigt (Kap. III.3.6).

Insbesondere Nahrungsergänzungsmittel kommen in der Regel in dosierter Form, insbesondere als Kapseln oder Tabletten in den Verkehr und werden zunehmend über das Internet beworben und über Versandverkauf vertrieben. Da die Darreichungsform an die von Arzneimitteln anknüpft, wird zumindest indirekt eine gewisse Wirkmächtigkeit der Mittel suggeriert. Die Verantwortung für regelkonforme Produktion, Information und Distribution liegt beim Hersteller. Neben der amtlichen Lebensmittelüberwachung der jeweiligen Bundesländer kontrollieren unabhängige Verbraucherschutzorganisationen stichprobenartig den Markt.

2008 begutachtete das Verbrauchermagazin ÖKO-TEST 300 verschiedene Vitamin- und Mineralstoffpräparate (NEM) und beurteilte bis auf Folsäurepräparate die Produkte bezüglich der Dosierung in Verbindung mit dem Wissen zu Nutzen oder Schaden eher negativ. Viele Produkte überschritten die vom BfR empfohlenen Tageshöchstdosen für NEM. In Multivitaminpräparaten war beispielsweise von manchen Vitaminen zu viel, von anderen zu wenig enthalten (ÖKO-TEST 2008).

In einer vom Lebensmitteluntersuchungsamt Karlsruhe im April 2008 durchgeführten Überprüfung von 79 Produkten sogenannter Sportlernahrungsmittel, die
im Internet als »hormonell aktiv« beworben wurden, wurden in 22 % der Fälle
pharmakologisch wirksame Substanzen nachgewiesen (Löbell-Behrends et al.
2008, S. 415). Bei einer vergleichbaren Kontrolle im Jahr 2003 wurden »nur«
bei 11,6 % von 129 zufällig in Deutschland ausgewählten und erworbenen nicht-
hormonellen NEM nichtdeklarierte Arzneistoffe (anabol-androgene Steroide)
nachgewiesen (international 14,8 % von 634 Proben). Schänzer (2003) sieht den
Hauptgrund für diese Kontaminationen in unzureichenden Standards bei der
Herstellung und Qualitätskontrolle von NEM im Vergleich zu Arzneimitteln,
denn bei als Arzneimitteln klassifizierten Produkten, die gleiche Inhaltsstoffe wie
diese NEM enthielten, wurde in keinem der 201 Vergleichsfälle eine Kontamina-
tion mit anabol-androgenen Steroiden nachgewiesen.

Trotz unklarer Substanz- und Wirksamkeitsnachweise ist der Konsum solcher
Produkte mitunter weitverbreitet. Laut nationaler Verzehrsstudie II nahmen im
Jahr 2007 insgesamt 27,6 % der Befragen (31 % der Frauen und 24 % der Männer) in Deutschland mindestens einmal in der Woche Vitamin- oder Mineral-
stoffsupplemente (sowohl als NEM als auch angereicherte Medikamente klassifiziert) zu sich (MRI 2008, S. 120). ÖKO-TEST geht davon aus, dass ca. 36 %
der Bundesbürger NEM kaufen, darunter etwas mehr Frauen als Männer.[33] Mit
dem Alter und dem Grad der Bildung steigt die Verwendung von NEM. Nur
jede vierte Person, die NEM einnahm, tat dies auf Empfehlung eines Arztes. Typische NEM-Käufer ernähren sich laut ÖKO-TEST besonders gesund, treiben mehr
Sport als Durchschnittsbürger und sind daher auch weniger dick. Es ist davon
auszugehen, dass diese Menschen meinen, durch die Einnahme derartiger Präparate zusätzlich etwas für ihre Gesundheit zu tun. Eine Umfrage bei 145 Sportlern
(Fitnessstudio- oder Sportvereinsmitglieder, die mindestens zwei Stunden pro
Woche Sport treiben) in Nordrhein-Westfalen im Jahr 2008 ergab, dass mehr als
drei Viertel der Befragten spezielle Sportlersupplemente zum Muskelaufbau einnahmen (70 % Protein- und knapp 40 % Kreatinpräparate). Die Mehrzahl der
Umfrageteilnehmer hat lebensmitteltypische, jedoch keine pharmakologischen
Erwartungen an die Produkte und geht davon aus, dass die postulierten Wirkungen wissenschaftlich nicht gesichert sind (Winters et al. 2008, S. 380). Die
dargestellte Situation der nur begrenzt nötigen Wissensgenerierung und der einseitig vorgenommenen Wissensübermittlung (durch Hersteller oder fragwürdige
Informationsforen) sowie das begrenzte Verbrauchervertrauen in diese Angaben
lassen einen gewissen Bedarf an neutraler Verbraucherinformation vermuten.

Das Aufgabenspektrum von staatlichen Behörden für Lebensmittelsicherheit und
Verbraucherschutz ist jenseits ihrer Kontrollfunktionen im internationalen Vergleich teilweise unterschiedlich definiert. Der generelle Trend innerhalb des

---

33 http://forum.oekotest.de/cgi-bin/YaBB.pl?num=1216150189, 27.5.2010

Verbraucherinformationsrechts, dass staatliche Akteure ihre Informationsmöglichkeiten ausbauen und aktiver handeln, ist in Deutschland bisher nur bedingt sichtbar. Hier haben Verbraucher zwar einen weitreichenden Auskunftsanspruch, der behördliche Aufklärungsanspruch ist bisher jedoch nicht stark ausgeprägt. Auch die Koordinierung verschiedener Verbraucherinformationsorgane gilt noch als verbesserungswürdig. Dänischen Behörden z.b. wird im Vergleich eine aktivere Verbraucherinformationsstrategie bescheinigt (Pfeiffer et al. 2010, S. 49 ff.).

Herstelleraussagen oder unkontrollierten Informationsforen (beispielsweise im Internet, vom Bodybuilding bis zum Gehirntraining) wird dadurch breiter Raum gelassen, der durch neutrale Informationsangebote bisher kaum relativiert wird. Produktwerbung als kommunikativer Beeinflussungsprozess mit dem Ziel, beim Adressaten marktrelevante Einstellungen und Verhaltensweisen zu verändern (Meffert et al. 2007), kann so gezielt zukünftigen Märkten den Weg ebnen, indem Wünsche geweckt werden und Nachfrage erzeugt wird, ohne dass Wirkungsbelege oder Risiken explizit thematisiert werden müssen. Oft unterlegt mit kaum abgesicherten fachlichen Aussagen und mit einer starken Vereinfachung der Komplexität der Stoffwechselvorgänge des menschlichen Körpers, nehmen sie zumindest billigend in Kauf, dass Konsumenten eigene Umkehrschlüsse ziehen und damit ihre Verzehrsgewohnheiten begründen. Beispiele hierfür sind:

> *Kausale statt multifaktorielle Ursache-Folge-Beziehungen*: Ein Nährstoffmangel kann Ursache für eine eingeschränkte Funktionalität sein. Der Umkehrschluss, dass eine eingeschränkte Funktionalität auf einen Nährstoffmangel zurückzuführen ist und sich durch den zusätzlichen Konsum beheben lässt, ist daraus nicht kausal abzuleiten.
> *Wirkungen sind übertragbar*: Effekte, die bei einem Mangelausgleich erzielt werden können, lassen sich auch in »gesunden/normalen« Situationen oder gar prophylaktisch erzielen.
> *Erhöhte Dosierungen schaden dem menschlichen Organismus nicht*: »Viel hilft viel, zumindest schadet es nicht«, weil angeblich Stoffwechselprozesse selbstständig reguliert und nur benötigte Mengen vom Körper aufgenommen werden.

Diese weder be- noch widerlegten Argumentationslogiken nutzend, werden mitunter Produkte noch gezielt damit beworben, dass sie die Leistungsfähigkeit der Konsumenten positiv beeinflussen *können*, ohne detailliertere Aussagen zu Wirkmechanismen zu machen.

Im Sport mit seiner langen Tradition der Verwendung von pharmakologischen Interventionen zur physischen Leistungssteigerung gelten NEM als Türöffner für Doping oder werden auch als Anfangsstufe der »Treppe zur Dopingverführung« bezeichnet (Singler/Treutlein 2007, S. 16 ff.). Schrittweise wird zusätzlich zur eigenen Leistungsfähigkeit auch auf unterstützende Substanzen vertraut, von denen keine Risiken belegt sind, deren Konsum nicht kollektiv abgelehnt wird und die fast jeder nimmt (und schon deswegen wirkungsvoll sein müssen).

ABB. 5   BEISPIELHAFTE PRODUKTBEWERBUNG »LEISTUNGSSTEIGERNDER EFFEKTE«

Gedächtnisstütze Brahmi

Unter der Rubrik »Kräuter und Gemüse« behauptete der Versandhändler Otto 2010:

»Brahmi hat einen großen gesundheitlichen Wert. Sie fördert das Langzeit- und Kurzzeitgedächtnis und eine Steigerung des Denkvermögens.«

Quelle: www.otto.de/is-bin/INTERSHOP.enfinity/WFS/Otto-OttoDe-Site/de_DE/-/EUR/OV
_DisplayProductInformation-ArticleNo;sid=0iAs7i6mRzds7mKiERFsh0KsXBH9JIjg
NDUduOIQlyZTEh0PTm0cj4XilyZTEpK3LnzKBaC-?ArticleNo=511703&ls=0&Cate
goryName=&SpecialShopName=, 1.6.2010

Die derzeitigen Strukturen lassen vermuten, dass auch im wachsenden Bereich der Steigerung psychischer Leistungen Substanzen, die normativ unter das Lebensmittelrecht fallen, als Wegbereiter und Wunschverstärker fungieren. Kaffee wird immer wieder als lang existentes Beispiel für die Wirksamkeit, Nebenwirkungsarmut und den verantwortungsvollen Konsum in der Enhancementdebatte genannt und benutzt, um für einen entspannten Umgang mit solchen Substanzen zu plädieren (Galert et al. 2009, S. 48).

NORMATIVER UMGANG MIT ARZNEIMITTELN   3.

Komplementär zu Lebensmitteln werden Arzneimittel definiert als Stoffe und Stoffgemische mit einer besonderen (pharmakologischen, immunologischen oder metabolischen) Wirksamkeit auf den menschlichen Organismus und dessen Gesundheit. Ziel des Arzneimittelrechts ist es, eine Versorgung zu ermöglichen, die Qualität, Wirksamkeit und Unbedenklichkeit der Arzneimittel gewährleistet und für Sicherheit im Umgang mit ihnen sorgt (§ 1 AMG). Aufgrund der Wirkmächtigkeit der Stoffe und zum Schutz der Gesundheit (vor schädlicher Wirkung) gründet sich das Arzneimittelrecht auf das »Verbotsprinzip mit Erlaubnisvorbehalt« (Kap. III.3.1), das die Verkehrsfähigkeit von Arzneimitteln grundsätzlich beschränkt. Die daraus abgeleiteten Verfahrensregeln werden nachfolgend vor allem mit Blick auf die Frage dargestellt, wie sie Enhancementeentwicklungen be- oder auch entgrenzen können. Dazu werden zuerst bestehende Sicherheits- und Schutzstandards in Bezug auf die Arzneimittelforschung am Menschen (Kap. III.3.2) angesprochen. Neben diesen Standards, mit denen eine möglichst große Produktsicherheit erreicht werden soll, gibt es eine Reihe weiterer Vorschriften, die auf eine möglichst risikoarme Distribution und Anwendung zielen: zur spezifischen Verkehrsfähigkeit (Kap. III.3.3), zu Information und Werbung (Kap. III.3.4), zum beschränkten Zugang über Ärzte und Apotheken als so genannte »Gatekeeper« (Kap. III.3.5) und zu den sich etablierenden unterschiedlichen Arzneimittelmärkten (Kap. III.3.6). Auch hier kann die Frage gestellt werden, inwiefern diese als verstärkende oder hemmende Faktoren in Bezug auf eine breitere Verwendung von pharmakologischen Substanzen zur Leistungssteigerung wirken.

VERBOTSPRINZIP MIT ERLAUBNISVORBEHALT 3.1

In Arzneimitteln sind einzelne oder eine Mischung verschiedener Arzneistoffe enthalten, wobei eine einzelne pharmakologisch wirksame Substanz die kleinste kategoriale Einheit bildet. Arzneistoffe und Arzneimittel unterliegen weitestgehend den gleichen normativen Verfahren und Sicherheitsstandards.

Um Fertigarzneimittel[34] herstellen und in den Verkehr bringen zu dürfen, ist eine Zulassung erforderlich, die auf einem Wirkungsnachweis der jeweiligen Substanz aufbaut. Der Hersteller trägt hierfür die Beweislast. Für Neuzulassungen muss er mittels wissenschaftlich anerkannter Verfahren (in der Regel mit klinischen Studien) sowohl die Verträglichkeit bzw. Sicherheit (Risikodimensionen) als auch die medizinische, meist therapeutische Wirksamkeit (Nutzendimension, Verbesserung eines krankheitsrelevanten Zustands) untersuchen und nachweisen. Laut § 25 AMG sind sowohl der Nachweis eines therapeutischen Nutzens als auch ein positives Nutzen-Risiko-Verhältnis für die Zulassung erforderlich. Die Nutzen-Risiko-Dimensionen werden in Zulassungsdossiers durch die Bereiche Qualität, Sicherheit und Wirksamkeit dargestellt, deren Verhältnis wird von den Zulassungsbehörden gegeneinander abgewogen und bewertet. Die Marktzulassung des Arzneimittels wird dann für die Behandlung des spezifischen krankheitsrelevanten Zustands gewährt, für den der Hersteller den therapeutischen Nutzen nachgewiesen hat. Nur für diese Anwendung haftet er auch für die Sicherheit seines Produkts. Strebt der Hersteller eine Anwendungserweiterung an (für wei-

---

34 Fertigarzneimittel sind im Voraus hergestellte und abgepackte Arzneimittel – im Gegensatz zu Rezepturarzneimitteln, die vom Apotheker nach einer ärztlichen Rezeptur von zugelassenen Arzneistoffen für eine bestimmte Person individuell hergestellt werden.

tere medizinische Indikationen bzw. krankheitsrelevante Zustände), ist eine Zulassungserweiterung erforderlich. Auch die Herstellerinformationen zu den Wirkungen und Nebenwirkungen des jeweiligen Arzneimittels werden im Zulassungsverfahren geprüft und festgelegt.

Das Inverkehrbringen von nichtzugelassenen Arzneimitteln ist verboten, und die Anwendung vor Zulassung oder zur Anwendungserweiterung im FuE-Bereich unterliegt ebenfalls der behördlichen Genehmigung. Die behördliche Genehmigung und Überwachung umfasst u.a. die Einhaltung der Sicherheits- und Schutzstandards vor und nach der Zulassung. Sogenannte »Heilversuche« einzelner Ärzte sind von diesem Genehmigungsverfahren ausgenommen.

ARZNEIMITTELFORSCHUNG: STANDARDS FÜR DIE
WISSENSGENERIERUNG UND ZULASSUNG   3.2

Die für die Arzneimittelzulassung nötige Wirksamkeitsforschung fällt unter die grundgesetzlich festgeschriebene Forschungsfreiheit (Art. 5 Abs. 3 GG[35]), die jedoch begrenzt wird durch die Minimierung gesundheitlicher Risiken für Versuchsteilnehmer (Schutz gegen eine Gefährdung des Lebens und der körperlichen Unversehrtheit; Art. 2 Abs. 2 Satz 1 GG). Dazu werden pharmakologische FuE-Aktivitäten vor und nach der Arzneimittelzulassung von einer Reihe von Sicherheits- und Schutzstandards flankiert, die darauf abzielen, gesundheitliche Risiken möglichst gering zu halten. FuE-Aktivitäten mit pharmakologischen Substanzen sind an die Einhaltung dieser Schutzstandards gebunden.

ETHISCHE STANDARDS

Die folgenden grundlegenden ethischen Standards einer *guten klinischen Praxis*, zu der auch das freiwillige und informierte Einverständnis der Versuchsteilnehmer (»informed consent«) gehört, wurden auf internationaler und europäischer Ebene formuliert und gelten für jede Form der Arzneimittelforschung und -entwicklung:

> Die *Deklaration von Helsinki* zur Durchführung von Arzneimittelstudien wurde 1964 vom Weltärztebund verfasst und mehrmals überarbeitet, zuletzt 2008 (Weltärztebund 2008). Sie besitzt weltweit die breiteste Akzeptanz als Sammlung von Prinzipien und verlangt u.a.:
>   • »Jedem medizinischen Forschungsvorhaben am Menschen muss eine sorgfältige Abschätzung der voraussehbaren Risiken und Belastungen für die an der Forschung beteiligten Einzelpersonen und Gemeinschaften im Vergleich zu dem voraussichtlichen Nutzen für sie und andere Einzelpersonen

---

35 Grundgesetz

oder Gemeinschaften, die von dem untersuchten Zustand betroffen sind, vorangehen.« (Abs. 18)

- »Medizinische Forschung am Menschen darf nur durchgeführt werden, wenn die Bedeutung des Ziels die inhärenten Risiken und Belastungen für die Versuchsperson überwiegt.« (Abs. 21)
- Bei vulnerablen Bevölkerungsgruppen muss eine begründete Wahrscheinlichkeit bestehen, dass diese Gruppe einen Nutzen ziehen wird (Abs. 17).

> Auf EU-Ebene gilt die Richtlinie 2001/20/EG zur Anwendung der guten klinischen Praxis bei der Durchführung von klinischen Prüfungen mit Humanarzneimitteln (in Deutschland umgesetzt in der GCP-Verordnung von 2004):
  - »Eine klinische Prüfung darf nur durchgeführt werden, wenn insbesondere die vorhersehbaren Risiken und Nachteile gegenüber dem Nutzen für den Prüfungsteilnehmer und für andere gegenwärtige und zukünftige Patienten abgewogen worden sind. Eine klinische Prüfung darf nur beginnen, wenn eine Ethikkommission und die zuständige Behörde zu der Schlussfolgerung kommen, dass der erwartete therapeutische Nutzen und der Nutzen für die öffentliche Gesundheit die Risiken überwiegen.« (Art. 3 Abs. 2a)
  - Bestimmte Personengruppen, wie z.B. Kinder, sind bei diesen Verfahren besonders zu schützen. Arzneimittel für Kinder müssen vor einer allgemeinen Anwendung ebenfalls wissenschaftlich getestet werden. Voraussetzung für die Studiengenehmigung ist, dass diese für Kinder von erheblichem klinischem Wert sind (Erwägungsgrund 3).

NUTZENKRITERIUM UND SEINE BESTIMMUNG

Die Bestimmung eines Nutzenkriteriums ist von zentraler Bedeutung für die Erlaubnis von Studien im Rahmen der klinischen Prüfung (§ 4 Abs. 23 Satz 1 AMG). Das einfachste Verfahren zur Bestimmung eines Nutzenkriteriums ist die Festlegung eines krankheitsrelevanten, zumindest aber defizitären Zustands als Ausgangspunkt, von dem aus ein (therapeutischer) Effekt bzw. die Wirksamkeit einer Substanz nachgewiesen werden kann.

Unterschiedliche Klassifikationen existieren bereits, mithilfe derer ein krankheitsrelevanter Zustand routinemäßig definiert werden kann. Am bekanntesten sind die allgemeine »Internationale statistische Klassifikation der Krankheiten und verwandter Gesundheitsprobleme« der WHO (aktuelle Fassung: ICD-10) und die im Kontext psychischer Leistungssteigerung ebenfalls relevante speziellere Klassifikation psychischer Störungen des »Diagnostischen und Statistischen Handbuchs psychischer Störungen« (aktuelle Fassung: DSM-IV) (DIMDI 2010). Diese Klassifizierungen bauen wesentlich auf dem Syndromansatz auf, d.h., Krankheit wird mittels unterschiedlicher Symptome als Syndrom beschreibbar bzw. wird durch das gleichzeitige Vorliegen bestimmter Symptome in einer gewissen Stärke definiert.

SYNDROMANSATZ ZUR BESCHREIBUNG VON KRANKHEITEN: BEISPIEL »LEICHTE KOGNITIVE STÖRUNG« (ICD-10: F06.7)

Eine leichte kognitive Störung wird charakterisiert durch Gedächtnisstörungen, Lernschwierigkeiten und die verminderte Fähigkeit, sich längere Zeit auf eine Aufgabe zu konzentrieren. Oft besteht ein Gefühl geistiger Ermüdung bei dem Versuch, Aufgaben zu lösen. Objektiv erfolgreiches Lernen wird subjektiv als schwierig empfunden. Keines dieser Symptome ist so schwerwiegend, dass Demenz (F00-F03) oder Delir (F05.- [sic!]) diagnostiziert werden sollte. Die Diagnose sollte nur in Verbindung mit einer körperlichen Krankheit gestellt werden und bei Vorliegen einer anderen psychischen oder Verhaltensstörung unterbleiben.

Die Anzahl von Symptomen, anhand derer Krankheiten definiert und folglich auch diagnostiziert werden können, steigt kontinuierlich vor allem im Bereich der psychischen Erkrankungen (nicht zuletzt aufgrund der immer vielfältigeren diagnostischen Möglichkeiten). Beeinträchtigungen oder der Rückgang unterschiedlicher psychischer Fähigkeitsdimensionen (kognitive wie Intellekt, Gedächtnis, Sprachfunktionen, aber auch soziale oder emotionale) sind in Bezug auf unterschiedliche Krankheiten als Symptome anerkannt (ICD-10: Kategorien F00-99). Inzwischen werden auch Ruhelosigkeit und Erregung (R45.1), Unglücklichsein (R45.2) oder Feindseligkeit (R45.5) als Symptome, die die Stimmung betreffen, durch die ICD-10 anerkannt. Zu den klassifizierten Symptomen werden regelmäßig Diagnoseverfahren mit spezifischen Skalen zur Erfassung der Schwere entwickelt.

Da eine Krankheit durch das gleichzeitige Vorliegen mehrerer Symptome in einer gewissen Stärke definiert wird, muss mit einer solchen Symptomerweiterung nicht notwendigerweise eine Ausdehnung des Krankheitsbegriffs einhergehen. Allerdings werden durch die immer stärkere Differenzierung einzelner Symptome Zustände beschreib- und quantifizierbar, denen singulär kein Krankheitswert zugemessen wird, und jedes definierte Symptom als Teilaspekt einer Krankheit kann die Basis für die Definition eines Nutzenkriteriums bilden. Die Stärke des Defizits ist bislang kein Entscheidungskriterium, sodass auch bei geringfügigen Defiziten versucht werden kann, eine Substanzwirksamkeit nachzuweisen.

Der Grundsatz, dass ein Nutzen ausschließlich von einem zumindest defizitären Ausgangspunkt aus belegt werden kann, wird zunehmend relativiert. Ein Nutzen kann beispielsweise auch als Reduzierung eines erhöhten Erkrankungs- oder Sterberisikos definiert werden (z.B. bei Substanzen, die präventiv eingesetzt werden sollen wie Blutdrucksenker, Hormonersatztherapien oder Verhütungsmitteln). Zwar wird in der Richtlinie 2001/20/EG noch explizit von einem therapeutischen Nutzen gesprochen, doch ist bereits mit dem jetzigen Wortlaut eine nichttherapeutisch orientierte Forschung nicht ausgeschlossen.

Die Tatsache, dass medizinische Forschung am Menschen und die dabei durchgeführten klinischen Prüfungen von pharmakologisch wirksamen Substanzen genehmigungsbedürftig sind und unabhängige Ethikkommissionen die Erlaubnis auf der Basis einer fallspezifischen Nutzen-Risiko-Abwägung erteilen, dürfte eine gewisse Barriere für die gezielte Erforschung von Enhancementeigenschaften von pharmakologischen Substanzen darstellen. Diese Barriere ist jedoch keineswegs unüberwindbar, denn die Nutzendefinition kann weit ausgelegt und interpretiert werden. Die Abwägung von Risiken ist vor allem bei neuartigen Substanzen ein Problem, wenn noch keinerlei Kenntnisse aus der Anwendung vorliegen. Im Rahmen von Anwendungserweiterungen können gewisse Risikoprofile (z.B. unerwünschte Nebenwirkungen, einschließlich selten auftretende oder auch nur über längere Zeiträume zu beobachtende) leichter abgeleitet werden.

KLINISCHE ARZNEIMITTELPRÜFUNG: STUDIEN UND REGISTRIERUNG

Die Prüfung von Arzneimitteln erfolgt anhand von klinischen Studien (d.h. Forschung am Menschen) in unterschiedlichen Phasen, nachdem die präklinische Phase erfolgreich abgeschlossen wurde. Der erfolgreiche Abschluss einer Prüfungsphase ist dabei stets Voraussetzung für den Beginn der nächsten Phase.

> Phase I: An einer kleinen Gruppe von Studienteilnehmern (meist 20 bis 50 gesunde Freiwillige oder Patienten, wenn es für deren Erkrankung noch keine Therapie gibt) wird vor allem die Verträglichkeit und Sicherheit der Substanz untersucht, darunter die Pharmakokinetik und Pharmakodynamik (Substanzaufnahme und -verteilung sowie Abbauprozesse im Körper). Phase-I-Studien dauern gewöhnlich einige Wochen bis Monate.
> Phase II: In einer größeren Gruppe von Studienteilnehmern (ca. 50 bis 200 Patienten) wird in Phase IIa das Therapiekonzept überprüft und in Phase IIb die geeignete Therapiedosis ermittelt. Positive Therapieeffekte sollten bereits beobachtbar sein. Phase-II-Studien dauern gewöhnlich einige Monate.
> Phase III: In einer großen Patientengruppe (ab 100 bis mehrere Tausend) muss die Wirksamkeit signifikant nachgewiesen werden. Dazu werden meist die Studienteilnehmer in zwei Gruppen aufgeteilt, von der eine die neue Therapie erhält und die andere ein anderes Medikament oder ein Scheinmedikament (Placebo). Phase-III-Studien dauern gewöhnlich einige Monate bis Jahre. Nach positivem Abschluss erfolgt die Zulassung.
> Phase IIIb oder IV: Auch nach der Zulassung werden Arzneimittel regelmäßig weiter erforscht, einerseits um die Behandlung weiter zu verbessern, andererseits um Langzeitfolgen und sehr seltene Risiken zu erkennen, zu denen im

Rahmen der Zulassungsforschung keine epidemiologischen Aussagen gemacht werden können. Sollen therapeutische Aussagen untersucht werden und wird deshalb die Therapie im Vorfeld festgelegt, spricht man von interventionellen Studien. Wird in die therapeutische Anwendung bei Patienten durch Ärzte nicht eingegriffen, sondern diese lediglich beobachtet und dokumentiert, spricht man von nichtinterventionellen Studien, die nicht mehr als klinische Studien behandelt werden. Sie können bereits im Zusammenhang mit der Zulassung angeordnet werden. Entsprechende Studien benötigen große Patientenkollektive (meist mehrere Tausend) und erstrecken sich regelmäßig über mehrere Jahre.

REGISTER LAUFENDER KLINISCHER STUDIEN

> *EudraCT* (European Medicines Agency, EMA): Es handelt sich um ein 2004 eingeführtes Register für alle in Europa geplanten klinischen Arzneimittelstudien, die seitdem vor Prüfungsbeginn dort eingetragen werden müssen. Die Daten sind vertraulich und nur für nationale und europäische Zulassungsbehörden zugänglich, d.h. nicht für Ethikkommissionen, Wissenschaftler, Mediziner oder für die Öffentlichkeit.
> *clinicaltrials.gov* (US-amerikanische National Library of Medicine, NLM): Seit 2008 gibt es in den USA eine Registrierungs- und Publikationspflicht für alle dort laufenden klinischen Studien. Eine Zulassung zum US-amerikanischen Arzneimittelmarkt kann nur auf der Grundlage dort registrierter Studien (in allen klinischen Phasen) beantragt werden. Es handelt sich um eines der größten internationalen Register für klinische Studien, das öffentlich zugänglich ist.
> Weitere öffentliche, gebührenfrei zugängliche internetbasierte Studienregister bestehen in Großbritannien (www.controlled-trials.com) und Japan (www.clinicaltrials.jp).
> Das *IFPMA-Suchportal* für klinische Studien ist ein seit 2005 auch in deutscher Sprache zugängliches Suchportal des internationalen Verbands von 25 Arzneimittelherstellern und 46 nationalen und regionalen Verbänden der pharmazeutischen Industrie zu industriegesponserten klinischen Studien (www.ifpma.org/clinicaltrials).

Alle klinischen oder interventionellen Studien bedürfen einer behördlichen Genehmigung (»clinical trial application«), die nur erteilt wird, wenn eine Studie mit ihrer spezifischen Studienplanung, zu der auch das vorab definierte Nutzenkriterium und das jeweilige Studiendesign gehören, registriert ist und das positive Votum der Ethikkommission vorliegt. Vor einigen Jahren wurde national und international mit der Einrichtung von Studienregistern begonnen, die formal über die laufenden Forschungsaktivitäten Auskunft geben (in der Regel allerdings nicht über Studienergebnisse selbst) (Kasten). Frühere Studien wurden nicht erfasst.

Parallel zu den Registrierungspflichten haben sich z.b. die Mitglieder des Verbands der forschenden Arzneimittelhersteller in Deutschland (vfa) 2010 verpflichtet, ihre Studien im Clinicaltrials.gov-Register zu listen (vfa 2010). Damit ist eine Offenlegung der Studienplanung für heutige Forschungsaktivitäten mit pharmakologischen Substanzen im Rahmen der »clinical trial application« für Europa und Nordamerika gewährleistet.

Die Offenlegung und Publikation der Studienergebnisse werden gegenwärtig erst nach Abschluss des Zulassungsverfahrens verlangt. Über Veröffentlichungen zu einem früheren Zeitpunkt kann der Studiensponsor entscheiden.

ARZNEIMITTELZULASSUNG

Die gegenwärtigen Anforderungen der Arzneimittelzulassung bilden eine wichtige Barriere für die Verbreitung pharmakologischer Substanzen zur Leistungssteigerung von Gesunden. Das bislang angewandte Bewertungsverfahren erfordert einen therapeutischen Wirksamkeitsnachweis, anhand dessen ein Nutzen definiert wird, und wägt erkennbare gesundheitliche Risiken dagegen ab. Eine Substanzzulassung ausschließlich zu Enhancementzwecken ist damit eigentlich ausgeschlossen.

Eine Substanzzulassung wird versagt, u.a. wenn dem Arzneimittel die vom Antragsteller angegebene therapeutische Wirksamkeit fehlt (oder unzureichend begründet ist) oder das Nutzen-Risiko-Verhältnis ungünstig ist (§ 25 Abs. 2 Art. 4 und 5 AMG). Zulassungsbehörden[36] prüfen die eingereichten Unterlagen (der klinischen Studien bis Phase III). Eine Zulassung für das Inverkehrbringen und die Verwendung erfolgt im Rahmen der medizinischen Indikation, für die eine Substanzwirksamkeit nachgewiesen wurde, wenn auch die Herstellung entsprechend vorgegebener Sicherheits- und Qualitätsstandards gewährleistet werden kann. Bei der Verkehrsfähigkeit haben die Behörden einen gewissen Gestaltungsspielraum, sie wird bei der Zulassungserteilung substanzbezogen festgelegt. Neuartige Substanzen werden in den ersten fünf Jahren nach Marktzulassung allgemein unter Rezeptpflicht gestellt (Kap. III.3.3).

Für die Bewertung eines nichttherapeutischen und nicht konkret präventiven Nutzens müssten Verfahren erst noch gefunden werden. Konzeptionelle Ansätze könnten die durch das Lebensmittelrecht geforderten Nachweise gesundheitsbezogener Aussagen liefern (Kap. III.2).

Auch wenn für die Marktzulassung eines Arzneimittels der Wirksamkeitsnachweis anhand eines einzigen krankheitsrelevanten Zustands ausreichend ist, sind Arzneimittel fast immer für mehr als nur eine medizinische Indikation oder ein

---

36 Deutschland: Bundesinstitut für Arzneimittel und Medizinprodukte (BfArM) bzw. Paul-Ehrlich-Institut (PEI); EU: Europäische Arzneimittelagentur (EMA); USA: Food and Drug Administration (FDA)

Krankheitsbild einsetzbar. Das pharmakologische Profil einer Substanz und das Spektrum ihrer Verwendungsmöglichkeiten zeigen sich häufig erst in der medizinischen Praxis. Der Hersteller kann ggf. gezielt das Anwendungsspektrum seiner Substanz erweitern und dadurch die Vermarktungsmöglichkeiten verbessern. Die dazu nötige Anwendungserweiterung unterliegt ebenfalls dem beschriebenen Verfahren der Arzneimittelzulassung, einschließlich einer dann entsprechend erweiterten Haftung.

ERGEBNISPUBLIKATION NACH DER ZULASSUNG

Nach der Arzneimittelzulassung werden die Studienergebnisse in unterschiedlichen Verfahren publiziert.

REGISTER KLINISCHER STUDIENERGEBNISSE

> *European Public Assessment Reports (EPARs)*: Seit 1995 bietet die EMA für EU-weit zugelassene Arzneimittel die Möglichkeit, die zusammengefassten Studienergebnisse einzusehen. Die im Rahmen der Arzneimittelzulassung erfolgten EudraCT-Einträge (s. vorhergehenden Kasten) sollen zukünftig durch Studienergebnisse erweitert und bereits vor der Zulassung öffentlich zugänglich gemacht werden.
> *clinicaltrialresults.com (NLM)*: Die im Rahmen der US-amerikanischen Marktzulassung nötigen Studienergebnisse werden veröffentlicht und mit dem Studienregister clinicaltrial.gov (s.o.) verlinkt.
> *Deutsches Register Klinischer Studien (DRKS)*: Das DRKS gehört zu den zehn von der WHO anerkannten Primärregistern. Informationen zu laufenden oder abgeschlossenen klinischen Studien in Deutschland können auf freiwilliger Basis eingestellt werden. Der Zugang ist öffentlich und kostenfrei. Das Register umfasst nicht nur Arzneimittelstudien, sondern auch Studien zu Medizinprodukten und zu nichtmedikamentösen Verfahren.
> Weitere Register mit öffentlich zugänglichen Studienergebnissen sind z.B. das japanische Register (www.clinicaltrials.jp/user/ctr/ctrSearch_e.jsp) oder auch firmenbetriebene Register (wie z.B. www.clinicalstudyresults.org).

Die internationalen und europäischen Pharmaverbände haben sich verpflichtet, alle Ergebnisse sämtlicher Phase-III-Studien entsprechend der Studienplanung online (über Register) zu veröffentlichen (vfa 2010). Die Ergebnisveröffentlichung von Studien aus früheren Phasen wird nicht explizit genannt. Der vfa gibt zu bedenken, dass unterschiedliche Registereintragungen (sowohl in europäischen als auch in unterschiedlichen nationalen Registern) mit einem Mehraufwand verbunden sind und eher zur Verwirrung als zur Transparenz beitragen könnten, weshalb er eine zentrale internationale Veröffentlichung befürwortet. Die Pharmaverbände wollen sich darüber hinaus auch aktiv um eine Veröffentlichung in Fachzeitschriften bemühen (vfa 2010) (Kap. III.3.4).

SYSTEMATISCHE RISIKOÜBERWACHUNG

Auch nach der Zulassung eines Arzneimittels für eine spezifische medizinische Indikation erfolgt eine kontinuierliche und systematische Nutzen-Risiko-Überwachung. Werden dabei veränderte Wirkungsmuster und Folgen sichtbar, kann eine Neubewertung des Nutzen-Risiko-Verhältnisses nötig werden und können ggf. Zulassungsanpassungen oder -einschränkungen bis hin zum Entzug der Zulassung erfolgen (vgl. Amphetamine, Modafinil; Kap. II.3.1).

Diese Risikoüberwachung erfolgt über die kontinuierliche Erfassung aller unerwünschten Arzneimittelwirkungen (UAW) in wahrscheinlichem Zusammenhang mit einer Substanzeinnahme. Eine UAW ist eine schädliche und unbeabsichtigte Reaktion auf eine Substanz, die nicht nur bei bestimmungsgemäßem Gebrauch auftritt, sondern auch durch Wechselwirkungen, Überdosierung oder Missbrauch entstehen kann. Unabhängig von der Verwendung, ob regelkonform oder nicht, sollen dadurch Schäden im Kontext der Substanzverwendung erfasst werden. Hersteller sind generell verpflichtet, diese zu melden (Richtlinie 2001/83/EG, § 63b AMG). Meldungen werden entweder direkt oder über einen Stufenplan bis zur zuständigen Bundesoberbehörde (BfArM) weitergeleitet, die zusammenfassend Risiken überwacht (§§ 62 und 63 AMG) und gegebenenfalls Maßnahmen ergreift.

Viele Beobachtungen zu UAW nach der Zulassung werden im Rahmen von sogenannten nichtinterventionellen Studien (z.B. Anwendungsbeobachtungen) gesammelt, in denen Arzneimittel nur im Rahmen der zugelassenen Indikation verwendet werden dürfen (§ 4 Abs. 23 Satz 3 AMG). Bei neuen Substanzen werden diese Studien oft schon im Rahmen der Zulassung vereinbart. Neben der systematischen Risikoüberwachung, die vor allem Häufigkeitsaussagen auch seltener UAW empirisch fundiert, ist die Befassung mit bestimmten Fragen zur Substanzwirksamkeit nicht ausgeschlossen. Für diese Studien gibt es zwar Empfehlungen zur Studiendurchführung (BfArM 2010), die definierten Anforderungen an klinische Prüfungen (§§ 40 bis 42 AMG) gelten jedoch nicht (z.B. entfallen bestimmte Genehmigungspflichten zum Untersuchungsgegenstand, und Meldepflichten erstrecken sich oft »nur« auf UAW). Es ist offen, inwiefern aus Anwendungsbeobachtungen zumindest indirekt Erkenntnisse in Bezug auf Enhancementeigenschaften von bereits zugelassenen Arzneimitteln resultieren können.

Auch Ärzte und Apotheker sollen sich über sogenannte Spontanmeldesysteme an der kontinuierlichen Risikoüberwachung beteiligen. Diese Beteiligung ist in Deutschland nicht gesetzlich vorgeschrieben (Ausnahme Impfkomplikationen). Im Rahmen ihrer beruflichen Selbstverwaltung (Berufsordnungen) haben sich

Ärzte und Apotheker jedoch verpflichtet, Berichte über Verdachtsfälle von UAW an die Meldesysteme ihrer jeweiligen Arzneimittelkommissionen zu melden.

Dieses Spontanmeldesystem kann jedoch bisher die systematische Erfassung von UAW höchstens ergänzen. Von den beim BfArM im Zeitraum vom 1. Januar bis zum 30. September 2009 eingegangenen 34.170 Verdachtsfällen zu UAW kamen knapp 85 % von pharmazeutischen Unternehmen, 3,7 % über die Arzneimittelkommissionen der deutschen Ärzteschaft und 3 % über die der deutschen Apotheker (Zagermann-Muncke et al. 2010). Zu den Ursachen für diese ungleiche Meldesituation gibt es unterschiedliche Vermutungen, aber keine gesicherten Aussagen. Dass die im Rahmen der Arzneimittelzulassung und Überwachung (Studien der Phasen I bis IV) explizit zu beobachtenden UAW in der medizinischen Anwendung unter Alltagsbedingungen so viel weniger auftreten, erscheint zumindest unwahrscheinlich.

In der Enhancementdebatte sprechen sich auch Befürworter eines liberalen Umgangs mit Enhancementmitteln für eine systematische Begleitung bis hin zu einem obligatorischen Meldeverfahren von UAW aus. So empfehlen Galert et al. (2009, S. 47): »Damit ein solches Verfahren zuverlässig funktioniert, müssten Ärzte alle Beschwerden in Zusammenhang mit dem Konsum eines NEPs [Neuroenhancementpräparats] aufnehmen und in standardisierter Form an ein Pharmakovigilanz-Zentrum weitergeben. Daher sollten diese NEPs nach ihrer Zulassung zumindest einige Jahre lang der ärztlichen Verschreibungspflicht unterliegen.« Für ein solches Verfahren müsste bei Ärzten und Apothekern jedoch die Bereitschaft bestehen, sich entsprechend zu beteiligen (hierzu auch Kap. V.2.3). Bereits beim jetzigen Meldesystem zu UAW scheint diese Bereitschaft begrenzt zu sein.

ANWENDUNGSERWEITERUNGEN

Die Zulassungserweiterung kann vom Hersteller selbst aktiv angestrebt werden. In diesem Fall beginnt eine neue Schleife der klinischen Prüfung (Studiengenehmigung, Durchführung, Zulassungsantrag). Der Hersteller kann es auch dem »Markt« überlassen, neue Anwendungsmöglichkeiten zu finden. Für eine solche Anwendung, die außerhalb der zugelassenen Indikation erfolgt (Off-Label-Verwendung), übernimmt der Hersteller keine Verantwortung und auch keine Haftung. Diese liegt bei rezeptpflichtigen Arzneimitteln beim jeweiligen Arzt, unter dessen Verantwortung diese Off-Label-Verwendung stattfindet, oder bei rezeptfreien vor allem beim Verbraucher, der sich beim Apotheker rückversichern kann.

Ärzte können auf unterschiedliche Art und Weise die Erkenntnisse zur Wirksamkeit pharmakologischer Substanzen erweitern. Einerseits können sie Studien gemäß den behördlichen Genehmigungsverfahren durchführen. Andererseits haben sie die Möglichkeit, aufgrund ihrer Therapiefreiheit sogenannte »Heilversuche« durchzuführen, in deren Rahmen sie – unter Berücksichtigung des wissenschaftlichen Kenntnisstands und mit informierter Zustimmung des einzelnen Patienten – auch Arzneimittel jenseits gültiger Zulassungsbeschränkungen einsetzen können, falls keine zugelassenen Medikamente für die Erkrankung zur Verfügung stehen. Die Kontrollmöglichkeiten solcher Heilversuche sind begrenzt, Erkenntnisse über mögliche Enhancementeigenschaften von Arzneimitteln könnten auf diese Weise auch jenseits der klinischen Forschung gewonnen werden (zur Rolle der Ärzte ausführlicher in Kap. III.3.5.2).

Durch die stärkeren Offenlegungsverpflichtungen aller Ergebnisse aus klinischen Studien im Rahmen der »clinical trial application« werden zukünftig wahrscheinlich mehr Informationen zu Substanzwirkungen öffentlich zugänglich. Ein Folgeeffekt ist die leichtere Übertragbarkeit dieser Studienergebnisse auf andere Kontexte. Wenn z.B. Substanzen im Zuge einer therapeutischen Anwendung leistungssteigernde Effekte haben, ist eine Übertragung auf Personengruppen mit geringerer oder ohne defizitäre Ausgangslage vorstellbar. Die Therapiefreiheit der Ärzte in Kombination mit der kaum möglichen Kontrolle der Einhaltung der Begrenzungen (z.B. im Off-Label-Bereich) könnte in einem solchen Kontext auch Enhancemententwicklungen befördern.

AUSWIRKUNGEN DES DOPINGVERBOTS AUF DIE ARZNEIMITTELFORSCHUNG

Das Dopingverbot des AMG (§ 6a AMG) umfasst das Inverkehrbringen, die Verschreibung oder die Anwendung bei anderen von Substanzen der Verbotsliste (WADA 2011) sowie den Besitz nichtgeringer Mengen (entsprechend den Anhängen zum AMG). Das Verbot erstreckt sich nicht explizit auf Forschungsabsichten. Dennoch ist kaum vorstellbar, dass eine Ethikkommission und eine zuständige Behörde eine physisch-leistungssteigernde Wirkung von pharmakologischen Substanzen ohne krankheitsrelevanten Ausgangspunkt als »Nutzendimension« anerkennt und genehmigt, sodass eine diesbezügliche direkte Erforschung innerhalb der bestehenden Standards de facto kaum möglich ist. Eine solche Arzneimittelforschung dürfte also höchstens im Graubereich der Legalität oder auch gänzlich illegal stattfinden. Selbst bei Nebenaussagen zu krankheitsrelevanten Untersuchungen, wie z.B. in Bezug auf Muskelerkrankungen, ist gegenwärtig eine große Zurückhaltung zu beobachten. Folglich werden Aussagen zur Steigerung physischer Leistungsdimensionen bei Gesunden kaum mit medizinisch anerkannten Verfahren wissenschaftlich fundiert und bleiben meist im Bereich der weder be- noch widerlegbaren Vermutungen.[37]

---

37 Eine Ausnahme bildete die in der DDR staatlich betriebene, verdeckte Dopingforschung der 1970er und 1980er Jahre, die aufgrund des offiziellen Dopingverbots zwar nie öffentlich war, aber dennoch systematisch betrieben wurde.

GEGENWÄRTIGE SITUATION BEI DER ERFORSCHUNG LEISTUNGSSTEIGERNDER EFFEKTE

Die in Kapitel II.3 zitierten Studien zu leistungssteigernden Effekten von Arznei-mitteln geben mehrheitlich explizit an, dass sie entsprechend der ethischen Standards der Deklaration von Helsinki durchgeführt wurden und behördlich genehmigt waren. Das Nutzenkriterium wurde definiert im Kontext der Behandlung von Störungen der Wach-Schlaf-Phasen (z.b. Wesensten et al. 2005), altersabhängigen kognitiven Fähigkeitsrückgängen (z.b. Yesavage et al. 2002), der möglichst frühen oder gar prophylaktischen Behandlung von Demenzen (z.b. Gron et al. 2005; Mumenthaler et al. 2003) oder neurologischen Erkrankungen wie Parkinson oder Schlaganfall (z.b. Apud et al. 2007; Beglinger et al. 2005; Elliott et al. 1997; Flöel et al. 2008a u. b; Knecht et al. 2004). Neben den Ergebnissen im Rahmen dieser therapeutischen Nutzendefinition wurde sehr vereinzelt auch direkt das Enhancementpotenzial bei Gesunden untersucht und veröffentlicht. So berichtet eine Arbeitsgruppe der Universität Münster, dass durch die von ihnen entwickelte Gleichstromtherapie nicht nur Schlaganfallpatienten geholfen werden kann, sondern auch gesunde Individuen beim Erlernen neuer Sprachen Vorteile hätten (Flöel et al. 2008a; S. 1415). Eine Arbeitsgruppe der Universität Ulm publizierte Studienergebnisse in Bezug auf das Enhancementpotenzial von Donepezil bei gesunden jungen Erwachsenen sogar explizit (Gron et al. 2005).

Im Vergleich zur Thematisierung möglicher physischer Leistungssteigerung bei Gesunden können bei psychischen Leistungskomponenten sowohl Unterschiede bei der Wissensgenerierung als auch beim Umgang mit diesem Wissen und der Thematik beobachtet werden. Ein aktuelles Beispiel ist eine randomisierte, placebokontrollierte, doppelblinde Phase-I-Studie an gesunden Probanden zur Frage »Ist Hirndoping im Schachsport möglich?«[38] der Universitätsmedizin Mainz. Eine vergleichbar direkte Befassung mit »physischem Doping« ist gegenwärtig kaum vorstellbar. Der zurückhaltende Umgang mit Wissen zur physischen Leistungssteigerung bei Gesunden ist das derzeitige Resultat einer jahrzehntelangen Auseinandersetzung mit der Dopingfrage (Kap. VI). Sollte in Bezug auf die Steigerung psychischer Leistungsdimensionen bei Gesunden anders verfahren werden, müssen relevante gesellschaftliche Begründungen und valide Nutzennachweise gefunden werden (Kap. V).

VERKEHRSFÄHIGKEIT   3.3

Auch nach der indikationsbezogenen Zulassung für den deutschen Arzneimittelmarkt bleibt die Verkehrsfähigkeit der Mittel beschränkt. Da die bestimmungs-

---

38 www.schachbund.de/news/data/files/Schachstudie_Hirndoping.pdf, 20.12.2010

gemäße Verwendung – für einen therapeutischen Nutzen mit vertretbaren Risiken – nicht allein vom Konsumenten erwartet werden kann und mit Fehlgebrauch gesundheitliche Schäden einhergehen können, wird im Sinne eines vorsorgenden Gesundheitsschutzes der Zugang zu Arzneimitteln durch autorisierte Strukturen geregelt. Für einzelne Arzneimittelkategorien gelten die nachfolgend skizzierten gestaffelten Sicherheitsverfahren:

> *Freiverkäufliche Arzneimittel* (z.B. hochdosierte Pflanzenextrakte, die nicht mehr als Lebensmittel klassifiziert werden, wie Ginkgoextrakt) dürfen auch außerhalb von Apotheken abgegeben werden, da sie keiner zusätzlichen Beratung bedürfen (§ 44 AMG, AMVerkRV[39]). Der Zugang ist auch über Drogerien oder den Einzelhandel möglich, wenn das Verkaufspersonal einen Sachkundenachweis besitzt (Bleß et al. 2010, S. 34). Spezifische Werbeeinschränkungen bestehen nicht. Die Gefahr der teilweisen Verwendung jenseits der zugelassenen therapeutischen Zwecke ist kein Ausschlusskriterium für die Verkehrsfreigabe (§ 5 AMVerkRV).

> *Apothekenpflichtige Arzneimittel*: Das Inverkehrbringen ist auf Apotheken beschränkt (§ 43 AMG):
  • *Verschreibungsfreie Arzneimittel* (z.B. leichte Schmerzmittel) dürfen nur in Apotheken an den Endverbraucher frei verkauft werden, eine Bewerbung ist erlaubt.
  • *Verschreibungspflichtige Arzneimittel* dürfen nur in Apotheken und mit ärztlicher Verschreibung abgegeben werden (§ 48 AMG, AMVV[40]); die Produktwerbung gegenüber Konsumenten ist unzulässig, bei Ärzten und Apotheken hingegen erlaubt.

Zusätzliche Sicherheits- und Kontrollstrukturen sind für den Umgang mit Betäubungsmitteln vorgesehen, um einen bestimmungsgemäßen Gebrauch der Mittel zu gewährleisten und die missbräuchliche Herstellung sowie das Entstehen oder Erhalten einer Betäubungsmittelabhängigkeit so weit wie möglich auszuschließen (§ 5 Abs. 6 BtMG). Die Verkehrsfähigkeit von Betäubungsmitteln ist stärker eingeschränkt als die von Arzneimitteln. Besonderes Augenmerk wird darauf gelegt, dass eine Überproduktion vermieden wird und unbefugte Personen keinen Zugang bekommen. Betäubungsmittel werden unterschieden in:

> *Verkehrs- und verschreibungsfähige Betäubungsmittel* (Anlage III BtMG): Bestand und Verbleib müssen jeweils aufgezeichnet und in der ärztlichen Verschreibung die Anwendung begründet werden. Fachinformationen sind nur für Fachkreise zugänglich, die Bewerbung ist auf diese Personengruppe beschränkt.

---

39 Verordnung über apothekenpflichtige und freiverkäufliche Arzneimittel
40 Verordnung über die Verschreibungspflicht von Arzneimitteln (Arzneimittelverschreibungsverordnung)

> *Verkehrs-, aber nicht verschreibungsfähige Betäubungsmittel* (Anlage II BtMG, vor allem Zwischenprodukte, keine Abgabe an Endverbraucher)
> *Nichtverkehrsfähige Betäubungsmittel* (Anlage I BtMG, vor allem psychotrope Substanzen mit hohem Suchtpotenzial, z.t. auch als illegale Drogen bezeichnet)

Die unerlaubte Herstellung, der unerlaubte Handel, die unerlaubte Verschreibung – erlaubt ist nur eine begründete Anwendung, wenn der beabsichtigte Zweck nicht auf andere Weise erreicht werden kann – und der Besitz von Betäubungsmitteln sind Straftaten.[41] Auch Arzneimittel ohne betäubende Wirkung auf den Organismus können bei hohem gesundheitlichem Risikopotenzial in ihrer Verkehrsfähigkeit weiter eingeschränkt werden. Spezifische Details werden durch die jeweilige Zulassung festgelegt. Bereits zugelassene pharmakologische Substanzen, die auch in Verbindung mit psychisch leistungssteigernden Wirkungen bei Gesunden genannt werden (Kap. II.3), sind in allen aufgeführten Unterkategorien vertreten. Substanzen, die physische Leistungsdimensionen bei Gesunden steigern können, werden als potenzielle Dopingsubstanzen in Bezug auf ihre Verkehrsfähigkeit gesondert behandelt.

VERKEHRSFÄHIGKEIT UND DOPINGVERBOT

Ergebnisse in unterschiedlichen Sportarten vor allem in den 1960er und 1970er Jahren können als Beleg dafür gesehen werden, dass es möglich ist, einzelne physische Leistungsdimensionen bei Gesunden pharmakologisch (vor allem mit anabolen Steroiden) zu steigern (Singler/Treutlein 2006, S. 149 ff.). Ohne dass eine intensive klinische Erforschung vorausging, gelangten aufgrund damals kaum vorhandener sozialer und regulativer Hürden entsprechende Substanzen schnell zu Personen, die von der physischen Leistungssteigerung besonders profitieren konnten. Die nachträglich einsetzende gesellschaftliche Auseinandersetzung war nicht nur in Deutschland wechselvoll (Kap. VI.1). Das derzeitige Ergebnis dieser Auseinandersetzung um den Einsatz von Arzneimitteln zur physischen Leistungssteigerung ist ein hoher Grad an gesellschaftlicher Ablehnung.

Es besteht ein weitreichender gesellschaftlicher und politischer Konsens, dass die Verwendung von Arzneimitteln zur Leistungssteigerung im Sport, also Doping, durch unterschiedliche Maßnahmen zumindest eingedämmt werden soll. Unabhängig von der Eingruppierung einzelner pharmakologischer Substanzen als verschreibungspflichtig oder frei verkäuflich ist in Deutschland diese zweckgerichtete Verwendung explizit untersagt: »Es ist verboten, Arzneimittel zu Dopingzwecken im Sport in den Verkehr zu bringen, zu verschreiben oder bei ande-

---

41 Seit 1992 kann von einer Verfolgung abgesehen werden, wenn die Schuld des Täters als gering bewertet werden kann (wenn z.B. aufgrund geringer Menge nur Eigenverbrauch unterstellt werden kann) oder wenn kein öffentliches Interesse an der Strafverfolgung besteht (§ 31a BtMG).

ren anzuwenden.« (§ 6a Abs. 1 AMG) Auch der Besitz nichtgeringer Mengen ist nach § 6a Abs. 2a AMG verboten. Ausschlaggebend für diese starke Beschränkung der Verkehrsfähigkeit ist die Zweckbestimmung bei der Verwendung. In der Gesetzesbegründung 1998 wurde betont, dass das Verbot auf den Schutz der Gesundheit zielt und nicht auf die Gewährleistung von Fairness – dafür seien die Gremien des Sports zuständig – und dass unter Sport explizit auch der Breitensport fällt. Gleichzeitig hat der Gesetzgeber bereits 1998 festgehalten, dass die Verwendung von Arzneimitteln jenseits des therapeutischen Einsatzes zu einem anderen Bestimmungszweck als sportlicher Betätigung, z.B. durch Schüler vor Prüfungen, nicht vom Verbot erfasst wird (Bundesregierung 1998, S. 13). Die unter das Dopingverbot fallenden Mittel werden in einer speziellen Verbotsliste genannt. Diese Liste führt diejenigen Substanzen und Methoden auf, die wegen ihres Potenzials zur Leistungssteigerung als Dopingmittel verboten sind. Die Einordnung der Substanzen ist verbindlich und kann nicht mit der Begründung angegriffen werden, dass die Substanz oder Methode nicht das Potenzial habe, die Leistung zu steigern oder kein Gesundheitsrisiko darstelle (NADA 2009, S. 9 f.). Sie wird von der Welt-Anti-Doping-Agentur erstellt, kontinuierlich aktualisiert (WADA 2011) und regelmäßig zeitnah in das deutsche Rechtssystem übernommen. Die meisten der dort gelisteten Substanzen sind in Deutschland verschreibungspflichtige Arzneimittel.

Die gesellschaftliche Debatte der letzten Jahre in Deutschland thematisierte vor allem die Reichweite des Verbots (Auslegung des Sportbegriffs) und die Möglichkeiten und Grenzen der weiteren Einschränkung der Verkehrsfähigkeit (z.B. Klassifikation als Betäubungsmittel) sowie eine Strafverschärfung bei Zuwiderhandlungen. Forderungen nach einer Freigabe des Dopings werden aus sport- und medizinethischer wie auch politischer Perspektive gegenwärtig zumeist entschieden abgelehnt (Gerlinger et al. 2008, S. 109 f.; TAB 2008b, S. 106 f.).

INFORMATION UND WERBUNG   3.4

Wissen zu den Wirkungsdimensionen von Arzneimitteln wird heute mittels kontrollierter Studien zuerst unter Laborbedingungen erzeugt. Der Sponsor bzw. Leiter einer Studie ist für deren Durchführung verantwortlich, dokumentiert den Studienverlauf und wertet die Ergebnisse aus. Das daraus hervorgehende Wissen (primäre Information) ist urheberrechtlich geschützt. Auf der Grundlage dieser Primärinformationen werden indikationsbezogen Nutzen und Risiken abgeschätzt und gegebenenfalls eine Marktzulassung erteilt (Kap. III.3.2). Im Rahmen des Zulassungsverfahrens wird auch die Richtigkeit der als notwendig eingestuften Informationen zu den jeweiligen Arzneimitteln geprüft, und bestimmte wichtige Informationen werden in Ergebnisregistern veröffentlicht.

Über jede über das Maß des Notwendigen hinausgehende Weiterverwendung der Studienergebnisse entscheidet der Studiensponsor/-verantwortliche. Je nach Vermarktungsstrategie werden die Studienergebnisse unterschiedlich aufbereitet, zusammengefasst sowie zielgruppenfokussiert dargestellt und publiziert. Das Spektrum reicht von notwendigen bzw. Pflichtinformationen über Publikationen in Fachzeitschriften bis hin zu sichtbar interessengeleiteten Werbeaussagen.

Eine Differenzierung zwischen neutraler und interessengeleiteter Information oder Werbung ist mitunter schwierig, denn der Vorwurf der Interessenleitung und die damit implizit verknüpfte fehlende Neutralität bei der Bewertung kann vielen Akteuren unterstellt und kaum widerlegt werden. Unabhängig von den Schwierigkeiten der trennscharfen Abgrenzung von Information und Werbung wird die arzneimittelrelevante Wissensvermittlung von zwei Seiten normativ begrenzt. Auf der einen Seite werden Mindeststandards der als notwendig erachteten Informationen durch das AMG definiert. Es legt wesentliche Strukturen der Wissensweitergabe fest, um sicherzustellen, dass Fachkreise (Ärzte und Apotheker), aber auch Verbraucher möglichst neutrale Informationen erhalten, auf deren Grundlage sie fall- und einsatzbezogen Nutzen und Risiken gegeneinander abwägen können (Bleß et al. 2010, S. 51). Auf der anderen Seite werden Aussagen zu Arzneimitteln, die über das Maß des Notwendigen hinausgehen, durch das Heilmittelwerbegesetz (HWG) eingegrenzt, z.B. darf ein Hersteller grundsätzlich nur über Arzneimitteleigenschaften innerhalb der zugelassenen Indikation informieren (Aussagen zur Off-Label-Verwendung sind unzulässig).

Innerhalb dieser Normierung werden unterschiedliche Gruppen von Wissensempfängern und -übermittlern unterschieden:

> *Zulassungs- und Überwachungsbehörden*: Als Expertengremien entscheiden sie über klinische Studienanträge (und führen entsprechende Register unabhängig von Studienverlauf und Ergebnissen), über Zulassungsanträge für Arzneimittel (d.h., sie bekommen alle zulassungsrelevanten Informationen) und veranlassen Langzeitüberwachungen (und führen auch diesbezügliche Register). Sie haben damit Einblick in alle für die Zulassung relevanten Daten und übernehmen, unter Einhaltung der Datenschutzbestimmungen, Aufgaben der neutralen Wissensvermittlung, z.B. indem sie notwendige Informationen autorisieren (Packungsbeilage, Fachinformation, öffentliche Bewertungsberichte). Darüber hinaus haben sie Informationspflichten gegenüber der Öffentlichkeit (§ 34 AMG).

> *Organe der Selbstverwaltung der GKV*: Sie gelten ebenfalls als Expertengremien mit gewissen Informationspflichten (z.B. der Gemeinsame Bundesausschuss als höchstes Expertengremium; G-BA). Sie haben keinen Zugriff auf die Zulassungsunterlagen. Sollen eigene Nutzenbewertungen durchgeführt werden, müssen Informationen bei den Herstellern angefordert werden. Sie

entscheiden, ob einzelne Therapieformen in den Leistungskatalog der GKV übernommen oder daraus gestrichen werden.

> *Ärzte und Apotheker*: Bei ihnen wird entsprechend ihrem Berufsethos eine der Gesundheit des Patienten dienende Position mit vertieften fachlichen Kenntnissen vorausgesetzt. Sie haben die Aufgabe, sich kontinuierlich weiterzubilden und ihre Patienten zu informieren und zu beraten. Dazu haben sie Einblick in unterschiedliche öffentlich zugängliche Informationen. Bei ihnen gelten die Werbeverbote des HWG nicht.

> *Arzneimittelanwender/Patienten*: Sie verbinden in der Regel eine hohe Nutzenerwartung mit dem Konsum, ohne dass bei ihnen spezifische Kenntnisse vorausgesetzt werden können. Eine individuelle arzneimittelrelevante Information sollen sie vor allem durch Ärzte und Apotheker beziehen. Auch die Bundesoberbehörde hat ihnen gegenüber spezifische Informationspflichten. Die direkte Kommunikation des Herstellers mit ihnen soll durch zahlreiche Barrieren verhindert oder zumindest begrenzt werden. Bei der Information von Patienten werden immer wieder besonders große Verbesserungspotenziale gesehen, z.B. bei der Verständlichkeit von Packungsbeilagen für Laien (Bahr 2010).

PFLICHTINFORMATION

Grundsätzlich zu unterscheiden sind die Informationspflichten, die Studienverantwortliche bzw. Sponsoren im Rahmen der klinischen Forschung gegenüber Zulassungs- und Überwachungsbehörden haben, von denjenigen nach der Marktzulassung gegenüber Ärzten und Apothekern sowie Verbrauchern (Bleß et al. 2010, S. 51 ff.). Überwachungs- und Zulassungsbehörden haben einen weitreichenden Zugang auch zu nichtöffentlichen klinischen Studiendaten. Mit der Arzneimittelzulassung entstehen unterschiedliche Informationspflichten bezüglich der unter Laborbedingungen nachgewiesenen Wirkdimensionen von Arzneimitteln. Verpflichtende Arzneimittelinformationen des Herstellers sind zum einen die Packungsbeilage bzw. Gebrauchsinformation, die sich an den Verbraucher wendet (§ 11 AMG), und zum anderen die Fachinformation, die sich an die Fachkreise richtet (§ 11a AMG). Die dort enthaltenen Formulierungen werden bereits im Rahmen der Arzneimittelzulassung geprüft und autorisiert.

Die Packungsbeilage enthält genau definierte und standardisierte Informationen wie z.B. Wirkstoffbezeichnung, Angaben zu Substanzmerkmalen, Wirkungen, Neben- und Wechselwirkungen sowie Kontraindikationen, zur Dosierung und Anwendungsdauer sowie zu zugelassenen Anwendungsbereichen (§ 11 AMG). Ohne Packungsbeilage dürfen Arzneimittel nicht in Verkehr gebracht werden. Dadurch soll sichergestellt werden, dass auch der ungeschulte Verbraucher notwendige Informationen über die – bereits erworbenen – Arzneimittel erhält. Der Hersteller trägt die Verantwortung für die Formulierungen und die Abgabe in

Verbindung mit den Substanzen. Die Angaben dürfen keinen Werbecharakter haben.

Die Formulierungen der Packungsbeilagen befinden sich immer im Spannungsfeld von kurzer laienverständlicher Darstellung und möglichst vollständiger Informationswiedergabe (auf der die haftungsrechtliche Absicherung für den Hersteller aufbaut). Oft wird kritisiert, dass Packungsbeilagen oft zu lang, schwer lesbar und unverständlich seien und folglich ihre Schutzwirkung gegenüber Laien nicht voll entfalten könnten (Nink/Schröder 2005, S. 16 ff.).

Fachinformationen werden als spezifische Gebrauchsinformation für Fachkreise konzipiert und müssen daher nicht den Anspruch der Laienverständlichkeit erfüllen. Der pharmazeutische Unternehmer muss diese Fachinformation Ärzten und Apothekern auf deren Anforderung hin zur Verfügung stellen (§ 11a AMG). Die in Deutschland bekannteste Sammlung der Fachinformationen ist die »Rote Liste« (Kasten).

Neben den pharmazeutischen Unternehmen weist das AMG Informationspflichten in Bezug auf Arzneimittel auch Zulassungs- und Überwachungsbehörden zu. Laut § 34 Abs. 1a AMG informieren diese die Öffentlichkeit über die Erteilung oder Änderung einer Zulassung, geben Zusammenfassungen zu Produktmerkmalen wie auch zusammenfassende Beurteilungsberichte mit einer Stellungnahme zu den wesentlichen Studienergebnissen und ihrer Zulassungsbegründung (zumindest für Zulassungen seit 2006). Ihre Bewertungsberichte im Rahmen der Arzneimittelzulassung gliedern sich ebenfalls in einen öffentlichen, allgemeinverständlich formulierten, und einen ausführlicheren fachwissenschaftlichen Teil. Um diese behördliche Informationspflicht zu erfüllen, wurden zusätzlich zu den Studienregistern spezifische Arzneimittelinformationssysteme entwickelt (Kasten).

Für die in Kapitel II.3 genannten pharmakologischen Substanzen (außer Amphetamin als Substanz, das in Deutschland kein verkehrsfähiges Arzneimittel ist) sind über PharmNet.Bund.de mehrheitlich sowohl Gebrauchs- als auch Fachinformationen frei zugänglich. Die laut Benutzeroberfläche ebenfalls vorgesehenen öffentlichen Beurteilungsberichte (im Rahmen der Arzneimittelzulassung) und sogenannte Public Assessment Reports (im Zuge einer zunehmend an Bedeutung gewinnenden Nutzenbewertung im Kontext des ersten Gesundheitsmarktes; Kap. III.3.6) sind, von Einzelfällen abgesehen, bisher noch nicht enthalten, obwohl die Bundesoberbehörde dazu gesetzlich verpflichtet ist (§ 34 AMG). Für die in Kapitel II.3.1 genannten Arzneimittel war lediglich für ein Medikament mit der Substanz Modafinil ein Public Assessment Report zugänglich. Über die europäische Datenbank EudraPharm.eu sind gegenwärtig Informationen zu den in Kapitel II.3.1 genannten Substanzen nur auszugsweise und dann auch ausschließlich in Englisch verfügbar. Bleß et al. (2010, S. 53) stellen diesbezüglich fest, dass in Deutschland für die Öffentlichkeit zwar ein Angebot neutraler Information in Bezug auf Arzneimittel besteht, dessen Potenzial aufgrund des noch lückenhaften Datenbestands (trotz gesetzlicher Verpflichtung) und des fehlenden Bekanntheitsgrads jedoch bisher nicht ausgeschöpft werden kann.

ARZNEIMITTELINFORMATIONSSYSTEME

> *Rote Liste*: Die Liste wird in Verantwortung der Arzneimittelhersteller erstellt und kontinuierlich aktualisiert. Sie erscheint seit 1933 jährlich als Buchausgabe und seit 1990 halbjährlich als Onlinepublikation. Sie enthält Kurzinformationen aus Gebrauchs- und Fachinformationen zu Arzneimitteln und bestimmten Medizinprodukten, die in Deutschland zugelassen sind. In der Ausgabe 2010 gibt es 8.500 Präparateeinträge in etwa 10.500 Darreichungsformen. Durch die Vergabe von Datenlizenzen ist die Rote Liste darüber hinaus in diverse Datenbanken integriert. Der Zugang für Fachkräfte ist kostenfrei, für die Öffentlichkeit ist er kostenpflichtig.
> *PharmNet.Bund.de* ist ein Kooperationsprojekt der deutschen Zulassungsbehörden – Bundesinstitut für Arzneimittel und Medizinprodukte (BfArM), Paul-Ehrlich-Institut (PEI) und Bundesamt für Verbraucherschutz und Lebensmittelsicherheit (BVL) – mit dem Robert-Koch-Institut (RKI) und dem Deutschen Institut für medizinische Dokumentation und Information (DIMDI), das in enger Zusammenarbeit mit den für die Arzneimittelüberwachung zuständigen Behörden der Länder koordiniert durch die Zentralstelle der Länder für Gesundheitsschutz bei Arzneimitteln und Medizinprodukten (ZLG) durchgeführt wird. Über dieses seit 2007 öffentlich zugängliche System in deutscher Sprache sollen jeweils aktuelle Gebrauchs- und Fachinformationen sowie öffentliche Bewertungsberichte gebührenfrei zur Verfügung gestellt werden.
> *EudraPharm.eu* ist eine Datenbank unter Verantwortung der EMA mit Produktinformationen (Gebrauchs- und Fachinformationen) zu Arzneimitteln, die im zentralisierten Verfahren zugelassen wurden. Sie ist für die Öffentlichkeit frei zugänglich, existiert bisher jedoch großenteils nur in Englisch. Laut Internetseite ist die Datenbank für alle EU-Sprachen konzipiert.

Auch die Organe der gemeinsamen Selbstverwaltung der GKV haben spezifische Informationspflichten gegenüber ihren Vertragsärzten (§ 73 Abs. 8 SGB V[42]). Diese Informationspflicht bezieht sich sowohl auf medizinische als auch auf ökonomische Aspekte von therapeutischen Leistungen. Die Kassenärztliche Bundesvereinigung (KBV) kommt nach eigenen Aussagen dieser Informationspflicht mit der Publikation »Wirkstoff AKTUELL«[43] nach. Damit werden Informationen über Arzneimittel in allerdings sehr komprimierter Form auch der allgemei-

---

42   Sozialgesetzbuch V
43   www.kbv.de/ais/12905.html, abgerufen am 10.5.2010

nen Öffentlichkeit zur Verfügung gestellt. Die Auswahl der zusammengestellten Informationen ist im Vergleich zu der hohen Zahl auf dem Markt befindlicher Arzneimittel sehr gering (Bleß et al. 2010, S. 65 f.). Laut Bleß et al. (2010, S. 66) können die Informationsangebote der gemeinsamen Selbstverwaltung derzeit kein wirkliches Gegengewicht insbesondere zum bestehenden Informations-/ Werbeangebot der pharmazeutischen Industrie herstellen.

Die beschriebenen Pflichtinformationen zu Arzneimitteln beschränken sich auf wissenschaftlich nachgewiesene Wirkungen innerhalb einer medizinischen Indikation. Aussagen zu leistungssteigernden Eigenschaften von pharmakologischen Substanzen bei Gesunden sind folglich nicht enthalten. Seit 2007 müssen Arzneimittel, die Substanzen der Dopingverbotsliste enthalten, explizit gekennzeichnet werden. Diese Kennzeichnungs- oder Informationspflicht war in Deutschland lange umstritten, weil diese Wirkdimension nicht wissenschaftlich untersucht wird, in der Pflichtinformationen jedoch nur wissenschaftlich abgesicherte Informationen zulässig sind (§ 11 AMG) und weil Doping insgesamt keinerlei Vorschub geleistet werden sollte.

Auch Ärzte und Apotheker haben gegenüber dem Verbraucher umfassende Beratungs- und Informationspflichten (Kap. III.3.5). Neben ihrem ohnehin existierenden Fachwissen können sie zusätzliches Wissen zu den Wirkdimensionen von Arzneimitteln aus den genannten Pflichtinformationen, aus einer Vielzahl wissenschaftlicher Gremien und aus weiteren sekundären Quellen beziehen.

WEITERE INFORMATIONEN ZU ARZNEIMITTELWIRKUNGEN

Jenseits der gesetzlich festgelegten Pflichtinformationen können weitere Informationen auch zu Wirkdimensionen von Arzneimitteln in unterschiedlichsten Publikationen und Fachveranstaltungen mit jeweils eigenen Qualitätskontrollverfahren veröffentlicht und erworben werden. Informationen können aus Zulassungsstudien resultieren, auf anderen Forschungsarbeiten (z.B. öffentlicher und oder drittmittelfinanzierter Forschung) aufbauen, aus Anwendungsbeobachtungen nach der Markteinführung hervorgehen, Metaanalysen mehrerer Studien beinhalten oder Meinungen aus Befragungen wiedergeben, um nur einige Möglichkeiten zu nennen. Anders als bei der vorgeschriebenen vollständigen Offenlegung aller Studienergebnisse im Rahmen des Zulassungsverfahrens gegenüber den jeweiligen Behörden werden in Fachzeitschriften und auf Fachveranstaltungen die Studienergebnisse in stark komprimierter Form publiziert.

Medizinische Fachzeitschriften haben ganz überwiegend ein eigenes Qualitätssicherungsverfahren (»peer review«) in Bezug auf die Einzelbeiträge. Dieses soll in erster Linie die Einhaltung wissenschaftlicher Standards sichern (z.B. Einhaltung ethischer Standards bei der klinischen Forschung, Nachvollziehbarkeit der Ergebnisse, keine einseitige Ergebnisdarstellung, Quellenbenennung). Die Fachzeitschriften entscheiden in Eigenverantwortung über die Publikationswürdigkeit der bei ihnen eingereichten Beiträge. Inwiefern es dazu explizite Regeln gibt, ob einzelne Themen aus ethischen Gründen generell zurückgewiesen werden (wie z.b. zum Dopingpotenzial von pharmakologischen Substanzen bei Gesunden), ist wenig transparent.

Aufgrund der großen Vielfalt an wissenschaftlichen Publikationen sind unterschiedliche bibliografische Datenbanksysteme entstanden, die die gezielte Suche nach bestimmten Themen in medizinischen Veröffentlichungen vereinfachen (Kasten).

NAMHAFTE BIOMEDIZINISCHE LITERATURDATENBANKEN (AUSWAHL)

> *EMBASE (Excerpta Medica Database)*: Bibliografische Datenbank der Wissenschaftsverlagsgruppe »Elsevier« zur Humanmedizin und ihrer Randgebiete mit Schwerpunkt Europa. Sie umfasst mehr als 25 Mio. Artikel aus ca. 7.000 Fachzeitschriften (einschließlich der in MEDLINE enthaltenen, s.u.) aus 70 Ländern seit 1947. Suchbar sind bibliografische Angaben und Kurzzusammenfassungen (bei ca. 80 %), nicht jedoch die vollständigen Artikel. Über Verlinkungen kann auf diese jedoch teilweise zugegriffen werden.

> *MEDLINE (Medical Literature Analysis and Retrieval System Online)*: Erste bibliografische Datenbank der US-amerikanischen National Library of Medicine (NLM) mit ca. 18 Mio. Referenzen zu Artikeln aus ca. 5.400 Fachzeitschriften seit 1950. Suchbar sind bibliografische Angaben und Abstracts (bei ca. 76 %) sowie eigenindizierte medizinische Schlagwörter. MEDLINE ist heute die größte Komponente der neueren Metadatenbank PubMed.

> *PubMed*: Metadatenbank mit Artikeln des Bereichs Biomedizin mit knapp 5.500 Zeitschriften. PubMed selbst hat eine umfangreichere Funktionalität im Vergleich zu MEDLINE, dokumentiert medizinische Artikel (z.B. Zitationen) und ist mit Links auf Volltextzeitschriften ausgestattet. PubMed hat zum Teil eigene Recherchetools.

Repantis/Heuser (2008, S. 5) nutzten für ihren systematischen Literaturreview zu möglichen Neuroenhancementeigenschaften von pharmakologischen Substanzen die Datenbanken EMBASE und MEDLINE. Das heißt, die in Kapitel II.3 zitierten Artikel durchliefen das Peer-Review-Verfahren der jeweiligen Fachzeitschriften. Erkenntnisse zum möglichen Enhancementpotenzial von pharmakologischen Substanzen (auch) bei Gesunden können in wissenschaftlichen Zeitschriften publiziert werden und sind in der Folge über unterschiedliche wissenschaftliche Datenbanken verfügbar (z.B. Repantis et al. 2009, 2010a u. b).

Ähnlich der Situation zu Publikationszwecken ist die Situation bei Fort- und Weiterbildungen, auch hier werden Informationen gezielt aufbereitet und zusammengefasst. Es gibt eine Vielzahl von Fachkongressen oder spezifischen Weiterbildungsveranstaltungen. Inwiefern Fachveranstaltungen die Thematik Neuroenhancement unterschwellig mitbehandeln oder gezielt aufgreifen und weiterverfolgen (können), kann kaum systematisch nachvollzogen werden.

Da in Fachkreisen ein spezifisches Wissen vorausgesetzt wird, gibt es ihnen gegenüber keine expliziten Werbeverbote und in der Folge dürfen Arzneimittel auch in Fachzeitschriften oder auf Fachveranstaltungen direkt beworben werden. Damit kann es zu einer Durchmischung von neutraler Fachinformation und interessengeleiteten Aussagen zur gezielten Förderung einer Produktnachfrage durch Hersteller kommen.

WERBUNG

Das europäische Arzneimittelrecht (Richtlinie 2001/83/EG) und das deutsche Heilmittelwerbegesetz (HWG) zielen darauf ab, eine werbeinduzierte Produktnachfrage zu begrenzen (Bleß et al. 2010, S. 54 ff.). Ein wesentliches Element der Vorgaben ist die Unterscheidung der Empfänger von Werbeaussagen in Fachkreise und Öffentlichkeit. Regelungsziel ist, dass ein Arzneimitteleinsatz, über den allein der Arzt nach medizinischen Aspekten entscheiden soll, nicht durch eine werbeinduzierte Nachfrage beim Patienten beeinflusst wird. Mit dieser Regelung sollen Personen geschützt werden, die aufgrund ihres Zustands besonders anfällig für werbende Heilversprechen sind. Deshalb sind explizit Täuschung durch Informationen und Darreichung nicht erlaubt und unter anderem Aussagen unzulässig, die fälschlich den Eindruck erwecken, dass ein Erfolg mit Sicherheit erwartet werden kann oder bei bestimmungsgemäßem oder längerem Gebrauch keine schädlichen Wirkungen eintreten (Irreführung, § 3 HWG). Weitere als unseriös erachtete und explizit verbotene Werbepraxen sind z.B. Vorher-Nachher-Vergleiche oder die bildliche Darstellung von Heilberuflern in Berufsbekleidung (§ 11 HWG).

Für verschreibungspflichtige und andere apothekenpflichtige Arzneimittel mit spezifischen Indikationen (gegen Schlaflosigkeit oder psychische Störungen, Beeinflussung der Stimmungslage) ist eine Direktwerbung in der Öffentlichkeit gänzlich verboten (§ 10 und Anlage HWG). Dieses Direktwerbeverbot erstreckt sich nicht auf Fachkreise, jedoch sind auch hier Täuschung und Irreführung unzulässig.

BEWERBUNG BEI FACHKRÄFTEN

Die Arzneimittelbewerbung gegenüber Fachkräften erfolgt über ansonsten nicht frei zugängliche Kanäle. Eine große Zahl spezialisierter Pharmareferenten wird in der pharmazeutischen Industrie beschäftigt und ist explizit für das spezifische Arzneimittelmarketing bei Ärzten und Apothekern zuständig. Zu ihren Informationsangeboten gehört eine große Palette von wissenschaftlichen Publikationen bis zu direktem Werbematerial, von Kongresseinladungen bis zu spezifischen Weiterbildungsangeboten. Expertenschätzungen gehen für Deutschland davon aus, dass Pharmareferenten jährlich 20 bis 25 Mio. persönliche Arztkontakte haben (Glaeske/Janhsen 2005). Bleß et al. (2010, S. 64) weisen darauf hin, dass dadurch eine Produktwerbung stattfindet, die ein ärztliches Verhalten jenseits der medizinisch notwendigen Begrenzung durchaus billigend in Kauf nimmt.

Ein systematischer Review zur Arzneimittelwerbung in Fachzeitschriften von 1950 bis 2006 bescheinigte dieser auf Fachkreise beschränkten Werbung insgesamt eine eher schlechte Qualität der Aussagen (Othman et al. 2009). Als Konsequenz wird verschiedentlich die Forderung zumindest nach einer besseren Qualitätskontrolle der Anzeigen, aber auch nach einem gänzlichen Verbot der Arzneimittelbewerbung gestellt.

Insgesamt wird ohne Zutun des Arztes vor allem werbedurchsetzte sekundäre Information über Arzneimittel mit hoher Intensität an ihn herangetragen, während für das Erlangen neutraler oder kritischer Information in der Regel eigene Bemühungen erforderlich sind.

UMGEHUNGSSTRATEGIEN VON WERBEVERBOTEN BEI VERBRAUCHERN

Aufgrund der bestehenden Werbebeschränkungen sind zahlreiche Strategien entstanden, mit denen Arzneimittelhersteller dennoch versuchen, sich unmittelbar an den Konsumenten zu wenden. Ein Beispiel für solche Umgehungsstrategien ist die ausführliche Thematisierung von Defiziten, ohne das eigentliche Arzneimittel zu nennen (Abb. 6). Damit werden unterschiedliche individuelle Zustände aus der Perspektive des Defizits heraus detailliert beschrieben und Personen animiert, sich selbst als defizitär wahrzunehmen – eine wesentliche Voraussetzung für einen Arzneimitteleinsatz.

Weitere Umgehungsstrategien des Werbeverbots sind die Unterstützung von Selbsthilfegruppen bei bestimmten Krankheiten, z.B. über (Patienten-)Foren im Internet, die aus der Betroffenenperspektive spezielle Therapieformen gezielt vorstellen können, ohne an Neutralitäts- und Werbevorgaben gebunden zu sein.

Festzuhalten ist, dass zahlreiche Strategien existieren, das Werbeverbot zu umgehen, sodass ein effektiver Verbraucherschutz nicht durchgehend gewährleistet ist. Eine gewisse Begrenzung direkt interessengeleiteter Information/Werbung besteht dennoch, wie der Blick auf andere Länder zeigt. Die in Europa gültigen Direktwerbeverbote für rezeptpflichtige Arzneimittel existieren beispielsweise in den USA oder Neuseeland nicht. Allerdings gilt auf der Grundlage von freiwilligen Selbstverpflichtungen auch dort, dass die Werbung ehrlich sein muss, nicht missverständlich sein darf und eine Balance zwischen Vorteilen und Risiken des Arzneimittels zu wahren ist. Die amerikanische Arzneimittelbehörde (FDA) überwacht das Vorgehen der Hersteller und hat auch in Bezug auf die in Kapitel II.3. dargestellten Mittel bereits Rügen bezüglich von Werbeverstößen erteilt.

ABB. 6   BEISPIELHAFTE PRODUKTWERBUNG UNTER EINHALTUNG
                                          DES ARZNEIMITTELWERBEVERBOTS

Nicht können
tut weh.
Selbstvertrauen tut gut.

Mehr Lebensqualität durch
sexuelle Zufriedenheit

Quelle: www.mann-info.de/downloads/80/infomaterial.htm, nach Bleß et al. 2010, S.59

Der Einfluss der amerikanischen Werbemöglichkeiten wurde durch unterschiedliche Studien untersucht. Sie ergaben z.B., dass amerikanische Patienten 100-mal soviel Zeit mit der Beobachtung von Arzneimittelwerbung im Fernsehen im Vergleich zu ihrer Zeit beim Arzt verbringen (Brownfield et al. 2004), dass Indikationen für beworbene Produkte nachweislich häufiger diagnostiziert wurden und die Umsätze und Marktanteile der beworbenen Mittel stiegen (Wasem/Greß 2006) oder dass 94 % neuerer Antidepressiva, die aufgrund von direkter Konsumentenwerbung zum Einsatz kamen, von Nichtdepressiven eingenommen wurden (Block 2007).

DEBATTE ZUR ARZNEIMITTELINFORMATION/-WERBUNG

Da es z.B. in den USA und Neuseeland kein Arzneimittelwerbeverbot gibt, können durch die zunehmend globalen Informationsmöglichkeiten national bestehende Beschränkungen leicht umgangen werden. Die bestehenden Informations- und

Werbebeschränkungen werden daher kontrovers diskutiert. Ende 2008 wurde das sogenannte Arzneimittelpaket von der EU-Kommission verabschiedet und dem EU-Parlament vorgelegt, das u.a. den Arzneimittelherstellern ermöglichen soll, – unter Beibehaltung des Werbeverbots – Informationen über verschreibungspflichtige Arzneimittel direkt an die Verbraucher zu richten.

Befürworter wie beispielsweise der vfa sehen dies als einen Schritt hin zum aufgeklärten Verbraucher, der Patienten zu Experten in eigener Sache machen soll. Mit der zweifellos akzeptierten Zielrichtung des aufgeklärten Patienten, dem diese Informationsangebote helfen, sich selbst gesundheitsbewusster zu verhalten, werden jedoch zugleich Möglichkeiten geschaffen, (noch) stärker als bislang nur vermeintlich defizitäre Zustände und deren Behandelbarkeit in den Mittelpunkt der Betrachtung zu rücken. Ärzte und Apotheker gerieten dabei in die Gefahr, nicht mehr die primären Informationsvermittler zu bleiben (Kap. III.3.5), die zwischen Hersteller und Konsument stehen, sondern zu eher sekundären Informationskorrektoren zu werden.

Kritiker, zu denen in Deutschland auch Ärzte- und Apothekerschaft sowie die Krankenkassen gehören, bemängeln die fehlende Klarheit bei der Unterscheidung zwischen Information und Werbung. Sie befürchten, dass dadurch das bestehende Werbeverbot für rezeptpflichtige Arzneimittel außerhalb der Fachkreise umgangen werden könne (Bleß et al. 2010, S. 55). Der Deutsche Bundestag schloss sich letztlich diesen Bedenken an. In der weiteren Diskussion einigte man sich, dass Packungsbeilage, Fachinformation und der öffentliche Teil des Bewertungsberichts aus dem Zulassungsverfahren als Information und nicht als Werbung eingestuft werden und Arzneimittelhersteller diese nur bei aktiver Nachfrage an den Konsumenten weitergeben können («Pull-Prinzip») (Ausschuss für Gesundheit 2009). Zu diesen Bereichen gibt es ohnehin auch gewisse behördliche Informationspflichten.

Aufgrund der unterschiedlichen Quellen, Zugangsbeschränkungen, Strukturen, Überwachungs- und Einflussmöglichkeiten ist es mitunter nicht nur für den Laien schwer bis unmöglich, zwischen qualitativ hochwertiger und gesicherter Information, Information von zweifelhafter Seriosität oder gar Falschaussagen zu möglichen Arzneimittelwirkungen zu unterscheiden. Denn zusätzlich zu den genannten Informationssystemen, die alle gewissen Prüfverfahren unterliegen, aber nicht dem Anspruch der Laienverständlichkeit genügen (müssen), kursiert im Internet eine Fülle von Aussagen zu Arzneimitteln, ohne dass deren Inhalt irgendeiner Qualitätskontrolle unterliegt und ohne dass die Informationsquelle transparent ist. Es gibt zwar erste Anstrengungen, ein Qualitätslogoverfahren für Internetinformationen von Arzneimitteln zu etablieren, jedoch sind diese noch nicht weit verbreitet und bekannt (Beispiele sind Projekt DISCERN oder das Aktionsforum Gesundheitsinformationssystem)[44].

Zusammenfassend kann gesagt werden, dass die Spanne der Informationsangebote von neutralen, wissenschaftlich abgesicherten und geprüften Informationen (die mitunter für Laien schwer verständlich sind) bis zu Aussagen über leistungssteigernde Substanzwirkungen, z.b. aus doping- oder enhancementbefürwortenden Milieus (bei denen »Dopingrezepte« einzelner Personen über das Internet sehr einfach platziert werden können), reicht. Die genannten Informationsanbieter geben Gegenmeinungen keinen Raum. Eine Relativierung von Aussagen aus fragwürdigen Milieus kann in den gegenwärtigen Strukturen durch Arzneimittelüberwachungsbehörden kaum stattfinden, da »autorisierte« Information auf wissenschaftlichen Nachweis beschränkt ist.

APOTHEKER UND ÄRZTE: SCHLÜSSELPERSONEN FÜR DAS INVERKEHRBRINGEN UND DEN GEBRAUCH   3.5

Apothekern und Ärzten kommt in Bezug auf das Inverkehrbringen und den bestimmungsgemäßen Gebrauch von Arzneimitteln und damit den Schutz der Gesundheit eine Schlüsselposition zu. Sie sind für die neutrale Anwendungsinformation der Verbraucher mitverantwortlich und ermöglichen und überwachen den Zugang zu und den Gebrauch von Arzneimitteln (»Gatekeeper«). Die Berufe gelten in Deutschland als »freie« Berufe, d.h., ihre Tätigkeit wird als fachlich unabhängige Dienstleistung höherer Art im Interesse der Allgemeinheit gesehen (§ 1 Abs. 2 PartGG[45]). Für Ärzte und Apotheker wird bei der Berufsausübung eine Verknüpfung von besonderen fachlichen Kenntnissen mit ethischen Werten erwartet. Die Berufsausübung erfordert deshalb eine Zulassung (Approbation) und die Mitgliedschaft in einer Fachkammer (Apotheker- oder Ärztekammern zentralisiert auf der Ebene der Bundesländer). Über das allgemeingültige Straf- und Arzneimittelrecht hinaus spezifizieren die Standes- oder Berufsordnungen der jeweiligen Kammern die Tätigkeitsanforderungen (beispielsweise auch das Melden unerwünschter Arzneimittelwirkungen; Kap. III.3.2). Für deren Einhaltung und Entwicklung sind die Fachkammern auf Länder- oder Bundesebene zuständig.

Aufgrund der Sozialversicherungspflicht in Deutschland sind die meisten Patienten derart krankenversichert, dass eine ausreichende, zweckmäßige und notwendige medizinische Intervention kollektiv finanziert wird (§ 12 SGB V). Ärzte, die Leistungen in diesem Rahmen erbringen und abrechnen möchten, benötigen zusätzlich eine kassenärztliche Zulassung und gelten dann als Vertragsärzte der

---

44   www.discern.de, www.afgis.de, 16.4.2011
45   Partnerschaftsgesellschaftsgesetz

GKV. Bundesmantelverträge regeln die Modalitäten zwischen Vertragsärzten und den gesetzlichen Krankenkassen als Trägern der GKV, die Leistungsabrechnung erfolgt über kassenärztliche Vereinigungen. Bei der privaten Krankenversicherung (PKV) verhält es sich in Bezug auf den Leistungsumfang ähnlich. Deren Abrechnung erfolgt über Gebührenverordnungen.

Medizinische Leistungen (einschließlich der Verwendung von Arzneimitteln), die im Rahmen des GKV/PKV-Leistungsumfangs erbracht werden, bilden den sogenannten »ersten Gesundheitsmarkt« in Deutschland. Darüber hinausgehende Leistungen sind vom Patienten selbst zu finanzieren und bilden den sogenannten »zweiten Gesundheitsmarkt« (gegebenenfalls abgedeckt durch zusätzliche, privat finanzierte Versicherungen) (Kap. III.3.6). Innerhalb dieses Gesamtmarktes werden Ärzte und Apotheker auch als »Leistungserbringer« und die unterschiedlichen Krankenkassen (als Träger der Krankenversicherung) als »Leistungs- oder Kostenträger« bezeichnet. Durch Apotheker und Ärzte und die Trennung der Vorgänge »Zugang« und »Verschreibung« soll gewährleistet werden, dass Arzneimittel möglichst nur regelkonform verwendet werden und einer darüber hinausgehenden Anwendung (bis hin zum Fehl- oder Missbrauch) kein Vorschub geleistet wird.

HANDLUNGSAUFTRAG DER APOTHEKER   3.5.1

Apotheker sind berufen, die Bevölkerung ordnungsgemäß mit Arzneimitteln zu versorgen. Sie dienen damit der Gesundheit des einzelnen Menschen und des gesamten Volkes (§ 1 ApoG[46], § 1 BApO[47]). Das erlaubt grundsätzlich nur die Abgabe an autorisierte Personen, unter Einhaltung von spezifischen Dokumentations- und Informationspflichten (vor allem bei Betäubungsmitteln). Das heißt auch, einem erkennbaren Arzneimittelmissbrauch in geeigneter Weise entgegenzutreten und bei begründetem Verdacht auf Missbrauch die Abgabe zu verweigern (§ 17 Abs. 8 ApBetrO[48]). Es gibt unterschiedliche, meist vage Aussagen, was genau als Missbrauch zu verstehen ist, denn die Landesberufsordnungen der Apothekenkammern (BO-A) thematisieren Arzneimittelmissbrauch nicht einheitlich. Die Spanne reicht von der Erwähnung von Maßnahmen gegen Missbrauch als spezielle tätigkeitsbezogene Pflicht (§ 6 Satz 1 BO-A Bayern) über die Beschränkung des Begriffs Arzneimittelmissbrauch auf die Abgabe an Kinder (§ 9 BO-A Rheinland-Pfalz, ansonsten als Arzneimittelfehlgebrauch; § 15) bis hin zur Nichtthematisierung (z.B. BO-A Hessen).

---

46 Apothekengesetz
47 Bundes-Apothekerordnung
48 Apothekenbetriebsordnung

Apotheker können zwar den Zugang zu Arzneimitteln entsprechend der definierten Verkehrsfähigkeit überwachen und diesbezügliches Fehlverhalten verhindern, eine regelkonforme Verwendung können sie jedoch nicht kontrollieren. Bei rezeptpflichtigen Arzneimitteln üben Apotheker eine wichtige Kontrollfunktion aus. Das Arztrezept gibt den eigentlichen Zugang und den Rahmen der Verwendung vor, der Apotheker hat diesem nachzukommen (muss jedoch bei GKV-Abrechnung Rabattverträge und preiswerteste Alternativen prüfen und gegebenenfalls auf diese ausweichen). Die Apotheker bilden zweifellos eine wichtige Barriere, indem sie nichtregelkonformen Rezeptumgang (z.b. falsch ausgefüllte Rezepte oder Fälschungen) und einen unkontrollierten breiteren Zugang verhindern. Die Therapieentscheidung als solche dürfen sie jedoch nicht infrage stellen (Bleß et al. 2010, S. 20). Eine nichtindizierte Verwendung oder gar eine Verwendung zu Enhancementzwecken können sie daher kaum aufdecken.

Bei freiverkäuflichen Arzneimitteln (wie z.B. Koffeintabletten) haben Apotheker eine Beratungs- und Abgabefreiheit gegenüber ihren Kunden, d.h., der Zugang ist ohne zusätzliche Autorisation durch Ärzte möglich. Die Mittel dürfen beworben werden. Seit im Jahr 2004 die Abgabepreise freigegeben wurden, hat die GKV die freiverkäuflichen Arzneimittel aus ihrem Leistungskatalog im Wesentlichen ausgeschlossen und sie damit weitgehend in die Selbstmedikation der Verbraucher übertragen (zweiter Gesundheitsmarkt; Kap. III.3.6). Diese können sich zwar durch Ärzte und Apotheker beraten lassen, für den bestimmungsgemäßen Gebrauch sind sie jedoch weitgehend allein verantwortlich – ähnlich wie bei Lebensmitteln wird ein vernünftiges Ermessen im Umgang unterstellt. Eine Verwendung zum Zweck der (vermeintlichen) Leistungssteigerung ohne therapeutische Absicht liegt damit im Entscheidungsspielraum der Verbraucher.

Häufig wird angenommen, der Zugang zu Arzneimitteln zu Enhancementzwecken erfolge vor allem unter Umgehung der deutschen Apothekenstrukturen durch Kauf im Ausland oder durch Internethandel. Eine 2008 von der Deutschen Angestellten Krankenkasse (DAK) in Auftrag gegebene Befragung mit dem Titel »Doping am Arbeitsplatz«, an der sich ca. 3.000 aktiv Erwerbstätige im Alter von 20 bis 50 Jahren beteiligten (von ca. 5.000 angefragten Personen), zeigte, dass eine gewisse Mitwirkung der Apotheken bei der Verwendung von Arzneimitteln ohne medizinisch triftige Gründe zur Kompensation von Arbeitsbelastungen ebenfalls angenommen werden kann: 21,4 % der Befragten gaben an, dass ihnen persönlich bereits Arzneimittel ohne medizinische Notwendigkeit zur Verbesserung der geistigen Fähigkeiten empfohlen wurden. Bei knapp 10 % kam diese Empfehlung aus Apotheken (DAK 2009, S. 53 f.). Ob es sich dabei um freiverkäufliche und damit bewerbbare Substanzen handelte oder um rezeptpflichtige, wurde nicht gefragt. Knapp die Hälfte derjenigen, die zugaben, Arzneimittel ohne medizinisch triftige Gründe einzunehmen, bezog diese Mittel ohne Rezept aus der Standortapotheke (»nur« 12 % ohne Rezept aus Internetapotheken und 11 % ohne Rezept von anderen Versandquellen) (DAK 2009, S. 58 f.). Hier muss mit Blick auf die abgebenden Apotheken kein Fehlverhalten zugrunde liegen, denn auch wenn die Befragten nach eigener Einschätzung keinen medizinisch triftigen Grund sahen, gingen sie doch von einer defizitären Ausgangssituation aus (Gedächtniseinbußen, Konzentrations- oder Aufmerksamkeitsstörungen und andere Ermüdungserscheinungen), die sie vermutlich auch entsprechend kommuniziert haben dürften. Die Apotheker handelten daher regelkonform, wenn sie z.b. Koffeintabletten zur Selbstmedikation verkauften, da diese ja zur Kompensation von Ermüdungserscheinungen explizit indiziert sind. Eine Umgehung dieser Strukturen über unkontrollierte Zugangskanäle ist in solchen Fällen nicht nötig (höchstens aus Kostengründen) und war zumindest innerhalb der DAK-Befragung auch nicht allzu weit verbreitet.

Neben Arzneimitteln dürfen Apotheken auch vielfältige andere Produkte mit Gesundheitsbezug vertreiben. Für Verbraucher ist die Differenzierung in einzelne Produktklassen mitunter kaum noch nachvollziehbar und transparent, sodass sie leicht ein generell erhöhtes Wirkpotenzial mit Produkten assoziieren, die in Apotheken vor allem in arzneimittelüblichen Darreichungsformen angeboten und verkauft werden. Davon dürften vor allem Substanzen profitieren, für die kein spezifischer Wirksamkeitsnachweis vorliegt, die aber dennoch über Apotheken zugänglich sind (z.B. traditionelle Arzneimittel zur »Stärkung und Kräftigung des Allgemeinbefindens«, deren Aussagen ausschließlich aus Überlieferung oder langjähriger Erfahrung resultieren). Da für Produkte außerhalb der Rezeptpflicht Abgabepreise vom Apotheker als Verkäufer festgelegt werden können und diese neben ihrem gesellschaftlichen Handlungsauftrag auch immer Unternehmer sind, könnten wirtschaftliche Interessen den Absatz der rezeptfreien Substanzen durchaus begünstigen. Vor diesem Hintergrund sind auch Steigerungsstufen der Arzneimittelabgabe vorstellbar: Die freiverkäuflichen Arzneimittel suggerieren eine Möglichkeit, allgemeine oder spezifische Befindlichkeiten (wie z.b. das Konzentrationsvermögen) zu verbessern. Sie erzeugen damit auf den unteren Stufen der apothekenfähigen Produkte eine Nachfrage nach einer bestimmten Substanzwirkung. Da es fraglich ist, ob die freiverkäuflichen Substanzen diese Nachfrage beim Verbraucher tatsächlich befriedigen können (die Wirksamkeit ist wissenschaftlich in den meisten Fällen nicht nachgewiesen), kann eine Nachfrage nach potenteren Substanzen entstehen, der der Apotheker mit apothekenpflichtigen Arzneimitteln direkt nachkommen oder der er mit dem Verweis auf einen Arztbesuch begegnen kann. Insgesamt kann nicht davon ausgegangen werden, dass das Geschäfts- und Betriebsmodell von Apotheken ein wirkungsvolles Hemmnis gegen Enhancementtendenzen bildet. Die Experten, die im Rahmen der DAK-Analyse zu »Doping am Arbeitsplatz« befragt wurden, sehen im freien Verkehr der Ware »Arzneimittel« sogar den stärksten »Treiber« von »Doping am Arbeitsplatz« (DAK 2009, S. 85).

HANDLUNGSAUFTRAG DER ÄRZTE 3.5.2

Die Ausübung des Arztberufs ist über die Mitgliedschaft in einer Berufskammer an ein »Gelöbnis« (früher Hippokratischer Eid) geknüpft, das die Erhaltung und Wiederherstellung der Gesundheit der Patienten zum obersten Gebot des Handelns macht (Bundesärztekammer 2006, S. 5). Gesundheit, laut WHO »ein Zustand vollkommenen körperlichen, geistigen und sozialen Wohlbefindens und nicht allein das Fehlen von Krankheit und Gebrechen« (WHO 1946), wird heute mehrheitlich als ein mehrdimensionales Phänomen mit subjektiv unterschiedlich wahrgenommenen Teilbereichen aufgefasst, dessen Komplexität nicht auf die Abgrenzung zur Krankheit reduziert werden sollte. Dieser Handlungsauftrag, der sich am Gesundheits- und nicht am Krankheitsbegriff orientiert, gibt Ärzten zweifelsohne einen weiten Ermessensspielraum bei der Ausübung ihrer Tätigkeit, in dessen unscharfen Grenzbereichen Teile des Enhancementphänomens verortet werden können.

Ähnlich wie beim Arzneimittelmarkt, der in einen ersten und zweiten Markt unterschieden wird, wird mitunter bei Ärzten ebenfalls vom primären Handlungsauftrag (Heilauftrag bei Krankheit) gesprochen, der an unterschiedlichen Stellen zum Teil überschritten wird, wie z.B. bei Maßnahmen zur Schwangerschaftsverhütung oder bei der kosmetischen Chirurgie. Zweifelsohne kann das Handlungsziel, der Gesundheit zu dienen, auf vielfältige Weise ausgelegt werden. Dabei scheint eine wichtige Legitimationsgrundlage für die Auslegung des ärztlichen Handlungsraums die gesellschaftliche Akzeptanz zu sein (worin sich z.B. die kosmetische Chirurgie deutlich vom Doping unterscheidet). Folgerichtig können Verfechter eines liberalen Umgangs mit Neuroenhancementpraktiken davon ausgehen, dass der Arztberuf nicht beschädigt werden würde, solange die entsprechenden Maßnahmen gesellschaftlich zumindest toleriert, wenn nicht sogar gewünscht wären (Galert et al. 2009, S. 46).

Die Handlungsmaxime, »der Gesundheit zu dienen«, ist dennoch ohne Zweifel eine wichtige Barriere gegen eine breite Beteiligung von Ärzten an Enhancementpraktiken, solange Nebenwirkungen nicht ausgeschlossen werden können. Da diese Handlungsmaxime jedoch unterschiedlich weit ausgelegt werden kann, bietet sie keine unmittelbare Handlungsanleitung und muss bei unterschiedlichen Sachverhalten neu diskutiert und konkretisiert werden, wie z.B. im Kontext der Leistungssteigerung im Sport durch die Stellungnahme der Bundesärztekammer zu »Doping und ärztliche Ethik«(Bundesärztekammer 2009). Eine gesellschaftliche Auseinandersetzung wie in vielen anderen Bereichen der Medizin ist auch im Bereich des Enhancements nötig, um den ärztlichen Handlungsraum und seine Grenzen spezifisch zu definieren. Eine Befassung vor allem mit der ethischen Legitimierung hat bereits begonnen, kann jedoch bei Weitem nicht als abgeschlossen betrachtet werden (Kap. IV).

Rechtlich wird der ärztliche Handlungsraum »nach unten« generell durch berufsrechtliche Pflichten zur Einhaltung der »erforderlichen Sorgfalt« (§ 276 BGB mit zivilrechtlicher oder gar strafrechtlicher Haftung) begrenzt. Bei kassenärztlicher Leistungsabrechnung wird der Handlungsraum »nach oben« bis zu einer »ausreichenden Versorgung« begrenzt (§ 12 SGB V). Für die Wirtschaftlichkeit und Zulässigkeit von Verordnungen haften Kassenärzte privat (im Zweifelsfall beginnt ein außergerichtliches Verfahren über eine Prüfungsstelle [§ 106 SGB V], an das sich bei Nichteinigung ein sozialgerichtliches Verfahren anschließen kann).

Im Rahmen ihres Handlungsauftrags informieren Ärzte ihre Patienten umfassend und diagnostizieren, welcher individuelle Gesundheits- bzw. Krankheitszustand vorliegt, ob dieser Zustand einer medizinischen Intervention bedarf und wenn ja, welche therapeutischen Interventionen insgesamt möglich und welche davon ausreichend, zweckmäßig und notwendig sind. Der Arzt entscheidet im Einzelfall. Es wird erwartet, dass er sich dazu an mehreren Leitlinien zu einzelnen Krankheiten orientiert und sich als Vertragsarzt an unterschiedliche weitere Vereinbarungen hält. Ein besonders komplexes Beispiel für den ärztlichen Handlungs- und Entscheidungsraum bieten die Diagnostik (Kasten) und die Therapie (Tab. 11) der Aufmerksamkeitsdefizit-/Hyperaktivitätsstörung (ADHS).

DIAGNOSTIK DER AUFMERKSAMKEITSDEFIZIT-/HYPERAKTIVITÄTSSTÖRUNG

ADHS wird charakterisiert durch Kernsymptome (Aufmerksamkeitsstörung, Hyperaktivität, Impulsivität), Hinweissymptome (Verhaltens- und Leistungsauffälligkeiten) und assoziierte Störungen in jeweils altersvariabler Ausprägung). ADHS kann diagnostiziert werden, wenn mindestens sechs von neun beschriebenen Unaufmerksamkeitssymptomen und/oder ebenfalls mindestens sechs von neun Hyperaktivitäts-/Impulsivitätssymptomen (Kernsymptome) seit wenigstens sechs Monaten in einem nicht dem Entwicklungsstand entsprechenden Ausmaß bestanden. ADHS kann auch diagnostiziert werden, wenn einige Symptome im Kleinkindalter (bis sieben Jahre) zu Beeinträchtigungen führten, oder wenn eine deutliche Beeinträchtigung im sozialen, Lernleistungs- oder beruflichen Bereich vorliegt.

Quelle: Arbeitsgemeinschaft ADHS 2009

Der von der Arbeitsgemeinschaft ADHS entwickelte Syndromansatz zur Diagnose von ADHS konkretisiert einerseits, wie die Krankheit in Erscheinung treten kann, und bietet andererseits dem Arzt einen weiten Ermessensspielraum bei der Feststellung des krankheitsrelevanten Zustands. Trotz des Versuchs, mittels Leitlinien die subjektive Wahrnehmung von Patient und Arzt zu objektivieren, bleiben Empfindungen und Leidensdruck in Bezug auf einzelne oder mehrere Symptome individuell verschieden, sodass gesundheitliche Einschränkungen und daraus abgeleitete Behandlungswünsche individuell stark differieren können, sowohl aus der Binnenperspektive der Betroffenen als auch aus der ärztlichen Außenperspektive (hierzu auch Kap. IV.2.2.1).

TAB. 11 THERAPIEMÖGLICHKEITEN BEI ADHS

Behandlungsmethode	Kommentare/Bewertung
psychoedukative Maßnahmen (z.b. Gespräche mit Betroffenen, Erziehungsberechtigten, Verhaltenstherapie, Selbsthilfegruppen, Behandlung von Entwicklungsstörungen)	Wenn durch die Maßnahmen nach einigen Monaten keine befriedigende Besserung erkennbar ist und eine deutliche Beeinträchtigung im Leistungs- und psychosozialen Bereich mit Leidensdruck bei Kindern/Jugendlichen und Eltern und Gefahr für die weitere Entwicklung des Kindes bestehen, ist die medikamentöse Therapie indiziert.
medikamentöse Therapie	Der Vergleich verschiedener Behandlungsmethoden hat gezeigt, dass eine individuell bedarfsangepasste medikamentöse Therapie den größten positiven Effekt auf die Kernsymptome von ADHS hat, wobei auch assoziierte Störungen günstig beeinflusst werden. Dieser therapeutische Nutzen relativiert mögliche Risiken und Nebenwirkungen.
> Methylphenidat (Psychostimulanz)	zugelassen zur Behandlung bei Kindern und Jugendlichen bis 18 Jahren
> Atomoxetin (Antidepressivum Typ SNRI)	zugelassen ohne Altersbeschränkung
interventionelle Therapie (z.B. Sonderbeschulung, stationäre Reha)	Diese kann zum Einsatz kommen, wenn mit den oben genannten therapeutischen Maßnahmen die Therapieziele nicht befriedigend zu erreichen sind, insbesondere wenn infolge assoziierter Störungen und/oder schwerwiegender familiärer Krisensituationen eine ambulante Therapie keinen Erfolg mehr hat.
Neurofeedback (spezielles Lerntraining)	Nach der derzeitigen Studienlage erscheint Neurofeedbacktraining als aufwendig, aber aussichtsreich, insbesondere beim Training langsamer kortikaler Gleichspannungspotenziale. Für eine abschließende Einstufung der Wirksamkeit ist es noch zu früh. Das Angebot für die Erbringung dieser Leistung ist (noch) sehr spärlich. Die Krankenkassen sind nicht zur Kostenübernahme verpflichtet.
diätetische Maßnahmen (z.B. Eliminierung von Lebensmittelzusatzstoffen, zusätzliche Gabe essenzieller Fettsäuren)	In allen größeren Studien hat sich ein Nutzen von Diäten nicht nachweisen lassen.

Quelle: nach Arbeitsgemeinschaft ADHS 2009

Folglich ist die kategoriale Abgrenzung eines krankhaften von einem gesunden Zustandsspektrum mit fließenden Übergängen bereits auf der individuellen Ebene mit Ermessensentscheidungen verbunden. Diese gewisse Elastizität in der ärztlichen Entscheidungsfindung kann zusätzlich durch das Nachfrageverhalten des Patienten beeinflusst werden. Dabei können z.b. durch Werbestrategien Zustände im Grenzbereich des Krankheitsbegriffs gezielt pathologisiert worden sein, um Bedürfnisse nach Behandlung von Zuständen zu wecken, die u.U. gar nicht behandlungsbedürftig sind (Bleß et al. 2010, S. 46 f.; Kap. III.3.4).

Die Diagnose des Arztes attestiert formal den spezifischen defizitären oder sogar krankheitsrelevanten Zustand des Patienten. Im Rahmen der spezifischen Leitlinien haben Ärzte neben dem Feststellungsmonopol beim gesundheitsdefizitären oder krankheitsrelevanten Zustand auch ein gewisses Monopol bei der Behandlung einzelner Symptome. Dazu wird ihnen im Rahmen ihres Handlungsauftrags (zum Wohle der Gesundheit des Patienten) eine gewisse Therapiefreiheit gewährt. Dennoch bedarf jede Behandlung einer ausführlichen Information über mögliche therapeutische Wirkungen und Nebenwirkungen sowie der Einwilligung des Patienten (»informed consent«) und unterliegt der ärztlichen Schweigepflicht gegenüber Dritten, von der nur der Patient den Arzt entbinden kann. Auch mit der Einwilligung des Patienten darf eine therapeutische Maßnahme nicht sittenwidrig sein, d.h., es muss der Stand des Wissens berücksichtigt worden sein. Nur dann begeht der Arzt mit seinem Heileingriff bei einer Schädigung keine Körperverletzung im Sinne des Strafgesetzbuches (§ 223 ff. StGB[49]) (Simon et al. 2007, S. 40).

Am Beispiel ADHS soll der Handlungsspielraum von Ärzten veranschaulicht und verdeutlicht werden, wo Grenzbereiche (möglicherweise auch zu Enhancement) beginnen: Kommt ein Arzt aufgrund des nicht nur kurzfristigen Auftretens unterschiedlicher Kernsymptome zur Diagnose ADHS bei einem Patienten und ist dieser noch minderjährig, ist der Einsatz von Methylphenidat entsprechend der Leitlinien ADHS (Arbeitsgemeinschaft ADHS 2009, S. 6 ff.) und der Arzneimittelzulassung (Kap. II.3.1) regelkonform. Treten nur einzelne Kernsymptome auf, die nicht vollumfänglich die Diagnose ADHS legitimieren, kann dennoch individuell eine Gesundheitseinschränkung empfunden und damit eine Person zum Patienten werden. Denn bereits aus einer solchen subjektiv empfundenen gesundheitlichen Einschränkung kann ein Arzt seinen beruflichen Handlungsauftrag ableiten. Wenn der Arzt diesen einzelnen Kernsymptomen mit einer medikamentösen Therapie begegnet, kann er dies durch die ihm gewährte Therapiefreiheit tun. Er kann Arzneimittel auch jenseits einer krankheitsspezifischen Situation verwenden, für die im Rahmen der Zulassung der Wirksamkeitsnachweis erbracht wurde, wenn er überzeugt ist, der Gesundheit des Patienten zu dienen (sie zu erhalten oder wiederherzustellen). Im Rahmen eines »Heilver-

---

49 Strafgesetzbuch

suchs« ist dies zulässig, auch wenn eine gewisse rechtliche Unsicherheit in Bezug
auf Gefährdungshaftungsansprüche entstehen kann (der Hersteller ist bei einer
Verwendung jenseits der Indikation nicht mehr verantwortlich, und ein Heilver-
such sollte nicht zur Regel werden).

Die DAK hat aus ihren Leistungsdaten des Jahres 2007 Arzneimittelverordnungen ihrer Versicherten analysiert (DAK 2009, S. 61 ff.). Allein für den Wirkstoff
Methylphenidat (der den besonderen Verwendungs- und Verschreibungsvorschrif-
ten des Betäubungsmittelgesetzes unterlag) wurde in den Arztrezepten bei nahezu
der Hälfte (46 %) keine bzw. eine medizinisch nicht nachvollziehbare Begründung
für die Notwendigkeit der Verordnung geliefert, und 17,4 % der Verordnungen
wiesen eine explizite Off-Label-Verwendung auf (Diagnose aus dem Spektrum
depressiver Erkrankungen).[50] Diese DAK-Analyse zeigt, dass im Untersuchungs-
zeitraum diese »Heilversuche«, in denen Arzneimittel »off label« verwendet
werden, zumindest nicht als Randerscheinung in der ärztlichen Praxis bezeichnet
werden sollten. Es ist jedoch davon auszugehen, dass die GKV versuchen, ihren
Leistungsbereich (erster Gesundheitsmarkt) durch unterschiedliche Regularien
zunehmend vor solchen Grenzbereichen zu verschließen (Kap. III.3.6).

Kritische Stimmen sind der Meinung, dass bereits heute Diagnosen überdehnt
würden und damit »Enhancement auf Rezept« möglich sei. Es liegt jedoch in der
Natur der Sache, dass jede Grenzziehung zumindest bei stetigen Merkmalsaus-
prägungen auch Grenzbereiche mit gewissen dehnbaren Diagnosemöglichkeiten
mit sich bringt. Ein Verzicht auf Grenzziehungen würde jeglichen Versuch der
Objektivierung subjektiver Entscheidungen verhindern und scheint keine prakti-
kable Alternative zu sein.

Der Handlungsschwerpunkt von Ärzten liegt in der Behandlung von Symptomen,
die mit Krankheiten assoziiert werden, zu denen auch individuell wahrgenommene Defizite einzelner psychischer Fähigkeitsdimensionen gehören. Auf deren
Ursachen können sie, wenn überhaupt, höchstens bedingt Einfluss nehmen. Beispielsweise können sie arbeitsbedingte Ursachen des Schichtarbeitersyndroms,
das sich durch Symptome wie Schlafstörungen äußert, kaum beeinflussen. Ihre
tatsächlichen Behandlungsmöglichkeiten umfassen schlafhygienische und medikamentöse Maßnahmen (Modafinil), um Folgen der Schichtarbeit abzumildern.
Die Folgen bekannter krankmachender Arbeitsbedingungen werden dadurch
soweit korrigiert, dass diese Bedingungen weiter ertragen werden können und
der Patient in seinem Umfeld weiter funktionsfähig bleibt. Eine Abgrenzung dieses auch leistungsrechtlich akzeptierten Vorgehens zur Situation von Arbeitnehmern, die beispielsweise aufgrund überfordernder Arbeitsverhältnisse ebenfalls

---

50 Bei der Substanz Modafinil hatten 40 % keine Diagnose entsprechend der Zulassung,
    und bei 16 % der Rezepte wurden Diagnosen im Kontext von Depressionen vermerkt,
    was ebenfalls einer Off-Label-Verwendung entspricht.

pharmakologische Substanzen zur individuellen Leistungssteigerung nachfragen, um Arbeitsplatzanforderungen kontinuierlich gewachsen zu sein, wäre vermutlich schwer begründbar (Bleß et al. 2010, S. 46). Dass dies keinesfalls nur eine theoretische Überlegung ist, zeigt die Expertenbefragung im Rahmen der DAK-Studie. Diese sahen in überfordernden Arbeitsverhältnissen die wichtigsten ursächlichen Faktoren für den Arzneimittelgebrauch von Gesunden (DAK 2009, S. 82 ff.). Auch in der Befragung englischer und amerikanischer Wissenschaftler im Vorfeld der »Nature-Umfrage« wurden arbeitsbedingte Gründe für die Arzneimittelverwendung von den Nutzern genannt (Sahakian/Morein-Zamir 2007, S. 1159). An dieser Stelle ergibt sich schon heute ein Handlungsauftrag an die Sozialleistungsträger, Krankheiten und ihre Symptome im Arbeitsumfeld sowie Maßnahmen zur Vermeidung durch den Arbeitsschutz stärker zu thematisieren.

Die DAK-Bevölkerungsbefragung zeigte ferner, dass Ärzte bei der Verwendung von Arzneimitteln ohne medizinisch triftige Gründe zur Kompensation von Arbeitsbelastungen zumindest teilweise beteiligt sind: 21,4 % der Befragten gaben an, dass ihnen persönlich bereits Arzneimittel ohne medizinische Notwendigkeit zur Verbesserung der geistigen Fähigkeiten empfohlen wurden. Bei jedem fünften Mann und jeder dritten Frau, denen diese Mittel angeboten wurden, kam diese Empfehlung von Ärzten (DAK 2009, S. 53 f.).

Von den unterschiedlichen Behandlungsmöglichkeiten erstattet die GKV nur Leistungen, die ausreichend, zweckmäßig und notwendig sind. Vertragsärzte (die Leistungen bei einer Kassenkasse abrechnen können) müssen an dieser Stelle differenzieren: einerseits in die Leistungen des ersten Marktes, für die sie bezüglich einer Arzneimittelverwendung ein kassenärztliches Rezept ausstellen, und andererseits in darüber hinausgehende Leistungen des zweiten Marktes, die sie als sogenannte »Individuelle Gesundheitsleistungen« (IGeL) erbringen können und für die sie ein Privatrezept oder eine Rechnung gegenüber dem Patienten ausstellen. In diesem Kontext lassen sich auch die Ansprüche von Patienten (z.B. Behandlungswünsche, obwohl kein klarer krankheitsrelevanter Zustand vorliegt, oder spezifische Arzneimittelwünsche) eher berücksichtigen (Bleß et al. 2010, S. 30).

Die Verordnung von Arzneimitteln liegt in der alleinigen Verantwortung des Arztes, eine Genehmigung durch eine Krankenkasse ist ausgeschlossen, für die Erstattung kann lediglich nachgelagert über Regress/Retaxation der Arzt bzw. Apotheker haftbar gemacht werden (Bleß et al. 2010, S. 20). Da die sozialrechtlich relevanten Regularien mit einer hohen Komplexität auf zahlreichen unterschiedlichen Rechts- und Vertragsquellen basieren (Deckelungen der Leistungsabrechnung, Budgetierung einzelner Leistungsarten usw.) und nicht immer widerspruchsfrei ineinandergreifen, erhöht sich das Spannungsfeld der ärztlichen Entscheidung. Eine Umgehungsstrategie ist die Behandlung außerhalb des GKV-Leistungskatalogs, was in Bezug auf Arzneimittel die Verordnung auf einem Privatrezept bedeutet und mit einer Verschiebung der Arzneimittelversorgung in Richtung des zweiten Gesundheitsmarktes einhergeht (Bleß et al. 2010, S. 28 f.).

Einen empirischen Beleg für eine solche Entwicklung liefern die seit einigen Jahren im Auftrag des Wissenschaftlichen Instituts der AOK (WIdO) durchgeführten Befragungen von GKV-Mitgliedern zu ihren Erfahrungen mit IGeL. Gaben im Jahr 2005 8,2 % der Befragten an, dass ihnen Heil- und Hilfsmittel als IGeL angeboten wurden oder sie diese nachgefragt hätten, waren es 2010 bereits 11,5 % (Zok 2010; Zok/Schuldzinski 2005; ausführlicher in Kap. III.3.6).

Ärzte können durch IGeL zunehmend zu Anbietern von Leistungen werden, die zumindest auch aus den Wünschen der Patienten gespeist werden, ohne dass dies als »wunscherfüllende Medizin« i.e.S. verstanden werden muss.[51] Und Ärzte haben in diesem Kontext in Zweifelsfällen einen gewissen Einfluss auf die Grenzziehung zwischen notwendigen, möglichen und wünschenswerten Maßnahmen. Der Arzt ist jedoch nicht verpflichtet, Behandlungen auf Wunsch von Patienten durchzuführen. Er kann Maßnahmen ablehnen, wenn sie seinem Handlungsauftrag nicht entsprechen.

Durch das mehrstufige Entscheidungsverfahren (Diagnostik, Therapiemöglichkeiten und -notwendigkeiten) wird definiert, ob Arzneimittel regelkonform eingesetzt werden oder nicht bzw. an welchen Stellen der bestimmungsgemäße Arzneimittelgebrauch überschritten wird und das Enhancementphänomen Gestalt annehmen könnte. Die in diesem Prozess zu Hilfe gezogenen Entscheidungskriterien sind regelmäßig historisch gewachsen, werden teilweise unterschiedlich gehandhabt, unterliegen Änderungsprozessen und sind oft interpretationsbedürftig oder nicht eindeutig. Der Diagnostik- und Behandlungsprozess läuft zumindest partiell in Abstimmung mit dem Patienten und lässt meist einen Ermessensspielraum für Ärzte zu (Bleß et al. 2010, S. 13).

Die vorgestellten Grenzbereiche des ärztlichen Handlungsraums im Kontext der Behandlungsmöglichkeiten (z.B. die Off-Label-Verwendung von Arzneimitteln oder die Behandlung einzelner Krankheitssymptome, ohne dass insgesamt ein definierter krankheitsrelevanter Zustand vorliegt) zeigen an unterschiedlichen Stellen, wo sich der eindeutige, primär definierte regelkonforme Handlungsraum hin zu einem erweiterten öffnet, der je nach Auslegung in Bezug auf Arzneimitteltherapien auch als Arzneimittelfehlgebrauch oder Enhancement bezeichnet werden kann. Dabei kann der Leistungsumfang insbesondere der GKV immer

---

51 Eine explizit »wunscherfüllende Medizin«, wie z.B. Schönheitsoperationen, wird bereits teilweise als umsatzsteuerpflichtige gewerbliche Tätigkeit eingestuft und abgerechnet (Simon et al. 2008, S. 23). Vereinzelt wird sogar diskutiert, Schönheitsoperationen mit einer separaten zusätzlichen Steuer zu belegen (sogenannte »Botoxsteuer« zur Kofinanzierung der Gesundheitsreform in den USA).

weniger als Abgrenzungskriterium dienen, seine Festlegung trägt vielmehr zur Schwierigkeit der begrifflichen Fassung bei (s.u.).

KOSTENTRÄGER UND GESUNDHEITSMÄRKTE   3.6

Anders als bei Lebensmitteln, die der Verbraucher allein finanziert, gibt es bei Arzneimitteln unter bestimmten Bedingungen einen Anspruch auf Kostenerstattung. Diese leitet sich in Deutschland vor allem aus der gesetzlich verankerten Krankenversicherungspflicht ab, der viele, aber nicht alle Bürger unterliegen.[52]

Aus ihr entspringen für Versicherte (als Leistungsempfänger) bestimmte Ansprüche, zu denen auch die Versorgung mit Arzneimitteln gehört, die auf der Gegenseite als Leistungspflicht der Krankenversicherungen bezeichnet und von unterschiedlichen Krankenkassen (als Leistungs- oder Kostenträger) getragen werden. Verfahrensregeln der GKV sind im Sozialgesetzbuch V (SGB V) und dessen nachgeordneten Bestimmungen verankert. Damit leistet der Gesetzgeber selbst einen wichtigen Beitrag bei der Festlegung des Leistungsraums der GKV, den er grundsätzlich weit gesteckt hat: Die Aufgabe der GKV ist es, die Gesundheit der Versicherten zu erhalten, wiederherzustellen oder ihren Gesundheitszustand zu bessern (§ 1 SGB V). Ob bereits auf dieser hohen hierarchischen Ebene der allgemeinen Aufgabenzuweisung eine *pharmakologische Leistungssteigerung von Gesunden* als Verbesserung des Gesundheitszustands verortet werden könnte oder bereits ausgeschlossen ist, ist eine offene Frage – nicht zuletzt aufgrund der bisher weitgehend hypothetisch geführten Diskussion.

Nachfolgend wird der Blick auf die nächsten Ebenen gelenkt, auf denen sich unterschiedliche Leistungsverpflichtungen konkretisieren, und der Frage nachgegangen, inwieweit diese ein mögliches Enhancement aus ihren Leistungsumfang ausschließen und wie sie dadurch eine diesbezügliche Entwicklung beeinflussen können.

KRANKHEIT ALS VERSICHERUNGSFALL

GKV-Versicherten werden im Versicherungsfall unterschiedliche Leistungen gewährt. Die GKV-Leistungsarten umfassen insbesondere die Verhütung (Präven-

---

52 Personen, die der Versicherungspflicht unterliegen (Arbeiter und Angestellte bis zu einem gewissen Einkommen), werden in gesetzlichen Krankenversicherungen (GKV) abgesichert. Personen, die der Versicherungspflicht nicht unterliegen, können sich alternativ zur GKV auch bei privaten Krankenversicherungen (PKV) versichern. Die PKV haben eigene Rechtsgrundlagen (Bürgerliches Gesetzbuch, Handelsgesetzbuch, Versicherungsaufsichtsgesetz, Versicherungsvertragsgesetz, Gesetze zur Regelung der allgemeinen Geschäftsbedingungen, die Allgemeinen Versicherungsbedingungen und die speziellen Vereinbarungen im individuellen Versicherungsvertrag). Versicherungsfälle und Leistungsansprüche sind teilweise ähnlich, aber nicht deckungsgleich.

tion), Früherkennung und Behandlung von Krankheiten sowie ein eng definiertes Feld, auf die der Krankheitsbegriff nicht zutrifft, wie Leistungen bei Schwanger- und Mutterschaft (als sogenannte versicherungsfremde Leistungen) (§ 11 SGB V). Die PKV gewähren im Wesentlichen ähnliche Leistungen. Das Leistungsspektrum der Krankenversicherungen wird durch diese erste Spezifizierungsstufe bereits wesentlich an den sozialversicherungsrechtlichen Krankheitsbegriff gebunden. Dennoch ist es trotz dieser mit dem Krankheitsbegriff verbundenen Leistungsansprüche nach wie vor schwierig, »Krankheit« als allgemeinen Zustand zu definieren und abzugrenzen. Weder im SGB V für die GKV noch in den Musterbedingungen der PKV wird »Krankheit« als Versicherungsfall legaldefiniert. Infolgedessen obliegt dies der Sozialgerichtsbarkeit. Das Bundessozialgericht (BSG) definierte im Jahr 1972 Krankheit »als einen regelwidrigen, körperlichen, geistigen oder seelischen Zustand, der Arbeitsunfähigkeit oder Behandlung oder beides nötig macht«.[53] 2004 stellt das BSG einschränkend fest, dass »nicht jeder körperlichen Unregelmäßigkeit [...] Krankheitswert im Rechtssinne zu (kommt)«, sondern » dass eine Krankheit nur vorliegt, wenn der Versicherte in seinen Körperfunktionen beeinträchtigt wird oder wenn die anatomische Abweichung entstellend wirkt«[54] (Bleß et al. 2010, S. 19 f.) Auch diese Formulierungen gelten immer noch als unbestimmt, und infolgedessen wird kontrovers diskutiert, welchen Zuständen ein Krankheitswert beigemessen wird und ob alternative Formulierungen im Hinblick auf die Leistungsbegrenzung des Sozialrechts zielführender wären (z.B. Werner 2004). Individuell wahrgenommene Fähigkeitsdefizite (Kap. II.1.2) können grundsätzlich einen solchen Zustand mit Krankheitswert darstellen, der ein frühzeitiges oder gar präventives Gegensteuern legitimiert.

Die nächste Konkretionsebene, auf der Krankheiten exakter beschrieben werden, sind unterschiedliche Klassifikationen (z.B. ICD-10) oder spezifische Leitlinien (DIMDI 2010), die Krankheit durch das Vorliegen von bestimmten Symptomen in einer gewissen Stärke definieren (Kap. III.3.5). Die GKV dringen zunehmend darauf, dass Leistungen nur dann erstattet werden, wenn sie im Rahmen der jeweiligen Leitlinien erfolgen, d.h., dass ein krankheitsrelevanter Zustand durch das Vorliegen spezifischer Symptome im Einzelfall attestiert wurde und zur Behandlung nur jene Maßnahmen angewandt werden, für die mithilfe evidenzbasierter Verfahren die Wirksamkeit im Krankheitsfall nachgewiesen wurde (am Beispiel von ADHS bedeutet dies das Vorliegen von sechs von neun definierten Kernsymptomen).

Die Auffassungen zur Krankhaftigkeit einzelner Zustände unterliegen gesellschaftlichen Entwicklungen. Vor diesem Hintergrund wird mitunter von einer Pathologisierung individueller Zustände gesprochen, deren Anerkennung als Krankheit im Rahmen kollektiver Bewertung auch mit Möglichkeiten und Gren-

---

53   BSG-Urteil vom 16. Mai 1972, 9RV 556/71
54   BSG-Urteil vom 19. Oktober 2004, B1 KR 9/04 R

zen der Behandlung verknüpft ist. Als Beispiele werden häufig ADHS oder auch Defizite im Kontext von Alterungsprozessen genannt (Kap. IV.2.2). Gegenwärtig gilt der krankheitsrelevante Status von ADHS bei Kindern als weitgehend unumstritten, die gesellschaftliche Diskussion rankt sich eher um die Krankheitshäufigkeit (Prävalenz), die wirkungsvollste therapeutische Strategie und die Situation bei Erwachsenen. Auch hier wird die Verbindung zu den Behandlungsmöglichkeiten sichtbar: Methylphenidathaltige Arzneimittel sind in Deutschland bisher nur zur Behandlung von 6- bis 18-jährigen ADHS-Patienten zugelassen.

Ein weiteres Beispiel der sich wandelnden Bewertung betrifft altersbedingte Veränderungen, wobei diesbezüglich die Problematik der Grenzziehung zusätzlich zu berücksichtigen ist. Ursprünglich wurde in der historischen Rechtsprechung des Reichsversicherungsamtes (RVA) altersbedingten Zuständen kein Krankheitswert zugesprochen (Bleß et al. 2010, S. 45). In der Weiterentwicklung wurde argumentiert, dass der natürliche altersbedingte Verlust von Fähigkeiten unter der Prämisse der Behandlungsbedürftigkeit als Krankheit angesehen werden kann (Brackmann 1993), wodurch z.b. der Einsatz von Hormonersatztherapien möglich wurde. Nach der Markteinführung von Sildenafil (Viagra®) hat sich die kollektive Auseinandersetzung um die Krankheitsrelevanz bestimmter, zumindest auch altersbedingter Zustände intensiviert. In Bezug auf entsprechende Leistungsansprüche von Versicherten unterschied die deutsche Sozialgerichtsbarkeit ursprünglich zwischen altersüblicher Physis und Krankheit. Nach dem Urteil des BSG durfte Viagra »... Versicherten bis Ende 2003 zwar nicht zur Steigerung einer altersüblichen und alterstypischen Physis, wohl aber in Fällen einer im Gefolge schwerer Krankheiten auftretenden erektilen Dysfunktion zu Lasten der Krankenkassen verordnet werden«.[55] Damit wurden auch Ursachen von bestimmten Symptomen bei der Akzeptanz von Leistungsansprüchen mit in den Blick genommen. Jedoch kann der gesellschaftlich wie sozialrechtlich akzeptierte Therapieansatz, verlorengegangene oder gegenüber der Durchschnittsbevölkerung vermindert vorhandene Fähigkeiten wieder herzustellen oder herbeizuführen, gegenüber dem Ansatz der Verbesserung des Lebensstils nicht immer eindeutig abgegrenzt werden. Seit 2004 hat der Gesetzgeber diese Differenzierung aufgegeben und diesbezügliche Leistungen auch in Krankheitsfällen ausgeschlossen. Mit dem Leistungsausschluss von Potenzmitteln (§ 34 SGB V) sollte verhindert werden, dass sogenannte Lifestylemedikamente in den Leistungskatalog der GKV einziehen können (Bleß et al. 2010, S. 45). Der tendenziellen Ausweitung des Krankheitsbegriffes (Werner 2004, S. 139; Kap. IV.2.1) setzt das Sozialrecht für die GKV zunehmend Leistungsspezifikationen bis hin zu Leistungsausschlüssen entgegen, um die Ausdehnung des Leistungsspektrums wieder einzugrenzen.

Aus versicherungsrechtlicher Perspektive stellt allein der Arzt mit der Diagnose den krankheitsrelevanten Zustand bzw. die medizinische Indikation als Versi-

---

55 BSG-Urteil vom 10. Mai 2005, B1 KR 25/03 R

cherungsfall fest (sowohl für die GKV als auch für die PKV). Durch die zunehmende Konkretisierung der Beschreibung krankheitsrelevanter Zustände mittels
spezifischer Leitlinien erhält der Arzt einerseits Entscheidungshilfen, um eine
korrekte Zustandsfestlegung vornehmen zu können (Tab. 11, Kap. III.3.5). Jedoch können mit den Grenzziehungen auch Graubereiche der Allokation und
Möglichkeiten zumindest der Dehnung der Begrifflichkeiten bis hin zu mehr o-
der weniger eindeutigen Fehleinschätzungen oder gar Fehlverhalten einhergehen.
So können einerseits Versicherte eine Krankheit vortäuschen und andererseits
Ärzte ihre nach wie vor nicht unerheblichen Ermessensspielräume nutzen, um
eine medizinische Indikation zu legitimieren (Bleß et al. 2010, S. 44).

VERSICHERUNGSLEISTUNGEN UND DEREN BEGRENZUNG – ERSTER MARKT

Auch vor dem Hintergrund der kontinuierlichen Ausweitung des Krankheitsbegriffes und der diagnostischen Graubereiche bei der Feststellung von Krankheiten
hat der Gesetzgeber den GKV erlaubt, trotz diagnostizierten krankheitsrelevanten
Zustands die Behandlung bestimmter Symptome aus dem Leistungskatalog auszuschließen. Laut BSG gilt dies insbesondere, wenn eine Behandlung in erster
Linie der Steigerung der Lebensqualität jenseits lebensbedrohlicher Zustände
dient und wenn es sich um Bereiche handelt, bei denen die Übergänge zwischen
krankhaften und nichtkrankhaften Zuständen maßgeblich vom subjektiven
Empfinden des einzelnen Versicherten abhängen.[56] Damit wird die Fokussierung
von Versicherungsleistungen auf schwere Krankheiten oder gar lebensbedrohliche
Zustände rechtlich fundiert.

Aufgrund des medizinischen Fortschritts wird das therapeutisch Machbare im
Krankheitsfall, nach dem der einzelne Versicherte weitgehend strebt und das auch
durch das Handlungsgebot des Arztes gedeckt ist, tendenziell ausgeweitet. Um
die Kosten für die Solidargemeinschaft möglichst in Grenzen halten zu können,
wird das Leistungsangebot der GKV zunehmend dahingehend begrenzt, dass die
Leistungen ausreichend, zweckmäßig und wirtschaftlich sein müssen und das
Maß des Notwendigen nicht überschreiten dürfen (§ 12 Abs. 1 SGB V). Da nicht
alle zugelassenen Therapieformen diese Kriterien erfüllen und die GKV darüber
hinaus Leistungsausschlüsse (§ 34 SGB V) und Leistungseinschränkungen (§§ 31,
35, 129 SGB V) vor allem im ambulanten Bereich verfügen dürfen, wird der
grundsätzlich bestehende allgemeine Anspruch der Versicherten auf eine Versorgung mit Arzneimitteln zunehmend begrenzt. In Bezug auf Arzneimittel gibt es
folgende Leistungsausschlüsse seitens der GKV:

> *Gegenüber Herstellern*: bei unwirtschaftlichen Arzneimitteln. Das sind Arznei-
  mittel, die u.a. für ein Therapieziel nicht erforderliche Bestandteile oder eine

---

56   BSG-Urteil vom 10. Mai 2005, B 1 KR 25/03 R

Vielzahl von Wirkstoffen enthalten oder deren therapeutischer Nutzen nicht nachgewiesen ist.[57]

> *Gegenüber Ärzten*: bezüglich der Off-Label-Verwendung von Arzneimitteln. Das BSG entschied 2002, dass ein zugelassenes Arzneimittel grundsätzlich nicht zulasten der Krankenversicherung in einem Anwendungsgebiet verordnet werden kann, auf das sich die Zulassung nicht erstreckt. Es entschied, dass davon ausnahmsweise abgewichen werden kann, wenn es bei einer schweren Krankheit keine Behandlungsalternative gibt und nach dem Stand der wissenschaftlichen Erkenntnis die begründete Aussicht besteht, dass mit dem Medikament ein Behandlungserfolg erzielt werden kann.[58] In Bezug auf Arzneimittel, die in Deutschland oder EU-weit nicht zugelassen sind, ist eine Off-Label-Verwendung nur in notstandsähnlichen Situationen unter engen Voraussetzungen zulasten der GKV zulässig (Bleß et al. 2010, S. 22 f.).[59]

> *Gegenüber den Versicherten*: seit 2004 bei allen Arzneimitteln, die formal als nichtverschreibungspflichtige Arzneimittel eingeordnet werden (jedoch mit unterschiedlichen Ausnahmen, z.B. als Behandlungsstandard bei schwerwiegenden Erkrankungen, bei Kindern unter zwölf Jahren) und Leistungen bei Erkrankungen mit bestimmter Indikation (z.B. Bagatellerkrankungen wie Erkältungen, Lifestyleindikation wie Raucherentwöhnung, Impotenz). Laut Bleß et al. (2010, S. 22) manifestiert sich in diesen Leistungsausschlüssen einerseits der Rechtsgedanke des § 2 SGB V, dass Leistungen der Eigenverantwortung der Versicherten zugerechnet werden können, wenn es sich um geringfügige Gesundheitsstörungen handelt. Andererseits wird die Abgrenzung zum Krankheitsbegriff in Bezug auf Arzneimittel konkretisiert, bei denen nicht die Behandlung einer Krankheit, sondern die Erhöhung der Lebensqualität im Vordergrund steht.

In der Folge teilt sich der Gesundheitsmarkt: Der »erste Gesundheitsmarkt« umfasst die ausreichenden, kostenträgerfinanzierten Leistungen (sowohl durch GKV als auch durch PKV) und der »zweite Gesundheitsmarkt« die Gesundheitsleistungen, die der erste ausschließt. Für den ersten Markt gelten bundesweit einheitliche Arzneimittelpreise (da die AMPrVO[60] gilt) (Bleß et al. 2010, S. 30). Dennoch stellt er sich für die Beteiligten oft als wenig transparent dar, u.a. aufgrund von weiteren Leistungseinschränkungen:

---

57 Diese Ausschlüsse konnten zuerst per Negativliste angeordnet und Kassenärzten mitgeteilt werden (Bleß et al. 2010 S. 22). Von den in Kapitel II.3 vorgestellten Substanzen waren z.B. Gingkopräparate (in wenigen Darreichungsformen) in der Negativliste enthalten (KBV 2002, S. 7 u. 13). Mit Inkrafttreten des Arzneimittelmarkt-Neuordnungsgesetzes (AMNOG) im Januar 2011 ist die Negativliste jedoch außer Kraft gesetzt worden.

58 BSG-Urteil vom 19. März 2002, B1 KR 37/00 R

59 BSG-Urteil vom 4. April 2006, B1 KR 7/05 R

60 Arzneimittelpreisverordnung

> Leistungseinschränkungen der GKV in der direkten Beziehung zu Herstellern sind z.b. Festbetragsregelungen oder unterschiedliche Leistungseinschränkungen aufgrund von zulassungsnachgelagerten Kosten-Nutzen-Bewertungen (als zunehmend an Bedeutung gewinnende sogenannte »vierte Hürde« im Gesundheitswesen) (Bleß et al. 2010, S. 24).

> Leistungseinschränkungen der GKV in der direkten Beziehung zu Ärzten und Apothekern zielen darauf, dass ein Patient lediglich Anspruch auf einen verordneten Wirkstoff, jedoch nicht mehr auf die Versorgung mit einem bestimmten Produkt hat (Ausnahmen sind möglich). Dazu wurden u.a. Rabattverträge (zwischen Krankenkassen und Herstellern, die der Apotheker zu berücksichtigen hat), Aut-Idem-Regelungen (Apotheker gibt preiswertestes Produkt ab) oder Importquoten eingeführt (Bleß et al. 2010, S. 25).

> Leistungseinschränkungen der GKV in der direkten Beziehung zu Versicherten betreffen vor allem den Ausschluss der Vollerstattung von Arzneimittelpreisen. Die derzeitige Zuzahlung beträgt für Versicherte ab 18 Jahren 10 % des Abgabepreises, jedoch mindestens 5 und höchstens 10 Euro (Ausnahmen sind möglich) (Bleß et al. 2010, S. 24).

Die Daten der Kassenrezepte werden von Apotheken erfasst, gespeichert und an die einzelnen Krankenkassen weitergeleitet. Sie stehen neben der eigentlichen Rechnungslegung sowohl für gesetzliche Aufgaben wie Arzneimittelfrühinformation oder Wirtschaftlichkeitsprüfungen als auch für ausgabensteuernde Strategieplanungen der Krankenkassen oder für wissenschaftliche Zwecke zur Verfügung. Wie in Kapitel III.3.5.2 beschrieben, belegte die Analyse der Arzneimittelverordnungen von DAK-Versicherten unter anderem eine häufige Off-Label-Verschreibung von Methylphenidat und Modafinil (DAK 2009, S. 67 ff.).

DER ERSTE MARKT ALS ZUGANGSPFAD ZU ENHANCEMENTMITTELN

Aufgrund der Koppelung des Leistungsanspruchs auf Arzneimittelversorgung an den Krankheitsbegriff sind explizite Enhancementmittel grundsätzlich nicht erstattungsfähig durch die GKV. Auch der in § 34 SGB V formulierte Leistungsausschluss von Arzneimitteln, bei deren Anwendung eine Erhöhung der Lebensqualität im Vordergrund steht (Lifestylepräparate), bestätigt diesen Grundgedanken. Nicht zuletzt wird auch die Behandlung zulasten der GKV mit ansonsten ggf. erstattungsfähigen Arzneimitteln außerhalb ihrer Zulassung zu Zwecken des Enhancements durch die BSG-Rechtsprechung ausgeschlossen, da Enhancementanwendungen nicht unter die enggefassten Ausnahmekriterien dieser Beschränkungen fallen würden.

Trotz des scheinbar eindeutigen Leistungsausschlusses muss dennoch die Möglichkeit einer zu Unrecht erbrachten Leistung erwogen werden. Diese entspringt einerseits aus der Feststellung des krankhaften Zustands (bei dem Ärzte einen Ermessensspielraum haben und Patienten Krankheiten auch dramatisieren oder vortäuschen können) und andererseits aus den nach wie vor bestehenden Graubereichen, die sich aus Unschärfen/Entgrenzungen von Therapie und Enhancement ergeben (Viehöver et al. 2009; Kap. IV.2). Der gesellschaftlich wie leistungsrechtlich akzeptierte Therapieansatz, verlorengegangene oder gegenüber der Durchschnittsbevölkerung vermindert vorhandene Fähigkeiten wieder herzustellen oder herbeizuführen, ist gegenüber dem Ansatz der Verbesserung von Leistungsparametern in Grenzbereichen nicht eindeutig abtrennbar. In Bezug auf Anti-Aging-Präparate ist festzuhalten, dass ein grundsätzlicher Anspruch auf die medizinische Umkehr von Alterungsprozessen – wenn dies denn machbar wäre – dem Leistungsrecht der GKV wohl nicht zu entnehmen wäre.

DER ZWEITE GESUNDHEITSMARKT

Der zweite Gesundheitsmarkt beinhaltet diejenigen Gesundheitsleistungen, die nicht (mehr) unter die Leistungspflicht der Krankenversicherungen fallen und deren Kosten der Verbraucher folglich selbst trägt. Dieser zweite Gesundheitsmarkt ist bisher weder eindeutig definiert, noch sind die Grenzen vor allem zu Produkten des täglichen Lebens einheitlich gezogen (neben therapeutisch nicht als »notwendig« definierte Leistungen werden auch gesundheitsfördernde Produkte und Dienstleistungen darunter gefasst).

Den Teilbereich zweiter Arzneimittelmarkt bilden alle freiverkäuflichen und die verschreibungspflichtigen Arzneimittel, die im Rahmen der sogenannten »Individuellen Gesundheitsleistungen« (IGeL) von Ärzten auf Privatrezept verordnet werden. Im zweiten Arzneimittelmarkt entfalten lediglich die Regularien des SGB V aufgrund des Leistungsausschlusses keine Relevanz. Die anderen Regelungen, die sich auf Zulassung, Herstellung und Vertrieb beziehen, sind vollständig gültig. Das betrifft insbesondere das AMG, in dem die Marktzulassung und Verkehrswege definiert werden, und schließt deren nachgeordnete Regelungen zur Verschreibungspflicht (AMVV)[61] sowie die Sonderbestimmungen des BtMG und des (HWG) ein.

Über diese Regelungen werden Apothekern und Ärzten auch im zweiten Arzneimittelmarkt gestaffelte Gatekeeperfunktionen zugewiesen, die eine möglichst gesundheitsfördernde und schadensvermeidende Verwendung der Substanzen sichern soll:

> Im freiverkäuflichen Segment entfalten diese Gatekeeperfunktionen weder durch Ärzte noch durch Apotheker beachtenswerte regulierende Effekte, da diese Arzneimittel auch in Supermärkten und Drogerien verkauft werden können, wenn deren Verkaufspersonal sogenannte Sachkundenachweise besitzt (in zwei- bis dreitägigen Seminaren erwerbbar). Nach der Marktzulassung gelten Wettbewerbsstrukturen ähnlich wie im Lebensmittel- oder Kos-

---

61 Arzneimittelverschreibungsverordnung

metikhandel. Laut Gesundheitsausgabenrechnung wurden im Jahr 2008 5,6 % der in Deutschland verkauften Arzneimittel über den Einzelhandel abgegeben (Statistisches Bundesamt 2010a).

> Im apothekenpflichtigen, aber verschreibungsfreien Segment kann der Apotheker regulierend wirken, da er eigenständige Medikationsempfehlungen und die dazugehörige Beratung erteilt. Auch Ärzte können regulierend wirken, da ihre Therapieempfehlungen auch verschreibungsfreie Arzneimittel beinhalten können. Ziel des im Rahmen der Gesundheitsreform 2004 verabschiedeten GKV-Wettbewerbsstärkungsgesetzes war es unter anderem, für dieses Marktsegment Markt- und Wettbewerbsstrukturen zunehmend wirksam werden zu lassen. Ein Element der Wettbewerbsstrukturen ist die freie Preisgestaltung. Der vom Gesetzgeber intendierte Preiswettbewerb findet auf dem zweiten Markt jedoch nach wie vor eher wenig statt, da sich ein Großteil der Apotheken weiterhin an die unverbindlich empfohlenen Abgabepreise der Hersteller hält (Bleß et al. 2010, S. 30 ff.). Ein weiteres Markt- bzw. Wettbewerbselement sind die Werbemaßnahmen, die entsprechend HWG in diesem Segment auch beim Verbraucher eingeschränkt zulässig sind und folglich Wirkung entfalten können.

> Im Segment der verschreibungspflichtigen Arzneimittel haben Ärzte die eigentliche Gatekeeperfunktion, da sie mittels Privatrezept im Rahmen von IGeL den Verbrauchern die jeweiligen Mittel zugänglich machen. Apothekern wird vor allem eine Kontrollfunktion zugeschrieben. Arzneimittelpreise sind festgeschrieben, eine Produktbewerbung darf sich nur noch an Fachkreise richten.

Der zweite Markt wird aufgrund der Eigenfinanzierung durch den Verbraucher insbesondere von dessen Wünschen sowie seiner Zahlungsfähigkeit und -bereitschaft geprägt. Kritiker dieser Entwicklung weisen darauf hin, dass die Ausrichtung auf die Verbraucherwünsche und deren Zahlungsbereitschaft es Apothekern und Ärzten ermöglicht, eigene ökonomische Ziele mit den zugewiesenen Funktionen zu verbinden, sodass für beide Berufsgruppen deren Gatekeeperfunktion in ein Spannungsverhältnis gerät, wenn Verbraucherwünsche nicht der Gesundheit dienlich sind, aber zur Finanzierung des Gatekeeperunternehmens beitragen (Bleß et al. 2010, S. 30). Zugleich gibt es eine wesentlich geringer ausgeprägte Veranlassung und Möglichkeit Dritter zur Überprüfung der Einhaltung dieser Funktion, als es bei der Erbringung von Leistungen zulasten der GKV der Fall ist. Auch entfalten die leistungsrechtlichen Einschränkungen der Off-Label-Verwendung von Arzneimitteln im Selbstzahlersegment naturgemäß keine Wirkung. Aufgrund der zunehmenden Restriktionen im ersten Markt sei es auch für die Arzneimittelhersteller naheliegend, die Erschließung des Selbstzahlermarktes aktiv voranzutreiben. Laut Bleß et al. (2010, S. 31) werden die Werbemöglichkeiten entsprechend kreativ und mit hohem finanziellem Aufwand genutzt, und es entsteht in der Folge auf der Ebene der Hersteller, Apotheker und Ärzte ein

Wettbewerb um den Kunden, der im Spannungsfeld zu den ordnungspolitisch vorgesehenen Aufgaben und Restriktionen stattfindet.

Aufgrund der fehlenden Definition und Abgrenzungen sowie der verschwommenen Übergänge des zweiten Gesundheitsmarktes in Richtung Lebensmittel- oder auch Fitness-/Wellnessmarkt und der dadurch möglichen fast beliebigen Grenzziehungen gehen Schätzungen zur Größe und Dynamik des zweiten Gesundheitsmarktes mitunter weit auseinander. So bezifferte die Bundesregierung beispielsweise den gesamten zweiten Gesundheitsmarkt für 2007 auf insgesamt 60 Mrd. Euro und bezog sich dafür auf eine Studie, die sogar Functional Food und Biolebensmittel zu diesem zweiten Gesundheitsmarkt zählt. Sie weist vergleichend darauf hin, dass das Marktvolumen im Jahr 2003 noch auf 49 Mrd. Euro geschätzt wurde, woraus sich eine mittlere jährliche Wachstumsrate von 5,2 % für den Zeitraum von 2003 bis 2007 ergibt (Bundesregierung 2008). Das wissenschaftliche Institut der AOK (WIdO) schätzt das Marktvolumen der individuellen Gesundheitsleistungen, als einem Teilbereich des zweiten Marktes, für das Jahr 2010 auf 1,5 Mrd. Euro (2005: 0,95 Mrd. Euro) und die mittlere jährliche Wachstumsrate für den Zeitraum von 2005 bis 2010 auf 10 % (Zok 2010, S. 1; Zok/Schuldzinski 2005, S. 32).

Im Auftrag des WIdO werden seit einigen Jahren GKV-Mitglieder im Rahmen einer bundesweit repräsentativen Stichprobe (ca. 2.000 bis 3.000 Personen) zu ihren Erfahrungen mit IGeL befragt. Die Umfragen zeigen, dass der Anteil der Befragten, denen im vorangegangenen Jahr Privatleistungen von Ärzten angeboten wurden oder die sie nachgefragt haben, kontinuierlich steigt (für den Zeitraum 2005 bis 2010 betrug die mittlere jährliche Wachstumsrate 5,5 %) und dass diese Zusatzleistungen vor allem Patienten mit höherem Einkommen und höherer Schulbildung in der Arztpraxis angeboten wurden. Eine Differenzierung nach Leistungsarten ergab, dass von 2005 bis 2010 vor allem Heil- und Hilfsmittel häufiger angeboten oder nachfragt wurden (mittlere jährliche Wachstumsrate von 2005 bis 2010: 7 %). Damit ist diese Kategorie inzwischen die am dritthäufigsten nachgefragte IGeL-Leistung nach Ultraschall und Glaukomvorsorgeuntersuchungen (2005 lag sie noch an 5. Stelle). Das WIdO schätzt, dass in drei von vier Fällen angebotene bzw. nachgefragte Leistungen auch durchgeführt werden. 0,9 % der Befragten gaben an, dass ihnen Nahrungsergänzungsmittel angeboten wurden oder sie diese nachgefragt hätten.

Die Aussagen zur Dynamik des Marktsegments IGeL auf der Basis von Verbraucherbefragungen relativieren sich jedoch, wenn explizit der »zweite Arzneimittelmarkt« betrachtet und dazu die jährliche Gesundheitsausgabenrechnung des Statistischen Bundesamtes herangezogen wird (Statistisches Bundesamt 2010a). Diese Berechnung liefert Informationen sowohl zum ersten als auch zum zweiten Arzneimittelmarkt. Laut dieser Statistik wurden im Jahr 2008 in Deutschland für Arzneimittel insgesamt 43,2 Mrd. Euro ausgegeben (etwa ein Sechstel der gesamten Gesundheitsausgaben). 73 % der Arzneimittelausgaben entfielen auf die GKV (31,6 Mrd. Euro) und 6,7 % auf die PKV (2,9 Mrd. Euro) als wichtigste Kostenträger des ersten Marktes, 5 % entfielen auf andere Kostenträger. Entsprechend der Gesundheitsausgabenrechnung finanzierten im Jahr 2008 private Haushalte 15,2 % der Arzneimittelkosten selbst, sie zahlten insgesamt 6,59 Mrd. Euro. Betrachtet man die Entwicklung der Arzneimittelausgaben über die letzten 15 Jahre, ist bis auf die Abweichung 2004 und 2005 ein kontinuierlicher Anstieg der Ausgaben zu verzeichnen, mit mittleren jährlichen Wachstumsraten von 4,7 % für die GKV und von 6,3 % für die PKV (erster Arzneimittelmarkt). Für die Arzneimittelausgaben privater Haushalte (zweiter Arzneimittelmarkt) waren die mittleren jährlichen Wachstumsraten im Zeitraum von 1993 bis 2005 mit 2,4 % im Vergleich zum ersten Markt bereits erheblich geringer. Seit 2005 schrumpft der zweite Arzneimittelmarkt sogar – die mittlere jährliche Wachstumsrate beträgt seither -3,4 % (Statistisches Bundesamt 2010b, S. 13) (Abb. 7).

ABB. 7   ENTWICKLUNG DER ARZNEIMITTELAUSGABEN IN DEUTSCHLAND

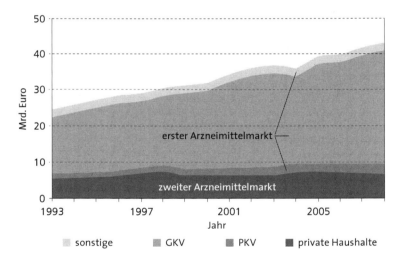

Quelle: Gesundheitsberichterstattung des Bundes (www.gbe-bund.de)

85 % der Arzneimittel wurden über öffentliche Apotheken und 5,6 % über den Einzelhandel abgegeben (der Rest waren Bezüge über den stationären Bereich oder das Ausland). Arzneimittelausgaben der privaten Haushalte beinhalten vor allem Ausgaben durch Selbstmedikation und Privatrezepte, die nicht bei einer PKV abgerechnet werden (von 1995 bis 2008 im Mittel 60 % der privaten Arzneimittelausgaben), sowie Zuzahlungen (im Mittel 30 %). Nach Angaben des Statistischen Bundesamtes wuchsen die Ausgaben durch Selbstmedikation und

Privatrezepte bis 2005 im Mittel jährlich um 1,8 % und sanken seitdem. Im Zeitraum 2005 bis 2008 betrug die mittlere jährliche Wachstumsrate für den Bereich der Selbstmedikation/Privatrezepte -2,7 %.[62]

Die Abverkaufsstatistiken der freiverkäuflichen Arzneimittel, die die Bundesvereinigung Deutscher Apothekerverbände (ABDA) erheben lässt, erhärten diese Aussagen. Bei weitgehend stabilen Preisen war im Zeitraum von 2005 bis 2009 der Rückgang der Ausgaben bei freiverkäuflichen Arzneimitteln in erster Linie auf sinkende Abverkaufsmengen zurückzuführen. Im Bereich Selbstmedikation betrug in diesem Zeitraum die mittlere jährliche Wachstumsrate -1,3 %, bei Privatrezepten lag dieser Wert sogar bei -4,1 %.

Die mitunter unterstellte hohe Dynamik des zweiten Arzneimittelmarktes insbesondere im Bereich der Selbstmedikation als Resultat aus offensiver Herstellerwerbung, Wettbewerbsstärkungselementen verbunden mit zunehmender Kundenwunschhinwendung der Hersteller, Apotheker und Ärzte sowie deren zunehmende Berücksichtigung eigener wirtschaftlicher Interessen lässt sich für den Arzneimittelbereich zumindest anhand der Gesundheitsausgabenstatistik und der Abverkaufsstatistiken von freiverkäuflichen Arzneimitteln also bisher nicht belegen. Höchstens die stichprobenartige Befragung von GKV-Versicherten könnte als ein Indiz dafür gewertet werden.

Die Analyse des zweiten Arzneimittelmarktes in seiner Gesamtheit liefert kein Indiz, dass die Verbraucher in diesem Marktsegment keine vernünftigen Ermessensentscheidungen treffen und diesen Markt nicht begrenzen würden. Ob dieses Gesamturteil jedoch auch auf den Verbrauch einzelner Substanzen (die potenziell zu Enhancementzwecken verwendet werden könnten, wie z.B. Koffeintabletten) übertragen werden kann, ist offen. Dazu müssten Marktanalysen auf Substanzebene gemacht werden, die bisher nicht systematisch verfügbar sind.

DER ZWEITE MARKT ALS ZUGANGSPFAD ZU ENHANCEMENTMITTELN

Enhancementmittel, die unter das Arzneimittelrecht fallen, haben im Vergleich zum ersten Arzneimittelmarkt über den zweiten zwar auch ein reguliertes, aber in Abhängigkeit von der Arzneimittelkategorie (freiverkäuflich, apothekenpflichtig, verschreibungspflichtig) ein strukturell durchlässigeres Einfallstor (Bleß et al. 2010, S. 47 f.).

Die grundsätzliche Verpflichtung von Ärzten und Apothekern, der Gesundheit zu dienen, steht in einem Spannungsverhältnis zu ökonomischen Erwägungen. In Abhängigkeit vom möglichen Nebenwirkungspotenzial kann die denkbare und

---

62 Aufgrund von zahlreichen diesbezüglichen Gesetzesänderungen in den Jahren 1997, 1999, 2004 und 2006 stiegen und fielen die Zuzahlungsbeträge erheblich. Die jährlichen Wachstumsraten schwankten in diesem Zeitraum zwischen -27,5 % und 47,2 %. Die mittlere jährliche Wachstumsrate ist infolgedessen kein geeigneter Vergleichswert.

aus regulativer Sicht auch vorgesehene Möglichkeit der Verweigerung des Arztes bezüglich einer Wunschverordnung bzw. des Apothekers, ein verlangtes Arzneimittel abzugeben, umso geringer eingeschätzt werden, je eher zu erwarten ist, dass andere Ärzte und Apotheker diesen Wünschen entsprechen werden. Je niedriger das Nebenwirkungspotenzial einer Substanz, desto geringer dürfte auch die Verweigerungsquote ausfallen. Da Ärzte entsprechende Verschreibungen im Rahmen von IGeL bei Privatpersonen teurer abrechnen können (die ärztliche Gebührenverordnung für private Leistungen erlaubt die Abrechnung mit Steigerungsfaktoren zum Gebührensatz teilweise ohne Begründung), als dies über das Abrechnungssystem der GKV möglich ist, und die GKV zunehmend die Einhaltung des Wirtschaftlichkeitsgebots überwacht, bietet der zweite Markt vermutlich die »enhancementfreundlicheren« Zugangsstrukturen.

Für die Hersteller mit ihrem ökonomischen Handlungsansatz sollte es aufgrund der zunehmenden Restriktionen im ersten Markt naheliegend sein, die Erschließung des zweiten Marktes aktiv voranzutreiben. Einschränkend ist jedoch festzustellen, dass neue Arzneimittel automatisch fünf Jahre verschreibungspflichtig sind, bis die Gefährlichkeit zuverlässiger eingeschätzt werden kann.

Im zweiten Arzneimittelmarkt hat der Verbraucher eine größere Handlungsverantwortung, in seine Entscheidungen fließen rationale und emotionale Aspekte ein. In der Folge werden auch Arzneimittel nachgefragt, für die ein Nutzen bisher nicht notwendigerweise durch evidenzbasierte medizinische Verfahren nachgewiesen werden konnte. Auch Enhancementmittel können in dieser Umgebung ihre Verankerung finden. Jedoch liefert die Entwicklung der letzten Jahre, insbesondere der Rückgang des Marktvolumens, Indizien dafür, dass Verbraucher in diesem zweiten Arzneimittelmarkt zurückhaltender als oft vermutet agieren. Denn trotz der Verschiebung eines nicht unerheblichen Teils von Arzneimitteln aus dem ersten in den zweiten Markt ist die dynamische Entwicklung des ersten Arzneimittelmarktes oder auch des erweiterten allgemeineren Gesundheitsmarktes nicht auf den zweiten Arzneimittelmarkt zu übertragen. Die Zahlungsbereitschaft der Verbraucher ist in den letzten Jahren auf dem zweiten Markt sogar rückläufig gewesen. Sie muss daher gegenwärtig wohl als Hemmnis der Verwendung von Arzneimitteln zu Enhancementzwecken betrachtet werden.

Besondere Hemmnisse bei der Verwendung zu Enhancementzwecken bestehen bei Arzneimitteln, die als Betäubungsmittel oder als Dopingmittel klassifiziert sind oder keine Zulassung in Deutschland haben. Die diesbezüglich sehr restriktiven Bestimmungen mit detaillierten Dokumentationspflichten und Kontrollmechanismen, das Gefährdungspotenzial der Patienten/Kunden bei unsachgemäßer Verwendung und speziell beim Doping das Überschreiten der berufsethischen Vorgaben wie auch die gesellschaftliche Ablehnung insgesamt machen bei Ärzten und Apothekern die Einhaltung dieser Regularien auch gegenüber expliziten »Kundenwünschen« sehr wahrscheinlich (Bleß et al. 2010, S. 48).

DER INTERNETMARKT ALS TEILBEREICH DES ARZNEIMITTELMARKTES

Seit 2004 ist der Versandhandel mit Arzneimitteln mit behördlicher Erlaubnis für Apotheker, die gleichzeitig eine Präsenzapotheke betreiben, erlaubt (Bleß et al. 2010, S. 31 ff.). Das deutsche Arzneimittelrecht mit seinen Regelungen zur Zulassung, Herstellung, Verkehrsfähigkeit und zur Bewerbung gilt auch für den Internethandel mit Arzneimitteln. Auch bei grenzüberschreitendem Versand von Arzneimitteln nach Deutschland ist deutsches Recht anzuwenden (Arzneimittelpreisverordnung gilt; Versendeverbot von in Deutschland nichtzugelassenen Arzneimitteln). Der legale Versandhandel mit Arzneimitteln unterscheidet sich nicht wesentlich von den Rahmenbedingungen des ersten bzw. zweiten Marktes, wenngleich der Kundenkontakt zum Apotheker stärker anonymisiert ist als in einer Präsenzapotheke, was die Gatekeeperfunktion in Bezug auf die Beratungsleistung relativiert (Bleß et al. 2010, S. 49).

Die Kontrolle der Einhaltung dieser Rechtsnormen gestaltet sich jedoch schwierig. Es gibt neben dem legalen Versandhandel zahlreiche gesetzeswidrige Möglichkeiten der Arzneimittelbeschaffung im Internet. Dabei treten folgende Umgehungsstrategien immer wieder auf (Bleß et al. 2010, S. 32 f.):

> Nutzung abweichender arzneimittelrechtlicher Bestimmungen im Ausland (diese reichen bis zu illegalen Handlungen und sind mit Kontrollkonzepten, die auf dem Prinzip der Präsenzapotheke aufbauen, kaum zu überwachen, beispielsweise der Versand aus Ländern mit weniger restriktiven Arzneimittelkategorisierungen wie z.B. den USA);
> Rezeptausstellung mittels eines »Onlinearztes«, der Fragebögen begutachten und Rezepte autorisieren soll;
> Angebote ohne jegliche Transparenz, die durchdrungen sind von Arzneimittelfälschungen.

Im internationalen Handel trägt der Kunde, der als Privatperson eigentlich nicht befugt ist, Arzneimittel zu importieren, und meist nicht das spezifische Wissen hat, die Grenzen des regelkonformen Bezugs abzustecken, das Risiko auch für mögliche unerwünschte Nebenwirkungen. Diese sind kaum kalkulierbar, weil sich der Internetmarkt dem Verfahren des AMG in weiten Teilen entziehen kann: Schon die Herstellung entzieht sich weitgehend der Kontrolle. Für den Verbraucher ist es schwer bis unmöglich, zwischen Originalen und Plagiaten zu unterscheiden, noch dazu, weil er durch den ersten Markt bereits daran gewöhnt wird, Reimporte und Umverpackungen zu akzeptieren und ihnen zu vertrauen. Im Versandhandel entfaltet zusätzlich auch der Preiswettbewerb eine größere Bedeutung als im Handel über Präsenzapotheken. Er lenkt die Nachfrage tendenziell auf die preisgünstigsten Angebote, bei denen die Wahrscheinlichkeit der Einhaltung aller Regularien des Arzneimittelrechts sinkt. Bleß et al. (2010, S. 40) beschreiben den Internetmarkt, der kognitive Leistungssteigerung suggeriert, als einen Markt mit intransparenten Substanzangeboten, durchdrungen von Off-Label-Verwendung verschreibungspflichtiger Arzneimittel, die teilweise den hohen Hürden der BtMG und entsprechender Verschreibungsverordnungen unterliegen, und der um illegale Bezugswege bzw. Schnittmengen zum illegalen Drogenkonsum ergänzt wird. Im Vergleich zum herkömmlichen Arzneimittelhandel erfordert er eigene Kontrollmaßnahmen, wie z.b. die Einbeziehung des Bundeszolls. Die vom Zoll sichergestellte Menge an Arzneimitteln stieg in den vergangenen Jahren kontinuierlich an, beispielsweise bei Amphetaminen von 212 kg im Jahre 2007 auf 668 kg 2009 (BMF 2010, S. 10). Eine wichtige Ursache wird in der unübersichtlichen Struktur des Internetmarktes gesehen.

Wenn sich ein starker Verbraucherwunsch nach Enhancement entwickelte, wären hemmende Einflussfaktoren in diesem Marktsegment kaum zu erwarten. Damit stellt der Internetmarkt ein potenziell relevantes Einfallstor für Enhancementmittel dar, das sich echter Transparenz entzieht (Bleß et al. 2010, S. 49).

DIE VERBRAUCHERSEITE: BEFUNDE ZUM ARZNEIMITTELEINSATZ ZUR LEISTUNGSSTEIGERUNG   4.

Sowohl Lebensmittel- als auch Arzneimittelrecht thematisieren grundsätzlich den bestimmungsgemäßen Umgang mit den jeweiligen Substanzen und definieren einzelne Verbote, um die (Volks-)Gesundheit zu schützen.

Aufgrund der verfassungsrechtlich verbürgten allgemeinen Persönlichkeitsrechte (Art. 2 Abs. 1 GG), die auch das Recht auf Selbstschädigung einschließen, gilt ein Individualverhalten wie die missbräuchliche Verwendung von Lebens- oder Arzneimitteln in Deutschland im allgemeinen Strafrecht derzeit als nicht sanktionierbar. Maßnahmen zur Verbesserung des eigenen Körpers, die ohne gegebene Behandlungsbedürftigkeit an einem Mensch auf seinen Wunsch hin durch Dritte durchgeführt werden, sind Ausdruck seines verfassungsrechtlich verbürgten individuellen Selbstbestimmungsrechts. Beschränkt wird dieses Recht jedoch durch die verfassungsmäßige Ordnung, die Rechte anderer sowie Sittengesetze (Art. 2 Abs. 1 GG; Simon et al. 2008, S. 20 f.). Eine Einschränkung der Persönlichkeitsrechte könnte nur mit einem vergleichbar hohen Schutzgut begründet werden, wie z.b. dem Schutz der Persönlichkeitsrechte Dritter oder dem Schutz der Volksgesundheit (z.b. Fahrverbot nach Alkoholkonsum in der Straßenverkehrsordnung).

Vor diesem Hintergrund ist in Deutschland de jure nicht der Konsum bestimmter, auch gesundheitsschädlicher Substanzen (z.b. Dopingmittel oder illegale Drogen) verboten, sondern lediglich der Umgang mit ihnen bzw. Handlungen Dritter, die diesen Umgang befördern könnten (Kap. III.3.3).

Als Ausfluss der Vereinigungsfreiheit (Art. 9 Abs. 1 GG) können Organisationen (wie z.b. Sportvereine, Berufskammern) im Rahmen ihrer autonomen Selbstregulierung Rechte und Pflichten ihrer Mitglieder entsprechend eigener Maßstäbe und Werte festlegen und dabei auch Persönlichkeitsrechte ihrer Mitglieder einschränken (Simon et al. 2007, S. 16 f.). Auf dieser Grundlage können Sportorganisationen beispielsweise ihren Mitgliedern die Teilnahme an Wettkämpfen verbieten, wenn sie bestimmte potenziell leistungssteigernde Mittel eingenommen haben, und sie können dieses organisationsinterne Konsumverbot auch kontrollieren.

Vor diesem Hintergrund ist es gegenwärtig in Deutschland im Wesentlichen nicht verboten, Substanzen zur Leistungssteigerung (Ausnahme organisierter Sport) oder zu anderen Zwecken zu konsumieren, wenn ein Zugang zu entsprechenden Substanzen besteht. Dieser Zugang wird vor allem für Arzneimittel eingeschränkt, um mögliche Gesundheitsschäden zu vermeiden. Dennoch sind laut Bundesärztekammer die folgenden epidemiologischen Befunde zum problematischen Umgang mit Arzneimitteln zu konstatieren (Bühren et al. 2007, S. 10 f.):

> Circa 1,4 bis 1,9 Mio. Menschen in Deutschland sind von ärztlich verschriebenen psychotropen Arzneimitteln abhängig. Weitere 1,7 Mio. Personen werden als mittel- bis hochgradig gefährdet eingestuft, eine entsprechende Substanzabhängigkeit zu entwickeln. Hinzu kommen die Personen, die rezeptfreie Arzneimittel missbrauchen und somit schwer zu erfassen sind.
> Etwa 5 % der erwachsenen Bundesbürger weisen Probleme im Umgang mit psychotropen Arzneimitteln auf (sind von Missbrauch von Medikamenten mit einem Suchtpotenzial betroffen oder bereits abhängig).
> Von einer Arzneimittelabhängigkeit sind Frauen etwa doppelt so häufig wie Männer betroffen.
> Die Prävalenz steigt ab dem 40. Lebensjahr, ab dem 60. Lebensjahr stellt der nichtverschreibungsgemäße Gebrauch psychotroper Arzneimittel ein weitverbreitetes Problem dar.

Es ist davon auszugehen, dass ein Teil dieser Personen ein solches Verhalten entwickelt, obwohl sie ursprünglich »nur« ihre Leistungen in beruflichen Umgebungen zumindest erhalten, vielleicht auch verbessern wollten.

EMPIRISCHE BEFUNDE ZUR PHARMAKOLOGISCHEN
LEISTUNGSSTEIGERUNG   4.1

Einige wenige empirische Studien liefern Hinweise auf das bisherige Ausmaß der Verwendung pharmakologischer Substanzen zur Leistungssteigerung. Für den Kontext von Beruf und Arbeit liegt für Deutschland der Gesundheitsreport der Deutschen Angestellten Krankenkasse (DAK) vor (DAK 2009). Unter dem Titel »Doping am Arbeitsplatz« versucht er, die Verbreitung der Einnahme von pharmakologischen Substanzen zur Leistungssteigerung am Arbeitsplatz in Deutschland empirisch zu fundieren. Dazu wurden ca. 5.000 aktiv Erwerbstätige im Alter von 20 bis 50 Jahren bundesweit nach der Verwendung »potenter Medikamente« zur Verbesserung der geistigen Leistungsfähigkeit oder psychischen Befindlichkeit ohne medizinische Notwendigkeit befragt, von denen ca. 3.000 antworteten. In Anlehnung an die Befragungen zum Doping im Hochleistungssport wurde zuerst gefragt, ob Personen bekannt sind, die Medikamente zur Leistungssteigerung oder Stimmungsaufhellung ohne medizinisch triftige Gründe nehmen. Etwa jeder Fünfte bejahte diese Frage. Ähnlich viele Befragte haben die Erfahrung gemacht, dass ihnen potente Medikamente ohne medizinische Notwendigkeit empfohlen wurden (DAK 2009, S. 52 f.).

5 % der Befragten gaben an, dass sie selbst schon potente Medikamente ohne medizinische Notwendigkeit genommen haben, 2,2 % taten dies häufig bis regelmäßig. Frauen nahmen entsprechende Mittel häufiger zur Verbesserung der psychischen Befindlichkeit, Männer häufiger zur Verbesserung kognitiver Fähigkeiten (DAK 2009, S. 56 f.).

Unter der Annahme, dass die Stichprobe repräsentativ für die deutschen Erwerbstätigen (ca. 40 Mio.) ist, würde dies bedeuten, dass etwa 2 Mio. Erwerbstätige bereits potente Medikamente zur Leistungssteigerung oder Stimmungsaufhellung am Arbeitsplatz ohne medizinisch triftige Gründe einnehmen oder eingenommen haben und ca. 900.000 von ihnen dies regelmäßig bis häufig tun. Die DAK-Studie zielte darauf ab, Hinweise zum Ausmaß von Doping am Arbeitsplatz bei der allgemeinen Erwerbsbevölkerung zu liefern. Darin unterscheidet sie sich von den meisten anderen Befragungen zu Doping-/Enhancementverhalten, die speziell mögliche Risikogruppen untersucht haben, von denen angenommen wird, dass sie besonders hohen Leistungsanforderungen, teilweise in besonders kompetitiven Umgebungen, ausgesetzt sind.

Die Onlineumfrage der Wissenschaftszeitung »Nature« (Maher 2008) beispielsweise konnte nur ihre eigene Leserschaft erreichen, der vorrangig wissenschaftliche und wissenschaftsnahe Berufe und damit hohe kognitive Leistungsanforderungen unterstellt werden können. Von den 1.400 Menschen aus 60 Ländern, die auf diese Befragung antworteten, gaben 20 % an, dass sie bereits Medikamente ohne medizinischen Grund zur mentalen Leistungssteigerung genommen haben. Maher (2008) weist explizit darauf hin, dass mit dieser Stichprobe keine Repräsentativität für eine größere Grundgesamtheit vorliegt.

Schüler und Studenten gelten ebenfalls als Bevölkerungsgruppe, die regelmäßig hohen kognitiven Leistungsanforderungen ausgesetzt ist. Franke et al. (2011) befragten schriftlich und anonym im Zeitraum von 2009 bis 2010 in Deutschland 1.035 Schüler (Altersdurchschnitt 19,3 Jahre) und 512 Studenten (Altersdurchschnitt 24 Jahre) nach dem Konsum verschiedener Substanzen. Gefragt wurde, ob diese im gesunden Zustand zur Verbesserung ihrer kognitiven Fähig-

keiten (z.b. Wachheit, Konzentrationsfähigkeit, Gedächtnis) Stimulanzien einnehmen, einerseits verschreibungspflichtige Arzneimittel (z.b. Methylphenidat,
Modafinil oder Antidementiva) und andererseits illegale Drogen (z.b. Amphetamine, Kokain, Ecstasy). 1,5 % der Schüler und 0,8 % der Studenten gaben an,
verschreibungspflichtige Arzneimittel zu Enhancementzwecken eingenommen zu
haben. 2,4 % der Schüler und 2,9 % der Studenten bestätigten den Konsum illegaler Drogen zu diesem Zweck. Bei etwa 50 % der Konsumenten gab es Über-
schneidungen (sowohl Arzneimittel als auch illegale Drogen).

Schermer et al. (2009, S.79) verweisen auf ähnliche Pilotumfragen bei nieder-
ländischen Schülern von 12 bis 18 Jahren (Prävalenzrate: 2,4 % für medizinisch
nichtindizierten Konsum von Psychostimulanzien, 1,2 % explizit für Ritalin) und
1.500 belgischen Studenten (Prävalenzrate: 3 % für medizinisch nichtindizierten
Konsum von Psychostimulanzien während der Prüfungszeit). In den USA werden
seit Längerem Studenten zu ihrem Konsumverhalten unterschiedlicher Substanzen befragt. Am bekanntesten sind die Erhebungen im Rahmen der regelmäßigen
US-amerikanischen »College Alcohol Study« (CAS), die in den letzten Jahren
auch den Konsum von Arzneimitteln erfasst. Im Jahr 2003 wurden 10.904 Studenten an 119 Colleges und Universitäten befragt. Von den teilnehmenden 52 %
gaben 6,9 % an, jemals verschreibungspflichtige Stimulanzien ohne medizinische
Indikation eingenommen zu haben (McCabe et al. 2005, S.98 ff.). Ähnliche Prävalenzraten ergab eine Umfrage unter Studenten der Universität von Michigan.
Hier bestätigten 8,1 % der teilnehmenden 9.161 Studenten (47 % der Gesamtheit) eine entsprechenden, ein- oder mehrmaligen Konsum, darunter signifikant
mehr Männer als Frauen (Teter et al. 2005, S.256 f.).

Auch zum Dopingverhalten im Sport liegen einige empirische Untersuchungen
vor, die sich jedoch ebenfalls regelmäßig auf bestimmte Risikogruppen und nicht
auf alle Sportler beziehen. Dazu gehören einerseits die Leistungs- oder Spitzensportler (derzeit gibt es in Deutschland ca. 8.500 sogenannte Kaderathleten, die
vom Dopingkontrollsystem der Nationalen Antidoping Agentur erfasst werden)
und andererseits die Fitnessstudiobesucher (in Deutschland gibt es 5 bis 6 Mio.
Mitglieder in Fitnessstudios). Pitsch et al. (2005) führten eine anonyme Internet-
befragung unter deutschen Kaderathleten durch und errechneten daraus Do-
pinghäufigkeiten von ca. 26 % (die Autoren schätzen, dass 20 % der »Nichtdo-
per« möglicherweise falsch geantwortet haben). Boos/Wulff (2001) befragten im
Jahr 1998 anonym per Fragebogen Mitglieder aus insgesamt 58 Fitnessstudios.
Aus den Antworten errechneten sie Häufigkeiten für die mindestens einmalige
Verwendung von Dopingsubstanzen (konkret anabole Steroide) von ca. 19 %
(Männer 22 %, Frauen 8 %). Unter der Annahme, dass diese Stichprobenbefra-
gungen repräsentativ für die jeweiligen Personengruppen und deren Größen be-
kannt sind, können Hochrechnungen Hinweise auf das tatsächliche Ausmaß im
Sinn möglicher absoluter Nutzerzahlen liefern (Tab. 12).

TAB. 12		HÄUFIGKEITEN DER VERWENDUNG VON PHARMAKA ZUR LEISTUNGSSTEIGERUNG			
	Arbeitsplatz	**Schule/ Universität**		**Sport**	
Literatur-quelle	DAK 2009	Maher 2008	Franke et al. 2011	McCabe et al. 2005	Boos/Wulff 2001	Pitsch et al. 2005
Stichprobe	3.017 Beschäf-tigte (20–50 Jahre)	1.400 Wissen-schaftler	1.547 Schüler u. Studenten	10.904 Studenten	454 Fitness-studio-besucher	448 Kader-athleten
Region	DE	weltweit	DE	USA	DE	DE
Grund gesamtheit	ca. 40 Mio. Beschäf-tigte	unbe-kannt	unbe-kannt	unbe-kannt	ca. 5–6 Mio. Studio-mitglieder	ca. 8.500 Kader-athleten
Prävalenz						
> jemals bis gelegentlich	5 % (~2 Mio.)*	20 %	1 %	7 %	19 % (~1 Mio.)*	26 % (~2.200)*
> häufig bis sehr häufig	2,2 % (~0,9 Mio.)*					

*   extrapoliert aus Grundgesamtheit

Eigene Darstellung auf Basis der angegebenen Literaturquellen

Anders als die DAK-Studie, in der auf eine soziodemografische Analyse weitgehend verzichtet wurde, wurde in den anderen Erhebungen zur kognitiven Leistungssteigerung versucht, die Personengruppen, die pharmakologische Substanzen zur Leistungssteigerung verwendeten, und deren Umgebung näher zu spezifizieren. Die »Nature-Befragung« (Maher 2008) belegte, dass die Verwendung von Neuroenhancern in allen Altersgruppen zugegeben wurde (mit einem Höchstwert um 25 % bei den unter 25-Jährigen, einem Tiefstwert von 10 % bei den 45- bis 55-Jährigen und einer zweiten Spitze bei den über 55-Jährigen).

Die US-amerikanische CAS-Studie (McCabe et al. 2005) ergab, dass diejenigen, die Ritalin ohne medizinische Indikation einnahmen, eher männlich, weiß und Mitglied einer Studentenvereinigung waren sowie eher unterdurchschnittliche Studienleistungen erbrachten. Diese Personengruppe gab auch sonst häufiger risikohaftes Verhalten zu (z.B. Drogenkonsum). Die Häufigkeiten bei den Studenten, die die Einnahme von Ritalin ohne medizinischen Grund zugaben, schwankten je nach College zwischen 0 und 25 %. Colleges mit besonders ausgeprägten kompetitiven Zulassungsverfahren wiesen die höchsten Raten auf (McCabe et al. 2005, S. 96). Die Prävalenzraten der nichtmedizinisch indizierten Verwendung verschreibungspflichtiger Stimulanzien war bei spezifischen Schüler-/Studenten-befragungen deutlich höher als bei ähnlichen Umfragen unter US-amerikanischen Jugendlichen insgesamt (Prävalenzrate: unter 1 %) (Teter et al. 2005, S. 259).

In der deutschen Studie gaben signifikant mehr Schüler aus Berufsschulen als aus Gymnasien und mehr mit schlechteren Noten den Konsum von Arzneimitteln zu. Der Konsum illegaler Drogen zu Enhancementzwecken wurde von männlichen Schülern häufiger bestätigt. Bei den Studenten bejahten diejenigen, die Mitglieder von Studentenverbindungen waren, den Konsum von Stimulanzien (sowohl Arzneimittel als auch illegale Drogen) signifikant häufiger (Franke et al. 2011).

Die Befragungen von Pitsch et. al. (2005) zeigten, dass in Sportarten, in denen bestimmte physische Leistungsparameter singulär verglichen werden (sogenannte CGS-Sportarten, die sportliche Leistungen in Zentimeter, Gramm oder Sekunde definieren), Dopingverhalten häufiger auftritt als in Sportarten, in denen komplexere sportliche Leistungsparameter gefordert werden (Spielsportarten). Sportler, die Leistungen auf lediglich nationalem Leistungsniveau erbrachten, bekannten sich nicht so häufig zu Doping wie Sportler mit internationalem Leistungsniveau. In der weiteren Differenzierung zeigte sich jedoch, dass in den allerhöchsten Leistungsklassen, die auch dem Dopingkontrollsystem des organisierten Sports am stärksten unterliegen, die Prävalenzraten wieder sanken. Pitsch et al. (2009, S. 19) bewerten Doping tendenziell als Problem der »zweiten Reihe«, da für Athleten der »ersten Reihe« aufgrund ihres ohnehin hohen Leistungs- und Erfolgs-niveaus Doping kaum einen Zusatznutzen bringe, der Schaden jedoch beträchtlich wäre (hierzu Kap. VI).

Angesichts der Abgrenzungsschwierigkeiten des Arzneimitteleinsatzes zur Leistungssteigerung in Arbeitsumgebungen wie auch eines zu vermutenden nicht unerheblichen Falschantwortenverhaltens aufgrund der höheren moralischen Ablehnung von Doping in Kombination mit den Verbotsregeln im Sport und im Arzneimittelrecht können die Befragungen lediglich Indizien bezüglich der gesellschaftlichen Dimension der pharmakologischen Leistungssteigerung am Ausbildungs- oder Arbeitsplatz bzw. im Sport liefern. Die Bewertung dieser Hinweise bezieht sich meist auf die hochgerechneten absoluten Häufigkeiten. In der Auswertung der DAK-Studie wird beispielsweise die Zahl derjenigen, die häufig bis sehr häufig potente Medikamente zur Leistungssteigerung nehmen, noch einmal reduziert, und es werden nur diejenigen betrachtet, denen keine regelkonforme Beschaffungspraxis unterstellt wird. Die dann verbleibenden 1 bis 1,9 % werden als noch kein weitverbreitetes Phänomen bezeichnet. Vielmehr folgern die Autoren, dass in der Öffentlichkeit ein verzerrtes Bild dargestellt wird (DAK 2009, S. 60).

Eine Hochrechnung der DAK-Umfrageergebnisse auf die Gesamtheit der in Deutschland Beschäftigten würde jedoch bedeuten, dass ca. 2 Mio. Beschäftigte jemals bis gelegentlich und sogar knapp 1 Mio. Beschäftigte häufig bis sehr häufig Arzneimittel zur Leistungssteigerung am Arbeitsplatz einnehmen (Tab. 12). Diese Extrapolation berücksichtigt noch nicht einmal den Sachverhalt, dass mit zunehmendem Alter kritische Arzneimittelkonsummuster vermehrt beobachtet werden, Arbeitnehmer über 50 Jahre jedoch aus der Stichprobe ausgeschlossen waren, sodass die Situation möglicherweise sogar unterschätzt wird. Bei der Bewertung der Situation sollten die absoluten Zahlen also mit berücksichtigt werden. Boos (2007) verweist neben den Prävalenzraten aus der Befragung explizit auf die Hochrechnungen auf alle Fitnessstudiomitglieder in Deutschland (insgesamt 1 Mio. Studiobesucher, von denen mehr als 700.000 männliche und fast 300.000 weibliche Doper wären, also Personen die mindestens einmal Dopingsubstanzen zu sich genommen haben) und bezeichnet die Dopingsituation in Fitnessstudios in Deutschland als dramatisch.

Gleichzeitig ist zu bedenken, dass hochaggregierte Betrachtungen den Blick auf die Spezifik des Problems verstellen können. So, wie Dopingverhalten vor allem bei Wettkampfsportlern in bestimmten Sportarten oder bei Mitgliedern von Fitnessstudios erwartet wird, jedoch nicht bei sporttreibenden Menschen grundsätzlich (z.b. den gegenwärtig ca. 27 Mio. Mitglieder in deutschen Sportvereinen), so ist auch zu vermuten, dass eine differenzierte Befragung von Berufsgruppen mit unterschiedlichem Leistungsdruck unterschiedliche Häufigkeiten in Bezug auf die Verwendung von Arzneimitteln zur Leistungssteigerung am Arbeitsplatz hervorbringen würde. Dies sollte bei der Planung zukünftiger Studien berücksichtigt werden (Kap. VII).

ABLEHNUNG/AKZEPTANZ

Anders als beim Doping im Sport, bei dem eine hochgradige gesellschaftliche Ablehnung in weiten Teilen des öffentlichen Lebens beobachtet werden kann, scheint bei der Verwendung von potenziell leistungssteigernden Substanzen in Alltags- oder Arbeitsumgebungen die Ablehnung eines solchen Verhaltens gesellschaftlich nicht so stark ausgeprägt zu sein.

Am stärksten war die Akzeptanz bei denjenigen, die sich an der »Nature-Umfrage« beteiligten. Während »nur« 20 % angaben, dass sie selbst schon Neuroenhancer genommen haben, waren 80 % der Meinung, dass es gesunden Erwachsenen erlaubt sein sollte, freiwillig entsprechende Substanzen zu verwenden. Potenzielle Nebenwirkungen waren kaum ein triftiger Grund für die Ablehnung, 69 % würden mittelschwere Nebeneffekte für sich selbst riskieren, wenn Substanzen Leistungen tatsächlich steigern könnten (Maher 2008).

Die DAK-Studie lieferte folgendes Bild: Die Mehrheit der Befragten lehnte es grundsätzlich ab, Medikamente zur Steigerung der *geistigen Leistungsfähigkeit* einzunehmen, Männer (63 %) häufiger als Frauen (56 %). Die Ablehnung, Medikamente zur Verbesserung des *psychischen Wohlbefindens* zu nehmen, war noch etwas höher (Männer 70 %, Frauen 60 %) (DAK 2009, S. 78 f.). Als Gründe für die Ablehnung wurde die nichtvorhandene medizinische Notwendigkeit angegeben (zwei Drittel derjenigen, die ein solches Verhalten generell ablehnen). Ein Drittel verband keinen Nutzen für die berufliche Tätigkeit mit einer möglichen Einnahme, und ein Drittel lehnte Medikamente prinzipiell ab. Unverdiente Vorteile waren hingegen lediglich für 2,7 % der Frauen und 3,4 % der Männer ein Grund, Enhancement grundsätzlich abzulehnen.

Diejenigen, die einen Medikamenteneinsatz zur *Steigerung der geistigen Leistungsfähigkeit* auch bei Gesunden nicht grundsätzlich ablehnten, konkretisierten, mit welchen Begründungen sie ein solches Verhalten akzeptieren würden. Als wichtigster Grund wurde die generelle Steigerung der Aufmerksamkeits-, Gedächtnis- und Konzentrationsleistungen angesehen (Frauen 28 %, Männer 25 %), gefolgt von dem Wunsch, die Müdigkeit während der Arbeitszeit zu senken sowie die Arbeitszeit bei Termindruck verlängern zu können. Diejenigen, die einen Medikamenteneinsatz zur *Stimmungsverbesserung* auch bei Gesunden nicht grundsätzlich ablehnten, sahen als wichtigste Gründe das bessere Ertragen von Stress, die Reduktion von Nervosität und Lampenfieber sowie eine bessere Stimmung im privaten Bereich an (DAK 2009, S. 79 ff.).

Wenn für einen Teil der Bevölkerung die Verwendung von Arzneimitteln ohne medizinische Indikation zur Verbesserung der individuellen Leistungsfähigkeit oder zur Stimmungsaufhellung akzeptabel ist und ein Teil dafür auch Nebenwirkungen in Kauf nimmt, ist auch die Frage zu stellen, wie mit möglichen Folgen umzugehen ist und wer gegebenenfalls die Kosten für eine Folgebehandlung trägt.

UMGANG MIT MÖGLICHEN FOLGEKOSTEN DURCH DIE EINNAHME VON (ENHANCEMENT-)SUBSTANZEN   4.2

Dass trotz bestehender Vorschriften und Verfahren, die bei Arzneimitteln möglichst eine ausschließlich gesundheitsförderliche Verwendung gewährleisten sollen, bei einem Teil der Konsumenten ein problematischer Gebrauch entstehen kann, ist kein neues Phänomen. Die internationale Klassifikation der Krankheiten und verwandter Gesundheitsprobleme der WHO (ICD-10) definiert unterschiedliche krankheitsrelevante Zustände als Folge des Konsums psychotroper Substanzen (Kategorien F10 bis F19) und grenzt sie ab von Folgen durch den Konsum nichtabhängigkeitserzeugender Substanzen (Kategorie F55, die bereits heute weiter differenziert u.a. nach Vitaminen [F55.4], Pflanzen und Naturheilmittel [F55.6] und diverse andere). Die in Kapitel II vorgestellten Substanzen können einzelnen Kategorien dieser Klassifikation zugeordnet werden. In der weiteren Differenzierung werden unterschiedliche Schäden als Folgen des Substanzkonsums benannt, von der akuten Intoxikation (F1x.0) über schädlichen

Gebrauch (F1x.1) bis zur Beeinträchtigung des Kurz- und Langzeitgedächtnisses, auch amnestisches Syndrom genannt (F1x.6).

Wenn durch unsachgemäßen Arzneimittelkonsum ein krankheitsrelevanter Zustand entsteht, gehört die Behandlung zum unmittelbaren Aufgabenbereich des Arztes (Kap. III.3.5). Je nach spezifischer Situation ist neben einer Akutbehandlung auch eine Entzugsbehandlung angezeigt. Teilweise haben sich bereits Ärzte und/oder Kliniken auf die Folgebehandlung von Fehlgebrauch einiger Substanzgruppen (z.b. für Schlaf- und Beruhigungsmittel, Schmerzmittel) oder bestimmte Patientenkollektive spezialisiert. Eine ärztliche Hilfe bei gesundheitlichen Problemen infolge von Arzneimittelfehl- oder -missbrauch wird also grundsätzlich unabhängig von möglichen Ursachen oder individuell anvisierten Zwecken des Substanzgebrauchs gewährleistet und fällt bisher unter die Leistungskataloge unterschiedlicher Kostenträger.

Allerdings weist der Staat Sozialversicherungspflichtigen eine Mitverantwortung für ihre Gesundheit zu: Durch eine gesundheitsbewusste Lebensführung sollen sie zu deren Erhalt beitragen (§ 1 SGB V). Wenn der Versicherungspflichtige diese Aufforderung nicht befolgte und sich daraus krankheitsrelevante Zustände ergaben, erfolgten bis 2008 keine Leistungseinschränkungen, weil den Betroffenen lediglich eine Mitverantwortung unterstellt wurde. Seit 2008 können Krankenkassen ihre Versicherten bei vorsätzlich zugezogener Krankheit diese an den Folgekosten beteiligen (§ 52 Abs. 1 SGB V). Bei Gesundheitsschäden als Folge medizinisch nichtindizierter ästhetischer Operationen, von Tätowierungen oder Piercings, muss die Krankenkasse dies sogar tun (§ 52 Abs. 2 SGB V). Darüber hinaus haben in diesem Fall Versicherte für die Dauer der Behandlung keinen Anspruch auf Krankengeld. Eine vergleichbare Regelung findet sich auch in der privaten Krankenversicherung (§ 178b VVG; Simon et al. 2008, S. 25).

Simon et al. (2008, S. 26) weisen darauf hin, dass damit erstmalig die Selbstverursachung der Krankheit sanktioniert wird, um die Versichertengemeinschaft zu entlasten. 2008 wurde auch eine Mitteilungspflicht des behandelnden Arztes eingeführt, der die Krankenkasse zu informieren hat, wenn Hinweise auf drittverursachte Gesundheitsschäden vorliegen (§ 294a Abs. 2 SGB V).

Es wäre zu prüfen, inwieweit sich die Leistungsbeschränkung (§ 52 SGB V) und die Mitteilungspflicht (§ 294a SGB V) auch auf mögliche Folgen von Enhancementmaßnahmen erstrecken würden. Wahrscheinlich müsste eine kausale Ursache-Folgen-Beziehung zwischen Substanzeinnahme und Krankheit nachgewiesen und die Vorsätzlichkeit begründet werden. In diesem Fall müsste wahrscheinlich das Behandlungskonzept bei Arzneimittelabhängigkeit zur Disposition gestellt werden, denn die Ungleichbehandlung von Folgen durch einen allgemeinen Arzneimittelfehlgebrauch im Vergleich zu einem zweckgerichteten Arzneimittelfehlgebrauch müsste begründet werden. Darüber hinaus ist einschränkend anzumerken, dass beide Regelungen (§ 52 Abs. 2 u. § 294a Abs. 2 SGB V) gegenwärtig in der rechtswissenschaftlichen Literatur als verfassungsrechtlich strittig angesehen werden, weil neben der Verletzung des Selbstbestimmungsrechts auch eine Verletzung des Gleichheitsgrundsatzes aus Art. 3 GG abgeleitet werden kann, solange ausschließlich die Folgen aus den genannten medizinischen Verfahren unter die Leistungsbeschränkung fallen, nicht aber z.b. von Risikosportarten (Simon et al. 2008, S. 26 f.).

FAZIT   5.

Lebens- und Arzneimittel sind normativ getrennte Kategorien (Kap. III.1). Entscheidungsrelevantes Abgrenzungskriterium ist die Wirksamkeit auf den menschlichen Organismus. Aus der kategorialen Zuordnung einer Substanz ergeben sich sehr unterschiedliche Verfahrensweisen in Bezug auf den Wirksamkeitsnachweis, die Verbraucherinformation, den Zugang sowie die Überwachungs- und Kontrollstrukturen. Tabelle 13 stellt die in den Kapiteln III.2 und III.3 ausführlich beschriebenen Verfahrensweisen noch einmal zusammenfassend gegenüber.

Angesichts der wachsenden Möglichkeiten, einzelne Substanzen zu extrahieren und verarbeiteten Lebensmitteln beizumischen, wird es zunehmend schwerer, eine ausschließliche ernährungsphysiologische oder spezifisch pharmakologische Wirksamkeit zu unterstellen, sodass Produkte mitunter schwer zuzuordnen sind und eine juristische Einzelentscheidung erfordern.

Für den Verbraucher, dem zwar »vernünftiges Ermessen«, aber keine vertieften Kenntnisse unterstellt werden können, ist es mitunter nicht leicht, die einzelnen Substanzkategorien mit ihren Untergruppen voneinander abzugrenzen. Dies wird zusätzlich erschwert, weil Produkte, denen ein gewisses Potenzial zur Leistungssteigerung unterstellt wird (Kap. II.3), in beiden Substanzklassen bzw. deren Untergruppen vertreten sind. Neben gezielten Vermarktungsstrategien der Hersteller (z.b. Nahrungsergänzungsmittel wie Arzneimittel aussehen zu lassen und Werbung bis in den Grenzbereich zur Täuschung zu betreiben) trägt auch der Zugang (manche Produkte können sowohl über den Einzelhandel als auch über Apotheken verkauft werden) dazu bei, dass ein differenzierter und kompetenter Umgang (Bewertung und Konsum) mit den einzelnen Produkten zumindest erschwert wird.

Diese Vermischung der Kategorien setzt sich fort: Bei Marktanalysen zum sogenannten zweiten Gesundheitsmarkt werden unterschiedliche Arzneimittel teils mit Functional-Food-Produkten und mitunter sogar mit Bio-Lebensmitteln zusammengefasst. Die hohe Dynamik, die dem zweiten Gesundheitsmarkt dann insgesamt unterstellt wird, verdeckt die Tatsache, dass die Situation im Lebens- und Arzneimittelbereich durchaus verschieden sein kann. Dem Marktsegment für Lebensmittel, die mit einem gesundheitlichen Zusatznutzen beworben werden durften, wurde in der Vergangenheit regelmäßig ein hohes Wachstum attestiert.

TAB. 13

LEBENS- UND ARZNEIMITTEL:
ABGRENZUNG, NORMATIVER UMGANG IM ÜBERBLICK

	Lebensmittel	Arzneimittel
charakterisierende Eigenschaft	ernährungsphysiologische Wirkung (Lebensmittel dürfen in Deutschland keine pharmakologische Wirkung/keinen therapeutischen Nutzen haben)	pharmakologische, immunologische oder metabolische Wirkung (Verhütung oder Heilung einer Krankheit)
Zielfunktion	Ernährung, Gesunderhaltung	Vermeidung und Heilung von Krankheiten
wesentliche Bestandteile	Nährstoffe	Arzneistoffe
Rechtsgrundlage	Lebensmittelrecht (Lebensmittel-, Bedarfsgegenstände- und Futtermittelgesetzbuch, LFGB)	Arzneimittelrecht (Arzneimittelgesetz, AMG; Betäubungsmittelgesetz, BtMG)
Rechtsprinzip	Missbrauchsprinzip: > Akteure sind grundsätzlich frei, sichere Lebensmittel herzustellen und zu vertreiben, solange ein bestimmtes Verhalten nicht ausdrücklich verboten ist > Nährstoffe sind zulassungsfrei; Zusatzstoffe (zu tech. Zwecken) sind zulassungspflichtig	Verbotsprinzip mit Erlaubnisvorbehalt: > Produktion und Distribution bedarf der vorherigen Zulassung
Bewertungsgrundlage	für Beschränkungen: Risikoanalyse	für Zulassung: Nutzen-Risiko-Abwägung
Nutzenbewertung/ Zulassung	> kein allgemeiner Wirksamkeitsnachweis > Positivliste für Zusatzstoffe basiert auf Risikoanalysen > Aussagen bezügl. einer gesundheitsfördernden Wirkung bedürfen wissenschaftlicher Belege (Prüfung durch BfR [D] und EFSA [EU]) > für Wirksamkeit und Unbedenklichkeit gibt es bisher kaum wissenschaftlich anerkannte Verfahren	> Hersteller muss pharmakologische Wirkung anhand einer krankheitsbezogenen Nutzen-Risiko-Abwägung evidenzbasiert nachweisen (Herstellerbeweislast) > nationale/internationale Zulassungsbehörden (BfArM [D], EMA [EU], FDA [USA]) prüfen die Nachweise und erteilen gegebenenfalls die Produktions- und Abgabeerlaubnis
Substanzschutz	keine Offenlegung der Rezeptur	zeitlich begrenzter Patentschutz für neue Substanzen zeitlich begrenzter Schutz der Zulassungsunterlagen

TAB. 13 FORTSETZUNG

	Lebensmittel	Arzneimittel
legaldefinierte Untergruppen	Zusatzstoffe und ihnen gleichzusetzende Stoffe Nahrungsergänzungsmittel diätetische Lebensmittel	rezeptfreie/rezeptpflichtige Arzneimittel verkehrsfähige/nichtverkehrsfähige Betäubungsmittel
Information, Kennzeichnung, Werbung	> Nennung der Bestandteile > Nährwertinformationen müssen wahr sein > gesundheitsbezogene Aussagen, Angaben zur Reduzierung von Krankheitsrisiken müssen belegbar sein (Verbotsprinzip mit Erlaubnisvorbehalt [HCVO]) > Verbot krankheitsbezogener Aussagen und Indikationen (Ausnahme entspr. DiätV)	> Angaben zur Zusammensetzung und krankheitsbezogene Aussagen für Fertigarzneimittel sind als standardisierte Informationen für Konsumenten, Ärzte und Apotheker zulässig (Beipackzettel) > detailliertere Fachinformationen oft nur Fachkräften zugänglich > rezeptpflichtige Arzneimittel: Produktwerbung beim Konsumenten verboten, nur bei Fachkräften erlaubt
Zugang	unbeschränkte Verkehrsfähigkeit, freier Markt > Abgabe über Einzelhandel, Internet, teilweise auch Apotheken	beschränkte Verkehrsfähigkeit > Abgabe nur durch autorisierte Strukturen (Apotheken, teilweise nur mit ärztlicher Verschreibung)
Sicherheitsüberwachung	> Herstellerverantwortung > Kontrolle: amtliche Lebensmittelüberwachung (BVL [D], EFSA [EU]); Beweislast bei Verstößen liegt bei Überwachungsbehörden > BfR kann Empfehlungen geben > Verwendung: Verbraucherverantwortung	> Herstellerverantwortung für FuE, Produktion, und Langzeitüberwachung der Substanzen > Kontrolle: Zulassungsbehörden > Verwendung: abgestufte Verbraucherverantwortung; wesentlich auch Apotheker- und Ärzteverantwortung (Selbstverpflichtung entspr. Approbations-/Be-rufsordnung) > Kontrolle: Berufskammern
Finanzierung	Verbraucher	*erster Gesundheitsmarkt:* GKV: Gemeinsamer Bundesausschuss kann Leistungen begrenzen (Rechtsgrundlage SGB V); PKV hat eigene Vertragsvereinbarungen *zweiter Gesundheitsmarkt:* Verbraucher (ggf. über Zusatzversicherung)

Eigene Darstellung

Bisher mussten entsprechende Werbeaussagen fachlich kaum fundiert werden, denn ein allgemeiner Wirkungsnachweis von Lebensmittelbestandteilen auf den menschlichen Organismus ist im deutschen und europäischen Lebensmittelrecht nicht verankert – weder zu Nutzen noch zu Risiken. In der Folge ist das Wissen um mögliche Wirkungen einzelner Lebensmittelbestandteile nach wie vor begrenzt. Aufgrund von geringen Informationspflichten einerseits und fehlenden Werbebeschränkungen andererseits konnten Lebensmittelhersteller über Jahre auch mit fachlich nicht belegten Werbeversprechen leistungssteigernde Wirkungen ihrer Substanzen suggerieren. Solche Lebensmittel konnten so zu Türöffnern und vermutlich auch Wunschverstärkern für eine Nachfrage nach stärker wirksamen leistungssteigernden Substanzen werden, ohne dass dabei die Frage möglicher Risiken thematisiert wurde.

Durch die Einführung der Health-Claims-Verordnung wird unbelegten Werbeaussagen zur Wirksamkeit von Lebensmitteln auf den menschlichen Organismus nun jedoch zunehmend Einhalt geboten. Ob damit die Nachfrage und die Marktentwicklung insgesamt entscheidend beeinflusst werden, bleibt abzuwarten. Grundsätzlich wird vom Verbraucher ein vernünftiges Ermessen im Umgang mit allen Lebensmitteln erwartet. Um dies zu ermöglichen, wird weiteren Verbesserungen im Bereich der Verbraucherinformation eine hohe Bedeutung zugemessen. Informationen von neutraler, öffentlicher Seite müssen die interessengeleiteten Herstelleraussagen, aber auch unkontrollierte Informationsforen relativieren. In manchen europäischen Ländern, z.B. Dänemark, sind die behördlichen Anforderungen an eine neutrale Verbraucherinformation zu Lebensmitteln ausgeprägter als in Deutschland.

Da gesundheitsbezogene Aussagen zukünftig fachlich fundiert werden müssen, ist zu erwarten, dass Konzepte entwickelt werden, wie ein gesundheitlicher Zusatznutzen von einzelnen Lebensmitteln ohne Krankheitsbezug definiert und nachgewiesen werden kann. Das könnte auf konzeptioneller Ebene einer Arzneimittelforschung zu Enhancementzwecken den Weg ebnen. Die bisherige Nutzendefinition innerhalb der pharmakologischen Forschung, auf deren Grundlage eine klinische Forschung mit pharmakologischen Substanzen legitimiert, eine Marktzulassung gewährt sowie die Kostenübernahme durch das öffentliche Gesundheitssystem entschieden wird, geht von einem krankheitsrelevanten bzw. zumindest defizitären Zustand aus, um eine Verbesserung (Linderung, Heilung) als – therapeutischen – Nutzen zu belegen. Vor diesem Hintergrund liefern klinische Studien zumindest im Rahmen der Arzneimittelzulassung gegenwärtig keine direkten Aussagen zu leistungssteigernden Effekten bei Gesunden, und in den verpflichtenden Arzneimittelinformationen wird über einen solchen Effekt nicht berichtet.

Die Regularien für Marktzulassung, Verkehrsfähigkeit und Finanzierung durch das öffentliche Gesundheitssystem bilden anscheinend gewisse Barrieren für die gesellschaftliche Etablierung von Enhancementpraktiken. Insbesondere auf dem Arzneimittelmarkt wurden die Zugangsbeschränkungen in den letzten Jahren eher konkretisiert und erhöht. Die Basishürden für klinische FuE (Forschung erfordert ein positives Votum einer unabhängigen Ethikkommission und gegebenenfalls die Genehmigung einer Zulassungsbehörde) begrenzen eine direkte Enhancementforschung, können sie aber nicht vollständig ausschließen, da ein therapeutisches Ziel recht leicht definiert werden kann. Das Marktzulassungsverfahren als nächste Barriere verlangt einen *therapeutischen Wirksamkeitsnachweis* und schließt damit eine Marktzulassung explizit zu Enhancementzwecken gegenwärtig aus. Die nationale wie die europäische Rechtsprechung der letzten Jahre unterstreicht diesen Ansatz (Arzneimittel müssen eine therapeutische Funktion von einer gewissen Stärke haben). Damit können Arzneimittel höchstens außerhalb der medizinischen Indikation, für die eine Zulassung erteilt wurde, in der sogenannten Off-Label-Verwendung zu Enhancementzwecken verwendet werden. Dem versucht zumindest das öffentliche Gesundheitssystem im SGB V für die GKV zunehmend weitere Barrieren entgegen zu stellen. Deren Leistungen werden auf einen notwendigen, ausreichenden und wirtschaftlichen Umfang begrenzt. Die Off-Label-Verwendung von Arzneimitteln wird zunehmend restriktiv gehandhabt, und Leistungsausschlüsse werden bereits verfügt, wenn trotz Vorliegen einer Krankheit mit der Einnahme von Arzneimitteln vor allem ein Gewinn an Lebensqualität verknüpft werden kann.

Auch wenn diese Barrieren Enhancement nicht vollständig verhindern können, ist die Ablehnung entsprechender Praktiken zumindest regulativ eher gewachsen, wie auch die Rechtsprechung der letzten Jahre zeigt. Tendenzen für einen liberaleren Umgang sind dort gegenwärtig nicht erkennbar. Dies ist erst recht im Umgang mit der Verwendung von Arzneimitteln zur Steigerung physischer Leistungen, also Dopingsubstanzen, zu beobachten. Der Gesetzgeber erhöhte in den letzten Jahren die Restriktionen (Besitzverbot, Strafverschärfung). Wenn im Umgang mit Arzneimitteln zur Steigerung psychischer Leistungsdimensionen unter Alltagsbedingungen anders verfahren werden soll, müssten gesellschaftlich relevante Begründungen gefunden werden (ausführlich hierzu Kap. V).

Der vor allem durch die Leistungsbegrenzung der GKV entstehende sogenannte zweite Gesundheitsmarkt wird häufig als der Ort bezeichnet, der die besten Bedingungen für die Etablierung von Enhancementleistungen bietet. Indizien wie der Anstieg von Arzneimittelverschreibungen im Rahmen von individuellen Gesundheitsleistungen deuten in diese Richtung, genauso wie Werbestrategien, die explizit für diesen Markt entwickelt werden (Kap. III.3.4). Als begünstigende Faktoren kommt eine schwächere Kontrolle im Vergleich zum ersten Gesundheitsmarkt hinzu sowie die Tatsache, dass Ärzte die wirtschaftlichen Aspekte in ihrer Berufsausübung immer weniger außer Acht lassen können.

Dennoch scheint die Entwicklung weit weniger eindeutig als häufig angenommen. Trotz der Rahmenbedingungen, die für die Ausweitung des zweiten Marktes sprechen, sind die Arzneimittelausgaben der Selbstzahler seit den 1990er Jahren stetig langsamer gestiegen als die der Krankenkassen. Seit 2005 gehen die privaten Arzneimittelausgaben sogar zurück. Wenn die bisher nur in der Theorie existierenden leistungssteigernden nebenwirkungsarmen Substanzen auf diesem Markt verfügbar wären, könnte sich diese Situation jedoch ändern, denn bei einem nicht unerheblichen Teil der Bevölkerung kann eine Akzeptanz für deren Verwendung angenommen werden (Kap. III.4.1). Die zunehmenden Werbestrategien, mit denen Verbrauchern suggeriert wird, sich selbst als defizitär wahrzunehmen, können ebenfalls als Türöffner und Wegbereiter für pharmakologische Gegenmaßnahmen verstanden werden. Gerade hier wäre eine neutrale Verbraucherinformation als Basis für eine kompetente individuelle Entscheidungsfindung wichtig, weil die fachliche Supervision der Krankenkassen entfällt und die neutrale Position von Ärzten und Apothekern als Gatekeeper aus ökonomischen Gründen in gewisser Weise zur Disposition steht. Ansätze für neutrale Informationsangebote, die allen Verbrauchern zugänglich sind und das Kriterium der Laienverständlichkeit erfüllen, sind zwar erkennbar, jedoch wird hier noch erhebliches Verbesserungspotenzial gesehen.

Grundsätzlich sollte bei der Befassung mit dem Thema Enhancement nicht nur der hypothetische Fall der Verwendung leistungssteigernder und nebenwirkungsarmer Substanzen in Betracht gezogen werden. Kurz- und mittelfristig scheint zum Beispiel eine gesellschaftliche und politische Befassung mit der Frage notwendig, wie zu verfahren ist, wenn aus der vermehrten Verwendung von Arzneimitteln mit dem Ziel der Leistungssteigerung in Beruf und Alltag gesundheitliche Einschränkungen oder Krankheiten resultieren. Zu klären wäre beispielsweise, ob in diesem Fall anders verfahren werden sollte als bei der vom Leistungskatalog der Krankenkassen erfassten Behandlung von »normalem« Medikamentenmissbrauch bzw. von Abhängigkeit als Folge übermäßigen Alkoholkonsums oder sonstigen ungesunden Verhaltens.

DIE DEBATTE ÜBER ENHANCEMENT IN ETHIK
UND SOZIALWISSENSCHAFTEN   IV.

Der Fokus des vorliegenden Berichts richtet sich auf forschungs- und gesundheitspolitisch vordringliche Fragen pharmakologischer Interventionen zur Leistungssteigerung in Beruf und Alltag. Deshalb wird die ethische Debatte zum Enhancement im Folgenden nicht tiefergehend dargestellt, auch weil sich viele, wenn nicht die meisten einschlägigen Analysen weniger auf empirische Beobachtungen oder plausible Annahmen als auf die Prüfung hypothetischer »Enhancementmittel« beziehen (Schöne-Seifert/Talbot 2009; Schöne-Seifert et al. 2009). Daraus ergeben sich in der Mehrzahl individual- und sozialethische Betrachtungen, die wenig Licht in das normative Dunkel der tatsächlichen und erwartbaren weiteren Nutzung von pharmakologischen Substanzen, ob als Lebens-, Genuss-, Arznei- oder Betäubungsmittel, bringen. Dies wird im Folgenden in Anlehnung an das Gutachten von Ach/Bisol (2009) gezeigt (Kap. IV.1).

Ein genauerer Blick auf die gesellschaftlichen Voraussetzungen, Hintergründe, individuellen und sozialen Motivlagen, institutionellen Dynamiken und Triebkräfte sowie möglichen Konsequenzen der unter Enhancement versammelten Entwicklungen – unter Nutzung empirischer Ergebnisse – kann von den Sozialwissenschaften erwartet werden. In Kapitel IV.2 werden zentrale Einschätzungen des Gutachtens von Viehöver et al. (2009) diskutiert, die eine sozialwissenschaftliche Einordnung von Enhancement in umfassendere gesellschaftliche Prozesse und Entwicklungen im Bereich der »Biopolitik« vorgenommen haben. Sie gehen davon aus, dass »Enhancement-Tendenzen Teil eines historisch neuen Medikalisierungsprozesses sind, durch den die kategorialen Grenzen des medizinischen Feldes verschoben werden und sich das Selbstverständnis der modernen Medizin (Stichwort: Heilauftrag) verändert« (Viehöver et al. 2009, S. 2).

Das Fazit in Kapitel IV.3 reflektiert die wichtigsten Folgerungen aus der ethischen und sozialwissenschaftlichen Enhancementdebatte gemeinsam mit den Ergebnissen von Kapitel II und III des Berichts im Hinblick auf den politisch und gesellschaftlich besonders relevanten Untersuchungs- und Klärungsbedarf. Das Fazit bildet damit eine Nahtstelle zu den zwei folgenden Hauptkapiteln V (dem Erweiterungsszenario) und VI (zu den möglichen Lehren aus dem Sportdoping).

DIE ETHISCHE DEBATTE ÜBER ENHANCEMENT   1.

Das Gutachten von Ach/Bisol (2009) bietet eine komprimierte Zusammenfassung der (bio)ethischen Debatte über Enhancement, die in den vergangenen Jahren zunächst vor allem in den USA stattfand, seit einiger Zeit aber auch in Europa und Deutschland intensiv geführt wird (Ach 2009; Coenen et al. 2010; Gesang 2007; Miller/Wilsdon 2006; Parens 1998; Savulecu/Bostrom 2008; Schöne-Seifert/Talbot 2009; Schöne-Seifert et al. 2009). Die Debatte ist eng verknüpft bzw. in größeren Teilen überlappend mit derjenigen zu entsprechenden Anwendungsvisionen der Nanotechnologie (Grunwald 2008) bzw. den sogenannten »Converging Technologies«, also der – postulierten, zukünftigen – Verbindung von Nano-, Bio-, Informations- und Cogno(= Neuro)technologien, auch NBIC abgekürzt (ausführlich dargestellt in TAB 2008a). Für die Perspektive des vorliegenden Berichts sind diese vorrangig visionären Szenarien von geringer Relevanz und werden daher im Weiteren nur im Zusammenhang der Natürlichkeitsdebatte kurz behandelt. Nicht näher abgebildet wird die technikphilosophische Debatte darüber, welche Funktion und welchen Stellenwert eine »spekulative« bzw. »explorative« Ethik in der wissenschaftlichen Debatte von Technikfeldern wie der Nanotechnologie in (besonders) frühen Stadien haben könnte (Grunwald 2010; Nordmann 2007).

Die (bio)ethische Debatte über Enhancement konzentriert sich meist auf drei Fragestellungen bzw. Schwerpunkte:

> Was ist Enhancement? Welche Mittel werden benutzt, welche Absichten verfolgt? Wie lässt es sich von anderen Handlungen und Zielen abgrenzen?
> Wie ist Enhancement mit Blick auf die vier »klassischen« Prinzipien der medizinischen Bioethik – Wohltun/Fürsorge, Schadensvermeidung, Autonomie und Gerechtigkeit (Beauchamp/Childress 2001) – zu bewerten?
> Welche Konsequenzen kann Enhancement für das Verständnis von der Natur des Menschen, für Menschenbilder und Gesellschaftsentwürfe entfalten, und wie wären diese zu bewerten?

DEFINITIONS- UND ABGRENZUNGSPROBLEME   1.1

Um eine möglichst stringente ethische Prüfung und Bewertung einer Handlung, ihrer Mittel und Zwecke vornehmen zu können, muss der Gegenstand der Prüfung möglichst eindeutig definiert sein: Wer möchte mit welchen Mitteln was tun, um welches Ziel zu erreichen?

Bioethische Fragestellungen können sehr unterschiedlich weite »Prüfobjekte« (im Sinn einer konkreten Handlung bzw. Zielstellung der Anwendung von Ergebnissen der Biowissenschaften) betreffen: beispielsweise die Anlage von Biobanken – hierbei sind z.B. sowohl die Mittel der Gewinnung als auch der Nutzung und der damit verfolgten Zwecke äußerst heterogen –, die Herstellung transgener Tiere zur Produktion von pharmazeutischen Wirkstoffen – hier sind Mittel und Zwecke weitgehend eingrenzbar – oder die Nutzung prädiktiver, d.h. prognostischer Gentests, bei der die Mittel, aber nicht die Zwecke recht klar definierbar sind.

Enhancement ist ein besonders diffuser Gegenstand in der bisherigen bioethischen Debatte, sowohl hinsichtlich der dabei berücksichtigten Mittel und Verfahren als auch der Zwecke und Zielstellungen. Der Begriff Enhancement ist auch im Englischen schillernd, er bedeutet so viel wie »Steigerung«, »Potenzierung«, »Optimierung«, »Erhöhung« oder »Festigung« (im Sinne einer zeitlichen Verlängerung) oder »Ertüchtigung« (Ach/Bisol 2009, S. 11). Ein eindeutiges deutsches Synonym existiert nicht. Viele Betrachtungen kreisen um den Begriff »Verbesserung«, der allerdings u.a. bezüglich seines Vergleichsmaßstabs und der impliziten positiven Bewertung erklärungsbedürftig ist (Grunwald 2008, S. 249 ff.). Schon ein kurzer Blick in die einschlägige Literatur zeigt sehr heterogene Begriffsverwendungen (Ach/Bisol 2009, S. 11). Ein zentraler Unterschied ist, ob unter Enhancement lediglich eine quantitative Steigerung oder aber eine qualitative Erweiterung einer bestimmten menschlichen Eigenschaft oder Funktion verstanden wird. Grunwald (2008, S. 255) schlägt in Anlehnung an Jotterand (2008) folgende Differenzierung nach Heilen, Doping, Verbessern und Verändern vor:

1. »*Heilen* als Behebung individueller Defizite relativ zu anerkannten Standards eines durchschnittlich gesunden Menschen in dem Sinne, wie ein Augenarzt ab einem bestimmten Maß der Abweichung individueller Sehfähigkeiten von einem Normalmaß eine Brille oder Kontaktlinsen verschreibt;
2. *Doping* als Steigerung der individuellen Leistungsfähigkeit, ohne dass ein Defizit nach (1) vorliegt, aber in einem Maße, das die dadurch erreichte Leistung im Rahmen des Spektrums der üblichen menschlichen Leistungen noch als ›normal‹ vorstellbar erscheinen lässt;
3. *Verbessern* (enhancement) als Leistungssteigerung über Fähigkeiten hinaus, die im Rahmen gesunder und leistungsfähiger wie auch leistungsbereiter Menschen unter optimalen Bedingungen als ›normal‹ erreichbar angesehen werden;
4. *Verändern* (alteration) der menschlichen Verfasstheit, z.B. Erfindung neuer Organe oder Körperfunktionen.«

Entscheidend sind für diese Differenzierung und Kategorisierung also der Ausgangs- sowie der anvisierte bzw. erreichte Zielzustand. Wie im Folgenden gezeigt wird, wäre für die ethische Bewertung insbesondere die Unterscheidung des (herkömmlichen) Heilens von nichtmedizinisch indizierten Maßnahmen wichtig – diese ist tatsächlich aber höchst umstritten und kaum trennscharf leistbar.

Ein zweiter, sehr unterschiedlich beantworteter Fragenkomplex betrifft die Unterscheidung nach den Mitteln: Wohl in der überwiegenden Zahl der Fälle werden unter dem Begriff Enhancement pharmakologische, biomedizinische und technische, ggf. auch chirurgische Verfahren zur Leistungssteigerung behandelt, die Resultate der Fortschritte von Medizin, Bio-, Nano-, Gen- und Informationstechnologien sind. Aber gerade von Bioethikern werden im Zuge einer vergleichenden ethischen Prüfung zum Teil auch sehr weite Definitionen verwendet, so von John Harris, der Enhancement versteht als »[A]ll mechanisms which make possible (though not of course inevitable) better life« bzw. »things that change the nature of the human condition« (Harris 2007, S. 13 u. 56, nach Ach/Bisol 2009, S. 12). Für Harris gelten demnach sämtliche menschliche Kulturtechniken, von der Bändigung des Feuers und der Erfindung des Rades über Schreiben und Buchdruck bis hin zu Computern und Smartphones, als Enhancement. Dies ist das weitestmögliche Verständnis und macht das Sprechen über die Ethik von Enhancementhandlungen natürlich sehr schwer bzw. beliebig. In abgemilderter Form schlägt sich ein weites Verständnis von Enhancement nieder in dem häufig anzutreffenden Verweis auf die mangelnde Abgrenzbarkeit neuer pharmakologischer Stoffe von traditionellen Substanzen wie Nikotin und Koffein, mit dem vor allem eine liberale Position begründet werden kann und soll (Galert et al. 2009; Schöne-Seifert 2009).

»ENHANCEMENT« ALS GEGENBEGRIFF ZU »THERAPIE«

Im (deutschen) *Lexikon der Bioethik* wird Enhancement definiert als »korrigierende[r] Eingriff in den menschlichen Körper, durch den nicht eine Krankheit behandelt wird bzw. der nicht medizinisch indiziert ist« (Fuchs 1998). Diese Definition, die sich damals allerdings ausschließlich auf genetische Interventionen bezog, nimmt explizit auf den Krankheitsbegriff Bezug und würde die drei o.g. Kategorien Doping, Verbessern und Verändern nach Grunwald (2008) und Jotterand (2008) umfassen.

Eine solche Definition – ähnlich beispielsweise im einflussreichen Bericht an den US-amerikanischen Präsidenten »Beyond Therapy. Biotechnology and the Pursuit of Happiness«: »the directed use of biotechnical power to alter, by direct intervention, not disease processes but the ›normal‹ workings of the human body and psyche, to augment or improve their native capacities and performances« (President's Council on Bioethics 2003, S. 13) – klingt zunächst plausibel, erweist sich bei näherer Betrachtung allerdings als durchaus problematisch (Ach/Bisol 2009, S. 15 ff.). Dies liegt im Endeffekt daran, dass es keine unumstrittene, trennscharfe Definition von Krankheit und Gesundheit gibt, sondern eine Pluralität verschiedener, mehr oder weniger gut begründeter Krankheitsbegriffe, die jeweils unterschiedliche Implikationen für die Unterscheidung zwischen Therapie und Enhancement haben (Lenk 2002, nach Ach/Bisol 2009, S. 18) und sich zudem in Abhängigkeit u.a. von der Behandelbarkeit von Defiziten kontinuierlich in Diskussion und Fortentwicklung befinden (Kap. III.3). Im Bereich der boomenden und ebenfalls sehr unterschiedlich verstandenen Anti-Aging-Medizin, die von vielen Autoren ebenfalls unter Enhancement verhandelt wird (Viehöver et al. 2009; Kap. IV.2), werden die Definitionsprobleme z.B. »normaler« Leistungsfähigkeit besonders deutlich, weil sie sich individuell mit fortschreitendem

Alter besonders weit auseinanderentwickeln können. Typische Beispiele, die immer wieder zur Illustration der Definitions- bzw. Indikationsprobleme herangezogen werden, sind der Einsatz von Methylphenidat/Ritalin bei Kindern zur Behandlung von ADHS (Viehöver et al. 2009; Kap. II.3.1, III.3. u. IV.2.2.1) oder die Gabe von Wachstumshormon bei unterschiedlichen Ursachen von Kleinwüchsigkeit (Fuchs et al. 2002; Nagel/Stephan 2009).

In ethischer – und politisch-regulativer – Hinsicht gilt die Abgrenzung von therapeutischen gegenüber Enhancementmaßnahmen insbesondere deshalb als wichtig, weil sie eine Grenzziehung zwischen notwendiger medizinischer Behandlung Erkrankter einerseits und darüber hinausgehenden, normativ nicht eindeutigen Eingriffen an Gesunden andererseits ermöglichen und damit den Bereich jener medizinischen Interventionen definieren würde, die in einer gerechten Gesellschaft für jede Bürgerin und jeden Bürger zur Verfügung stehen bzw. gestellt werden sollten (Juengst 1998, nach Ach/Bisol 2009, S. 16).

Die entsprechende medizintheoretische Debatte über eine Abgrenzung von Therapie und Enhancement (Nagel/Stephan 2009; Talbot 2009) soll hier nicht vertieft bzw. dokumentiert werden – sie läuft darauf hinaus, dass in vielen Fällen eine Grenzziehung nicht pauschal möglich ist, sondern Entscheidungsrahmen vorgegeben werden, anhand derer Ärzte im Einzelfall entscheiden können und müssen (Kap. III.3.5, Tab. 11). Ach/Bisol (2009, S. 18 f.) folgern: »Zusammengenommen ist Skepsis angebracht, ob es möglich ist, ›erlaubte‹ von ›unerlaubten‹ oder zumindest für problematisch gehaltenen ›Verbesserungen‹ im Hinblick darauf zu unterscheiden, ob es sich bei den fraglichen Eingriffen um Fälle von ›Therapie‹ oder um Eingriffe ›jenseits der Therapie‹ handelt. Die Abgrenzungsdebatte hat, wie auch Borchers feststellt, ›bisher noch nicht zu allgemein akzeptierten Ergebnissen geführt‹ (Borchers 2008, S. 49). Eine exzeptionalistische Position im Hinblick auf pharmakologische, chirurgische und biotechnologische Enhancementverfahren lässt sich, wie es scheint, nicht begründen. Stattdessen scheint es aussichtsreicher, die Ziele leistungsverbessernder Eingriffe, seien sie nun ›konventioneller‹ oder pharmakologischer, chirurgischer und biotechnologischer Art, direkt selbst in den Blick zu nehmen und einer ethischen Analyse zu unterziehen.«

Dass Ach/Bisol (2009) an dieser Stelle die Kategorien »erlaubt« und »unerlaubt« einführen, ohne vorher die Frage nach einem möglichen Verbot formuliert zu haben, spiegelt ein Charakteristikum des bioethischen Diskurses über Enhancement wider: Von der frühen US-amerikanischen Debatte (Whitehouse et al. 1997) bis zu jüngsten Veröffentlichungen deutscher Wissenschaftler (Galert et al. 2009; Daele 2010) lautet die zentrale These liberaler Positionen, dass es keine fundamentalen Einwände, weder moralischer noch anthropologischer Art, gegen ein Enhancement im Allgemeinen und ein pharmakologisches Neuroenhancement im Speziellen gebe. Die fehlende Abgrenzbarkeit von Enhancement gegenüber Therapie bildet dabei – neben mehreren anderen ethischen Argumenten, insbesondere zur Handlungsfreiheit des Menschen – eine Art pragmatische Begründung, wieso Enhancement bzw. die Nutzung von Enhancementpräparaten nicht summarisch verboten werden könne, wenn man die therapeutische Nutzung erlaubt. Diese Argumentation stellt allerdings eine Art Zirkelschluss dar – weil das Problem der (mangelnden) Abgrenzbarkeit ausschließlich dadurch entsteht, dass Enhancement als Phänomen postuliert wird und dann als Kategorie behandelt wird. Ein Ausweg, der von vielen Debattenteilnehmern gewählt wird, ist die ethische Prüfung hypothetischer, spezifisch wirksamer, nebenwirkungsarmer Enhancementmittel, die nicht gleichzeitig auch als Medikamente verwendet werden. Die daraus abgeleiteten Einschätzungen können jedoch nicht unmittelbar auf die verfügbaren, wenig spezifisch wirkenden und/oder mit starken Nebenwirkungen verbundenen Psychopharmaka und sonstigen Substanzen (Kap. II.3) angewendet werden.

ETHISCHE PRINZIPIEN NACH BEAUCHAMP UND CHILDRESS   1.2

In der angloamerikanisch geprägten Bioethik hat sich bei Verzicht auf eine umfassende, spezifische ethische Theorie eine Prüfung von biomedizinischen Interventionen nach vier »Prinzipien mittlerer Abstraktionsebene« nach Beauchamp/ Childress (2001) etabliert. Diese können als konsensfähige Leitprinzipien verwendet werden, weil sie auf »moralischen Alltagsüberzeugungen aufbauen und mit verschiedenen ethischen Begründungen vereinbar sind« (Marckmann 2000, S.499, nach Nagel/Stephan 2009, S.34). Es sind dies die Prinzipien des Wohltuns/der Fürsorge (»beneficence«), der Schadensvermeidung (»nonmaleficence«), der Autonomie sowie der Gerechtigkeit. Diese Prinzipien lassen keine direkte Ableitung moralisch richtigen Handelns zu, aber sie erleichtern eine Identifizierung ethischer Konflikte und eine Strukturierung der Problembearbeitung. Da sie an weithin geteilte Moralvorstellungen und die traditionelle ärztliche Ethik anknüpfen, unterstützen sie in vielen praktischen Fällen die Konsensfindung von Ethikkommissionen (Marckmann 2000, S.502). Sie werden auch in der theoretischen bioethischen Debatte häufig aufgegriffen.

WOHLTUN UND SCHADENSVERMEIDUNG

Die *Prinzipien des Wohltuns und der Schadensvermeidung* gebieten die Unterlassung der Zufügung, die Verhinderung bzw. Linderung von Schäden sowie eine Verbesserung der Situation anderer, sofern dies in der Macht des Handelnden liegt (Ach/Bisol 2009, S.20). Laut Ach/Bisol (2009, S.20) bieten pharmakologische, chirurgische und biotechnische Mittel und Verfahren bereits heute, wenn auch bislang in eher beschränktem Umfang, die Möglichkeit, das Glücksstreben des Menschen zu unterstützen und zu befördern. Eine Voraussetzung dafür sei, dass *keine unakzeptablen gesundheitlichen Risiken oder unerwünsch-*

ten Wirkungen für die Nutzerinnen und Nutzer bestehen und mögliche Nutzer – im Sinne eines über den bloßen Gesundheitsschutz hinausgehenden Verbraucherschutzes – über die mit Enhancementeingriffen möglicherweise verbundenen Risiken informiert sind. Gesundheitliche Risiken und Nebenwirkungen fielen bei »verbessernden« Interventionen besonders ins Gewicht, da es bei Enhancement nicht um die Linderung oder Heilung einer Krankheit gehe, mit der die Inkaufnahme von Risiken und unerwünschten Wirkungen im medizinischen Kontext üblicherweise gerechtfertigt wird (Ach/Bisol 2009, S. 21). Diese Betrachtungs- und Argumentationsebene reflektiert den normativen Umgang mit pharmakologischen Wirkstoffen, wie er sich in der Arznei- und Lebensmittelgesetzgebung niedergeschlagen hat.

Eine gänzlich andere Perspektive bzw. Frage ist die der »Qualität des Glücks«, die durch Enhancement möglich werden könnte (Ach/Bisol 2009, S. 21 ff.). Hierbei geht es z.B. um die unterschiedlichen Effekte von »traditionellen Formen mentaler Selbstveränderung« oder auch »Selbstformung« (Kipke 2010) wie Konzentrationsübungen, Meditation, psychologisches Coaching u.Ä. im Vergleich mit (hypothetischen) pharmakologischen Enhancementsubstanzen. Aufgrund des Nichtvorhandenseins tatsächlich wirksamer pharmakologischer Substanzen (Kap. II.3) können für entsprechende Betrachtungen keine empirischen Ergebnisse genutzt werden.

Für den vorliegenden Bericht wird auf eine Darstellung der Debatte z.B. über die Frage, ob die Nutzung von Enhancementmitteln einen »short cut« darstellt – also eine (unzulässige bzw. nicht wünschenswerte) Abkürzung, bei der für die jeweils infrage stehende Handlung zentrale und wertvolle Aspekte verlorengehen – und damit zu einer »Trivialisierung der Lebenspläne und Hedonisierung der Lebenswelt« beiträgt, verzichtet, weil die entsprechenden Betrachtungen vorrangig spekulativen Charakter haben (z.B. die Überlegung, dass Enhancementeingriffe auch »in einer individuell fruchtbaren und sozial verantwortlichen Weise eingesetzt werden [könnten], um weniger Zeit fürs Lernen, Erfassen und Memorieren zu benötigen und dafür mehr künstlerische Arbeit und/oder Entwicklungshilfe zu leisten, um hier ein triviales Gegenbild zu umreißen«; Schöne-Seifert 2006, S. 287, nach Ach/Bisol 2009, S. 22). Auch Ach/Bisol (2009, S. 22 f.) betonen, dass einerseits die Plausibilität von Einwänden, die auf die Implikationen von Neuroenhancement für das individuelle oder gesellschaftliche Wohlergehen zielen, mit Blick auf die Frage nach dem »echten« oder »falschen« Glück von empirisch feststellbaren, aber bislang fehlenden Sachverhalten abhinge, andererseits aber die Bewertung sehr stark von individuellen Ein- und Vorstellungen geprägt und daher schwer verallgemeinerbar sei. Die entsprechenden ethischen Überlegungen sind eng mit der unter dem Autonomieprinzip verhandelten Frage nach der Authentizität von Person und Erleben verbunden (s.u.).

Als Folgerung aus der Perspektive der Prinzipien des Wohltuns und der Schadensvermeidung leiten Ach/Bisol (2009, S. 23 f.) einen evidenzbasierten Ansatz zur Evaluation der Risiken und Chancen von Enhancementinterventionen und ihren Alternativen sowie eine Pflicht zur Information möglicher Nutzerinnen und Nutzer wie auch der allgemeinen Öffentlichkeit ab. Wenn diese Information umfassend erfolge, dann müsse der Einzelne in einer liberalen Gesellschaft auch die Möglichkeit haben, Risiken oder Nebenwirkungen leistungssteigernder Mittel oder Verfahren – gegebenenfalls sogar erhebliche Risiken – freiwillig und informiert zugunsten der angestrebten Ziele in Kauf zu nehmen. Ein Verbot von Neuroenhancementpräparaten oder -verfahren käme hingegen nicht infrage.

Diese Einschätzung steht in offensichtlichem Gegensatz zur bislang üblichen Regulierung des Umgangs mit pharmakologischen Substanzen, bei dem Nebenwirkungen ein zentraler Parameter sind, der Zulassung und Vertriebsmöglichkeiten bestimmt (Kap. III). Dass selbst bei nebenwirkungsfreien bzw. -armen Präparaten von einer Zulassung und damit Vertriebskontrolle auszugehen ist und welche regulativen Änderungen nötig wären, um solche Mittel auf den Markt bringen zu können, behandelt der vorliegende Bericht im Rahmen des Erweiterungsszenarios zum Forschungs- und Innovationssystem in Kapitel V.

AUTONOMIE

Das *Prinzip der Autonomie*, das sich vorrangig auf die Selbstbestimmung von Menschen bzw. das Recht auf deren selbstbestimmten Entscheidungen bezieht, fordert die Respektierung der Lebenspläne, Ziele, Wünsche und Ideale anderer (Ach/Bisol 2009, S. 20). Daraus ergeben sich insbesondere Fragen nach der Authentizität und der Zurechenbarkeit einer Handlung sowie nach der Freiwilligkeit der Nutzung von Enhancementmitteln (Ach/Bisol 2009, S. 24).

Unerwünschte, ethisch problematische Effekte könnten von Enhancementmitteln ausgehen, wenn sie die Persönlichkeit der Nutzerinnen und Nutzer stärker oder irreversibel verändern würden (Galert 2009). Eine mögliche Beeinträchtigung der *Identität und Authentizität* durch Enhancementsubstanzen i.e.S. (nebenwirkungsarm, spezifisch kognitiv leistungssteigernd, z.B. intelligenzerhöhend) ist aber, ähnlich wie bei der o.g. Frage nach der Qualität des Glücks, nur hochgradig spekulativ zu beantworten, weil es bislang keine entsprechenden Mittel gibt. Die ethische Debatte dreht sich daher bislang um die Bewertung der Wirkung von Psychopharmaka, v.a. von Antidepressiva vom SSRI-Typ (Kap. II.3.3), im Speziellen von Prozac (Krämer 2009; Schmidt-Felzmann 2009). Bei Eingriffen, die die emotionalen Fähigkeiten eines Menschen beeinflussen, erscheint eine Prognose des individuellen Erlebens jedoch besonders schwer möglich. Kramer (1993) beispielsweise berichtet, dass einige Patienten unter der Wirkung von Prozac das Gefühl haben, endlich diejenige Person zu sein, als die sie sich schon immer gesehen haben und endlich ganz »sie selbst« zu sein. Andere dagegen erleben eine

Entfremdungswirkung – und dies sogar dann, wenn es ihnen unter der Wirkung der Substanz ansonsten durchaus gut geht (Ach/Bisol 2009, S. 23). Eine übergreifende, konsensfähige Bewertung ist hier kaum vorstellbar. Dass aus der »Intuition, dass der Mensch danach strebt, authentisch zu leben«, auch gefordert werden kann, »dass er authentisch leben soll«, stellt sicherlich einen unzulässigen Schluss dar (Müller 2008, S. 200 f., nach Ach/Bisol 2009, S. 25).

Die Frage nach der *Freiwilligkeit der Nutzung* von Enhancementmitteln hingegen kann – und sollte daher – auch bei leistungssteigernden Pharmaka mit weniger weitreichenden Wirkungen als einer Persönlichkeits- oder Identitätsveränderung gestellt werden. Während auf der einen Seite das Recht auf Selbstbestimmung als Argument für eine individuelle Modifikation des eigenen Körpers und seiner Funktionen durch Enhancementmittel herangezogen werden kann, muss auf der anderen Seite das Prinzip der persönlichen Autonomie auf gesellschaftlicher Ebene vorrangig mit Blick auf die Abwehr eines heimlichen oder schleichenden Zwangs oder gar einer Pflicht zur pharmakologischen Leistungssteigerung diskutiert werden (Ach/Bisol 2009, S. 28). Dabei ist zu prüfen, ob die vielleicht zunächst vordergründig individuell und autonom erscheinende Nutzung von Enhancementmaßnahmen Wettbewerbsspiralen ähnlich dem Dopinggeschehen im Sport in Gang setzen könnte, bei denen von einer Autonomie der Entscheidungen kaum noch ausgegangen werden kann (Kap. VI). Die Inanspruchnahme bzw. Nichtinanspruchnahme von Enhancementmaßnahmen dürfte, so lautet eine häufig geäußerte Annahme, immer gesellschaftlich vermittelt und einer – zumeist stillschweigenden – sozialen Normierung unterworfen sein. Gesellschaftlicher Erwartungsdruck und sozialpolitische Entwicklungen könnten die Wahlfreiheit des Einzelnen im Hinblick auf die Nutzung von Enhancementmaßnahmen massiv einschränken (Ach/Bisol 2009, S. 29).

Befürchtungen, dass zukünftig Arbeitgeber oder Versicherer von Arbeitnehmern bzw. Klienten verlangen könnten, Enhancementmittel zu verwenden, sind nicht völlig von der Hand zu weisen. Im militärischen Bereich sind entsprechende Vorgänge bekannt (der gezielte Einsatz von Aufputschmitteln/Amphetaminen als sog. »go pills« für Kampfeinsätze sowie von Beruhigungsmitteln als »no go pills« für die Wartezeiten; Rötzer 2002), in der Debatte über hypothetische spezifisch wirksame Enhancementmittel werden immer wieder Chirurgen, Busfahrer, Lokomotivführer, Flugzeugpiloten oder auch Hilfskräfte im Katastropheneinsatz genannt, für welche die Nutzung in besonderen Stresssituationen als moralisch und faktisch geboten angesehen und daher verlangt werden könnte. Eine ethisch akzeptable Nutzung von Enhancementmaßnahmen ist insgesamt laut Ach/Bisol (2009, S. 30) nur möglich, wenn (1) die Möglichkeit eines Missbrauchs von Enhancementmaßnahmen durch Arbeitgeber, Ausbildungsinstitutionen, das Militär usw. durch wirksame politische Vorkehrungen unterbunden bzw. eingeschränkt wird, (2) die gesellschaftlichen und sozioökonomischen Rahmenbedingungen das Risiko eines ›stillschweigenden‹ Zwangs zur Nutzung von Enhancementverfahren akzeptabel erscheinen lassen und (3) Ausnahmen von einer strikten Freiwilligkeitsregel, sofern überhaupt begründbar, auf genau definierte Ausnahmesituationen begrenzt werden (eine entsprechende Rahmung findet sich in dem befürwortenden Votum von Greely et al. 2008; Kap. I.5). Ergänzend wäre zu fordern, dass einem Recht auf die Nutzung von Enhancementmaßnahmen auch ein Recht auf den Verzicht entsprechender Eingriffe bzw. ein »Recht auf Naturbelassenheit« (Schöne-Seifert 2006) gegenübergestellt wird, ähnlich dem aus der Debatte über die Gendiagnostik bekannten »Recht auf Nichtwissen« (Ach/Bisol 2009, S. 30).

GERECHTIGKEIT

Das *Prinzip der Gerechtigkeit* gebietet nach Ach/Bisol (2009, S. 20) eine faire Verteilung von Gütern und Chancen und darüber hinaus, dass jeder und jede das zur Verfügung erhält, was er oder sie verdient bzw. worauf er oder sie einen Anspruch hat.

Gegenüber der Forderung nach Schutz vor dem Zwang zu Enhancementmaßnahmen durch die jeweilige soziale Umwelt, wie sie aus dem Autonomieprinzip ableitbar ist, wird in der ethischen Debatte aus der Perspektive des Gerechtigkeitsprinzips teilweise eine Verpflichtung der Gesellschaft zum Angebot und zur Finanzierung abgeleitet, mit dem Ziel, unfaire, sozioökonomisch verzerrte Wettbewerbsbedingungen z.B. bei Prüfungen und in Bewerbungssituationen zu verhindern bzw. »aus der ›natürlichen Lotterie‹ entstehende Nachteile und Ungleichheiten auszugleichen« (Ach/Bisol 2009, S. 30 ff.).

Auch diese Überlegungen gehen von einem Szenario spezifisch wirksamer Enhancementsubstanzen aus. Nachdem diese bislang nicht existieren und in absehbarer Zeit nicht zu erwarten sind, erscheinen ethische Gerechtigkeitsfragen derzeit wenig relevant. Betrachtungen zu einem Szenario beispielsweise, stark unterdurchschnittliche Intelligenz durch pharmakologisches Enhancement anzuheben (u.a. bei Gesang 2007; Lenk 2009; Müller 2009), müssen vorerst rein theoretisch bleiben. Aus der eher »praxisorientierten« Perspektive des vorliegenden Berichts ist davon auszugehen, dass denkbare, bei geistiger Behinderung wirksame Substanzen auf jeden Fall als Arzneimittel im engeren Sinn eingestuft und daher von den üblichen Versorgungs- und Erstattungssystemen erfasst würden. Kaum jemand aber dürfte ernsthaft die Ansicht vertreten, dass es die Nutzung von Ritalin und anderen Substanzen zur vermeintlichen Leistungssteigerung in Prüfungssituationen durch eine gewisse Zahl von Studenten (Kap. III.4) gebietet, die bisherigen Nichtnutzer aus öffentlichen Geldern auch mit diesen Mitteln zu versorgen – nicht nur deshalb, weil die Effekte auf die Prüfungsergebnisse völlig unbekannt sind, sondern auch, weil es keine akzeptierte, vergleichbare gesellschaftliche Verpflichtung z.b. zu leistungssteigernden Trainings anderer Art für leistungsschwächere Prüfungskandidaten gibt.

Konkrete Gerechtigkeits- und Fairnessfragen im Zusammenhang mit leistungssteigernden Substanzen stellen sich bislang vor allem im Leistungssport. Erfahrungen aus diesem gesellschaftlichen Teilsystem werden in Kapitel VI mit Blick auf zukünftige (Neuro-)Enhancementsubstanzen und deren Verwendung in Beruf und Alltag diskutiert.

SORGEN UM DIE ZUKUNFT DER MENSCHLICHEN NATUR   1.3

Neben den skizzierten ethischen Betrachtungen anhand der Prinzipien von Beauchamp/Childress (2001), die sich auf die möglichen konkreten individuellen und sozialen Konsequenzen einer Anwendung von biomedizinischen Technologien richten (und daher besonders anschlussfähig für Technikfolgenabschätzungsanalysen sind), werden in der Debatte über Enhancement häufig auch grundsätzliche Sorgen um die »Zukunft der menschlichen Natur« (Habermas 2001) geäußert. Diese knüpfen entweder an die weitreichenden Visionen biotechnischer Manipulationen (s.u.) oder aber an Szenarien einer umfassenden Pharmakologisierung des Alltags an.

So befürchten etwa die Autorinnen und Autoren des Berichts des US-amerikanischen President's Council on Bioethics (2003), dass pharmakologische (und technische) Hilfsmittel zur psychischen und kognitiven Leistungssteigerung die Beziehung der Menschen zu ihren Handlungen – insbesondere den internen Zusammenhang zwischen ihren Handlungen und damit verbundenen Erfahrungen der Erfüllung oder des Glücks – grundsätzlich auflösen könnten, wodurch die »Würde« der Natürlichkeit menschlichen Handelns gefährdet wäre (Ach/Bisol 2009, S. 35). Eine ähnliche Sichtweise findet sich bei Sandel (2008, S. 107, nach Ach/Bisol 2009, S. 35), der durch Enhancement die Wertschätzung des Charakters menschlicher Fähigkeiten und Erfolge als »Gabe« und damit »Schlüsselelemente unserer moralischen Landschaft« bedroht sieht, die er mit den Begriffen Demut, Verantwortung und Solidarität benennt. Fukuyama (2004) spricht im Zusammenhang mit Enhancement gar vom »Ende des Menschen«.

Solche weitreichenden soziokulturellen bzw. gattungsbezogenen Befürchtungen sind mögliche Konsequenzen einer Projektion der im vorhergehenden Kapitel IV.1.2 behandelten »niederschwelligeren« Sorgen um die Qualität des individuellen Glücks und der Authentizität von Person und Erleben auf die Ebene der Gesellschaft als Ganzes – unter der Annahme, dass die entsprechenden Enhancementtechnologien mehr oder weniger zum Standard werden. Wie realistisch diese Entwicklung eingeschätzt wird, hängt neben Annahmen über die mögliche zukünftige Wirksamkeit der Substanzen und Verfahren stark von der Interpretation der bisherigen Verbreitung und Nutzung pharmakologischer Selbststeuerung ab. Die empirischen Daten zur Nutzung mit dem Ziel der Leistungssteigerung sind begrenzt (Kap. III.4), bei der Nutzung zur Stimmungsbeeinflussung und Stressbewältigung bleibt die entscheidende Frage, ob in den vergangenen Jahren im Vergleich z.b. zu den 1950er und 1960er Jahren tatsächlich eine quantitativ oder qualitativ neuartige Entwicklung der Medikalisierung zu beobachten war (Langlitz 2010b). Um dies genauer beantworten zu können, bedürfte es gründlicher soziologischer Untersuchungen (Kap. IV.3 u. VII).

Neben den eher gesellschafts- oder verhaltensbezogenen Einschätzungen von Pharmakologisierungs- und Medikalisierungstendenzen sind es in der bioethischen Debatte aber vor allem Vorstellungen einer gezielten grundsätzlichen, weitreichenden Veränderung der menschlichen Natur, die den Hintergrund vieler Überlegungen und Debatten zum Thema Enhancement bilden (für einen ideen- und kulturhistorischen, auch literarischen Überblick Coenen et al. 2010). Anknüpfungspunkte sind zum einen das als grundsätzlich beurteilte menschliche Streben nach Verbesserung menschlicher Eigenschaften und Fähigkeiten sowie zum anderen alle Arten von utopischen Szenarien technischer Eingriffe in den menschlichen Körper zur Leistungsbeeinflussung jenseits medizinisch-therapeutischer Maßnahmen. In der ersten Hälfte des 20. Jahrhunderts, bis in die 1960er Jahre, dominierten weitreichende Vorstellungen einer Steuerung der menschlichen Evolution durch gesellschaftliche zentral geplante genetische Eingriffe zur Lösung der großen Menschheitsprobleme (Weß 1989). Als in den 1970er und 1980er Jahren die technischen Möglichkeiten einer gentechnischen Manipulation jedoch praxisreif wurden, richteten sich die Zielstellungen (z.B. der Gentherapie) dann ganz überwiegend auf viel konkretere medizinische Zwecke der Heilung von Krankheiten (genauso das Human Genome Project und seine Folgeprojekte).

Szenarien einer pharmakologischen Steuerung bilden die Basis für die bekannte Dystopie »Brave New World« von Aldous Huxley wie auch für seine Utopie »Eiland«, die allerdings viel weniger bekannt ist (Langlitz 2010b). Die jüngeren Visionen verbesserter Menschen aus den 1990er und 2000er Jahren, die teilweise unter dem Label Converging Technologies verbreitet wurden, griffen weitere Erkenntnisse und Technologien in Frühstadien auf – insbesondere aus den Neurowissenschaften und den Nanotechnologien, aber auch der Gewebe- und Organkultur auf der Basis von Stammzelltechniken – und verbanden diese mit den enorm wachsenden Kapazitäten der Informationsverarbeitung zu weitreichenden, teils völlig abgehobenen Vorstellungen von zukünftigen technologisch aufgerüsteten Mensch-Maschine-Verschmelzungen, die dann z.B. eine radikale Lebensverlängerung oder gar das ewige Leben des individuellen Geistes außerhalb des Körpers ermöglichen sollen. Die zugehörige Weltsicht wird auch Transhumanismus genannt (ausführlich hierzu TAB 2008a). Solche futuristischen und utopischen Phantasien blühen vor allem so lange, wie die angenommenen technischen Interventionen lediglich erahnbar, aber nicht konkret absehbar und beschreibbar sind.

Die Umsetzungsaussichten entsprechender Visionen, von Utopien wie von Dystopien, erscheinen, nüchtern betrachtet, als wenig erfolgversprechend. Für eine dauerhafte, gezielte Manipulation der »menschlichen Natur« durch pharmakologische Substanzen ohne Niederschlag auf genetischer, also vererbbarer Ebene, existieren keine wissenschaftlich unterlegten, plausiblen Szenarien. Für den Aspekt der physischen Leistungssteigerung mit Blick auf die Verbesserung sportlicher Leistungen konnte das TAB im Bericht »Gendoping« zeigen, dass es keine Hinweise auf »realistische« Zielstellungen dauerhafter genetischer Manipulation gibt, weil den verschiedenen Parametern physischer Leistungsfähigkeit zumindest bislang keine isolierten genetischen Grundlagen zugeordnet werden können (Gerlinger et al. 2008; TAB 2008b). Für psychische, also kognitive und emotionale Fähigkeiten bzw. Leistungen ist dies auch in Zukunft wohl noch weniger zu erwarten, weil deren genetische Basis noch weit unklarer ist. Insgesamt scheint die Betrachtungsebene der »Zukunft der menschlichen Natur« im Sinn einer grundlegenden biotechnischen Beeinflussung für die vorliegende Untersuchung von geringer Relevanz.

PERSPEKTIVEN DER SOZIALWISSENSCHAFTEN: ENHANCEMENT ALS TEIL EINES MEDIKALISIERUNGSPROZESSES   2.

Eine Aufgabe soziologischer Analyse im biopolitischen Diskurs ist es zu prüfen, ob die jeweiligen Annahmen über gesellschaftliche Bedingungen und Folgen empirisch zutreffend sind bzw. angesichts empirischer sozialwissenschaftlicher Daten zumindest plausibel erscheinen (Daele 2005). Auch Viehöver et al. (2009, S. 5) heben die Bedeutung der Aufgabe der Sozialwissenschaften hervor, die soziale und kulturelle Genese und Einbettung von Optimierungswünschen zu untersuchen (Wehling 2008a). Die folgende Auswertung des Gutachtens von Viehöver et al. (2009) konzentriert sich auf Ergebnisse, die eine Einbettung von Enhancement – unabhängig davon, ob bei den Anwendern tatsächlich eine Leistungssteigerung hervorgerufen wird oder nicht – in einem größeren Kontext der Medikalisierung verdeutlichen.

ÜBERGÄNGE, ENTGRENZUNGEN, NEUE GRENZZIEHUNGEN

Enhancement ist nach Viehöver et al. (2009, S. 3 f.) ein Sammelbegriff, unter dem verschiedene wissenschaftlich-technische Entwicklungen zur Technisierung, Transformation und »Perfektionierung« des menschlichen Körpers und Geistes gefasst und verhandelt werden. Auch sie verweisen auf die ungelöste Problematik der Abgrenzung von Enhancement und Therapie (Kap. IV.1.1) sowie darauf, dass sich viele pharmakologische und medizinische Projekte zur körperlich-geistigen Leistungssteigerung noch nicht umsetzen lassen (und bei vielen unklar ist, ob das jemals geschehen wird). Dennoch sei davon auszugehen, dass sich allein »durch die vorgängigen Optimierungs-Diskurse unsere sozialen Wahrnehmungsweisen von Geist, Körperlichkeit, Personalität, Autonomie und Identität« verändern (Viehöver et al. 2009, S. 5). Dabei würden bislang zentrale handlungsleitende Unterscheidungen, so etwa jene zwischen Krankheit und Gesundheit und entsprechend zwischen Therapie (Heilung) und Optimierung des menschlichen Körpers, unscharf und müssten neu ausgehandelt werden. Umstritten sei insbesondere, *wer* die künftigen Grenzen *wie* und auf der Basis *welcher* Legitimationsgrundlagen ziehen sollte (Viehöver et al. 2009, S. 5).

»Übergänge«, »Entgrenzungen« und neue »Grenzziehungen« sind daher auch die zentralen analytischen Begriffe, mit denen Viehöver et al. die »[b]iopolitische[n] Strategien und Praktiken des Enhancements und ihre Aneignung durch die Individuen« untersuchen. Relevante Entwicklungen werden im engeren Bereich der Medizin (ihrem Selbstverständnis und Handlungsauftrag; Kap. IV.2.1), auf der Subjektebene (den Patienten und ihren Aneignungsformen von Enhancementpraktiken; Kap. IV.2.2) sowie bei den sozioökonomischen Kontextbedingungen (insbesondere den Veränderungen des Gesundheitsmarktes und der Sozialsysteme; Kap. IV.2.3) gesehen (Viehöver et al. 2009, S. 6 ff.).

Gegenüber früheren Vorstellungen von einer Verbesserung des Menschen hinsichtlich seiner geistig-moralischen Fähigkeiten und auch seines Körpers sehen Viehöver et al. (2009, S. 9) durch die »Erfolge[n] der Biotechnik der vergangenen Jahrzehnte […] eine neue Stufe« erreicht. Die unter dem Begriff Enhancement versammelten Bereiche kosmetische Chirurgie, Anti-Aging-Medizin, Doping im Leistungs- und Breitensport und Nutzung von Psychopharmaka – zur Behandlung vormals nichtindizierter Phänomene wie Schüchternheit (Wehling 2008b u. c) oder gezielt zur Leistungssteigerung – werden als Teil eines Medikalisierungsprozesses[63] verstanden, dessen Triebkräfte selbst in Wandlung befindlich sind (Viehöver et al. 2009, S. 10 ff.).

Viehöver et al. (2009, S. 6) sehen Enhancementtendenzen als »Teil eines *strukturell* neuen Prozesses der Medikalisierung […], durch den sich die kategorialen Grenzen des medizinischen Feldes und das Selbstverständnis der Medizin zu ver-

---

63 Der Begriff der Medikalisierung hat seit den 1970er Jahren vor allem in der englischsprachigen Soziologie Verbreitung gefunden (Conrad 1992) und verweist im weitesten Sinne auf die Wahrnehmung sozialer Probleme in medizinischen Termini. Die Wurzeln liegen in den Analysen Foucaults zur Entstehung moderner Praktiken und Techniken der Disziplinierung des menschlichen Körpers (Foucault 2002; Nye 2003) und in den medizinkritischen Arbeiten der 1960er und 1970er Jahre, etwa von Szasz (1961) und Illich (1975).

schieben scheinen«. Andere Autoren interpretieren diese Entwicklungen in der Perspektive eines Übergangs von der kurativen Medizin zur Ära der »wunscherfüllenden Medizin« (Kettner 2006a u. b) oder von einer »Reparaturmedizin« zur »Präventionsmedizin« (Bamberger 2008, S. 12 ff.). Nicht zuletzt aufgrund neuerer Enhancementtechniken vollziehen sich nach Viehöver et al. (2009) im medizinischen Feld grundlegende *Entgrenzungsprozesse*, durch die es zunehmend schwieriger wird, die bislang für das medizinische System explizit oder implizit handlungsleitenden Unterscheidungen von Krankheit und Gesundheit bzw. Heilung und Verbesserung noch trennscharf vorzunehmen.

Auf der Subjektebene sei zu beobachten, dass sich immer weitere Bereiche der Gesellschaft für eine Medikalisierung des Alltags durch Enhancementpraktiken und -techniken und die sie begleitenden Diskurse öffnen. Dies könne, so nehmen Viehöver et al. (2009, S. 7) an, »bislang noch nicht absehbare Konsequenzen für die Vergesellschaftung der Individuen und deren (personale) Identitäten haben, wobei Grenzüberschreitungen sich sowohl im Hinblick auf die *körperlich-leibliche Naturbasis* als auch im Hinblick auf die modernen *Vorstellungen* und *Deutungsmuster* von Personalität und Identität, Autonomie und Selbstbestimmung vollziehen können«. Diese theoretischen und konzeptionellen Überlegungen werden durch Untersuchungsergebnisse in den Bereichen »Anti-Aging« und ADHS-Therapie, deren Hintergründe, Motivlagen und Konsequenzen gestützt (s. u.).

Bei den Kontextbedingungen wird das Verhältnis von Staat und Markt hervorgehoben, das unter den Bedingungen sich ausweitender Märkte für Enhancementangebote neu justiert werden müsse. Die Ausweitung von Praktiken des Enhancements wird in Zusammenhang mit der Herausbildung des zweiten Gesundheitsmarktes gesehen (Kap. III.3.6), der ein »spannungsreiches Gefüge von Prozessen institutioneller Entgrenzung« und dadurch neue Akteursinteressen und -konstellationen generiere (Viehöver et al. 2009, S. 66).

GRENZVERSCHIEBUNGEN IM ENGEREN BEREICH DER MEDIZIN: KRANKHEIT, GESUNDHEIT, HEILUNG, VERBESSERUNG   2.1

Die Medizin hat sich seit dem 16. Jahrhundert als ein eigenständiges System der Gesellschaft ausdifferenziert, dessen Handlungen und Praktiken sich an der Unterscheidung von Gesundheit und Krankheit orientieren (Bauch 1996). Nach wechselndem semantischem Bedeutungsgehalt haben sich die Begriffe Krankheit und Gesundheit als ein asymmetrisches Gegenbegriffspaar (Koselleck 1989, S. 211) eingebürgert, das in funktionaler Hinsicht vor allem dazu dient, bestimmte Grenzen des medizinischen Feldes festzulegen (Viehöver et al. 2009, S. 13).

Eine Einengung des medizinischen Zuständigkeitsbereichs auf die Heilung kranker Menschen erscheint angesichts verschiedener Entwicklungen *im* medizinischen Feld und *jenseits* dessen seit geraumer Zeit als nicht mehr angemessen (Kickbusch 2006). Viehöver et al. (2009, S. 14 ff.) sehen Entgrenzungstendenzen auf drei Ebenen:

> bei Natur und Kultur,
> bei Gesundheit und Krankheit sowie
> bei Heilung und Verbesserung.

Natur – Kultur: Obgleich die Vorstellung der »Natürlichkeit« bzw. der Natur oder auch Gottgegebenheit des menschlichen Körpers schon seit der Neuzeit und der Aufklärung durch die entstehenden Naturwissenschaften prinzipiell infrage gestellt wurde, blieb sie als legitimatorische Figur institutionell und handlungspraktisch bis in die jüngste Zeit wirksam. Sie scheint aber nun ihre Bedeutung als normativer Wert und als kulturelle Handlungsorientierung mehr und mehr einzubüßen. Die ethische und biopolitische Debatte über das Enhancement macht deutlich, dass der Rekurs auf die »Natur« des Menschen in hohem Maße deutungsoffen und begründungsbedürftig ist (Clausen 2006; Kap. IV.1.3).

Gesundheit – Krankheit: Die alltagsweltliche Sichtweise von »Krankheit« als Abweichung von einem natürlichen, normalen Zustand des menschlichen Körpers verliert zunehmend ihre Selbstverständlichkeit. Bislang als »natürlich« wahrgenommene körperliche Gegebenheiten, wie Alterung, körperliches Aussehen, Körpergröße und (Über-)Gewicht oder auch alltägliche Verhaltensformen wie Schüchternheit, geraten in die Nähe therapiebedürftiger und therapierbarer »Defizite« und »Störungen« (Lau/Keller 2001, S. 85; Lau et al. 2005; Wehling 2008c). »Krankheit« wird zunehmend als die »suboptimale« Entfaltung und Ausnutzung eines *prinzipiell steigerbaren* Potenzials des Körpers verstanden, über das man medizinisch-technisch oder pharmakologisch verfügen kann. In einigen Fällen, wie etwa im Falle des »Anti-Agings«, scheinen ganze Lebensphasen in den Bedeutungshof des Krankheitsbegriffs zu geraten. Eine Konsequenz dieser Entwicklung ist, dass – tatsächliche oder vermeintliche – lebensweltliche Handlungsgewissheiten und -voraussetzungen schwinden. Als Variante der Kommunikation dieser Grenzverschiebung erscheint die Propagierung einer Präventionsmedizin anstelle der »Reparaturmedizin« (Bamberger 2008). Damit kommt nicht mehr nur der Krankheit, wie noch Luhmann (1990) meinte, ein operativer Wert in der Medizin zu, sondern in wachsendem Maß auch der Gesundheit: Medizinische Praktiken setzen vermehrt am gesunden menschlichen Körper an. Auch dies gilt insbesondere für die verschiedenen Spielarten der Anti-Aging-Medizin. Im Unterschied zu früheren Anleitungen zur Gesunderhaltung durch (para)medizinische Maßnahmen, die eine lange und vielfältige kulturelle Tradition besitzen, oder zur systematischen präventiven Hygienepolitik richtet sich die neue bzw. zukünftige Variante der Präventionsmedizin auf substanzgebundene Interventionen, d.h. die

Einnahme von Pharmaka, die spezifische, gesundheitlich wünschenswerte Effekte hervorrufen sollen (z.b. altersbedingte »Abbauprozesse« verhindern). Dieses Konzept von Präventionsmedizin ist daher eng verbunden mit der dritten Dimension der Entgrenzungsprozesse.

Heilung – Verbesserung: Solange die Medizin sich im kulturellen und institutionellen Erwartungshorizont der »Heilung« bewegte, blieb sie als idealtypische *Wiederherstellung* eines durch Krankheit veränderten und gefährdeten »natürlichen« oder »normalen« Zustands an die Vorstellung einer vorgegebenen Körpernatur des Menschen gebunden (Rheinberger 1996, S.289). Allerdings sind Aspekte einer Verbesserung der gegebenen Körperlichkeit sowohl bei Impfungen als auch bei behinderungskompensierenden Maßnahmen seit Langem Teil der Medizin, weshalb eine »ontologische« oder »essentialistische« Gegenüberstellung von Therapie (im Sinne des Heilens des unveränderten, naturgegebenen Leibs) auf der einen und Enhancement (als Produktion des technisch manipulierten, »künstlichen« Körpers) auf der anderen Seite nicht passend erscheint. Spezifisch neu sind die erweiterten Möglichkeiten der Intervention (biotechnisch, pharmakologisch) und – im Vergleich zu »medizinischen«, v.a. »eugenischen« Verbesserungszielen in der ersten Hälfte des 20. Jahrhunderts, die auf eine staatlich gesteuerte Selektion basierten – eine Individualisierung der Ziele der jeweiligen Eingriffe. Dabei können sich neuartige Formen einer »naturalisierten« Diskriminierung herausbilden, so wie dies in der Debatte um die präventiven (gen)diagnostischen Verfahren diskutiert wird (Lemke 2006; Wehling, P. 2005).

VIER DYNAMIKEN DER ENTGRENZUNG

Bringt man die beiden Unterscheidungen »Gesundheit vs. Krankheit« und »Heilung (›treatment‹) vs. Verbesserung (›enhancement‹)« in heuristischer Absicht in eine Kreuztabelle, so lassen sich idealtypisch vier Formen und Dynamiken der Grenzverwischung und -überschreitung identifizieren (Abb. 8) (hierzu und zum Folgenden Viehöver et al. 2009, S.21 ff.):

1. Ausweitung medizinischer Diagnostik (Pathologisierung)
2. Entgrenzung medizinischer Therapie (Veralltäglichung)
3. Entzeitlichung von Krankheit (Prädiktion u. Prävention)
4. »Verbesserung« der menschlichen Natur (Enhancement)

Unter »Ausweitung medizinischer Diagnostik« subsumieren Viehöver et al. (2009) konkrete Neudefinitionen körperlicher, psychischer und/oder mentaler Phänomene (Körperzustände, Verhaltensformen u.Ä.) als pathologisch. Ein markantes Beispiel ist die Entwicklung der Diagnose »Aufmerksamkeitsdefizit-/Hyperaktivitätsstörung« (ADHS) in den 1970er Jahren (Conrad 1976a u. b) einschließlich ihrer Ausweitung auf Erwachsene in den 1990er Jahren (Conrad/Potter 2000). Weitere Beispiele sind die Pathologisierung der männlichen und weiblichen Libido oder von Schüchternheit. Bestandteil vieler dieser Grenzverschiebungen ist eine Gewichtsverlagerung von psychosozialen hin zu somatischen Ursachenerklärungen/-zuschreibungen und damit insgesamt eine zunehmende Fassung sozialer Phänomene in medizinische Begrifflichkeiten – also eine Medikalisierung (s.o.).

ABB. 8   **ENTGRENZUNGSDYNAMIKEN DER BIOMEDIZIN**

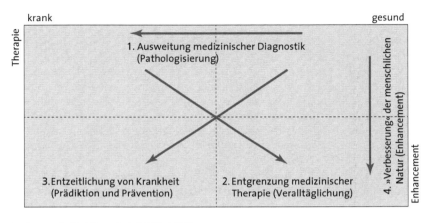

Quelle: nach Wehling et al. 2007, S. 558

Allerdings geschehen diese Ausweitungen nicht unwidersprochen, sondern sind meist heftig umstritten. Resultat muss daher nicht unbedingt die konkrete, weithin akzeptierte Grenzverschiebung sein. Häufig ergibt sich eher eine Grenzverwischung, die dann letztlich zu einer Auflösung der Grenzen führen kann (Viehöver et al. 2009, S. 21).

Ein bemerkenswerter Umstand ist, dass die *Ausweitung der medizinischen Diagnostik* nicht vorrangig von der medizinischen Profession ausgeht, sondern andere Schlüsselakteure zunehmend wichtig werden, darunter Pharmaunternehmen, Medien und auch die betroffenen Individuen selbst, v.a. in Form von Patientenorganisationen bzw. Selbsthilfegruppen. Es resultieren Grauzonen der Uneindeutigkeit, in denen die Individuen ihre eigenen Befindlichkeiten (oder die ihrer Kinder) »selbstbestimmt« interpretieren und definieren können. Dabei werden sie durch Medien, Werbung der Pharmaindustrie, Selbsttests im Internet, medizinische und populärwissenschaftliche Ratgeberliteratur u.Ä. angeregt und angeleitet.

Folgt man der in der bioethischen Debatte häufig bemühten definitorischen Abgrenzung von Enhancement gegenüber Therapie, dann wirkt eine Ausweitung der medizinischen Diagnostik vordergründig eigentlich entgegen dem Phänomen Enhancement – denn es geht ja darum, Verhalten oder Handlungen in den legitimen Handlungs- und Aufgabenbereich der Medizin hinein zu definieren. Eine

Gleichsetzung von Medikalisierung und Enhancement macht dann keinen Sinn – allenfalls wäre zu fragen, ob die Pathologisierung von vormals als durchaus normal empfundenen Verhaltensvarianten (Melancholie, Hyperaktivität, Hypoaktivität usw.) dazu führt, dass Menschen es als zunehmend normal einschätzen, eigene Befindlichkeiten medikamentös zu beeinflussen.

Die *Entgrenzung medizinischer Therapie* ergibt sich zum einen aus der Pathologisierung und zum anderen aus der zweiten wichtigen Erscheinungsform der Medikalisierung, der Anwendung medizinischer Technologien auf erklärtermaßen nichtpathologische Zustände (Veralltäglichung). Das offensichtlichste Beispiel bietet hier die kosmetische Chirurgie, die sich vom Gesundheitssystem argumentativ, ethisch und ökonomisch praktisch abgekoppelt hat, während der Anti-Aging-Sektor eine Vermischung sowohl der Pathologisierung als auch der Veralltäglichung repräsentiert (Kap. IV.2.2.2): Dabei werden auf der einen Seite sinkende, eindeutig messbare Hormonspiegel als Indikation für konkrete »therapeutische« Maßnahmen herangezogen, auf der anderen Seite eine Vielzahl von Substanzen mit völlig unklaren und unbelegten Wirkungen verkauft, verabreicht, eingenommen und auf die Haut aufgetragen, die angeblich bewirken, dass Alterungsprozesse aufgehalten werden. Es erscheint durchaus plausibel, dass sich in diesem Bereich fragwürdige bzw. unwirksame »Neuroenhancementmittel« am stärksten ausbreiten könnten.

Entzeitlichung von Krankheit meint eine zunehmende Ablösung des Krankheitsbegriffs von zeitlich manifesten (akuten oder chronischen) Symptomen und Beschwerden und eine »Vorverlagerung« der Diagnose auf bestimmte Indizien und »Risikofaktoren«. Resultat ist der »gesunde Kranke«, für den zunehmend Strategien eines »präventiven Risikomanagements« entworfen werden. Am stärksten befördert wurde diese Entwicklung durch Ergebnisse der Genomforschung bzw. Gendiagnostik in Form sogenannter prädiktiver Gentests – wobei diese in den vergangenen Jahren mehr diskutiert als tatsächlich angewendet wurden (Hennen et al. 2001; Kollek/Lemke 2008). Die Frage nach dem Einfluss der individuellen genetischen Information nicht nur auf die Gesundheit, sondern auch das Verhalten, auf Entwicklungspotenziale und auf Lebensperspektiven stellt ein zentrales Thema der Medikalisierungsdebatten der vergangenen Jahre dar (Lemke 2006; Wehling 2006). Dabei wurden u.a. in der Enquete-Kommission »Recht und Ethik der modernen Medizin« so intensiv wie sonst bei kaum einer biomedizinischen Technologie die individuellen und gesellschaftlichen Schutzgüter und -ziele diskutiert und herausgearbeitet (darunter das Recht auf Nichtwissen, die Freiwilligkeit und der Schutz vor Diskriminierung; Enquete-Kommission 2002) und nach sehr langer und gründlicher Beratung in Deutschland mit dem Gendiagnostikgesetz (GenDG) auch gesetzlich geregelt.

Falls die prädiktive genetische Diagnostik aufgrund ihrer Erfolg- und Perspektivlosigkeit in den kommenden Jahren allerdings doch nicht so weiter verfolgt wird, wie es vor kurzem noch zu erwarten war, könnte sie im Nachhinein ein Beleg dafür werden, dass ein zu unscharfes, zu unklares medizinisches Angebot auf Dauer doch keinen gesellschaftlichen und sozioökonomischen Erfolg hat. Falls das so sein sollte, wäre es vermutlich auch darauf zurückzuführen, dass aus der Prädiktion nicht unbedingt eine Möglichkeit der Prävention, also kein positives Versprechen hervorgeht. Umgekehrt heißt das z.b. für Anti-Aging-Angebote: Auch wenn sie äußerst unscharf und unklar sind, könnten sie dennoch dauerhaft Erfolg haben, weil sie immer ein positives Versprechen transportieren, egal ob dieses erfüllt wird (»Vielleicht hat es ja doch geholfen?«).

Dass die bewusste, gezielte »Verbesserung der menschlichen Natur« wirklich die Bedeutung hat, die ihr gerade in der bioethischen Debatte als vermeintliches Leitmotiv der Biowissenschaften häufig zugesprochen wird – daran kann, wie der vorliegende Bericht an verschiedenen Stellen argumentiert, aus einer Reihe von Gründen gezweifelt werden. Viehöver et al. (2009, S. 30) verweisen auf die bekannten futuristischen Bio- und Technovisionen der Transhumanisten und anderer Technikutopisten (»Abschaffung des Alterns«, Verknüpfung menschlicher Gehirne mit informationstechnischen Systemen, technische Verbesserung sensorischer Fähigkeiten) sowie auf das Doping im Leistungs- und Breitensport. Hierbei spielen die Grenzen von Gesundheit und Krankheit, von Diagnose und Therapie eindeutig keine Rolle – es geht hier um Grenzverschiebungen der Leistungsfähigkeit, entweder über das individuell bis dahin ohne technische bzw. pharmakologische Unterstützung erreichbare Leistungsvermögen hinaus oder gar um eine grundlegende Erweiterung der Fähigkeiten der Spezies Mensch.

Wie in Kapitel II gezeigt, ist der Sport (und dabei insbesondere der Bereich der CGS- und Ausdauersportarten; Kap. II.1.1), das einzige Anwendungsfeld pharmakologischer Leistungssteigerung, bei dem messbare Grenzverschiebungen stattgefunden haben (z.b. bei den Lauf- und Schwimmstreckenweltrekorden, aber auch bei den Durchschnittsgeschwindigkeiten von Fahrradrennen u.Ä.). Alle anderen Beispiele (Kap. III.4.1) sind nicht in Leistungsparametern erfasst, sondern entweder lediglich beobachtet und entsprechend interpretiert worden (z.b. der Ritalingebrauch in Prüfungssituationen, dessen Effekt auf das Prüfungsergebnis in keiner Weise untersucht oder gar belegt ist) oder entziehen sich einer konkreten Beschreibung als leistungsbeeinflussend (so z.b. der Konsum von Antidepressiva durch Gesunde oder von stimulierenden Drogen in Kreativberufen – Phänomene, die kaum als neu bezeichnet werden können).

Folgerichtig betonen Viehöver et al. (2009, S. 30), dass sich diese vierte Dynamik der Entgrenzung bislang überwiegend auf der diskursiven Ebene in Form von Strategien und Forschungsprogrammen abspielt. Hier gehe es zunächst einmal darum, durch spezifische rhetorische Strategien den Gegenstand, die Ziele sowie mögliche positive Motive entsprechender Enhancementangebote zu umschreiben und legitimatorisch abzusichern. Dabei ist im Vergleich mit den USA zu beobachten, dass die extremen Visionen außerhalb von ideen- und kulturhistorischen Betrachtungen (Coenen et al. 2010) und vereinzelten Nutzungen in der Wissenschaftskommunikation (Coenen 2009) fast keine Rolle spielen und auch gemäßigte Enhancementzielsetzungen eher als Bestandteil übergreifender Forschungsprogramme oder -felder kommuniziert werden, z.b. im Rahmen von Anti-Aging-Maßnahmen (Kap. IV.2.2.2). Allerdings mehren sich auch in Deutschland und Europa im biopolitischen und -ethischen Diskurs Stimmen, welche hypothetische Praktiken des Enhancements prinzipiell für vertretbar halten oder ihnen sogar fundamental positive Aspekte abgewinnen (z.b. Galert et al. 2009; Gesang 2007; Schöne-Seifert 2006).

GEMEINSAMKEITEN UND UNTERSCHIEDE

Alle vier Dynamiken (Abb. 8) weisen – in jeweils spezifischer Form – in Richtung der Erosion und Entgrenzung der Unterscheidungen von Krankheit und Gesundheit und/oder Therapie und Enhancement. Durch jede Dynamik werden für Individuen oder professionelle Akteure neue Handlungsspielräume eröffnet, gleichzeitig entstehen im alltäglichen und institutionell-professionellen Handeln Uneindeutigkeiten, mit den angedeuteten möglichen Folgen für Selbstverständnis und Akzeptanz (hierzu und zum Folgenden Viehöver et al. 2009, S. 32 ff.).

Die wichtigsten Unterschiede zwischen den vier Dynamiken betreffen die jeweilige gesellschaftliche Rolle, Legitimation und Konstellation der verschiedenen Akteure (aus Medizin und Wirtschaft, Medien, Wissenschaft, Politik sowie nicht zuletzt die individuellen Patienten bzw. »Kunden«). »Entgrenzung medizinischer Therapie« zeigt sich besonders prägnant im Fall der kosmetischen Chirurgie. Sie wird erheblich über Ratgeberliteratur, von den Medien und den Kundinnen und Kunden vorangetrieben – bei einer gewissen Distanz eines »konservativen« Teils der Ärzteschaft (»Koalition gegen Schönheitswahn«; Bundesärztekammer 2004). Im Falle der prädiktiven Gendiagnostik verläuft hingegen der Prozess der Entgrenzung von Krankheit und Gesundheit deutlich anders: Die treibende Kraft ist hier eher die biowissenschaftliche Grundlagenforschung, die immer mehr Erkrankungen mit genetischen Risikofaktoren in Verbindung bringt, während betroffene Patientinnen und Patienten (besonders solche aus sogenannten »Risikogruppen«) zumindest teilweise mit erheblicher Zurückhaltung reagieren. Der Fall ADHS wiederum, als Beispiel für eine »Ausweitung medizinischer Diagnostik«, ist durch ganz andere Akteurskonstellationen und Aneignungsformen gekennzeichnet (Kap. IV.2.2.1).

Die Typologie von Entgrenzungsdynamiken verdeutlicht, dass es nicht weiterführt, von einer homogenen Tendenz zur »Medikalisierung« auszugehen. Vielmehr ist innerhalb des Feldes zu differenzieren. Ob und inwieweit sich Enhancementtechnologien und -praktiken durchsetzen, ob sie überhaupt individuell, gesellschaftlich oder professionell als solche wahrgenommen werden, ob Gegentendenzen gesellschaftlich wirksam werden und welchen Erfolg sie haben, ist eine empirisch zu beantwortende Frage (Kap. VII). Im Hinblick auf die ethischen Debatten wäre daher zu fragen, ob und unter welchen Bedingungen in der alltäglichen und professionellen Entscheidungspraxis überhaupt nach ethischen Kriterien entschieden wird (Nassehi 2006).

DIE SUBJEKTEBENE: ANEIGNUNGSFORMEN ZWISCHEN SOZIALEM DRUCK UND EIGENER GESTALTUNG　　2.2

Anhand zweier Fallbeispiele – ADHS und »Anti-Aging« – zeigen Viehöver et al. (2009, S. 34), dass sich die Typologie der Entgrenzungsdynamiken plausibel auf einzelne Fälle anwenden lässt und dass es geboten ist, die Seite der »nutzenden« Subjekte und deren Aneignungsweisen in den Blick zu nehmen. Dabei geht es bei Weitem nicht nur um das sich verändernde Verhältnis von Arzt und Patient, das im Zeitalter der »Individuellen Gesundheitsleistungen« (IGeL) zunehmend Züge eines Arzt-Klienten-Verhältnisses annimmt (Kettner 2006a u. b; Nationaler E-thikrat 2004).

ADHS: GELEGENHEIT FÜR NEUROENHANCEMENT?　　2.2.1

Am Beispiel der Aufmerksamkeitsdefizit-/Hyperaktivitätsstörung kann verdeutlicht werden, in welcher Art und Weise vordergründig soziale Phänomene – hier: abweichendes Verhalten (Hyperaktivität) oder Varianten kognitiver Fähigkeitsdimensionen (Aufmerksamkeitsdefizite) – als Symptome einer Krankheit gedeutet werden und wie in der Folge eine Entgrenzung von Wiederherstellungs- und Optimierungsmaßnahmen bei den Betroffenen zu beobachten ist (hierzu und zum Folgenden Viehöver et al. 2009, S. 36 ff.).

Mit einer Prävalenz von 2 bis 6 % zählt ADHS zu den häufigsten kinder- und jugendpsychiatrischen Krankheitsbildern. Nur bei 1 % der Jungen und 0,3 % der Mädchen erfolgt eine medikamentöse Behandlung mit Methylphenidat (Steer/Straßmann 2008, S. 682). Erst seit einigen Jahren wird ADHS nicht mehr nur bei Kindern diagnostiziert. Es wird derzeit geschätzt, dass ein bis zwei Drittel der betroffenen Kinder auch als Erwachsene noch erhebliche, beeinträchtigende Störungen aufweisen, sodass sich eine adulte Prävalenzrate von 2 bis 4 % ergibt (Philipsen et al. 2008).

Für ADHS markant ist die historische Entwicklung von Diagnose und Begriff (z.B. Hennen et al. 2008, S. 153 ff.). Ausgehend von Hoffmanns »Zappel-Philipp« Mitte des 19. Jahrhunderts, dessen Verhalten eine moralisch bewertete Abweichung verkörperte, wurde in den 1930er Jahren zunächst die paradox anmutende, zufällig gefundene beruhigende Wirkung von Amphetamin auf hyperaktive Kinder beschrieben – und was therapierbar ist, so lautete die Annahme, ist wohl auch eine Krankheit. Bis in die 1980er Jahre kursierten für die Symptomatik in der Literatur die konkurrierenden Begriffe »Minimal Brain Dysfunction«, »Hyperkinesis« oder »Hyperkinetic Reaction of Childhood«. Seit der vierten Ausgabe des »Diagnostic and Statistic Manual of Mental Disorders« von 1994, des Handbuchs psychischer Krankheiten der American Psychiatric Association, wird ADHS als polymorphe Erkrankung mit drei Hauptformen geführt: vornehmlich unaufmerksam, vornehmlich hyperaktiv sowie kombiniert. Hierdurch kann ein weites Spektrum an Verhaltens- und Leistungsdefiziten erfasst werden, wodurch sich die angezeigte medizinische Therapie in einer Grauzone zwischen Krankheitsbehandlung und Alltagsenhancement bewegen kann. Welche der auf die ADHS-Symptomatik zurückgeführten Verhaltens- und Leistungsdefizite Symptome einer Krankheit sind oder nichtpathologische Varianten der Norm darstellen, wird bis heute teils kontrovers diskutiert. Auch wenn der Krankheitswert schwerer Formen kaum ernsthaft angezweifelt werden kann, gilt ADHS einigen Beobachtern als Beispiel der Medikalisierung von abweichender kognitiver Leistungsfähigkeit und sozialem Verhalten.

Ritalin stellt bei der pharmakologischen Behandlung der jugendlichen ADHS das Medikament der Wahl dar (Kap. III.3.5, Tab. 11).[64] Wie Döpfner et al. (2000, S. 29) beschreiben, »kann die Medikation einen Rückgang oppositioneller Verhaltensweisen [...] und gleichzeitig eine Zunahme erwünschter Verhaltensweisen bewirken«. Als (Kurzzeit-)Effekte der medikamentösen Behandlung werden u.a. die Verminderung von aggressivem Verhalten und die Verbesserung von Konzentrationsfähigkeit und Ausdauer mit ganz konkreten Folgen wie eine Verbesserung der Handschrift genannt. Über die Medikation kann also eine (zumindest temporäre) Wiederherstellung konformen Verhaltens und eine Verbesserung einzelner kognitiver Fähigkeiten erreicht werden, infolgedessen der oder die Betroffene bestimmte erwartete Leistungen eher erbringen kann. Die Antwort auf die Frage, welches Verhalten »noch gesund« und welches »schon krankhaft« ist, erscheint in vielen Fällen nicht eindeutig, weil abhängig von der Bewertung aus dem Umfeld und auch der Selbsteinschätzung.

Gerade bei erwachsenen Menschen mit der Diagnose ADHS wird das Krankheitsbild teils als »Chance« be- und ergriffen, da die Diagnose den Zugang zu medizinischen Möglichkeiten der Selbstoptimierung verschafft (Conrad/Potter 2000). In Gruppendiskussionen mit erwachsenen Betroffenen (diagnostizierte Erwachsene, teils aus Selbsthilfegruppen, und deren Partner; Eltern diagnostizierter Kinder) identifizierten Viehöver et al. (2009) vier Typen des Umgangs mit

---

64 Bei der Behandlung von ADHS-Kindern darf in Deutschland seit Kurzem allerdings nicht mehr direkt ein Medikament mit dem Wirkstoff Methylphenidat verordnet werden, sondern nur im Rahmen einer multimodalen Gesamtstrategie. Dies hat der Gemeinsame Bundesausschuss (G-BA) am 16. September 2010 beschlossen (Bundespsychotherapeutenkammer 2010a).

der Ritalintherapie bzw. -nutzung (Tab. 14). Dabei wurde erkennbar, dass viele Patienten in der medizinischen Neudeutung der eigenen Biografie eine Chance sehen, sich von der schicksalhaften Bürde bestimmter Leistungsdefizite zu entlasten, und zumindest teilweise eine selbstgesteuerte Medikalisierung erfolgt.

TAB. 14   TYPISIERENDER VERGLEICH DES UMGANGS MIT RITALINTHERAPIE

	Annahme der Therapie	*Ablehnung* der Therapie
Annahme der Diagnose	Typus 1: ADHS als krankheitsbedingtes Defizit: Therapie als Wiederherstellung des »natürlichen« Normalzustands	Typus 3: Akzeptanz der medizinischen Krankheitsdeutung bei gleichzeitiger Ablehnung medikamentöser Therapieformen
Ablehnung der Diagnose	Typus 2: Diagnose weitgehend irrelevant: Nutzung von Medikamenten zur gezielten Leistungssteigerung = *explizites Enhancement*	Typus 4: Medikalisierungskritik: Ablehnung von medizinischer Symptomdeutung und Therapie

Quelle: nach Viehöver et al. 2009, S. 43

Bei den meisten Betroffenen steht am Anfang der Diagnose, unabhängig vom weiteren Verlauf ihrer »Patientenkarriere«, eine Auseinandersetzung mit Persönlichkeitseigenschaften, die als defizitär und darüber hinaus potenziell als Störung oder Krankheit wahrgenommen werden. Häufig ist die Lektüre von Informationsseiten im Internet und von Selbsthilfeliteratur der Konsultation ärztlicher Expertise vorgeschaltet, sodass schon der Prozess der Anamnese in gewisser Weise selbstgesteuert verläuft – in Zeiten des Internets ein mittlerweile häufiger Vorgang auch bei anderen (vermuteten) Erkrankungen. Aus der intensiven Beschäftigung mit dem Krankheitsbild wird eine medizinische Neudeutung des Selbst initiiert. Zum Teil wird das eigene Verhalten erst dann im Krankheitskontext interpretiert, wenn bereits andere Familienmitglieder diagnostiziert wurden, so beispielsweise bei Eltern von Kindern mit diagnostizierter ADHS, wenn sie retrospektiv Parallelen zu ihrem eigenen Kindheitserleben feststellen (hierzu und zum Folgenden Viehöver et al. 2009, S. 41 ff.).

Mit der späteren, eigentlichen ärztlichen Diagnose wird höchst unterschiedlich umgegangen. Ein in den Gruppendiskussionen häufiger Aneignungstypus ist von einer biologisch bedingten Benachteiligung überzeugt und interpretiert die Einnahme von Medikamenten weitestgehend als Kurierung eines krankhaften Defizits (Typus 1 in Tab. 14). Aus dieser Perspektive ist die Einnahme zwingend notwendig, um ein »normales« (natürliches) Leben zu führen. Die Compliance

(Kooperationsbereitschaft) gegenüber den Anweisungen des Arztes ist stark ausgeprägt, womit dieser Typus am ehesten der Handlungsorientierung der klassischen Krankenrolle entspricht.

Der in den Diskussionsgruppen am stärksten ausgeprägte Typus 2 nimmt die Medikamente zielgerichtet aufgrund der leistungssteigernden Effekte und weitgehend unabhängig von ärztlichen Empfehlungen ein. Die eigene Identität wird durch die Diagnose bzw. das diagnostizierte Defizit nicht entscheidend geprägt. Teilweise werden die ärztlichen Einschätzungen ignoriert, im Vordergrund steht ein pragmatischer, ziel- und handlungsbetonter Einsatz des Medikaments überwiegend in Situationen, in denen gesteigertes Leistungs- und Aufmerksamkeitsvermögen gefordert ist. Dieses Verhalten ist vermutlich eines der wenigen plausiblen Beispiele für gezieltes und effektives Neuroenhancement – allerdings durch Menschen, denen von ärztlicher Seite ein, wenn auch umstrittenes, psychisches bzw. neurologisches Defizit attestiert worden ist.

Typus 3 tritt der Medikamentennutzung eher ablehnend gegenüber. Die Wirkung der Medikation wird zwar anerkannt, aber als »unnatürlich« betrachtet. Entsprechend dominieren in den Beschreibungen Metaphern aus dem Bereich des Nichtmenschlichen (»Roboter«/»Zombie«). Ganz anders als bei Typus 1, der sein »eigentliches Ich« durch die Medikation wiederhergestellt sieht, empfinden diese Personen ihre Identität durch die Einnahme der Medikamente als bedroht oder verdrängt. Auffallend war, dass diese Form der Ablehnung der Medikation in der Diskussionsgruppe, deren Teilnehmer in Selbsthilfegruppen eingebunden waren, von Viehöver et al. (2009) kaum beobachtet wurde. Vielmehr wurde dort der Einsatz von Psychopharmaka zur individuellen Alltagsbewältigung fast vollständig akzeptiert. Sozusagen den »Antipoden« dazu verkörpert Typus 4: der überzeugte »Medikalisierungskritiker«, der die medizinische Deutung der ADHS-Symptome grundsätzlich ablehnt und die mit ADHS in Zusammenhang gebrachten Eigenschaften als normale Verhaltensvarianten betrachtet.

Viehöver et al. (2009, S. 44) leiten aus den Ergebnissen ihrer Untersuchungen ab, dass sich individuelle und gesellschaftliche Vorstellungen und Erwartungen an Authentizität und Autonomie verändern können, wenn Menschen sich erst nach der Einnahme von Medikamenten, die in den Hirnstoffwechsel eingreifen, als »authentisch« und »selbstbestimmt« erfahren (Karsch 2007). Dies könnte auch als erste Stufe hin zu einem weiter gehenden Szenario der bioethischen und biopolitischen Debatten der vergangenen Jahre verstanden werden, dementsprechend aus der Behandelbarkeit von negativ bewerteten Verhaltensweisen und eingeschränkter Leistungsfähigkeit – zunächst gesellschaftlich formulierte und dann individuell verinnerlichte – neue Ansprüche an das Selbstverständnis und -verhältnis von Individuen entstehen (Ach/Pollmann 2006; Fuchs et al. 2002; Gesang 2007; Roco/Bainbridge 2002; Wehling 2008a, b u. c). Neuartig gegenüber früheren Formen der Veränderung kognitiver oder emotionaler Zustände (Meditation, Drogenkonsum usw.) sei zum einen die Ausrichtung am optimierten gesellschaftlichen »Funktionieren« der Individuen und zum anderen das Versprechen zielgenauer medizinisch-technischer Intervention (Viehöver et al. 2009, S. 44).

Dabei ist einerseits zu beobachten, dass sich im Zusammenhang mit der Medikalisierung bestimmter Verhaltensweisen oder defizitärer Fähigkeiten zunehmend soziale Erwartungen an die Individuen herausbilden, solche Optionen auch tatsächlich zu nutzen. So wird von Betroffenen berichtet, dass Lehrer von Eltern verhaltensauffälliger Kinder eine medikamentöse Therapie einfordern und so zu aktiven Medikalisierungsagenten werden. Andererseits zeigt sich, dass Prozesse »biosozialer Vergemeinschaftung« (Rose 2005) und neue Dynamiken der Selbststeuerung zu wichtigen Faktoren der Medikalisierung geworden sind (Viehöver et al. 2009, S. 44 f.). Sowohl Eigenverantwortung (Selbstdiagnose, -behandlung und -medikation) als auch biosoziale Identitätsstiftung (z.B. in Form gemeinsamen Wissenserwerbs und der Bewältigung von Problem der alltäglichen Lebensführung) werden durch Selbsthilfegruppen begünstigt und führen zu einem Autonomiegewinn gegenüber der professionellen medizinischen Versorgungslandschaft. Insgesamt bietet ADHS nach Viehöver et al. (2009) ein facettenreiches Beispiel der Medikalisierung. Ähnlich vielschichtig, allerdings in vieler Hinsicht völlig unterschiedlich, zeigt sich das zweite von Viehöver et al. (2009) behandelte Beispiel des »Anti-Agings«.

»ANTI-AGING« ALS MEDIKALISIERUNG DES ALTERNS   2.2.2

Unter dem Label »Anti-Aging« wird eine Vielzahl von Phänomenen und Verfahren in Forschung, Medizin und Lebenspraxis zusammengefasst (Stuckelberger 2008). Grundsätzlich geht es darum, altersbedingten Beschwerden und Leistungseinbußen präventiv oder reaktiv entgegenzuwirken. Entscheidende Einflüsse auf die Wahrnehmung der gesellschaftlichen und medizinischen Bedeutung von Anti-Aging-Maßnahmen gehen einerseits vom demografischen Wandel mit seinen bereits beobachtbaren, vor allem aber seinen prognostizierten sozialen und ökonomischen Folgen und andererseits von neuen, – angeblich oder tatsächlich – wissenschaftlich fundierten Ansätzen medikamentöser und/oder biotechnologischer Eingriffsmöglichkeiten aus. Insbesondere Visionen, den menschlichen Stoffwechsel derart zu beeinflussen, dass die Alterung grundsätzlich verlangsamt und nicht nur die Lebensqualität (»gesundes Altern«) erhöht, sondern die Lebensspanne (beträchtlich) ausgedehnt wird, sind typische Utopien der Transhumanisten (Heil 2009) und gehören insofern zur Grundorchestrierung der Enhancementdebatte.

Bei einem angenommenen kontinuierlichen Nachlassen der Leistungsfähigkeit sind die Erwartungen an den Effekt von Anti-Aging-Maßnahmen in vielen Fällen vermutlich niedriger als beim Griff zu leistungssteigernden Mitteln durch Jüngere

(wobei die Anbieter von Anti-Aging-Produkten den früh einsetzenden Alterungs-
prozess betonen). Dies dürfte ein Grund sein, warum das Spektrum an Angeboten
noch unübersichtlicher, heterogener und ganz selten mit belastbaren Wirkungs-
nachweisen unterlegt ist – häufig genügt es anscheinend, dass die Betroffenen annehmen, ohne die Mittel wäre ihr Leistungsabfall noch deutlicher gewesen. »Anti-
Aging« stellt vermutlich den bedeutendsten und vielfältigsten Bereich der Medikalisierung eines immer größeren Lebensabschnitts der Bevölkerung dar.[65]

Entsprechend der Widersprüchlichkeit bzw. den gegensätzlichen Tendenzen der
Entgrenzungsdynamiken (Abb. 8, Kap. IV.2.1) finden sich sowohl Aspekte einer
Pathologisierung als auch einer Veralltäglichung (hierzu und zum Folgenden
Viehöver et al. 2009, S. 47 ff.): So betonen typische Anti-Aging-Vertreter in Abgrenzung zur klassischen Geriatrie, dass der Prozess des Alterns nicht als Krankheit und damit Gegenstand therapeutischer Maßnahmen angesehen werden sollte, sondern als Objekt prädiktiver und optimierender biomedizinischer Interventionen und edukativer Programme, angeleitet von einem Ethos der Selbstverant-
wortung (exemplarisch Bamberger 2008; Klentze 2003; Markert 2008). Gleichzeitig macht die »Gesundheitsgesellschaft« (Kickbusch 2006) das Altern, wie
auch die körperliche Schönheit und die genetischen Dispositionen, vermehrt zu
einem Topos der Medizin – vermutlich auch, weil die »Leistungsgesellschaft«
auf den zunehmenden Anteil derer, die der »Produktivität nicht mehr dienen«,
ebenso wenig vorbereitet ist wie auf die mit dem Alter(n) zusammenhängenden
psychischen und physischen Probleme (Gandolfi 2006). Altern wird zunehmend
zu einem demografisch bedingten sozialen und damit institutionellen Problem
der Gesundheits- und Rentensicherungssysteme (Birg 2003), die mit Strategien
der Individualisierung der Gesundheits- und »Altersvorsorge« reagieren (Conrad
2005). Rentnerinnen und Rentner verlieren ihren »passiven« Status und werden
als autonome, aktive und selbstverantwortliche Persönlichkeiten adressiert. Dies
kann als subtile Form eines sozialen Drucks, Anti-Aging-Angebote in Anspruch
zu nehmen, interpretiert werden.

Hinzu kommen ökonomische Motive der Anbieter: Die älteren Generationen
verfügen über einen steigenden Anteil der Kaufkraft in den modernen Gesellschaften. Der Markt für Anti-Aging-Produkte lässt sich zudem stark erweitern,
wenn man erfolgreich suggeriert, dass das Altern im Prinzip bereits mit der Geburt beginnt und ein gutes, erfolgreiches und leistungsstarkes Altern dementsprechend permanente Strategien und Praktiken der Lebensführung erfordert.

Insgesamt finden sich in diesem Bereich alle vier der oben genannten Entgrenzungsdynamiken (Abb. 8, Kap. IV.2.1):

---

65 Eine ähnlich umfassende Medikalisierung gibt es ansonsten höchstens bei der Schwan-
    gerschaft, wobei hier die autonomen Entscheidungen bzw. Wahlmöglichkeiten immer
    schwieriger werden, weil die Krankenkassen klare Vorgaben bei der Überwachung/
    Vorsorge machen.

> Altersprozesse werden pathologisiert (z.b. sinkender Hormonspiegel) und grundsätzlich als behandlungs*bedürftig* erklärt (Expansion medizinischer Diagnostik).
> Alternativ wird die Behandlungs*möglichkeit* betont: autonom gewählt, zur aktiven Steigerung der Lebensqualität – aber mit den gleichen oder ähnlichen medizinischen bzw. pharmakologischen Mitteln (Entgrenzung medizinischer Therapie).
> Der präventive Behandlungszeitpunkt wird möglichst früh gewählt (Entzeitlichung von Krankheit).
> Zumindest als Hoffnungsbild wird das Alter ganz »abgeschafft« und/oder die Lebensspanne (stark) ausgedehnt (Verbesserung der menschlichen Natur; Grey/Rae 2010).

Die Analyse einschlägiger Ratgeberliteratur sowie von Gruppendiskussionen durch Viehöver et al. (2009) ergab viele Belege für die ersten drei Formen, hinzu kommen »schwächere« Varianten an der Grenze von Lifestyle, Kosmetik und Wellnessmedizin (Anti-Aging-Cremes, Botox), aber auch explizite Gegnerschaft der Pathologisierung (»Altern [Menopause usw.] ist keine Krankheit!«).

Auch und gerade für die Anti-Aging-Medizin ist festzuhalten, dass es entsprechend dem fehlenden Wirkungsnachweis für die meisten Substanzen (Kap. II.3) keine Beispiele für eine effektive pharmakologische *kognitive* Leistungssteigerung gibt, auch wenn z.B. die Einnahme von Ginkgo-biloba-Präparaten weitverbreitet ist. Konkrete physische Effekte sind belegt für Sildenafil (Viagra), wobei dieses, wie in Kapitel III.3.6 beschrieben, zeitweise nicht bei einem altersgemäßen Libidorückgang, sondern nur bei erektiler Dysfunktion als spezifischer Krankheitsfolge erstattet wurde (und mittlerweile gar nicht mehr). Als typische Anti-Aging-Substanzen werden Hormone »gehandelt« (im übertragenen und wörtlichen Sinn), darunter Melatonin, Wachstumshormon sowie verschiedene Steroidhormone bzw. deren biochemische Vorstufen. »Leistungssteigernde« Effekte auf Menschen mit altersgemäßen Hormonspiegeln sind jedoch nicht nachgewiesen (Stuckelberger 2008). Die meisten dieser Substanzen sind in Deutschland (anders als z.B. in den USA) nicht frei verkäuflich, sondern vielmehr als Dopingsubstanzen sogar besonderen Beschränkungen unterworfen.

Auch wenn die Anti-Aging-Medizin also trotz der Bemühungen vieler Akteure kaum Beispiele für »echte« Enhancementmittel bietet, dürfte sie durch die Medikalisierung eines zunehmend länger dauernden Lebensabschnitts einer der wichtigsten Treiber einer zunehmenden Bereitschaft auch jüngerer, eigentlich gesunder Menschen zur bewussten pharmakologischen Leistungssteigerung sein. Bei einer zukünftigen Erhebung der Einstellungen und Verhaltensweisen der Bevölkerung sollte dieser mögliche Zusammenhang genauer untersucht werden (Kap. VII).

SOZIOÖKONOMISCHE ENTGRENZUNGEN: VOM
GESUNDHEITSWESEN ZUM GESUNDHEITSMARKT   2.3

Bisher war der Gesundheitsmarkt, zumindest in Deutschland, politisch sehr stark
reguliert. Er durchläuft erst in der jüngsten Zeit Öffnungsprozesse (hierzu und
zum Folgenden Viehöver et al. 2009, S. 65 f., sowie Kap. III.3.6). Diese vor allem
dem Kostendruck geschuldete Öffnung erlaubt das Erschließen neuer Markt-
chancen. Die Einführung von sogenannten »Individuellen Gesundheitsleistungen«
(IGeL) durch die Kassenärztliche Bundesvereinigung (KBV) gilt als ein Motor für
die Transformation von »Medizin als Dienstleistungsbereich« in Richtung einer
»Wunsch-« oder Präferenzmedizin (Maio 2006, S. 340). Diese Form des medizinischen Angebots umfasst auch Leistungen, die mit Enhancement im weiteren
Sinne in Verbindung gebracht werden können. Die Ausdifferenzierung des zweiten Gesundheitsmarktes erfolgt gegen einen Primärmarkt, der weiterhin für die
Gesundheitsversorgung zentral bleibt (Kap. III.3.6). Viehöver et al. (2009) gehen
davon aus, dass die Etablierung von Praktiken des Enhancements in Zusammenhang mit der Etablierung des zweiten Gesundheitsmarktes und den zugrundeliegenden institutionellen und (sozio)ökonomischen Entgrenzungsprozessen stehen
(zum Folgenden Viehöver et al. 2009, S. 68 ff.).

VERMARKTLICHUNG ALS STRUKTURMERKMAL DER MEDIKALISIERUNG

Das Gesundheitswesen ist ein bedeutender Wirtschaftszweig, der in den Ländern
Mitteleuropas durchschnittlich 10 % des Bruttoinlandsprodukts ausmacht (in
Deutschland im Jahr 2008: 10,5 %; OECD 2010). Die enorme Ausweitung medizinischer Möglichkeiten bei der Diagnose und Therapie von Krankheiten sowie die Verlängerung der durchschnittlichen Lebensspanne der Bürger bringen
insbesondere bisher wohlfahrtsstaatlich organisierte Gesundheitssysteme in finanzielle Schwierigkeiten.

Als Reaktion werden in Deutschland neben Rationalisierungsmaßnahmen und
ersten Formen von Rationierung (beispielsweise indem sich die Versicherten mit
höheren Selbstbehalten an den tatsächlichen Kosten beteiligen), die im öffentlichen Gesundheitssystem Großbritanniens seit Jahren praktiziert werden, zunehmend Ansätze von Prävention und Gesundheitsförderung propagiert, um die
»Eigenverantwortung der Versicherten zu stärken« und die »vorherrschende
Reparaturmentalität zu überwinden« – so übliche Schlagworte der Debatte. In
geringem Umfang werden die Versicherten bei der Ein- und Ausübung gesund-
heitsförderlicher Verhaltensweisen von den Krankenkassen direkt unterstützt
(z.B. durch Kostenübernahme für Rückentrainings oder Rabatte bei Teilnahme
an Vorsorgeprogrammen), vor allem aber wird an die Verantwortung des Einzelnen appelliert. Angebote im Übergangsbereich von Gesundheits- und Leistungs-

förderung (wie im Fall des »Anti-Agings«, s.o.) werden dadurch auch von dieser Seite gefördert.

Die vier beschriebenen Entgrenzungsdynamiken der Medikalisierung (Abb. 8, Kap. IV.2.1) führen insgesamt zu einer Ausweitung des medizinischen Angebots, das von den traditionellen Gesundheitssicherungssystemen aus finanziellen Gründen, aber auch unter Verweis auf eine mangelnde medizinische Notwendigkeit, nur in begrenztem Umfang oder auch gar nicht finanziert wird (Kap. III.3.6). Durch den Wegfall der Überprüfung der Notwendigkeit und Wirksamkeit durch die Krankenkassen bzw. die Gesundheitspolitik – ungeachtet dessen, dass die entsprechende Entscheidungsfindung schon immer teils massiver Kritik von verschiedenen Seiten ausgesetzt war – öffnet sich ein Feld für Anbieter, das nur noch durch die Zulassungsanforderungen von Arznei- und Lebensmittelrecht begrenzt wird (Kap. III). Deren (eher wachsende) Anforderungen an einen Wirksamkeitsnachweis dürften dazu führen, dass ohne größere regulative Veränderungen weiterhin vor allem unspezifische, wenig wirksame und häufig unseriös beworbene »leistungssteigernde« Mittel (»Wundermittelchen«) vertrieben werden, potentere Substanzen hingegen entweder über illegale Vertriebswege bezogen, als IGeL abgerechnet oder sich im Graubereich von Off-Label- oder Gefälligkeitsverschreibung doch vorwiegend im ersten Gesundheitsmarkt verbreiten werden (Kap. III.3.6; vergleiche auch das Erweiterungsszenario in Kap. V).

KONSTITUTION VON ENHANCEMENTMÄRKTEN

Alle diese Entwicklungen können die Etablierung von Märkten für Enhancement als Teil eines wunscherfüllenden medizinischen Angebots fördern. Die zunehmende Bedeutung von Wahlleistungen ändert das Verhältnis von Arzt und Patient, der zunehmend zum »Kunden« wird, der umworben werden kann (und möchte). Hinzu kommt eine enorm gewachsene Bedeutung grenzüberschreitender Informations- und Bezugsmöglichkeiten durch das Internet, wodurch das früher relativ streng nationalstaatlich organisierte Feld der Gesundheitsdienstleistungen stark geöffnet worden ist (Kap. III.3.6).

Oft sind es nicht die technischen Möglichkeiten selbst, sondern erst ihre mediale und marktförmige Verbreitung, die das Tor zur Veralltäglichung der Enhancementpraktiken öffnen. So tragen sinkende Kosten und mediale Inszenierungen etwa bei Schönheitschirurgie oder Psychopharmaka entscheidend zur Erosion bisher kulturell etablierter Natürlichkeitsvorstellungen und entsprechender Normalitätsstandards bei (Schäfer/Groß 2008; Villa 2008). Eine entscheidende Rolle spielen hierbei die Marketingstrategien von Pharmaunternehmen und anderen Anbietern von Gesundheitsdienstleistungen. Der amerikanische Medizinsoziologie Peter Conrad (2005, S. 6) beschreibt die pharmaindustrielle Strategie als »marketing diseases, and then selling drugs to treat those diseases«. Diese Strategie des sogenannten »disease mongering« zeigt sich besonders deutlich in den

USA, seitdem dort im Jahr 1997 auch für verschreibungspflichtige Arzneimittel Werbung bei Endverbraucherinnen und -verbrauchern zugelassen wurde. Die Marketingstrategien für Prozac (Kap. II.3.3) und Viagra bieten die wohl bekanntesten und vermutlich auch wirksamsten Beispiele für die gezielte Pathologisierung von früher als »normal« angesehenen Verhaltens- und Befindlichkeitsproblemen im Grenzbereich zu therapiebedürftigen Erkrankungen.

In welchem Umfang sich Angebote mit konkreter Zielsetzung Leistungssteigerung in Deutschland im Bereich des zweiten Gesundheitsmarktes niedergeschlagen haben, kann aufgrund der vorliegenden Daten nicht beurteilt werden. Wie in Kapitel III.3.6 gezeigt wurde, sind die Arzneimittelausgaben im zweiten, selbstfinanzierten Markt seit Jahren relativ stabil, während die Krankenkassenausgaben massiv ansteigen. Dennoch wird häufig angenommen, dass ästhetische Behandlungen, Ernährungsberatung und Lifestylemedikamente, gerade im Kontext von Anti-Aging-Angeboten, zunehmend bedeutsame Bestandteile der individualmedizinischen Praxis werden.

Die Herauslösung von medizinischen Angeboten aus der professionellen Einbettung und ihren Qualitätskriterien öffnet einerseits das Feld für eine Fülle von Anbietern, die nicht notwendig über die ärztliche Expertise verfügen müssen (so im Bereich der ebenfalls boomenden Alternativ- bzw. Paramedizin), führt aber auch dazu, dass sich die Arztpraxen selbst zunehmend als Unternehmen aufstellen müssen: »Sie müssen kein Halbgott in Weiß sein, sondern ein Markenartikel in Weiß.« (Bartens 2006) Der Arzt wird in diesem Sinne zum »Gesundheits- und Lebensstilberater« bzw. »Verkäufer von Gesundheitsdienstleistungen«. Neben der »Vergewerblichung« von Arztpraxen entsteht ein vielfältiges Spektrum von neuen Anbietern, unter anderem ein stetig wachsender Direct-to-Consumer-Markt. Dieser reicht von Shops, die Botoxbehandlungen im Stile von »Coffee to go« anbieten, bis zur Vermarktung über Internetapotheken und spezielle Angebotsportale (Kap. III.3.6). Die insgesamt stattfindende Angleichung der Medizin an andere nachfragegesteuerte Gewerbeformen steht auf jeden Fall in einem grundsätzlichen Spannungsverhältnis zu professionsethischen Selbstbeschränkungen (Kettner 2006a). Deshalb wird zunehmend über Qualitätsstandards diskutiert (Gerst 2005) und über Zertifizierungen, etwa in Form eines Siegels, nachgedacht (Rieser 2005).

FAZIT   3.

Wie in Kapitel II.3 gezeigt wurde, existieren keine pharmakologischen Substanzen, die nachweislich eine relevante kognitive Leistungssteigerung bei Gesunden bewirken, und diejenigen zur spezifischen physischen Leistungssteigerung zeigen allesamt starke Nebenwirkungen (wenn auch nicht in gleichem Maß bei allen

Anwendern). Deutlich geworden sind auch die Schwierigkeiten, »Fähigkeiten« und »Leistungen« disziplinenübergreifend zu definieren und messbar zu machen (Kap. II.1). Enhancement*mittel im engeren Sinn* (spezifisch wirksam und nebenwirkungsfrei oder zumindest -arm) sind demnach bislang eher ein Konstrukt der Debatte bzw. eine Vision der Forschung.

In Kapitel III.4.1 wiederum wurde gezeigt, wie wenig belastbare Daten es über die bewusste, intentionale Anwendung von (zumindest vermeintlich) leistungssteigernden Substanzen, sowohl von Arzneimitteln als auch von illegalen Drogen, durch Menschen im Alltag gibt – man weiß also de facto nur wenig über den Umfang und die Qualität pharmakologischer Leistungssteigerung als gesellschaftliche Erscheinung. Wie dieses Kapitel belegt, reagieren Philosophie/Ethik und Sozialwissenschaften/Soziologie darauf jeweils spezifisch – überspitzt formuliert: die Ethik durch eine Erörterung hypothetischer Enhancementmittel, die Sozialwissenschaften durch eine Einbettung von Enhancement in eine übergeordnete Entwicklung der Medikalisierung psychosozialer Probleme.

Aus der ethischen Prüfung der hypothetischen Enhancementmittel folgern viele Debattenteilnehmer, dass diese bzw. deren Erforschung und Entwicklung nicht verboten werden solle. Manche Autoren, z.B. die Verfasser des Memorandums »Das optimierte Gehirn« (Galert et al. 2009), leiten geradezu eine Verpflichtung zur Erforschung (mit verteilten Rollen von Privatwirtschaft und öffentlicher Hand) ab, weil sie sowohl die Ziele (bzw. möglicherweise erreichbare Effekte wie das leichtere Erlernen von Fremdsprachen oder Musikinstrumenten, vor allem aber die Bewältigung besonderer Stresssituationen in Ausbildung und Beruf) als auch die zu entwickelnden Mittel (hinsichtlich ihrer möglichen Nebenwirkungen) als vergleichbar mit herkömmlichen Maßnahmen bzw. Strategien (Lerntrainings, mentale Methoden der Selbstverbesserung, Kaffee-/Teekonsum) ansehen. Ablehnende Positionen hingegen bestreiten diese Vergleichbarkeit bzw. Ähnlichkeit von Zielen und Mitteln. Sie bezweifeln, dass pharmakologisch/technisch überhaupt so spezifische und komplexe Effekte erreicht werden können wie mit den genannten »konventionellen« Lerntrainings und mentalen Methoden der geistigen und emotionalen Selbstverbesserung, und betonen die negativen Nebenwirkungen des Substanzgebrauchs. Letztlich müssen beide Einschätzungen jedoch hypothetisch bleiben, solange keine nachweislich potenten Enhancementmittel existieren.

Angesichts der dürftigen empirischen Basis und des häufig hypothetischen Charakters der ethischen Debatte wird im Folgenden auf eine Diskussion möglicher Wirkungen und Nebenwirkungen zukünftiger leistungssteigernder Substanzen verzichtet. Vielmehr wird eine Frage aufgegriffen und untersucht, die in der bisherigen, umfangreichen Enhancementdebatte noch nicht behandelt worden ist, obwohl sie eigentlich auf der Hand liegt: Wie könnte überhaupt eine gezielte Erforschung und Entwicklung von Enhancementmitteln im engeren Sinn ange-

sichts der bestehenden Forschungs- und Regulierungsstrukturen vonstattenge-
hen? Dieser Frage widmet sich das Erweiterungsszenario in Kapitel V.

Die Resultate der sozialwissenschaftlichen Einordnung von Enhancement in eine
übergeordnete Entwicklung der Medikalisierung deuten auf vielfältigen weiteren
Forschungs- und Klärungsbedarfs hin (Kap. VII). Darüber hinaus wird im Kapitel VI ein Aspekt aufgegriffen, der bislang wenig untersucht worden ist: die Frage nach spezifischen Aspekten des Handlungs- und Behandlungsziels Leistungssteigerung unter den Bedingungen eines vermutlich wachsenden Wettbewerbs in
Ausbildung und Beruf. Hier drängt sich eine Betrachtung desjenigen gesellschaftlichen Teilsystems auf, in dem einerseits messbare Leistung der zentrale Bewertungsmaßstab ist und andererseits eine gezielte Leistungsbeeinflussung durch
Training, Technologie und pharmazeutische Wirkstoffe so umfassend wie sonst
nirgends eingesetzt wird: der Leistungs- und zumindest in Teilen auch der ambi-
tionierte Freizeitsport. In der bisherigen Enhancementdebatte wurde die Verbindung zur Dopingfrage häufig nur in aufmerksamkeitsheischenden Überschriften
oder einleitenden Absätzen hergestellt (Kap. I.5). Anknüpfend an die Befassung
des TAB mit dem Sportsystem im Projekt Gendoping (Gerlinger et al. 2008;
TAB 2008b), wird daher in Kapitel VI den Gemeinsamkeiten und Unterschieden
zwischen der Nutzung leistungssteigernder Substanzen in Sport und Berufsleben
nachgegangen.

LEISTUNGSSTEIGERNDE MITTEL DER ZUKUNFT – EIN ERWEITERUNGSSZENARIO V.

Wie in den vorangegangenen Kapiteln deutlich geworden ist, hat das Thema (Neuro-)Enhancement zwar große wissenschaftliche und öffentliche Aufmerksamkeit gefunden, zugleich aber liegen bislang wenig wissenschaftlich fundierte Hinweise für eine effektive pharmakologische Leistungssteigerung bei gesunden Menschen vor. Dies wird von den meisten Teilnehmern der Debatte ähnlich gesehen, und dennoch gehen die meisten Kommentatoren von einer wachsenden Bedeutung und Dynamik aus, weil die möglichen Triebkräfte und fördernden Faktoren der Verwendung leistungssteigernder Mittel – Leistungsanforderungen in Ausbildung und Berufsleben, Eigenverantwortung für den Erhalt der Leistungsfähigkeit, ökonomische Veränderungen im Gesundheitssystem, Information und Zugänglichkeit über neue Vertriebskanäle – in Zukunft eher stärker als schwächer werden dürften.

Die vorliegenden empirischen Daten deuten darauf hin, dass trotz fehlender umfassender, wissensbasierter Erhebung von Wirkungen und Nebenwirkungen die Verwendung von Pharmaka zur Leistungssteigerung in gewissem Umfang bereits praktiziert (Kap. III.4.1) und tendenziell eher zunehmen wird, weil bei psychosozialen Problemen insgesamt Medikalisierungstendenzen beobachtet werden (Kap. IV.2).

Für die Politik stellt sich die Frage nach der Notwendigkeit und Möglichkeit, auf dieses Geschehen steuernd Einfluss zu nehmen. Einerseits fällt auf der Ebene des Individuums der Konsum auch stark gesundheitsschädigender Substanzen unter das Recht auf freie Entfaltung der Persönlichkeit (Art. 2 GG). Andererseits werden auf der überindividuellen Ebene Substanzen mit besonderem Wirkpotenzial zum Schutz von Mensch, Tier und Umwelt spezifischen Regularien unterworfen, insbesondere solche mit erhöhtem Gefährdungspotenzial wie Chemikalien, Arznei- und Betäubungsmittel.

Wie in Kapitel III gezeigt wurde, ist bzw. wäre bei spezifisch wirksamen Substanzen zur Steigerung menschlicher Leistungen das Arzneimittelrecht und nicht das Lebensmittelrecht oder die Chemikaliengesetzgebung einschlägig. Die bisher bekanntermaßen nichttherapeutisch verwendeten Substanzen, bei denen leistungssteigernde Effekte bei gesunden Konsumenten in gewissem Umfang zumindest vermutet werden, sind im Wesentlichen Arzneimittel, alle mit nicht unerheblichem Nebenwirkungspotenzial (Kap. II). Angesichts der detailliert geregelten und fest verankerten Verfahren des Umgangs mit pharmakologischen Substanzen erscheint eine Herauslösung aus den bestehenden Strukturen aufgrund einer neuartigen Nutzererwartung bei Gesunden ohne grundlegende gesellschaftliche und politische Veränderungen kaum vorstellbar. Daher ist zu erwarten, dass ohne eine solche Änderung Zugang, Verbreitung und Verwendung auch zukünftig auf ähnlichen Wegen erfolgen werden wie bislang – einerseits durch Verschreibung in medizinischen Grenzbereichen, beeinflusst durch Veränderung, Erweiterung und Verfeinerung von Indikationen (Kap. III u. IV.2), und andererseits auch außerhalb der eigentlichen Strukturen des Gesundheitssystems, und damit zumindest zum Teil illegal.

Eine andere Situation könnte sich jedoch ergeben, wenn in Zukunft tatsächlich neue, spezifisch wirksame und nebenwirkungsarme Substanzen zufällig entdeckt bzw. gezielt gesucht und entwickelt werden. Viele bioethische Analysen und Positionierungen zum Thema (Neuro-)Enhancement gehen davon aus, dass umfassende Verkehrsbeschränkungen bei solchen Mitteln nicht legitimiert werden könnten, auch wenn sie rechtlich als Arzneimittel behandelt würden (Kap. IV.1). Das bisherige Wissen über leistungssteigernde Wirkungen sowie Nebenwirkungen pharmakologischer Substanzen bei Gesunden macht es zwar nicht wahrscheinlich, dass Stoffe gefunden werden, die starke, spezifische Effekte auf relevante Fähigkeiten ausüben können, ohne gleichzeitig andere physische oder psychische Prozesse negativ oder zumindest unerwünscht zu beeinflussen (Lieb 2010; Quednow 2010). Allerdings bleibt dies letztlich doch nur eine – wenn auch wissenschaftlich plausible – Annahme und keine Gewissheit, sodass es durchaus sinnvoll erscheint, sich mit einem »Erweiterungsszenario« hochwirksamer und nebenwirkungsarmer bis -freier Substanzen (im Folgenden HLP für hypothetische leistungssteigernde Pharmaka) zu befassen. Dabei stellt sich insbesondere die Frage, welche wissenschaftlichen und regulativen Voraussetzungen, Triebkräfte und Hemmnisse eine solche Entwicklung beeinflussen würden und welche möglichen Folgedimensionen mitbedacht werden sollten.

Die folgende Darstellung befasst sich *nicht* mit denkbaren Effekten der hypothetischen zukünftigen Substanzen, weil dies nur in Form reiner Spekulation erfolgen könnte. Vielmehr wird diskutiert, welche Veränderungen im Forschungs- und Innovationssystem Deutschlands (bzw. Europas) erfolgen müssten, um – anders als heute – eine gezielte Erforschung und Entwicklung leistungssteigernder Substanzen für Gesunde möglich zu machen oder gar zu befördern. Dieser Frage wurde bislang noch nicht tiefer nachgegangen, obwohl sie angesichts der auf europäischer und nationaler Ebene umfassend und detailliert geregelten Vorgehensweisen und Grenzen pharmakologischer Forschung und Entwicklung entscheidend für die mögliche zukünftige gesellschaftliche Bedeutung von Enhancementmitteln sein dürfte.

Die folgende Analyse eines »Erweiterungsszenarios« – als Folge gezielter wissenschaftlicher Anstrengungen und politischer Entscheidungen – betritt daher in vieler Hinsicht Neuland. Es wurde ausgehend vom Gutachten von Eckhardt et al. (2010), das im engen Austausch mit den Bearbeitern im TAB erarbeitet wurde, entwickelt. In Kapitel V.1 werden die grundsätzlich infrage kommenden Akteure und ihre Möglichkeiten zur Entwicklung von leistungssteigernden Pharmaka im derzeitigen Forschungs- und Innovationssystem beschrieben. In Kapitel V.2 werden Elemente und Implikationen des Erweiterungsszenarios diskutiert: notwendige Änderungen des Rechtsrahmens für Forschung und Entwicklung bis zur Marktzulassung, mögliche Anforderungen an eine Langzeitüberwachung sowie denkbare Konsequenzen für das Gesundheits- und Rückwirkungen auf das Innovationssystem.

ENTWICKLUNG VON LEISTUNGSSTEIGERNDEN PHARMAKA IM DERZEITIGEN FORSCHUNGS- UND INNOVATIONSSYSTEM   1.

Verbreitung und Nutzung von HLP würden – wie die von etlichen anderen Arzneimitteln oder sogenannten individuellen Gesundheitsleistungen auch – von Angebot und Nachfrage in der zunehmend unübersichtlichen Gemengelage des »Gesundheitsmarktes« (Kap. III.3.6) angetrieben werden.

Die *Nachfrage* nach leistungssteigernden Pharmaka stammt zunächst von den Anwendern, die vordergründig als Einzelpersonen (z.b. als Sportler oder Studenten) in Erscheinung treten. Gleichzeitig müssen sie meist auch als Teil von Gruppen, deren Dynamiken und Strukturen verstanden werden, die einen großen Einfluss auf die einzelnen Mitglieder ausüben (z.b. im Sport oder beim Militär). Insbesondere dem Militär wird als potenzieller Auftraggeber und Abnehmer von Enhancementsubstanzen sowohl physischer als auch psychischer Art eine besondere Rolle zugesprochen (Williams et al. 2008). Als nachfrageverstärkende Faktoren wirken das Marketing der pharmazeutischen Industrie, die Bewerbung oder zumindest Vermittlung durch Ärzte und Apotheken (Kap. III.3.5) und nicht zuletzt die Schaffung öffentlicher Aufmerksamkeit und Erwartungshaltungen durch die mediale sowie die ethisch-gesellschaftliche Debatte.

Das *Angebot* der bisherigen zur Leistungssteigerung verwendeten Arzneimittel wird wesentlich geprägt durch die gesetzlich verankerten Zulassungsverfahren, die Distributionsstrukturen des Gesundheitsmarktes (Kap. III) sowie den daraus resultierenden Folgen für Investitions- und Vermarktungsentscheidungen.

Aufgrund der Sicherheitsstandards der Arzneimittelzulassung sowie der Verteilungsstrukturen und Erstattungsbedingungen des Gesundheitssystems ist die Entwicklung, Zulassung und Vermarktung neuer Pharmaka langwierig, aufwendig und bei privatfinanzierter Forschung aufgrund der Refinanzierungszwänge wirtschaftlich riskant. International setzen sich daher am Markt vor allem große Pharmaunternehmen durch (s.u.).

Nachdem die Grenzen zwischen Lebensmitteln und pharmazeutischen Produkten in den letzten Jahren fließender geworden sind (Kap. II u. III) und die lebensmittelverarbeitende Industrie für Wirksamkeitsaussagen zunehmend wissenschaftliche Belege liefern muss, könnte prinzipiell auch dieser Industriezweig eine aktive Rolle bei der Entwicklung leistungssteigernder Substanzen spielen. Über die notwendigen Ressourcen dürften die großen Unternehmen dieser Branche am ehesten verfügen. Überschreiten die ausgelobten und/oder tatsächlichen Wirkungen von Lebensmitteln jedoch die Grenze zur arzneilichen Wirkung, gilt im Zweifelsfall das strengere Arzneimittelrecht (Art. 2 Abs. 2 Richtlinie 2001/83/EG). In der Folge würden Lebensmittelhersteller wie Arzneimittelhersteller agieren müssen, sodass im Folgenden nicht explizit auf Lebensmittelhersteller als Akteure eingegangen wird.

AKTEURE DER PHARMAKOLOGISCHEN WIRKSTOFFFORSCHUNG UND -ENTWICKLUNG 1.1

National wie international gibt es derzeit einen Trend zu einem Stufenmodell der medizinisch-pharmakologischen Forschung mit

> weitgehend öffentlich finanzierter Grundlagen-, Versorgungs- und anderer themenspezifischer Forschung (durch öffentliche Forschungseinrichtungen, eigenständig oder zu Hochschulen gehörend),
> Ausgründungen von kleinen, innovativen und oft hochspezialisierten Unternehmen (sogenannte Spin-offs), die den ersten Entwicklungsschritt von einem Forschungsergebnis zu einem Produkt übernehmen, und
> zunehmend großen Pharmaunternehmen, die die notwendigen Ressourcen für die Produktentwicklung bis zur Marktzulassung bereitstellen können.

Zwischen den einzelnen Akteuren der Forschung existieren vielfältige Verbindungen. Die FuE-Akteure richten ihre Tätigkeiten maßgeblich an den Vorgaben der Forschungsförderer (vor allem im nichtkommerziellen Bereich) und/oder den Kriterien der Marktzulassung aus (bei kommerziellen klinischen Studien), für deren Einhaltung die nationalen und internationalen Zulassungs- und Kontrollbehörden sorgen.

Neben den legalen existieren darüber hinaus illegale Strukturen, in denen leistungssteigernde Substanzen entwickelt und produziert werden können.

ÖFFENTLICH FINANZIERTE FORSCHUNGSEINRICHTUNGEN

Der Bereich der öffentlich finanzierten biomedizinischen Forschung ist weit verzweigt und teilweise mit unterschiedlichen Aufträgen gekoppelt – Forschung, Lehre und die Behandlung von Patienten werden parallel verfolgt. In den letzten Jahren haben wirtschaftliche Belange an öffentlich finanzierten Einrichtungen kontinuierlich an Bedeutung gewonnen. Da die Grundfinanzierung zurückgefahren wurde, können Wissenschaftler an öffentlichen Einrichtungen ihre Forschung effektiv oft nur noch mithilfe von Drittmitteln verfolgen. Diese Drittmittel können wiederum aus öffentlichen oder privatwirtschaftlichen Quellen (vor allem der pharmazeutischen Industrie) stammen. Die eingeworbenen Drittmittel fungieren bei der grundfinanzierten Mittelzuteilung gleichzeitig als eine zunehmend wichtige Qualitätskennziffer bei der Bewertung der wissenschaftlichen Arbeit (neben Studentenzahlen, Veröffentlichungen u.ä.), nach der sich wiederum die Grundfinanzierung bemisst (Minssen/Wilkesmann 2003, S. 123). Ein hoher Anteil drittmittelfinanzierter Forschung zahlt sich in öffentlich finanzierten Forschungseinrichtungen also doppelt aus.

Darüber hinaus ist es erklärtes Ziel der deutschen Forschungsförderung, die Zusammenarbeit von Klinikern und Forschern mit der Industrie und dem Gesundheitswesen zu unterstützen. Dazu fördert z.b. das Bundesministerium für Bildung und Forschung (BMBF) seit 1996 den Aufbau von Modellzentren für Interdisziplinäre Klinische Forschung (IZKF) an acht deutschen Hochschulen mit ca. 82 Mio. Euro (BMBF o.J.). Ziel der IZKF ist es, durch die industrielle Anbindung eine Grundlage für die schnelle Umsetzung von Innovationen aus der klinischen Forschung in marktfähige Produkte zu schaffen. Darüber hinaus förderte das BMBF von 1999 bis 2009 als Infrastrukturmaßnahme Koordinierungszentren für klinische Studien (KKS), die eine Verbesserung der praxisnahen klinischen Forschung in Deutschland bewirken sollen und ebenfalls eng mit universitären Studieneinrichtungen, Versorgungszentren sowie der pharmazeutischen und medizintechnischen Industrie kooperieren (http://kks-netzwerk.de/).

In öffentlichen klinischen Forschungseinrichtungen werden unterschiedliche Typen klinischer Studien, d.h. Untersuchungen am Menschen, durchgeführt. Dies sind zum einen die sogenannten kommerziellen klinischen Studien, die für eine Arzneimittelzulassung vorgeschrieben sind und vom forschenden Arzneimittelhersteller veranlasst werden, der als juristische Person die Verantwortung und Finanzierung übernimmt und als »Sponsor« bezeichnet wird (§ 4 Abs. 24 AMG). Für die Durchführung ist ein Arzt verantwortlich, der als »Prüfer« bezeichnet wird bzw. als »Hauptprüfer«, wenn mehrere Prüfstellen beteiligt sind (§ 4 Abs. 25 AMG). Für alle kommerziellen klinischen Studien, die für eine Arzneimittelzulassung verwendet werden sollen, ist neben der Zustimmung einer Ethikkommission auch eine behördliche Genehmigung einzuholen, darüber hinaus sind Studienplanung, Prüfer und Sponsoren offenzulegen (Kap. III.3.2).

Ärzte können Studien auch selbst initiieren (sog. »investigator initiated trials«, IIT), die dann als »nichtkommerzielle klinische Studien« bezeichnet werden, weil sie nicht direkt auf eine Arzneimittelzulassung abzielen. Der Fehlschluss, dass nichtkommerzielle Studien ohne industrielle Beteiligung finanziert und durchgeführt werden, sollte vermieden werden, da regelmäßig Mischfinanzierungen oder eine industrielle Teilförderung diese Studien erst ermöglichen (TAB 2010, S. 6). Neben der Industrie kommen vor allem nationale oder internationale Forschungsprogramme, die aus öffentlichen Mitteln oder Stiftungen gespeist werden, zur Studienfinanzierung infrage. Studien außerhalb des Zulassungsverfahrens müssen keine Angaben zur Finanzierung machen. Im Rahmen dieser selbstinitiierten Studien können Ärzte Forschungsfragen freier definieren. Sie können vorhandene Therapien und Behandlungskonzepte weiterentwickeln, Heilversuche vornehmen, Anwendungsbeobachtungen durchführen (Kap. III.3.2) oder auch grundlegende pharmakologische Fragen bearbeiten und dazu auch Arzneimittel im Rahmen ihres beruflichen Handlungsauftrags »off label« einsetzen. Eine systematische Untersuchung leistungssteigernder Effekte von pharmakologischen Substanzen bei gesunden Freiwilligen würde jedoch auch diesen Forschungsrahmen sprengen.

Für Arzneimittelhersteller bietet sich durch IIT die Möglichkeit, bestimmte Forschungsfragen bearbeiten zu lassen, ohne selbst mit dieser Aktivität in Verbindung gebracht zu werden. Auch bei den nichtkommerziellen klinischen Studien ist die enge Verzahnung von öffentlichen Forschungseinrichtungen und industrieller/privater Finanzierung deutlich.

Für Forschende in öffentlichen Einrichtungen sind die Neurowissenschaften aufgrund der umfangreichen öffentlich finanzierten Förderprogramme, ihrer hohen Forschungsdynamik, der guten Zukunftsperspektiven und der gesellschaftlichen Anerkennung gegenwärtig besonders attraktiv. Zumindest im Bereich der Grundlagenforschung ist eine Beschäftigung mit der Thematik kognitive Leistung oder emotionale Verfasstheit und Möglichkeiten, diese zu beeinflussen, bereits heute ein wissenschaftlich interessantes und potenziell lohnendes Thema. Aufgrund neuer z.b. bildgebender Verfahren können Prozesse im Gehirn zunehmend besser beobachtet und ein Erkenntnisgewinn erzielt werden. Die Publikationsaussichten sind gut aufgrund der Vielzahl von Fachzeitschriften, befördert auch durch ein breites öffentliches Interesse, speziell in den Medien. Ein nationales Beispiel sind die Veröffentlichungen aus der vom BMBF im Rahmen des Förderschwerpunkts »Ethische, rechtliche und soziale Aspekte (ELSA) der modernen Lebenswissenschaften und der Biotechnologie« geförderten Forschungskooperation zu »Potenziale und Risiken des pharmazeutischen Enhancements psychischer Eigenschaften«. Sowohl die systematische Auswertung vorliegender Studienergebnisse zum Enhancementpotenzial zugelassener Arzneimittel (Repantis et al. 2009, 2010a u. b), deren Ergebnisse auch die Grundlage des Gutachtens von Repantis/Heuser (Kap. II.3) bildeten, als auch das Abschlussmemorandum der an diesem Projekt beteiligten Wissenschaftler öffentlicher Forschungseinrichtungen wurden in namhaften Zeitschriften publiziert und lösten ein vergleichsweise großes mediales Interesse aus (Kap. I.5).

Die im Rahmen des TAB-Projekts darüber hinaus identifizierten Studien, die in Deutschland durchgeführt wurden und anhand derer ein Enhancementpotenzial an Gesunden abgeleitet werden könnte (zu Levodopa: Flöel et al. 2008; Knecht et al. 2004 [Kap. II.3.2]; zu Gleichstromanwendungen: Flöel et al. 2008 [Kap. II.5.2]), wurden an universitären Einrichtungen unter Einhaltung der Deklaration von Helsinki (Kap. III.3.2) von den zuständigen Ethikkommissionen genehmigt und durchgeführt. Die Studien zielten primär auf therapeutische Fragestellungen, in den Publikationen wurde jedoch zum Teil explizit darauf hingewiesen, dass die Ergebnisse auch für Gesunde von Relevanz sein können (Flöel et al. 2008, S. 1415): »We here wanted to test the potential to enhance associate verbal learning, a skill crucial for both acquiring new languages in healthy individuals and for language reacquisition after stroke-induces aphasia.« Die Autoren waren, soweit dokumentiert, an universitären Einrichtungen angestellt. Zur Studienfinanzierung wurden keine Angaben gemacht.

Anwendungsorientiertere Ansätze – z.b. eine gezielte Analyse leistungssteigernder Effekte von pharmakologischen Substanzen bei Gesunden oder eine unmittelbare Wirkstoffentwicklung – und dadurch mögliche Kooperationen mit der pharmazeutischen Industrie dürften erst bei einer arzneimittelrechtlich erleichterten Zulassung von Neuroenhancern für öffentliche Forschungseinrichtungen attraktiv werden. Da dem gegenwärtig noch erhebliche Barrieren entgegenstehen (s.u.), dürfte die pharmazeutische Industrie höchstens als grundsätzlicher Forschungsförderer für Fragen im Umkreis der Leistungssteigerung, jedoch nicht als direkter Studiensponsor in Erscheinung treten.

SPIN-OFFS

Der Schritt von der Grundlagenforschung in die Anwendungsorientierung erfolgt auf der Basis erfolgreich bewerteter Ergebnisse zu einem Wirkungszusammenhang (»proof of principle«) oft über Firmenausgründungen, die sich der weiteren Erforschung und Entwicklung widmen. Voraussetzung ist die Akquirierung der nötigen finanziellen Mittel, oft als sogenanntes Wagniskapital bezeichnet, weil meist sehr ungewiss ist, ob das positive Forschungsergebnis auch in ein kostendeckendes Produkt überführt werden kann. Derzeit wird von ca. 10.000 untersuchten Substanzen nur eine zu einem marktfähigen Produkt entwickelt (Gassmann et al. 2008, S. 10 ff.).

Die bisherigen Ausgründungen zur Entwicklung von Substanzen zur psychischen Leistungssteigerung liefern eine ernüchternde Bilanz (Kasten). Die fehlenden Erfolge können als Beleg für die nach wie vor frühe Entwicklungsphase des pharmakologischen Entwicklungsziels kognitive Leistungssteigerung gesehen werden. Wegen der großen und weiter wachsenden Bedeutung von therapeutischen und präventiven Strategien gegen Demenzerkrankungen, aber z.b. auch zur Förderung von Lernleistungen nach Hirn- und Herzinfarkten, hätten entsprechende Präparate ein so großes Marktpotenzial, gerade in der alternden Gesellschaft, dass ungeachtet bisheriger Fehlschläge relativ einfach Wagniskapital zu akquirieren sein dürfte, sobald die Grundlagenforschung neue Erkenntnisse liefert, mit welchen Substanzen zumindest einem Leistungsabbau begegnet werden könnte.

Im Wissenschaftsmagazin »Science« wurden im Jahr 2004 vier neue Firmen vorgestellt, die auf dem Gebiet potenzieller Kognitionsverstärker bei Demenzerkrankungen forschten. Sechs Jahre später stellte sich deren Situation folgendermaßen dar (Stix 2010, S. 52 ff.):

> *Memory Pharmaceuticals*: Mitbegründer der Firma zur Entwicklung sog. Phosphodiesterasehemmer (z.B. MEM1414) war E. Kandel, der zusammen mit zwei weiteren Wissenschaftlern im Jahre 2000 für seine Arbeiten zur Signalübertragung im Nervensystem den Nobelpreis für Medizin erhalten hat. Nachdem mehrere klinische Studien scheiterten und Mitarbeiter entlassen wurden, hat Roche die Firma 2008 gekauft.[66]
> *Cortex Pharmaceuticals*: Ursprünglich wurde ein finanzstarker Partner gesucht. Schließlich wurden die Rechte an Ampakinkomponenten einschließlich CX-717 (Kap. II.3.6) im März 2010 verkauft.[67]
> *Helicon Therapeutics*: Trotz hoher Fördergelder konnte noch keine Substanz bis zu einem späten Prüfstadium weiterentwickelt werden.[68]
> *Sention*: Der Betrieb ist inzwischen eingestellt.

FORSCHENDE ARZNEIMITTELHERSTELLER

Die forschenden pharmazeutischen Unternehmen sind stark auf Innovationen angewiesen, da ihre Produkte nur für eine kurze Zeit patentrechtlich geschützt sind und in dieser Zeit die Innovationskosten refinanziert werden müssen, bevor Generikahersteller diese Produkte ebenfalls produzieren und vertreiben dürfen. Seit Mitte der 1990er Jahre hat die Innovationseffizienz jedoch nachgelassen, es gelangen weniger neuartige Arzneimittel mit tatsächlich neuen Arzneistoffen auf den Markt. Viele aufwendige Entwicklungsprojekte mit neuen Stoffen scheitern erst in späteren Phasen der klinischen Prüfung (Kap. III.3.2; Gassmann et al. 2008, S. 3 ff.). Die Entwicklung neuer Arzneimittel ist für Pharmaunternehmen dementsprechend mit hohen wirtschaftlichen Risiken verbunden.

Die Entwicklung einer neuartigen zulassungsfähigen Wirksubstanz (»new chemical entity«, NCE) kostet heute unter Einberechnung aller Kosten im Durchschnitt etwa 1,5 Mrd. US-Dollar. Lediglich drei von zehn zugelassenen Arzneimitteln generieren Einnahmen, die die Forschungs- und Entwicklungskosten decken oder überschreiten (Gassmann et al. 2008, S. 1 ff.). Die hohen Kosten sind unter anderem darauf zurückzuführen, dass die Anforderungen an klinische Stu-

---

66 www.roche.com/de/media/media_releases/med-cor-2008-11-25.htm, 14.10.2010
67 www.cortexpharm.com/corporate/index.html, 14.10.2010
68 www.helicontherapeutics.com, 14.10.2010

dien hoch und neue Technologien, die zur Entdeckung und Entwicklung erfolg-
versprechender Substanzen benötigt werden, kostspielig sind. Der FuE-Kos-
tenanteil bei forschenden Arzneimittelherstellern beläuft sich etwa auf 20 bis
40 %. Dennoch sind die Gewinnspannen in der pharmazeutischen Industrie nach
wie vor erheblich und betrugen 2003 ca. 20 % (Gassmann et al. 2008, S. 23).
Dementsprechend hoch sind im Vergleich zu anderen Branchen auch die Erwartungen an kontinuierliche Gewinnsteigerungen, die sich auf ausgeprägte Wachstumsraten in der Vergangenheit stützen. Zwischen 1970 und 2002 sind die Ver-
käufe von Arzneimitteln weltweit um durchschnittlich 11 % jährlich gestiegen
(Gassmann et al. 2008, S. 3). Dieses Wachstum dürfte vor allem auf Produktver-
besserungen und Anwendungserweiterungen beruhen. Völlig neuartige Substanzen als echte pharmazeutische Innovationen spielen hingegen zumindest anteilig
eine immer geringere Rolle (Gassmann et al. 2008, S. 12).

Innovationsentscheidungen der pharmazeutischen Industrie werden vor allem
durch die Finanzierungsmöglichkeiten und die zu erwartende Rendite beeinflusst.
Dabei geben die Regulierungsverfahren des Pharmamarktes im In- und Ausland
den entscheidenden Handlungsrahmen vor. Rendite und Finanzierungsmöglichkeiten werden darüber hinaus durch den Schutz des geistigen Eigentums, die
Größe des Absatzmarktes, das Preisniveau, die Nähe zum Finanzmarkt und die
Forschungsmöglichkeiten bestimmt.

Entscheidungsträger in großen pharmazeutischen Unternehmen sehen derzeit die
größten zukünftigen wirtschaftlichen Risiken in den USA bei der Zulassung, in
der EU bei der Preisfindung und der langfristigen Kostenerstattung (Deck 2008).
Weil der Arzneimittelmarkt zunehmend globalisiert ist, müssen sich die pharmazeutischen Unternehmen in Europa und den USA auf starke Konkurrenz aus
aufstrebenden Märkten (China, Indien, Brasilien) einstellen (Gassmann et al.
2008, S. 19). Aufgrund der steigenden Kosten im Gesundheitswesen ist zudem
ein vermehrter Preisdruck zu erwarten, wobei zunehmendes Preisbewusstsein der
Anwender – z.B. aufgrund wachsender Beteiligung an den Kosten für verschreibungspflichtige Arzneimittel –, der Zusammenschluss von Patienten in starken
Interessenorganisationen und staatliche Regulierung wichtige Rollen spielen
(Gassmann et al. 2008, S. 25).

Antidementiva, die einem Abbau der geistigen Leistungsfähigkeit bei älteren
Menschen entgegenwirken, besitzen aufgrund der großen Anwendergruppe eine
hohe Attraktivität und stellen deshalb für die pharmazeutische Industrie eine
sehr wichtige Produktgruppe dar. In den kommenden Jahren ist eine intensive
Forschung und Entwicklung zu erwarten – auch in den Grenzbereichen von
krankhaften Zuständen, denn auch mit präventiven Strategien (die an noch gesunden Menschen ansetzen) werden große Hoffnungen verbunden. Eine Arzneimittelzulassung dürfte auch bei geringer Wirksamkeit möglich sein, da es bisher
kaum therapeutische Alternativen gibt. Arzneimittel mit entsprechender Wirk-

samkeit stellen potenzielle Neuroenhancer dar – ob mit nachgewiesener Wirkung bei Gesunden oder, wie bisher, auch ohne (Kap. II.3.4).

Eine andere Indikation von einschlägiger Bedeutung für die Entwicklung potenzieller Enhancementsubstanzen sind, wie in Kapitel II, III und IV gezeigt, psychische (Befindlichkeits-)Störungen mit ihren in Wandlungen befindlichen Definitionen und Symptomkatalogen (von ADHS bis zum Schichtarbeitersyndrom) sowie Präventionsstrategien zur Verzögerung von Alterungsprozessen. Hierüber eröffnet sich ein gewisses Marktpotenzial bereits heute in den Grenzbereichen zwischen Gesundheit und Krankheit (Kap. IV.2). Ein originärer Markt für leistungssteigernde Pharmaka als solche besteht bislang aufgrund der Zulassungsbedingungen eigentlich in allen bedeutenden Absatzmärkten (Nordamerika, Europa, Japan) noch nicht, allerdings richtet sich zum Teil die Bewerbung von als Therapeutika zugelassenen Antidepressiva insbesondere in den USA doch recht unverblümt auf eine Anwendung jenseits der medizinischen Indikation (Kap. III.3.4).

Ohne eine Änderung der Zulassungsbedingungen wird die pharmazeutische Industrie wie bislang leistungssteigernde Pharmaka für grenzwertig krankhafte Ausgangssituationen erforschen und auf den Markt zu bringen versuchen, ähnlich dem Fall von Viagra. Die Erschließung neuer Anwendungsfelder jenseits der Zulassung könnte dann wie bisher mit intransparenten und mitunter subtilen Werbestrategien, auch in den Grenzbereichen legaler Strukturen erfolgen (Kap. III.3.4). Eine »Übernahme« der Substanzen durch illegale Marktakteure und -strukturen dürfte hingegen kaum im Interesse der pharmazeutischen Industrie sein.

ZULASSUNGSBEHÖRDEN ALS KONTROLL- UND SICHERHEITSINSTANZ

Arzneimittelzulassungsbehörden haben wichtige Funktionen in Bezug auf die Abwehr von Gesundheitsgefahren in Verbindung mit der kontinuierlichen Verbesserung der Sicherheit von Arzneimitteln. Eine Arzneimittelzulassung erfolgt primär national, für Deutschland z.B. durch das Bundesinstitut für Arzneimittel und Medizinprodukte (BfArM) sowie spezifische Bundesinstitutionen[69] für besondere Bereiche. In der EU gibt es alternativ zur nationalen Zulassung auch gegenseitige Anerkennungsverfahren der EU-Mitgliedsländer sowie zentralisierte Zulassungsverfahren (bzw. Verfahren zur Einschränkung oder zum Entzug der Zulassung), die entweder von einer nationalen Zulassungsstelle aus koordiniert werden und in Absprache mit anderen nationalen Behörden erfolgen oder direkt bei der Europäischen Arzneimittelagentur (EMA) durchgeführt werden.

---

69 Das Paul-Ehrlich-Institut fungiert als – und heißt auch – Bundesinstitut für Impfstoffe und biomedizinische Arzneimittel (z.B. monoklonale Antikörper oder Gentherapie), das Robert-Koch-Institut als Bundesinstitut für Infektionskrankheiten und nicht übertragbare Krankheiten (insbesondere mit hoher Gefährlichkeit, weitem Verbreitungsgrad oder großer öffentlicher oder gesundheitspolitischer Bedeutung).

Im Kontext der Arzneimittelforschung liegen die Aufgabenschwerpunkte des BfArM bei der Genehmigung klinischer Prüfungen, der Risikoerfassung und -bewertung von Arzneimitteln, deren Zulassung und Registrierung, der Überwachung des Betäubungsmittelverkehrs sowie der Mitwirkung bei der Entwicklung von regulatorischen und wissenschaftlichen Standards und Normen sowie der Beratung und Information der Fachkreise und der Öffentlichkeit (www.bfarm.de).

Für den deutschen Arzneimittelmarkt sind das BfArM und seine nachgeordneten Landesämter (sowie die Spezialinstitute) die wichtigste Kontrollinstanz für die Einhaltung der gesetzlichen Vorgaben in Bezug auf Forschung, Entwicklung und Zulassung sowie die kontinuierliche Risikoüberwachung unter Anwendungsbedingungen. Dazu verfügen sie über weitreichende Befugnisse (§ 28 AMG). Die Bundesoberbehörde kann in begründeten Fällen bereits im Vorfeld zusätzliche Sicherheitsstandards fordern, Genehmigungen/Zulassungen verwehren oder auch im Nachgang einschränken. Bei Substanzen, bei denen ein erhöhtes Missbrauchspotenzial vermutet werden kann, kann sie ein substanzspezifisches Risikomanagementsystem von den Herstellern einfordern (§ 28 Abs. 3a ff. AMG), um eine nichtzulassungskonforme Verwendung möglichst zu verhindern. Auch retrospektiv kann sie jederzeit die Zulassung wieder beschränken oder entziehen, wenn neue Erkenntnisse eine Überarbeitung der Nutzen-Risiko-Bewertung erfordern. Dies ist in der Vergangenheit immer wieder auch bei Arzneimitteln geschehen, denen ein Enhancementpotenzial unterstellt wurde. Beispiele sind im deutschen bzw. europäischen Raum die schrittweisen Zulassungsbeschränkungen von Amphetaminen oder die starken Indikationseinschränkungen von Methylphenidat (Ritalin) im November 2010 und von Modafinil im Februar 2011 (Kap. II.3).

EXKURS: ILLEGALE MARKTAKTEURE BZW. -STRUKTUREN

Alle Aktivitäten, die nicht durch das Arzneimittelrecht bzw. durch den Handlungsauftrag von Ärzten und Apothekern gedeckt sind (Kap. III.3), müssen als illegale Handlungen (bis hin zur expliziten Arzneimittelkriminalität) verstanden werden. In den letzten Jahren ist das Bewusstsein für das Thema stark gestiegen. Das Bundeskriminalamt (BKA) hat im Jahre 2007 relevante Aspekte des Phänomens »Arzneimittelkriminalität« zu einem ersten Gesamtbild zusammengetragen (Sürmann 2007). Entsprechend den Straftatbeständen des AMG dominieren folgende Delikte (Sürmann 2007, S. 12 ff.):

> *Produktion gefälschter Substanzen und Verpackungen:*
  - Gesamtimitation eines zugelassenen Präparates
  - Nachahmerpräparate mit identischer Verpackung
  - optisch identische Präparate ohne Wirkstoff
  - Präparate mit gesundheitsschädlichen oder giftigen Stoffen

> *Vertrieb dieser Substanzen*: v.a. via Internet (Angebot, Bestellung, Vertrieb inklusive Werbung, Bereitstellung von Anleitungen für Konsumenten bis hin zu Chatrooms zum Informationsaustausch) – jedoch kaum über die Vertriebskette des regulären Arzneimittelmarktes
> *spezielle Dopingdelikte*

Arzneimittelkriminalität wird in der Regel ohne polizeiliche Aktivitäten nicht erkannt (»Kontrollkriminalität« mit einem vermutlich großen Dunkelfeld). Aufgrund der in vielen Fällen einfachen Produktion von Fälschungen mit geringem finanziellem und zeitlichem Aufwand auf der Täterseite, einfacher Distributionsmöglichkeiten und unkomplizierter und schneller Kontaktaufnahme mittels Internet nehmen die Tatgelegenheitsstrukturen zu, insbesondere seitdem im Jahre 2004 der Onlinehandel mit Arzneimitteln erlaubt wurde (Sürmann 2007, S. 48).

Parallel dazu stiegen die polizeilich erfassten Delikte in den vergangen Jahren kontinuierlich. Über das Internet werden Lifestylepräparate (zur Potenzsteigerung, Schlankheitspillen) und das ganze Segment der leistungssteigernden Substanzen im Kontext des Bodybuildings angeboten. Letztere wurden auch vom Zoll am häufigsten gefunden. Als Herkunftsregion wurde primär der asiatische Raum ausgewiesen. Illegaler Handel und Inverkehrbringen verliefen international über sich verfestigende großflächige Netzwerke (Sürmann 2007, S. 25 ff.).

Daraus entstehende Schäden werden primär in der Gesundheitsgefährdung der Konsumenten gesehen. Betroffene Pharmafirmen nennen sekundär Umsatzeinbrüche und Imageverluste des jeweiligen Produkts als Folgeschäden. Erste Fälschungsfälle fielen einzelnen Unternehmen in den 1990er Jahren auf. Als primäre Herkunftsländer/-regionen der Arzneimittelfälschungen gelten China, Indien, Russland und zunehmend Lateinamerika sowie der Mittlere Osten (Sürmann 2007, S. 30 ff.).

Auch die Nichteinhaltung der Vorgaben für Forschung und Entwicklung mit Arzneimitteln (z.B. Durchführung nichtgenehmigter Arzneimittelstudien) ist ein Straftatbestand des AMG (§ 96 Abs. 10 und 11 AMG). Hierauf wird in der Publikation des BKA jedoch nicht näher eingegangen (Sürmann 2007).

BISHERIGE ENTWICKLUNGS- UND VERBREITUNGSPFADE   1.2

Betrachtet man die bisher verwendeten Substanzen, deren Konsum mit der Intention der Leistungssteigerung verknüpft wird, fallen folgende Dinge auf:

Eine relevante Alltagsverbreitung zur Steigerung psychischer Fähigkeiten haben vor allem Stimulanzien erlangt (Kap. II.3.1). In erster Linie ist der Konsum von Koffein und Nikotin stark verbreitet – Substanzen, die als natürliche Bestandteile in unterschiedlichen Pflanzen enthalten sind und seit langer Zeit konsumiert werden, entweder als Getränk in traditioneller Form (Kaffee, Tee) oder auch synthetisch hergestellt (z.b. koffeinhaltige Limonaden) oder als sogenannte legale Droge (Tabak) geraucht. Getränke fallen unter die Rubrik Lebensmittel; Tabak wird mittlerweile in Deutschland singulär definiert, hier ist seit Längerem ein gesellschaftlicher Einstellungs- oder Bewertungswandel zu beobachten, weg von der Genussbetonung hin zur stärkeren Gewichtung der Gesundheitsgefahr. Höher konzentrierte Darreichungsformen (z.b. Koffeintabletten, Nikotinpflaster) fallen unter das Arzneimittelrecht, mit den in Kap. III.3 beschriebenen Folgen in Bezug auf den Umgang (Marktzulassungsverfahren, spezifische Distribution).

Blickt man auf pharmakologische Substanzen, denen ein Potenzial zur Leistungssteigerung unterstellt wird (Kap. II.3), so wird deutlich, dass sie bisher nur selten gezielt gesucht und entdeckt wurden. Vielmehr waren sie meist seit Jahren zur Behandlung unterschiedlicher Krankheitssymptome zugelassen, bevor ihre (vermeintlich) leistungssteigernde Wirkung bei Gesunden in der Anwendung eher zufällig zutage trat. Beispielsweise wurde Amphetamin vor über 120 Jahren erstmalig synthetisiert (Kap. II.3.1). Die großtechnische Herstellung vor ca. 80 Jahren ermöglichte eine rasche Verbreitung in der Medizin (als Arzneimittel gegen Erkältungen, Übergewicht, diverse psychische und neurologische Erkrankungen), und erst infolge der häufigen Verwendung wurde die stimulierende Wirkung entdeckt, die dann zu einer Nutzung in Beruf und Alltag, vor allem aber auch systematisch im Militär führte. Der Umgang mit bioaktiven Substanzen war in dieser Zeit insgesamt noch recht sorglos – Nebenwirkungen und Risiken wurden wenig erforscht und thematisiert. Erst der Conterganskandal zu Beginn der 1960er Jahre führte national wie international zu einer stärkeren Befassung mit den Risiken und Sicherheitsaspekten von Arzneimitteln und mündete schließlich in eine fundamentale Neuausgestaltung und Verschärfung von Arzneimittelzulassung und -überwachung. Dementsprechend setzte auch bei der Verwendung von Amphetaminen zu therapeutischen Zwecken ein Umdenken ein, weil die Nebenwirkungen immer umfangreicher auftraten. Durch inzwischen verfügbare Alternativen mit besseren Nutzen-Risiko-Profilen werden daher zumindest in Deutschland Amphetamine kaum noch zu Therapiezwecken verwendet. Amphetaminhaltige Fertigarzneimittel sind in Deutschland derzeit nicht zugelassen.

Es ist plausibel anzunehmen, dass dieser Entwicklungs- und Verbreitungspfad der »zufälligen Anwendungserweiterungen« das Enhancement auch in Zukunft stärker prägen wird als Ergebnisse aus gezielter medizinischer (Grundlagen-)Forschung und Entwicklung – solange die klinischen Prüfungs- und Zulassungsverfahren nicht geändert werden, die eine gezielte Suche nach leistungssteigernden Effekten von pharmakologischen Substanzen bei Gesunden bislang verhindert haben (Kap. V.2.1).

Für die nichttherapeutische Verwendung von pharmakologischen Substanzen zu Enhancementzwecken kann das existierende Zulassungssystem kaum direkt verantwortlich gemacht werden. Es gibt bisher nur wenige Hinweise auf eine entsprechende »großzügige« Nutzen-Risiko-Abwägung durch Zulassungsbehörden.[70] Eine Off-Label-Verwendung eines Arzneimittels zur Leistungssteigerung bei Gesunden kann im Zulassungsverfahren zwar vermutet werden, und Behörden können gegebenenfalls präventiv Gegenmaßnahmen einfordern, durch die eine solche Verwendung zumindest eingeschränkt wird – vollständig ausschließen können sie dies jedoch nicht.

Dass Ärzte und Patienten eine Verwendung von pharmakologischen Substanzen jenseits deren Zulassung, also »off label«, zunehmend »privat« (als »Individuelle Gesundheitsleistung«, IGeL) vereinbaren und abrechnen, kann durch Maßnahmen wie Risikomanagementsysteme oder die Gefährdungshaftung ebenfalls nur bedingt eingegrenzt werden. Empirische Erkenntnisse zu diesem Verbreitungspfad beruhen derzeit auf Verbraucherbefragungen (Zok 2010), nicht jedoch auf einer systematischen Erfassung. Spezifische substanzbezogene Analysen wären, wenn überhaupt, nur mit erheblichem Aufwand möglich (Kap. III.3.6).

MÖGLICHKEITEN DER FORSCHUNG UND ENTWICKLUNG IN DEN GRENZBEREICHEN DER BESTEHENDEN LEGALEN STRUKTUREN UND DARÜBER HINAUS

Eine gezielte Erforschung und Entwicklung von leistungssteigernden Pharmaka könnte in den Grenzbereichen oder jenseits der bestehenden legalen Strukturen verschiedenen Pfaden folgen, wobei sich der Kreis der Beteiligten und Informierten deutlich unterscheiden würde:

> Bereits im Rahmen der Grundlagenforschung, d.h. vor der Phase der klinischen Forschung und bevor Zulassungs- und/oder Kontrollbehörden eingeschaltet sind, wird das leistungssteigernde Potenzial einer neuen Substanz entdeckt und durch illegale Marktakteure direkt für den illegalen Markt entwickelt. Die Forschungseinrichtung mit ihren organisationsinternen Kontrollstrukturen könnte als einzige Kenntnis von entsprechenden Untersuchungen und deren Ergebnissen haben bzw. bemerken, dass die Ergebnisse nur teilweise oder gar nicht offiziell publiziert werden. Zulassungs- und/oder Kontrollbehörden können über solche Aktivitäten kaum Informationen erlangen, da diese Aktivitäten nicht unter die Registrierungspflicht im Rahmen der Zulassungsforschung fallen. Seriöse Arzneimittelhersteller sind nicht involviert (Pfad 1).

---

70 Eines der eher seltenen Gegenbeispiele liefert der jüngste Arzneimittelskandal in Frankreich. Dort durfte das für übergewichtige Diabetiker entwickelte appetitzügelnde, amphetaminhaltige Arzneimittel »Mediator« bis zum Jahresende 2010 verkauft werden, obwohl bereits 1999 Studien die Gefährlichkeit des Medikaments belegt hatten. Als Folge wird gegenwärtig diskutiert, das französische Zulassungssystem für Arzneimittel weiter zu verschärfen und Risiken noch stärkere Beachtung zu schenken.

> Das leistungssteigernde Potenzial einer Substanz wird frühzeitig entdeckt. Ein Krankheitssymptom wird quasi konstruiert (z.b. in den Grenzbereichen von psychischen Befindlichkeitsstörungen bzw. sozialen Verhaltensauffälligkeiten), sodass eine Zulassung erwirkt werden kann. Parallel zur offiziellen Ergebnispublikation in Studienregistern wird in fachwissenschaftlichen Zeitschriften auch über die leistungssteigernde Wirkung bei Gesunden berichtet. Verwendungsmuster in Grenzbereichen zwischen Gesundheit und Krankheit etablieren sich. Informationen liegen weitgehend offen, ein Abgleiten in illegale Strukturen ist nicht »nötig« (Pfad 2).

> Eine Substanz wird entwickelt, um sie als Arzneimittel auf den Markt zu bringen, oder für eine bekannte Substanz soll deren medizinische Indikation erweitert werden. Während des Entwicklungsprozesses wird die leistungssteigernde Wirkung entdeckt. Die Substanz scheitert jedoch im Zulassungsverfahren, z.b. weil zu gravierende Nebenwirkungen auftreten und/oder der therapeutische Nutzen zu gering ist. Die Substanz und das diesbezügliche Wissen gelangen an illegale Marktakteure, die die Substanz auf illegale Märkte bringen. Alle Studienergebnisse sind Herstellern und Zulassungsbehörde bekannt; sie können polizeiliche Kontrollinstanzen informieren, sodass illegale Marktstrukturen gezielt beobachtet und verfolgt werden können (Pfad 3).

> Forschung und Entwicklung von Enhancementsubstanzen sowie die Zulassung finden in einem Land statt, das internationale Standards (Kap. III.3.2) nur bedingt einhält, aber über die erforderlichen wissenschaftlichen Kapazitäten verfügt (z.B. China, Indien, Brasilien). Die Substanz wird in diesem Land zugelassen und von dort über Onlineanbieter und/oder illegale Marktakteure international verbreitet. In diesem Kontext können auch nationale Unterschiede der Substanzklassifikationen relevant werden, z.B. wenn eine Substanz, die in Deutschland als Arzneimittel klassifiziert ist, im Produktionsland als Nahrungsergänzungsmittel eingestuft und daher frei verfügbar ist (Pfad 4).

> Die Substanz wird von vornherein gezielt für den illegalen Gebrauch hergestellt, Forschung und Entwicklung im eigentlichen Sinn finden nicht statt, sondern höchstens eine einfache chemische Modifikation bekannter Molekülstrukturen, wie dies heute z.B. bei Designerdrogen der Fall ist (Pfad 5).

Dass Forschungsarbeiten in Deutschland, z.B. an Hochschulen oder in der pharmazeutischen Industrie, als »Nebenergebnis« in illegale Entwicklungspfade münden könnten (Pfade 1 und 3), ist denkbar. Pfad 2 und 4 sind legal, Pfad 5 bedeutet national wie international eindeutig kriminelles Handeln, das jedoch ebenfalls nicht ausgeschlossen werden kann.

ELEMENTE UND IMPLIKATIONEN EINES ERWEITERUNGSSZENARIOS 2.

Ziel des »Erweiterungsszenarios« ist es, prospektiv Voraussetzungen und Hemmnisse einer möglichen Verstärkung des Phänomens Enhancement abzuschätzen, die sich aus gezielten wissenschaftlichen Entwicklungen und regulativen Veränderungen ergeben könnten. Angenommen wird, dass es ein Wechselspiel zwischen wissenschaftlichen Entwicklungen, gesellschaftlicher Debatte und politischen Richtungsentscheidungen geben muss, damit eine relevante Beschleunigung der FuE-Dynamik bei leistungssteigernden Pharmaka einsetzen kann – weil zumindest in den meisten Industrieländern die bestehenden Rahmenbedingungen derzeit eine Zulassung und legale Vermarktung von »echten« Enhancementpharmaka, die nicht primär als therapeutische Arzneimittel entwickelt und verwendet werden, verhindert.

Ein Veränderungsprozess könnte – anknüpfend an Pfad 4 – zum Beispiel folgendermaßen ablaufen: Die Entdeckung neuer leistungssteigernder, anscheinend nebenwirkungsarmer Substanzen – und ggf. die beginnende Produktentwicklung in technologisch aufstrebenden Ländern wie China, Indien oder Brasilien – könnte in Europa und Nordamerika durch unterschiedliche Interessengruppen intensiv thematisiert und daraufhin von Wissenschaft, Wirtschaft und Politik zunehmend als gesellschaftlich wichtige Option, v.a. zum Erhalt der ökonomischen Wettbewerbsfähigkeit, wahrgenommen werden. In der Folge könnten einerseits hinderliche Regulierungsauflagen geändert und andererseits zunehmend öffentliche und/oder private Ressourcen bereitgestellt und investiert werden – wodurch die Suche nach spezifisch leistungssteigernden Substanzen und die Entwicklung entsprechender Produkte in Europa und anderen Industrieländern Fahrt aufnehmen könnten.

Ob in absehbarer Zeit neue und spezifischer als bislang wirkende leistungssteigernde Substanzen entdeckt werden, ist aus heutiger Sicht völlig ungewiss. Nicht ausgeschlossen ist, dass auch bereits bekannte Substanzen eine Neubewertung erfahren könnten, wenn sie umfassender auf ihre leistungssteigernden Effekte unter Normalbedingungen getestet würden – was bislang aus den genannten Gründen nicht erfolgt ist.

Die Erarbeitung des Gutachtens von Eckhardt et al. (2010) hat gezeigt, dass es angesichts der bisherigen begrenzten Forschungslage sowie der eher restriktiv wirkenden gesetzlichen Regelungen nicht einfach ist, ein Erweiterungsszenario zu entwickeln, das nicht völlig unrealistisch ist. Deutlich wurde, dass *unter Beibehaltung der jetzigen Rechtslage* beim Umgang mit Arznei- und Lebensmitteln eine Vermarktung von wirksamen leistungssteigernden, nebenwirkungsarmen Pharmaka (HLP) als eigenständige Produktgruppe praktisch ausgeschlossen ist.

Angesichts des wissenschaftlichen und finanziellen Aufwands und der ungewissen Möglichkeiten der Vermarktung ist eine verstärkte und gezielte Entwicklung leistungssteigernder Pharmaka für Gesunde (abgesehen möglicherweise von militärischer Forschung) im seriösen öffentlichen und industriellen Forschungs- und Innovationssystem hochgradig unwahrscheinlich.

Im Folgenden werden zunächst, anknüpfend an Kapitel III.3, grundsätzliche bisherige rechtliche Restriktionen sowie entsprechende regulative Veränderungen beschrieben, die für eine gezielte Forschung, Entwicklung und Vermarktung notwendig wären (Kap. V.2.1). Danach wird das Szenario konkretisiert, indem Herausforderungen und Schwierigkeiten der möglichen Entwicklung von »echten« neuartigen Enhancementmitteln im FuE-Prozess bis zur Marktzulassung diskutiert (Kap. V.2.2), mögliche Anforderungen an eine Langzeitüberwachung angesprochen (Kap. V.2.3) und Konsequenzen aus den angenommenen, nötigen regulativen Änderungen näher beleuchtet (Kap. V.2.4) werden. Abschließend werden mögliche Rückwirkungen auf das Innovationssystem abgeleitet (Kap. V.2.5) und ein resümierender Blick auf mögliche Auslöser des Szenarios geworfen (Kap. V.2.6).

Das Erweiterungsszenario illustriert somit die von der European Technology Assessment Group (ETAG) formulierte Option eines »reasoned pro-enhancement approach«[71] (Coenen et al. 2009, S. 144). Was an dieser Stelle nicht behandelt wird, sind mögliche Begründungen, warum HLP als gesellschaftlich nützlich eingeschätzt und ihre Erforschung als politisch relevante Zielstellung definiert werden könnten oder sollten. Diese Debatte müsste vor einer politischen Richtungsänderung noch weitaus umfassender und konkreter als bislang geführt werden. Ethik und Sozialwissenschaften bieten hier erste Argumente und Orientierungen, müssen aber in vieler Hinsicht unspezifisch bleiben (Kap. IV). Zu prüfen wäre, welche Arten der Leistungssteigerung mit HLP tatsächlich möglich erscheinen und ob diese gesellschaftlich sinnvolle und erstrebenswerte Ziele repräsentieren (hierzu auch Kap. VI).

---

71 »In a reasoned pro-enhancement approach, EU policy would explicitly fund R&D on (nontherapeutic) human enhancement technologies, while preserving all applicable elements of existing ethical frameworks and, as a matter of course, respecting fundamental European values. In such a strategy, EU policy would try to stimulate a societal dialogue about how risk-averse we can be, and how open to innovations which might run counter to traditional value systems. Initiatives to stimulate discussion of deregulation in such areas as drug and doping policies or reproductive technologies could be elements of this strategy.« (Coenen et al. 2009, S. 145)

BISHERIGE RECHTLICHE RESTRIKTIONEN –
NOTWENDIGE VERÄNDERUNGEN 2.1

Die Rahmenbedingungen der insbesondere in Europa, teilweise auch international harmonisierten Arzneimittelzulassungsverfahren, aber auch des Substanzzugangs und der Finanzierung (in Deutschland über das SGB V für die GKV) entscheiden wesentlich über die Verbreitung von pharmakologisch wirksamen Substanzen und sind daher für das Forschungs- und Innovationssystem von Bedeutung. Dies gilt insbesondere für die Art und Weise, wie eine mögliche Zulassung von HLP geregelt wird. Grundsätzlich ist offen, ob das Erweiterungsszenario lediglich in Deutschland oder – was wohl wahrscheinlicher ist – auf der Ebene der Europäischen Union oder bei einem noch größeren Kreis von Staaten greift. Zwar ist für das stark global ausgerichtete pharmakologische Innovationssystem tendenziell auch mit Vorgaben zu rechnen, die internationale Gültigkeit beanspruchen können, dennoch sind bei spezifischen Fragen nationale Sonderpositionen möglich (Art. 13 Verordnung [EG] Nr. 726/2004). Die folgenden Betrachtungen sind auf das deutsche sowie auf das rahmensetzende europäische Recht bezogen und basieren auf dem Gutachten von Eckhardt et al. (2010).

Die bisherigen rechtlichen Voraussetzungen stehen einer Zulassung von nicht-therapeutischen, leistungssteigernden Pharmaka entgegen – weder das Arznei- noch das Lebensmittelrecht bieten bislang einen passenden Rahmen (Kap. III). Ein Zugang über eine Erweiterung von Lebensmittelkategorien erscheint wenig wahrscheinlich, weil HLP (per Definition) biologische Wirkungen entfalten, die über diejenigen aus lebensmittelrechtlicher Sicht zulässigen Wirkungen hinausgehen. Daher ist es aus heutiger Sicht am wahrscheinlichsten, dass HLP einer stark an die Arzneimittelgesetzgebung angelehnten Regulierung unterworfen würden. Hinzu kommt, dass Substanzen, die eine hohe biologische Wirksamkeit aufweisen, nach bisheriger Erfahrung in der Regel auch das Potenzial besitzen, nicht unerhebliche Nebenwirkungen zu entfalten. Fast alle der bislang zum Enhancement genutzten Substanzen sind aufgrund ihrer teilweise schwerwiegenden Nebenwirkungen oder ihres Missbrauchspotenzials nicht oder nur bei fachspezifischer Betreuung zum Gebrauch zugelassen, z.B. Amphetamine und Methylphenidat.

Im deutschen Recht erfasst der Arzneimittelbegriff Stoffe, die der Beeinflussung physiologischer Funktionen dienen (§ 2 Abs. 1 Nr. 2 AMG; detailliert Kap. III.1). Es bedarf also nicht notwendigerweise einer Krankheit, die geheilt werden soll, um die Arzneimitteldefinition zu erfüllen. Pharmaka, die Enhancement im Sinn einer Leistungssteigerung gesunder Menschen bewirken und keinen Krankheitsbezug haben, fallen damit grundsätzlich unter den Arzneimittelbegriff. Auf der Definitions- bzw. Produkteinstufungsebene entfaltet der Krankheitsbegriff also keine Bedeutung, wohl aber bei der Marktzulassung (Zulassungsverfahren) und bei Distributionsfragen.

Gemäß § 21 Abs. 1 S. 1 AMG dürfen Fertigarzneimittel, die Arzneimittel im Sinne des § 2 Abs. 1 oder Abs. 2 Nr. 1 AMG sind, nur in den Verkehr gebracht werden, wenn sie von der zuständigen Behörde zugelassen sind.[72] Liegen die Voraussetzungen der §§ 21 ff. AMG vor, wird die Zulassung erteilt. Der Antragsteller hat einen Anspruch auf Zulassung, wenn keiner der in § 25 AMG abschließend geregelten Versagungsgründe vorliegt. Zwei in Bezug auf Enhancement relevante Versagungsgründe sind ein ungünstiges Nutzen-Risiko-Verhältnis (§ 25 Abs. 2 S. 1 Nr. 5 AMG) sowie das Fehlen oder die nach dem jeweils gesicherten Stand der wissenschaftlichen Erkenntnisse unzureichende Begründung der vom Antragsteller angegebenen therapeutischen Wirksamkeit (§ 25 Abs. 2 S. 1 Nr. 4 AMG). Allerdings ist der Begriff »therapeutische Wirksamkeit« im AMG selbst nicht definiert. Nach der Rechtsprechung des Bundesverwaltungsgerichts liegt therapeutische Wirksamkeit vor, wenn die Anwendung des Arzneimittels für den Heilerfolg ursächlich ist.[73] Damit gehen Gesetzgeber und Rechtsprechung grundsätzlich von einem therapeutischen Erfolg aus, den das Arzneimittel haben muss, um eine Zulassung zu bekommen. Eine mögliche Zulassung von »echten« Enhancementmitteln würde also derzeit nicht bereits an der Arzneimitteldefinition, wohl aber an den strengeren Anforderungen des Zulassungsrechts scheitern. Für das europäische Zulassungsrecht gilt dies entsprechend, da auch hier die therapeutische Wirksamkeit ein Zulassungskriterium bildet (Art. 26 Abs. 1 lit. b der Richtlinie 2001/83/EG).

Die Zulassung innovativer Pharmaka erfolgt in der Europäischen Union überwiegend nach dem zentralisierten Verfahren auf der Grundlage der Verordnung (EG) Nr. 726/2004. Deren Art. 13 definiert die allgemeinen Beurteilungskriterien für die Zulassung: »Im Interesse der öffentlichen Gesundheit sollten für die im Rahmen des zentralisierten Verfahrens zu treffenden Entscheidungen über eine Genehmigung die objektiven wissenschaftlichen Kriterien der Qualität, Sicherheit und Wirksamkeit des betreffenden Arzneimittels unter Ausschluss wirtschaftlicher oder sonstiger Erwägungen zugrunde gelegt werden. Die Mitgliedstaaten sollten jedoch in Ausnahmefällen die Möglichkeit haben, in ihrem Hoheitsgebiet die Verwendung von Humanarzneimitteln zu untersagen, die objektiv definierte Grundsätze der öffentlichen Ordnung und Moral verletzen.« Bei leistungssteigernden Pharmaka dürfte diesen Aspekten voraussichtlich höhere Bedeutung als bei Arzneimitteln zukommen, hierfür spricht die bisherige ethische Debatte zum Enhancement (Kap. IV.1). Hierbei wäre dann auch zu diskutieren, welche Rolle »wirtschaftliche und sonstige Erwägungen« spielen sollten bzw.

---

72 Nichtfertigarzneimittel, wie etwa in der Apotheke angefertigte Rezepturen (§ 7 f. Apothekenbetriebsordnung), bleiben im vorliegenden Zusammenhang außer Betracht.

73 BVerwG, PharmaR 1994, 77/80

könnten, die derzeit kategorisch ausgeschlossen sind. Auch wenn Leistungssteigerung als im weitesten Sinn individuell und gesellschaftlich nützlich bewertet würde, dürften die Anforderungen an die Sicherheitsprüfung und die gesamte Nutzen-Risiko-Bewertung strenger als für die Zulassung zur therapeutischen Verwendung sein. Eine Zulassungsvoraussetzung wäre vermutlich der Ausschluss direkter gesundheitlicher Schäden, gleichzeitig würden seltene und langfristige, aber vermutlich auch indirekte Neben- bzw. Folgewirkungen besondere Beachtung finden, sowohl individueller als auch gesellschaftliche Art (Kap. V.2.3). Diese sind zwangsläufig besonders schwer zu erfassen – ein langwieriger und komplizierter wissenschaftlicher, gesellschaftlicher und politischer Disput über den Umgang wäre absehbar (für die Auseinandersetzungen über die langfristigen und indirekten Folgen transgener Pflanzen und deren Konsequenzen für die Zulassungsverfahren s. auch TAB 2000).

Allein zur Erfassung der Folgeschäden läge ein Gatekeepermodell nahe, d.h. das Verbot einer freien Abgabe von HLP, ausgenommen legitimierte Personen mit Informations- und Dokumentationspflichten sowie der Möglichkeit der Rückmeldung der Anwender an diese Personen. Eine Beschränkung der Gatekeeper auf ausgebildete Ärzte, ob parallel zu ihrer kurativen Tätigkeit oder spezialisiert, erscheint realistisch (Kap. V.2.3). Deren psychosoziale Ausbildung müsste spezifisch verstärkt werden. In den Berufsordnungen der Ärzte müsste wohl grundsätzlich der Begriff des ärztlichen Handelns überdacht und vermutlich erweitert werden (Simon et al. 2008).

In verwaltungsrechtlicher Hinsicht würde sich die Frage stellen, ob Enhancement einer besonderen Aufsicht sowie Zulassungspflichten und Verfahren der Qualitätssicherung unterstellt werden soll (Simon et al. 2008, S. 27). In der Rechtsprechung werden an verbessernde Eingriffe, z.B. Schönheitsoperationen, höhere Anforderungen gestellt als an Eingriffe, die zu therapeutischen Zwecken vorgenommen werden. Dies betrifft beispielsweise die Aufklärung der Patienten. Entsprechend dürften auch an die Information der Anwender leistungssteigernder Pharmaka höhere Anforderungen gestellt werden.

GESAMTEINSCHÄTZUNG

Ein mögliches Rechtsanwendungsfeld »Enhancement« könnte prinzipiell mit den bestehenden Regularien des Arzneimittelrechts beherrscht werden, soweit man bereit wäre, die Zulassungsvorschriften und ggf. die Vorschriften zur Beschaffung und Anwendung, zur Überwachung sowie zu Information und Werbung zu modifizieren bzw. explizite »Enhancementvorschriften« innerhalb des Arzneimittelrechts zu erlassen. Eine besondere Zulassung wäre aufgrund der Verknüpfung des aktuellen Zulassungsverfahrens an einen Heilerfolg von Arzneimitteln, der bei Enhancementarzneimitteln nicht gegeben wäre, erforderlich. Infrage käme die Formulierung besonderer Zulassungsanforderungen für Enhancementarzneimittel als Erweiterung bestehender Zulassungsvorschriften, also ein separates Zulassungsverfahren innerhalb des Arzneimittelrechts.

Sehr schwer vorstellbar erscheint hingegen die Schaffung einer neuen, separaten Produktkategorie von Enhancementsubstanzen außerhalb des Arznei- und Lebensmittelrechts (z.b. von eher unspezifisch wirkenden funktionellen Lebensmitteln bis hin zu echten HLP), weil sich dabei angesichts des bisherigen Lebens- und Arzneimittelbegriffs kaum zu lösende Abgrenzungsprobleme ergeben würden. Wahrscheinlich müsste dafür der Arzneimittelbegriff grundlegend modifiziert bzw. eingeschränkt werden. Eine neue Produktkategorie würde einen weiteren Unsicherheitsfaktor bei der ohnehin schon schwierigen Abgrenzung von Lebensmitteln, Arzneimitteln und Chemikalien schaffen (Kap. III.1).

FORSCHUNG UND ENTWICKLUNG VOR MARKTZULASSUNG   2.2

Verglichen mit der Entwicklung von therapeutischen Pharmaka ergeben sich bei HLP neue Herausforderungen und Schwierigkeiten sowohl beim Wirkungsnachweis als auch bei der Risikoabschätzung – als Grundlage für eine belastbare Nutzen-Risiko-Bewertung im Rahmen einer späteren Zulassung. Wie in Kapitel II dargestellt, bestehen große Unklarheiten, Begriffs-, Verständnis- und Konzeptionsunterschiede hinsichtlich des Wesens und der Beeinflussbarkeit menschlicher Leistung(sfähigkeit). Bei einer gezielten Erforschung und Entwicklung von HLP würden diese voll zur Geltung gelangen.

BIOMEDIZINISCHE FORSCHUNG AM MENSCHEN ALLGEMEIN

Wann ist Forschung an Menschen legitim? Wann dürfen an Menschen medizinische Eingriffe vorgenommen und deren Auswirkungen untersucht werden? Bei der Beantwortung dieser Frage spielt das Verhältnis von Nutzen und Risiken bzw. Belastungen für die Versuchsteilnehmer sowie deren freiwilliges und informiertes Einverständnis eine zentrale Rolle (Kap. III.3.2). Die World Medical Association hält in der Deklaration von Helsinki fest, dass das Wohl der Probanden allen anderen Interessen übergeordnet sein müsse (WMA 2008, Art. 6). Das Ziel, das mit der Forschung erreicht werden solle, muss die Risiken und Belastungen für die Probanden aufwiegen (WMA 2008, Art. 21). Ähnlich betont der Europäische Rat, dass die Interessen und das Wohlergehen der Versuchsteilnehmer den Interessen der Gesellschaft oder der Wissenschaft übergeordnet seien (Europäischer Rat 2005, Art. 3).

Auch der Council for International Organizations of Medical Sciences (CIOMS) fordert, die Risiken für die Probanden zu minimieren. Zudem sei ein ausgewogenes Verhältnis von Nutzen und Risiken anzustreben (CIOMS 2002, S. 31): »Risks of interventions that do not hold out the prospect of direct diagnostic, therapeutic or preventive benefit for the individual must be justified in relation to the expected benefits to society (generalizable knowledge). The risks presented by such interventions must be reasonable in relation to the importance of the knowledge to be gained.« Diese Forderung stellt auch der Europäische Rat (2005, Art. 6). Insgesamt stimmen die internationalen biomedizinischen und medizinethischen Vereinbarungen darin überein, dass klinische Forschung – also die Forschung am Menschen – einen gesellschaftlichen Wert aufweisen muss, um ethisch vertretbar zu sein (SAMW 2009, S. 27). Grundlage einer Bewertung muss auch die Diskussion möglicher gesellschaftlicher Risiken sein, die mit einem klinischen Forschungsprojekt einhergehen (SAMW 2009, S. 51).[74]

Bei Studien, die direkt darauf abzielen, einen krankhaften Zustand zu lindern oder zu heilen – auch therapeutische Studien genannt –, gilt die Frage nach dem gesellschaftlichen Wert in der Regel als positiv beschieden. Im Rahmen der Arzneimittelforschung dienen klinische Studien der Phase II und III (Kap. III.3.2) der Kontrolle der therapeutischen Wirksamkeit einer Substanz und damit als therapeutische Studien. Arzneimittelstudien früherer Phasen gelten noch nicht als therapeutische Studien.

Dennoch gilt für alle Studien (therapeutische und nichttherapeutische), bei denen Arzneimittel zum Einsatz kommen, EU-weit die Richtlinie 2001/20/EG über die Anwendung der guten klinischen Praxis bei der Durchführung von klinischen Prüfungen mit Humanarzneimitteln. Sie wurde 2004 durch GCP-Verordnung in deutsches Recht übernommen. Dadurch werden spezifische Verfahrensweisen für die Studiendurchführung festgelegt, u.a. die Zustimmung einer unabhängigen Ethikkommission und der zuständigen Behörde. Beide müssen zu der Überzeugung kommen, dass der erwartete Nutzen die Risiken überwiegt (ausführlich Kap. III.3.2).

Neben der Arzneimittelforschung gibt es viele weitere medizinische Forschungsfragen, denen nur nachgegangen werden kann, wenn ebenfalls Untersuchungen am Menschen gemacht werden können. Diese Studien werden auch als nichttherapeutische Studien der Grundlagenforschung bezeichnet. In der Regel handelt es sich dabei um Untersuchungen an einer kleinen Zahl gesunder Freiwilliger, die über das Versuchsvorhaben aufgeklärt wurden und ihm zugestimmt haben (»informed consent«). Diese Forschung gilt heute im Allgemeinen als dadurch gerechtfertigt, dass sie der Weiterentwicklung der Medizin dient und damit künftig auch therapeutischen Nutzen hervorbringen kann (Merkel 2005, S. 138). Inwiefern Leistungssteigerung bei Gesunden und ein damit verbundener Nutzen nichttherapeutische Studien der Grundlagenforschung rechtfertigen können, wurde bisher nie genauer evaluiert oder umfassend debattiert.

---

74 In der Deklaration von Helsinki werden darüber hinaus auch Risiken für die Umwelt angesprochen: »Appropriate caution must be exercised in the conduct of medical research that may harm the environment.« (WMA 2008, Art. 13)

PHARMAKOLOGISCHE FORSCHUNG

In Abgrenzung zu anderen Bereichen der Lebenswissenschaften beschäftigt sich die Pharmakologie mit den Wechselwirkungen zwischen Stoffen und Lebewesen. In der Vergangenheit haben sich unterschiedliche international anerkannte Forschungsphasen etabliert. Die Genehmigung für eine klinische Prüfung bzw. Studie setzt regelmäßig den erfolgreichen Abschluss der vorhergehenden Prüfphasen voraus (Kap. III.3.2). Bevor Wirksamkeitsuntersuchungen beginnen können, müssen wesentliche Sicherheitsfragen untersucht werden. Allerdings werden die beiden Forschungsaspekte *Wirksamkeit* (als Nutzendimension) und *Sicherheit* (als Risikodimension) in der Praxis nicht vollständig getrennt behandelt. Vielmehr liefern Studien, in denen Sicherheitsfragen untersucht werden, auch erste Hinweise für eine Substanzwirkung, und bei Wirksamkeitsuntersuchungen werden immer auch Sicherheitsaspekte erfasst.

PRÄKLINISCHE FORSCHUNG

Bevor eine neuartige Substanz in der klinischen Forschung am Menschen erprobt werden kann, müssen bestimmte Wirkdimensionen an Tieren untersucht werden. Dies betrifft vor allem Sicherheits- und Risikofragen (z.B. toxische oder erbschädigende Effekte). Tierversuche werden demnach auch als präklinische Forschung bezeichnet.

Auch bei Tierversuchen ist grundsätzlich auf das Wohl der Versuchstiere Rücksicht zu nehmen (WMA 2008, Art. 12), der aus der Forschung zu erwartende Nutzen muss in einem angemessenen Verhältnis zu den Risiken und Belastungen für die Tiere stehen. Diese ethische Forderung verstärkt den Anspruch an den möglichen Nutzen pharmakologischer Leistungssteigerung und erhöht gleichzeitig die Hürden für eine Erforschung entsprechender Substanzen. Auch Tierversuche unterliegen der behördlichen Zulassungspflicht (§§ 7 bis 9 Tierschutzgesetz). Im Rahmen des Zulassungsverfahrens werden der gesellschaftliche Nutzen und mögliche Schäden für die betroffenen Tiere gegeneinander abgewogen.

Da toxische oder erbschädigende Effekte von Substanzen bei Tier und Mensch häufig ähnlich auftreten, kann auf der Basis von Tierversuchsdaten eine gewisse Risikoabschätzung beim Menschen vorgenommen werden (Greaves et al. 2004). Gesundheitsschäden bei Säugetieren lassen Vergleichbares beim Menschen befürchten – der Umkehrschluss gilt jedoch nicht: Aus der Nichtbeobachtung von Gesundheitsschäden kann keine Ungefährlichkeit der Substanz abgeleitet werden, weil manche Wirkungen speziesspezifisch auftreten. Dies gilt insbesondere für die angezielte therapeutische Wirkung, weil hier die physiologischen, genetischen und biochemischen Unterschiede einen großen Einfluss haben. Die Geschichte der Arzneimittelentwicklung ist voll von Beispielen dafür, dass Substanzeffekte, die im tierischen Krankheitsmodell beobachtet wurden, beim Menschen nicht in gleicher Weise und stattdessen ganz andere Wirkungen auftraten (Ferrari et al. 2010, S. 35 ff.). Spätestens wenn es um komplexere Formen spezifisch menschlicher Fähigkeiten, insbesondere operative Gehirnfunktionen wie Lernen, Erinnern, Denken geht – wie bei der Suche nach und Entwicklung von HLP –, dann ist die Aussagekraft von Tiermodellen äußerst begrenzt.

Insgesamt scheint es plausibel, dass in einem Erweiterungsszenario zukünftiger HLP wegen der anzunehmenden höheren Sicherheitsanforderungen die präklinische Forschung zur Sicherheits- und Risikoprüfung ausgeweitet würde, während Wirksamkeitsuntersuchungen kaum eine Rolle spielen dürften.

KLINISCHE FORSCHUNG: SICHERHEIT UND WIRKSAMKEIT

An die präklinischen Ergebnisse schließen sich in der klinischen Prüfung der Phase I Untersuchungen zur Verträglichkeit und Sicherheit sowie zur Pharmakokinetik und -dynamik beim Menschen an (meist an 20 bis 50 gesunden Freiwilligen; Kap. III.3.2). Klinische Studien der Phase I würden sich bei HLP wohl nur wenig von denjenigen für Arzneimittel zu therapeutischen Zwecken unterscheiden. In beiden Fällen würden Sicherheitsfragen im Vordergrund stehen. Da sich an gesunden Probanden keine therapeutischen Effekte fundiert belegen lassen, sind Wirksamkeitsfragen in Phase-I-Studien bei Arzneimitteln kaum relevant. Da bei HLP die Wirksamkeit jedoch an gesunden Probanden nachgewiesen werden muss, könnten neben Sicherheitsfragen schon erste Wirksamkeitsaspekte in Phase I mit untersucht werden. Die Studienplanung, das Genehmigungsverfahren und die Durchführung von Phase-I-Studien würden dadurch im Vergleich zu Arzneimittelstudien aufwendiger und umfangreicher.

Der eigentliche Wirksamkeitsbeleg für einen therapeutischen Einsatz von Arzneimitteln wird durch Studien der Phasen II und III erbracht. Bei HLP wäre der Wirksamkeits*begriff* ein anderer – dementsprechend müsste der Wirksamkeits*nachweis* auf andere Weise erbracht werden als bislang bei der Zulassung von Arzneimitteln.

Auch wenn Leistungssteigerung als individuell und gesellschaftlich nützlich bewertet würde (Ausgangsthese des Erweiterungsszenarios), dürften nicht nur die Anforderungen an die Sicherheits- bzw. Risikoprüfung und -bewertung strenger als im Fall therapeutischer Arzneimittel sein, sondern auch diejenigen an den Wirksamkeitsnachweis, und zwar sowohl in empirischer als auch in kausaler Hinsicht. Konzeptionell könnte die Health-Claims-Verordnung eine Vorlage liefern, wie eine Substanzwirksamkeit ohne Krankheits- bzw. Therapiebezug definiert und nachgewiesen werden kann. Nach deren Vorgaben müssen künftig gesundheitsbezogene Aussagen zur Wirksamkeit einzelner Lebensmittel(bestandteile) wissenschaftlich fundiert werden – bei gleichzeitigem Verbot von krankheitsbezogenen Aussagen (Kap. III.2.3). Auch wenn es derzeit noch keinen Konsens gibt, womit Aussagen wie »stärkt die Gesundheit« oder »fördert das Wohlbefinden« als wissenschaftlich belegt gelten, ist zu erwarten, dass dies zukünftig stärker thematisiert wird und sich Nachweisverfahren Schritt für Schritt etablieren. Da HLP grundsätzlich eine stärkere Wirkmächtigkeit im Vergleich zu Lebensmitteln unterstellt wird, dürften die Anforderungen an Wirksamkeitsnachweise eine starke Nähe zur pharmakologischen Forschung aufweisen, sodass wichtige Aspekte der gegenwärtigen therapeutischen Studienplanung aufzugreifen wären (Parameterfestlegung, Dosierung, Probandenrekrutierung, Protokollierung, Datenauswertung usw.).

NACHWEIS DER LEISTUNGSSTEIGERUNG: PARAMETER UND MESSKONZEPTE

Als Voraussetzung für einen spezifischen Wirksamkeitsnachweis wäre zunächst zu klären, welche Effekte konkret untersucht werden sollen. Bei HLP wären das bestimmte Hirnfunktionen bzw. einzelne psychische Fähigkeitsdimensionen (Kap. II.1). In der Diskussion über das leistungssteigernde Potenzial bereits verfügbarer Arzneimittel werden bestimmte Parameter wie Aufmerksamkeit, Konzentrationsfähigkeit, Wahrnehmung, Merkfähigkeit genannt (Kap. II.3). Diese Parameter werden in der medizinischen Diagnostik als Symptome unterschiedlicher Krankheiten (psychische und Verhaltensstörungen F00-F99 ICD-10; z.B. ADHS, Tab. 11, Kap. III.3.5) oder bei Potenzialabschätzungen (z.B. Hochbegabungsfeststellung) untersucht und erfasst. Unterschiedliche Tests, z.B. zur Messung der individuellen Intelligenz bzw. deren verschiedener Dimensionen, oder auch Verfahren zur Messung von Arbeitsgedächtnisleistungen sind vorhanden (Kap. II.1.3). Für klinische Wirksamkeitsprüfungen von HLP bei Gesunden müssten die verfügbaren Tests vermutlich angepasst oder weiterentwickelt werden.

Bisherige Versuche, die Auswirkungen eines Arzneimittels auf einzelne kognitive Fähigkeitsdimensionen von Gesunden (z.B. mittels Flugsimulatorübungen [Yesavage et al. 2002, S. 123 ff.] oder über einfache assoziative Lernaufgaben [Knecht et al. 2004]) nachzuweisen, dürften als Wirksamkeitsbeleg kaum ausreichend sein, da sie sehr spezifisch einzelne Situationen abbilden und gerade bei psychischen und kognitiven Leistungen von einer Übertragbarkeit auf andere Umgebungen nicht ausgegangen werden kann. Hierbei spielen die vielfältigen Wechselwirkungen, z.B. von kognitiven Fähigkeiten und emotionalen Zuständen, eine wichtige Rolle, darunter die Beobachtung, dass eine besonders starke Ausprägung einzelner psychischer Fähigkeiten mit reduzierter Ausprägung anderer Fähigkeiten einhergehen kann (Extremfall: sogenannte Inselbegabungen). Der Nachweis einer wirkungsvollen Leistungssteigerung müsste daher anhand mehrerer, gut messbarer Parameter in aussagekräftigen Versuchsanordnungen erbracht werden, die beim heutigen Wissensstand nicht konkret benannt werden können, sondern erst noch entwickelt werden müssten. Da es keinen wissenschaftlichen Konsens bezüglich der Binnenstruktur psychischer Leistungen und Fähigkeiten und daher ganz unterschiedliche Messkonzepte gibt (Kap. II.1), wären kontroverse Debatten über die Festlegung von Parametern und die Auswahl der Messkonzepte absehbar.

PROBANDENGRUPPEN

Je nach Parameterauswahl und Messverfahren müssten ein Studiendesign und ein Prüfplan entwickelt werden. Längere Tests mit unterschiedlichen Probandengruppen unter möglichst realen Leistungsbedingungen wären wahrscheinlich notwendig. Grundsätzlich dürfte die Heterogenität der potenziellen Anwender den Wirksamkeitsnachweis erschweren. Ein HLP, das die Konzentrationsfähigkeit verbessert, könnte theoretisch bei Schulkindern zur Anwendung kommen, aber auch bei alten Menschen, deren geistige Leistungsfähigkeit im Alltag nachgelassen hat; genauso bei Menschen, die sich physisch stark belasten, wie bei solchen, die den Tag überwiegend sitzend im Büro verbringen; bei studierenden Müttern mit kleinen Kindern; bei Ärzten, die unter chronischer Schlaflosigkeit und Überforderung leiden; oder bei gesunden Pensionären, die sich den Herausforderungen eines Seniorenstudiums stellen möchten. Insgesamt müssten an die Rekrutierung und Auswahl der Probanden bei klinischen Studien zum Wirksamkeitsnachweis einer Leistungssteigerung bei Gesunden sicher deutlich größere Anforderungen als bei bisherigen Arzneimittelprüfungen gestellt werden.

Die bisherigen Untersuchungen zu leistungssteigernden Effekten von Arzneimitteln schließen zumindest nicht aus, dass diese nur bei Probanden auftraten, die sich temporär in einer defizitären Ausgangslage befanden, wodurch einzelne Gehirnfunktionen/Fähigkeiten vorübergehend herabgesetzt waren (z.b. aufgrund fehlender Regenerationszeiten, eines »Mangels« an bestimmten Botenstoffen oder eines im Vergleich zur Durchschnittsbevölkerung schwächer ausgeprägten Arbeitsgedächtnisses bzw. eines verringerten IQs; Kap. II.1.3). Auf diesen Sachverhalt müsste Rücksicht genommen werden und dezidierter als bisher definiert werden, was einen gesunden Probanden ausmacht.

Aufgrund der einem Erweiterungsszenario zugrundezulegenden hohen Akzeptanz zumindest in Teilen der Bevölkerung, Arzneimittel zur kognitiven Leistungssteigerung zu verwenden (Kap. III.4.1), dürften sich vermutlich ausreichend viele Freiwillige rekrutieren lassen.

EFFEKTSTÄRKEN

Wenn bei der Testung von HLP-Kandidaten nur leichte leistungssteigernde Effekte auftreten, dazu noch lediglich bei einem (kleinen) Teil der Anwender, dürfte dies nach heutiger Sicht – anders als im Fall von Arzneimitteln – kaum einen überzeugenden »Zusatznutzen« darstellen, der das immer verbleibende Restrisiko aufwiegen könnte, das mit der Verwendung von pharmakologisch wirksamen Substanzen einhergeht. Je eindeutiger eine Leistungssteigerung Gesunder als Nutzendimension anerkannt würde, desto eher bestünden gerade in der Anfangsphase einer gezielten Erforschung und Entwicklung Chancen auch für Substanzen mit nur mäßigen Effekten, eine Marktzulassung zu bekommen, da keine Alternativsubstanzen vorhanden sind, die relativierend in den Nutzen-Risiko-Bewertungsprozess einfließen würden.

ANFORDERUNGEN AN EINE LANGZEITÜBERWACHUNG 2.3

Neben den Wirksamkeitsuntersuchungen wird auch in den klinischen Studien der Phase II und III kontinuierlich die Sicherheit und Verträglichkeit der jeweiligen Substanz begleitend untersucht. Dazu werden unter anderem sogenannte *unerwünschte Nebenwirkungen* systematisch erfasst, geprüft, gemeldet und analysiert. Dies geschieht einerseits beim Prüfer/Sponsor einer klinischen Studie und andererseits durch die zuständige Ethikkommission sowie die Zulassungsbehörde, die parallel zum Prüfer/Sponsor für eine unabhängige Risikoüberwachung verantwortlich sind.

Wenn man davon ausgeht, dass HLP aufgrund ihrer Wirkungsweise auf zentrale Funktionen des Gehirns auch unerwünschte psychosoziale Folgen haben können, müssten auch diese bereits im Rahmen der klinischen Prüfung besonders intensiv untersucht werden – die sich damit zu einer *klinisch-sozialen Prüfung* entwickeln würde. Hierzu müssten wahrscheinlich völlig neue Beurteilungsmaßstäbe und -verfahren entwickelt werden. Folgende Anforderungen an HLP erscheinen plausibel (Eckhardt et al. 2010, S. 88 f.):

> Die Wahrscheinlichkeit unerwünschter biomedizinischer und psychosozialer Nebenwirkungen für die Anwender muss grundsätzlich gering sein, diejenige von schweren und langfristigen sehr gering.
> Es darf keine Hinweise auf ein physisches Abhängigkeitspotenzial geben, das gerade bei Neuroenhancern nicht auszuschließende psychische Abhängigkeitspotenzial sollte gering sein.
> Die angezielte, erwünschte Steigerung von Fähigkeiten erzeugt kein einseitiges, stereotypes Leistungsprofil und geht nicht zulasten anderer Fähigkeiten.
> Das Produkt konsolidiert die Leistungsfähigkeit der Anwender, trägt nicht zu wachsenden Schwankungen der Leistungsfähigkeit bei und führt bei bestimmungsgemäßem Gebrauch nicht dazu, dass eine Person ihre Ressourcen über die persönliche Belastbarkeitsgrenze hinaus ausschöpft.
> Das HLP verursacht keine irreversiblen grundlegenden Veränderungen im Leistungsprofil einer Person oder der sonstigen personalen Identität.

Gegenüber der bisherigen Risikoabschätzung neuer Pharmaka im Rahmen der Arzneimittelzulassung umfasst diese – vermutlich bei Weitem nicht vollständige – Liste vor allem bezüglich der Wirkungen auf Leistungsfähigkeit, Leistungsprofil und personale Identität qualitativ neue Parameter, deren Testbarkeit derzeit kaum seriös zu beurteilen ist. Aber auch die Einschätzung der möglichen Abhängigkeitspotenziale ist alles andere als trivial. Hinzu kommt grundsätzlich ein großer

Interpretationsspielraum bei der Frage, welche Wahrscheinlichkeiten für unerwünschte Nebenwirkungen als gering oder sehr gering zu bewerten sind. Insgesamt liegt es nahe, dass einem systematischen Langzeitmonitoring eine entscheidende Rolle zukäme. Entsprechende Strukturen und Verfahrensweisen müssten erst geschaffen werden.

KLINISCHE STUDIEN DER PHASE IV/LANGZEITMONITORING

Nach der Zulassung eines neuen Arzneimittels folgt bereits heute mehrheitlich eine Produktbeobachtungsphase – klinische Prüfphase IV (»post market surveillance«) –, die eine große Zahl von Anwendern einschließt und die Sicherheit und Wirksamkeit des Arzneimittels unter Alltagsbedingungen untersucht.

Bei HLP käme dieser Phase besondere Bedeutung zu, da es sich um eine neuartige Produktgruppe handelt, bei der bisher kaum Erfahrungen über Langzeitauswirkungen vorliegen. Entsprechend den erwarteten Wirkungen wäre es naheliegend, neben möglichen individuellen auch gesellschaftliche Folgedimensionen in den Blick zu nehmen, beispielsweise als Konsequenz eines verminderten Schlafbedürfnisses durch die Einnahme von HLP. Zeigen sich vielleicht erst nach einiger Zeit negative Auswirkungen auf das Gedächtnis, die psychische Gesundheit, das Immunsystem? Verlängern sich die durchschnittlichen Arbeitszeiten? Verändert sich das Freizeitverhalten? Können junge Männer und Frauen künftig Beruf und Kinderbetreuung problemloser als bislang miteinander vereinbaren? Im Rahmen von klinisch-sozialen Zulassungsprüfungen können solche möglichen Langzeitnebenwirkungen kaum abgeklärt, sondern höchstens antizipiert werden, um daraus dann angemessene Beobachtungsparameter und -verfahren abzuleiten.

Von wem und wie dies zu bewerkstelligen wäre, ist allerdings völlig unklar. Bisher werden in klinischen Phase-IV-Studien von Ärzten unter Anwendungsbedingungen die therapeutischen Wirkungen sowie gesundheitliche, ggf. auch psychische Nebenwirkungen erfasst und weitergeleitet. Der Erkenntnisgewinn liegt vor allem bei seltenen und längerfristigen Nebenwirkungen, zu denen im Vorhinein kaum Aussagen möglich sind. Eine fundierte Beobachtung der individuellen psychosozialen Auswirkungen bei den Anwendern wäre für die meisten Mediziner zwar Neuland, aber über Zusatzqualifikationen und unter Aussicht auf Honorierung noch vorstellbar. Für eine systematische Beobachtung der Folgen auf gesamtgesellschaftlicher Ebene hingegen dürften weder Ärzte noch epidemiologische Studienzentren geeignet sein. Grundsätzlich zu klären wären Beobachtungsparameter und -konzepte, Bewertungskriterien, Verantwortlichkeiten, Finanzierung u.v.a.m.

MÖGLICHE KONSEQUENZEN FÜR DAS GESUNDHEITSSYSTEM   2.4

Einige mögliche Konsequenzen eines Erweiterungsszenarios für das Gesundheitssystem werden nachfolgend umrissen.

Ob sich durch HLP das Problem der Grenzfälle zwischen Gesundheit und Krankheit in relevantem Maße verändern würde (Eckhardt et al. 2010, S. 100), ist unklar und wäre eine mögliche gesellschaftliche Auswirkung, die einerseits abgeschätzt und andererseits fortlaufend beobachtet werden müsste.

Denkbar wäre, dass HLP einen bestehenden kollektiven Leistungsstandard anheben, wie dies in einigen Sportarten als Folge verbreiteten Dopings beobachtet werden konnte. In der Folge könnten vermehrt Einzelpersonen diesen nicht mehr erfüllen, ihre relativ geringere Leistungsfähigkeit könnte dann als pathologisch angesehen werden. In diesem Fall könnte die Forderung auftauchen, HLP auch therapeutisch einzusetzen, falls nur sie den neuen, von ihnen selbst ausgelösten defizitären Zustand gezielt beheben können.

Wie in den Kapiteln III und IV gezeigt wurde, werden die Grenzen zwischen Gesundheit und Krankheit gesellschaftlich, politisch und juristisch immer wieder neu ausgehandelt. In Kapitel V.2.1 wurde dargelegt, dass die Schaffung einer Zulassungskategorie bzw. -indikation HLP eine rechtliche Abgrenzung bzw. Neudefinition der Begriffe »Krankheit«, »Behinderung«, »Heilbehandlung« und »medizinische Notwendigkeit« aus rechtlicher Perspektive notwendig machen würde. Auch der Begriff des ärztlichen Handelns im Arztrecht müsste überdacht werden. Nicht wenige Experten, darunter die Gutachter Simon et al., sehen dies ganz unabhängig von der weiteren Entwicklung bereits jetzt als nötig an (Beck 2006; Eberbach 2008; Simon et al. 2008, S. 4).

KOSTENERSTATTUNG, PREISE, ILLEGALER MARKT

In der Debatte über hypothetische Enhancementmittel taucht immer wieder die Annahme auf, dass neue Unsicherheiten entstehen könnten, ob diese Mittel unter die Leistungspflicht der Krankenversicherung fallen könnten. Dies erscheint kaum vorstellbar. Das hier vorgestellte Erweiterungsszenario geht – wie der Großteil der bioethischen Überlegungen (Kap. IV.1) – davon aus, dass HLP eine abgrenzbare Substanzgruppe sind, die von gesunden Personen zur Leistungssteigerung verwendet werden. Das bestehende soziale Sicherungssystem in Deutschland, insbesondere die GKV (auf der Grundlage des SGB V), bietet keine Beispiele, bei denen eine mögliche Leistungssteigerung ohne defizitäre Ausgangslage bzw. Krankheit oder Behinderung als Begründung für die Finanzierung einer Leistung akzeptiert wird. Auch die derzeitigen Entwicklungen der Leistungsbeschränkungen der GKV auf ausreichende, zweckmäßige und wirtschaftliche Leistungen, die das Maß des Notwendigen nicht überschreiten dürfen (§ 12 SGV V), sowie die Leistungseinschränkungen (§§ 31, 35 u. 129 SGB V) und Leistungsausschlüsse (§ 34 SGB V) sprechen klar gegen eine mögliche Erstattungsfähigkeit von HLP bei Gesunden (Kap. III.3.6).

Wären Forschungs-, Entwicklungs- und Markteinführungskosten für HLP hoch, würde sich dies zumindest bis zum Ablauf möglicher Schutzrechte in hohen Produktpreisen niederschlagen. Da HLP-Nutzer wahrscheinlich zusätzlich Honorare für hochqualifizierte Gatekeeper bezahlen müssten, würde entsprechendes Enhancement wahrscheinlich primär für Gutverdienende erschwinglich sein. Je einfacher der eigentliche Herstellungsprozess des jeweiligen HLP, desto größer wird die Gefahr, dass illegale Marktakteure die Substanz fälschen und sich ein illegaler Parallelmarkt entwickelt (wie z.b. bei Viagra) (Kap. V.1). Mit möglichen Folgewirkungen für Konsumenten (Gesundheitsgefahren), Hersteller (Umsatzeinbrüche und Refinanzierungsprobleme sowie Imageschäden), soziale Sicherungssysteme (bei Folgebehandlungen) und Strafverfolgungsbehörden (Zoll, BKA zuständig für Arzneimittelkriminalitätsdelikte) wäre zu rechnen.

INFORMATIONEN FÜR DIE ANWENDER

Nachdem HLP im Erweiterungsszenario dem Arzneimittelrecht unterlägen, müsste auch die Information der Anwender über Vorschriften geregelt werden. Das betrifft einerseits die Pflichtinformationen (Inhalte von Packungsbeilagen und Fachinformationen müssten festgelegt werden). Andererseits dürften in Fortschreibung der derzeit bestehenden erhöhten Ansprüche an die Aufklärung der Patienten, z.B. bei Schönheitsoperationen, die Anforderungen an die Aufklärungs- und Beratungspflichten durch die Gatekeeper ebenfalls hoch angesiedelt werden, gerade mit Blick auf mögliche psychosoziale Risiken von HLP. Besondere Kennzeichnungsvorschriften wären zu diskutieren, mögliche Abgrenzungsprobleme zur Kennzeichnungspflicht von Dopingsubstanzen wären zu erwarten.

Es wäre damit zu rechnen, dass im Internet eine Flut von Anbietern wenig fundierter Informationen entstünde. Dem müssten – leicht und sicher identifizierbar – verlässliche Informationen entgegengesetzt werden. Dies stellt auch im Bereich therapeutischer Maßnahmen bislang ein weitgehend ungelöstes Problem dar (Kap. III.3.4). Für Laien ist es nach wie vor sehr schwer, gesicherte Information von Werbung, falschen Versprechungen oder Falschaussagen zu unterscheiden.

BEWERBUNG

Richtlinien zur Bewerbung von HLP dürften sich in Deutschland innerhalb der gesetzlichen Vorgaben für Lebensmittelwerbung durch die Health-Claims-Verordnung und der Vorgaben des Heilmittelwerbegesetzes bewegen. Ein vollständiges Konsumentenwerbeverbot von zugelassenen HLP käme sicher nicht in Betracht, da Gesundheitsgefahren bereits innerhalb des Zulassungsverfahrens als gering eingeschätzt worden sein müssten. Wenn, wie im Erweiterungsszenario angenommen wird, der Gesetzgeber und in Folge die Überwachungsbehörde HLP positiv gegenüber stehen, dürfte eine direkte Konsumentenwerbung sogar in deren Sinn sein, weil dadurch die bislang dominierenden indirekten und somit schwer kontrollierbaren Marketingstrategien für pharmakologische Substanzen zurückgedrängt würden.

UMGANG MIT PROBLEMATISCHEM KONSUM

Auch bei HLP wäre damit zu rechnen, dass ein Teil der Anwender problematische Konsummuster entwickelt. Abhängigkeitstendenzen oder ein Nachlassen anderer Fähigkeiten, Erschöpfungszustände oder Ähnliches, die als Folge von problematischem Konsum zutage treten könnten, dürften sich zumindest ansatzweise als unerwünschte Nebenwirkung bei normalen Konsummustern andeuten und sollten im Rahmen der Zulassungsforschung bereits aufmerksam verfolgt worden sein – nicht nur von Herstellern. Zulassungsbehörden haben hinsichtlich der Abwehr von Gesundheitsgefahren wichtige Aufsichtspflichten und weitreichende Kompetenzen (Kap. V.1.1). Da anzunehmen ist, dass die diesbezüglichen Vorgaben des Arzneimittelrechts auch bei HLP weitgehende Gültigkeit hätten, könnten Zulassungsbehörden bei Substanzen, bei denen ein erhöhtes Missbrauchspotenzial vermutet wird (ohne dass dies eine Zulassungsversagung auslöst), ein substanzspezifisches Risikomanagementsystem einfordern (§ 28 AMG), um eine nichtzulassungskonforme Verwendung möglichst zu vermeiden. Diese Situation dürfte bei HLP wahrscheinlich mehrheitlich gegeben sein, sodass entsprechende Risikomanagementverfahren regelmäßig bereits bei der Zulassung vorzulegen wären oder bei auftretenden Problemen nachgefordert werden könnten. Ein auftretender Missbrauch könnte jederzeit zu einer möglichen Neubewertung der Nutzen-Risiko-Abwägung führen und in einen Entzug der Zulassung münden.

Damit bestünden tendenziell weiter reichende Möglichkeiten, einem problematischen Konsum von HLP zu begegnen, als bei Arzneimitteln (z.B. bei Schmerzmitteln, die trotz problematischer Konsummuster aufgrund ihres therapeutischen Nutzens nicht gänzlich vom Markt genommen werden können) oder bei Lebensmitteln (bei denen maximal Falschaussagen untersagt werden können, eine Markteinschränkung aber kaum vorgenommen wird). Darüber hinaus wäre es wie bei Arznei- und Lebensmitteln möglich, dass solchen Konsummustern durch eine Begleitung durch Gatekeeper und Anwenderinformationen vorgebeugt wird – im Rahmen der Gesundheitserziehung oder von spezifischen Präventionskampagnen –, auch wenn sie dadurch wahrscheinlich nicht vollständig verhindert werden können. Wer hierfür die Kosten zu tragen hätte, wäre zu klären.

Bei individuellen gesundheitlichen Schäden aufgrund von Substanzfehlgebrauch oder -missbrauch würden vermutlich ähnliche Verfahren zum Tragen kommen wie bei sonstigem Substanzkonsum bisher auch. Folgemaßnahmen würden entweder im Rahmen der Akutbehandlung (z.b. bei Vergiftungen) oder der Sucht-behandlung (bei Substanzabhängigkeiten) durchgeführt werden. Entgiftungs-, Entzugs- und Rehabilitationsprogramme, die es für unterschiedliche Arzneimit-telabhängigkeiten bereits gibt, müssten für HLP gegebenenfalls angepasst wer-den. Potenzielle Leistungserbringer zeichnen sich damit ab: So könnten Spezial-kliniken für Arzneimittelabhängigkeiten und/oder Burn-out-Patienten ihr Ange-bot entsprechend erweitern. Ob es bei notwendigen Folgemaßnahmen des un-sachgemäßen Konsums von HLP gelingen würde, den Konsumenten an den Kos-ten zu beteiligen, ist fraglich (ausführlicher in Kap. III.4.2).

RÜCKWIRKUNGEN AUF DAS INNOVATIONSSYSTEM 2.5

Zwischen wissenschaftlichem Fortschritt, politischer Förderung und regulativen Veränderungen bestehen enge und vielfältige Wechselwirkungen. Diese sind komplex und dynamisch, sodass genauere Vorhersagen längerfristiger Effekte im Rahmen eines Erweiterungsszenarios wenig seriös wären. Unter Berücksichti-gung dieser Einschränkung können aber Überlegungen angestellt werden, welche Änderungen bei den Strategien und Handlungen der Akteure des Forschungs-und Innovationssystems plausibel erscheinen, falls durch eine relevante Ände-rung auf einer Ebene (z.b. in Form eines wissenschaftlichen Durchbruchs oder eine Anerkennung der Leistungssteigerung als relevante Nutzendimension im Rahmen der pharmakologischen Forschung) eine starke Dynamik bei der Ent-wicklung von HLP ausgelöst würde (hierzu Eckhardt et al. 2010, S. 105 f.):

> Sobald sich Zulassungsmöglichkeiten für HLP, vor allem in der Europäischen Union oder in den USA, vielleicht aber auch in wachsenden Absatzmärkten der Schwellenländer, abzeichneten, würden pharmazeutische Unternehmen voraussichtlich mit intensiven Forschungs- und Entwicklungsanstrengungen beginnen, um sich neue Marktchancen zu erschließen. Für diese Expansion wären erhebliche Investitionen erforderlich, die vor allem von großen, global agierenden Unternehmen getätigt werden könnten.

> Die Wirkstoffsuche dürfte sowohl in den großen Unternehmen als auch an öffentlichen Forschungseinrichtungen und spezialisierten kleineren Firmen bzw. Ausgründungen erfolgen. Auf Dauer könnten sich Firmen herausbilden, die sich eigenständig oder als Töchter von Pharmaunternehmen auf das Geschäft mit HLP spezialisieren.

> Die Erschließung des neuen Marktes würde zu einer zumindest vorüberge-hen-den Verlangsamung der Forschungs- und Entwicklungstätigkeit im medizi-nisch-pharmakologischen Kernbereich führen, da begrenzt zur Verfügung ste-hende Ressourcen vom Therapiebereich abgezogen und in den Enhancement-bereich umgeleitet würden (sowohl personell als auch finanziell). Auch die jeweiligen Zulassungsbehörden müssten personell reagieren.

> Für öffentliche Forschungseinrichtungen würden sich die Möglichkeiten der Drittmittelfinanzierung für Projekte im Umfeld von HLP insbesondere durch die Industrie verbessern. Durch die derzeitigen Strukturen der Grundfinanzierung (Kap. V.1.1) würde sich der Effekt automatisch verstärken, auch wenn keine explizite zusätzliche öffentliche Forschungsförderung vorgesehen wäre. Bei einem anhaltenden Erfolg könnten neue Ausbildungsgänge und Weiterbildungsangebote für Entwickler und Gatekeeper entstehen.

> Für die Zulassungsbehörde ergäbe sich die Notwendigkeit, mit Blick auf die individuellen und gesellschaftlichen Folgen eine unabhängige Risikoüberwachung zu etablieren.

> Die Lebensmittelbranche könnte vereinzelt in das Geschäft mit HLP einsteigen. Große Unternehmen verfügen am ehesten über die nötigen Ressourcen und könnten versuchen, neue Mischprodukte (z.B. hochwirksame Energydrinks) auf den Markt zu bringen. Rechtsstreitigkeiten zur Substanzklassifikation wären absehbar. Werbeaussagen wären im Einzelfall zu prüfen und würden die Lebensmittelüberwachung beschäftigen.

> Für Gesundheitsdienstleister böten sich neue Wachstumschancen. Speziell ausgebildete Ärztinnen und Ärzte könnten die Anwender von HLP betreuen. Eventuell könnten sich engere Kooperationen ergeben zwischen ärztlichen Praxen und pharmazeutischen Unternehmen, die HLP – auch im Rahmen von Gesundheitspaketen – abgeben. Dadurch entstünden HLP-Netzwerke.

> Da HLP-Leistungen privat zu finanzieren wären, könnte es bei der ärztlichen Versorgung zu Änderungen kommen, weil kassenärztliche Leistungen vergleichsweise schlechter honoriert werden und dadurch weiter an Attraktivität verlieren würden. Der Ärztemangel, der sich bereits heute bei bestimmten therapeutischen Behandlungen abzeichnet, würde sich verstärken.

> Für die sozialen Sicherungssysteme entstünden Behandlungskosten als Folge von unsachgemäßem Konsum, zumindest aber aufwendige Rechtsstreitigkeiten in Bezug auf eine Kostenübernahme. Der Druck, die derzeitigen Verfahrensweisen – in Bezug auf Leistungsbegrenzungen und Leistungsausschlüsse – zu konkretisieren, würde wachsen.

> Die Entwicklung des illegalen Marktes für Enhancementsubstanzen ist schwer prognostizierbar. Der illegale Markt verlöre durch die Zulassung von HLP möglicherweise zunächst Kunden. Er könnte sich zunehmend auf »harte« Substanzen konzentrieren, darunter Nebenprodukte der HLP-Forschung (besonders starke Wirkung bei nicht unerheblichen Nebenwirkungen), die weiterhin nicht zulassungsfähig wären. Möglicherweise würde der verbreitete Gebrauch von HLP die Hemmschwelle in der Bevölkerung, illegale Drogen zu konsumieren, erhöhen.

FAZIT: MÖGLICHE AUSLÖSEBEDINGUNGEN DES ERWEITERUNGSSZENARIOS 2.6

Mit den Überlegungen zu einem möglichen Erweiterungsszenario wurde versucht, Antworten auf zentrale Fragen zu geben, die insbesondere in der ethischen Debatte implizit angesprochen, aber meist nicht explizit gestellt und daher auch nicht beantwortet werden: Wie könnten die hypothetischen, nebenwirkungsarmen bis -freien, aber hochwirksamen leistungssteigernden Pharmaka in die Welt kommen, deren – zukünftiger – Konsum von Bio- und Neuroethik in den vergangenen Jahren so intensiv diskutiert wird? Wie könnten die bisherige Logik und die Prozeduren der Erforschung und Entwicklung von pharmazeutischen Wirkstoffen und Arzneimitteln mit der Zielsetzung Leistungssteigerung bei Gesunden kompatibel gemacht werden? Und welche Folgedimensionen und offenen Fragen ergeben sich daraus und müssten bedacht werden?

Das vorgestellte Erweiterungsszenario geht von der Annahme aus, dass ein Wechselspiel zwischen wissenschaftlichen Entwicklungen und politischen Entscheidungen entstehen muss, damit eine relevante Beschleunigung der FuE-Dynamik bei leistungssteigernden Pharmaka als Voraussetzung einer breiteren Diffusion und Nutzung einsetzen kann. Normatives Fundament einer rechtlichen Ermöglichung müsste die Anerkennung der Leistungssteigerung bei Gesunden als Nutzendimension für pharmakologische FuE einerseits im Rahmen der Arzneimittelzulassung und andererseits im Rahmen der derzeitigen medizinethischen Beurteilungsverfahren sein. Bestandteil dieser Entwicklung wären zahlreiche regulative Änderungen. Diese setzen eine dezidierte politische Willensbildung voraus, aber auch die Akzeptanz großer medizinischer Wissenschaftsgemeinschaften wie der World Medical Association oder des Council for International Organization of Medical Sciences als Urheber weltweit gültiger Deklarationen.

Als Auslöser sind zwei Entwicklungen denkbar: zum einen die proaktive Befürwortung und Förderung pharmakologischer Leistungssteigerung als gesellschaftlich nützlich und wünschenswert und zum anderen die Reaktion auf »äußeren« (kompetitiv-ökonomischen) Druck als Konsequenz aus »Zufallsfunden« von HLP, gegebenenfalls verstärkt durch die vorausgehende gezielte Entwicklung in den wirtschaftlich, technologisch und wissenschaftlich zunehmend potenten Staaten mit weniger restriktiver Regulierung wie Brasilien, China und Indien.

Aus der zweiten Möglichkeit ergibt sich als politischer Handlungsauftrag vor allem eine kontinuierliche Beobachtung der internationalen Entwicklung von FuE bei Pharmaka sowie der ökonomischen und gesellschaftlichen Debatte in diesen Ländern. Die erste Möglichkeit – die Bewertung pharmakologischer Leistungssteigerung als explizit gesellschaftlich nützlich und daraus abgeleitet eine Befürwortung der systematischen Erforschung der menschlichen Leistungsfähigkeit und ihrer biochemischen Beeinflussung ohne defizitäre Ausgangslage – ist derzeit hingegen schwer vorstellbar. Sie würde eine entsprechende Meinungsbildung bei vielen gesellschaftlichen Akteuren sowie in entscheidungsrelevanten und -befugten Gremien – nicht nur aus dem Gesundheitssystem im engeren Sinn – voraussetzen. Dabei müssten der mögliche individuelle Nutzen und die erwarteten sozialen und ökonomischen Effekte von Enhancementmitteln mehrheitlich und umfassend positiv eingeschätzt werden. Einen wichtigen bereits existierenden Wissensbestand für eine solche Abschätzung bilden die Erkenntnisse der Dopingforschung zu den möglichen Implikationen einer gezielten und weitverbreiteten Nutzung leistungssteigernder Substanzen, deren Projektion auf das Berufsleben im folgenden Kapitel VI diskutiert wird.

DOPING UND ENHANCEMENT: GEMEINSAMKEITEN UND UNTERSCHIEDE ZWISCHEN SPORT UND BERUFSLEBEN VI.

Die Parallelen der Handlungen bei (Neuro-)Enhancement und Doping im Sport sind kaum zu übersehen: Menschen nehmen pharmakologische Substanzen ein, um ihre Leistung zu steigern. Es lag daher nahe, Erkenntnisse aus der Dopingforschung zum Leistungs- und Breitensport im Zuge einer Abschätzung möglicher Folgen pharmakologischer Leistungssteigerung in kompetitiven Strukturen – die auch für Ausbildung und Beruf zunehmend unterstellt werden können – auszuwerten. Relevante Fragen sind beispielsweise: Was bewegt Menschen zum Griff nach pharmakologischen Substanzen mit vermeintlich leistungssteigernder Wirkung? Welche Folgen hat dies für die betroffenen Individuen und sozialen Gruppen? Welche sozialen Dynamiken können dadurch in Gang gesetzt werden? Weil jedoch der Leistungssport ein sehr spezielles Teilsystem der Gesellschaft darstellt – Franke (2004 u. 2007) spricht von der »Sonderwelt des Sports« –, ist allerdings nicht von einer kompletten Übertragbarkeit der Beobachtungen und Erklärungen zum Doping auf mögliches Enhancement in der Alltags- und Berufswelt auszugehen.

Das folgende Kapitel basiert auf dem Gutachten von A. Singler (2010) zu »Doping und Medikamentenmissbrauch in Sport und Beruf. Soziologische und psychologische Aspekte des Dopings und ihr Projektionspotential für das Enhancementproblem«. Darin wird der Dopingdiskurs in Deutschland im Verlauf der letzten 100 Jahre als argumentative Auseinandersetzung über die Notwendigkeit und ethische Vertretbarkeit pharmakologischer Leistungssteigerung nachgezeichnet (wichtige Ergebnisse werden in Kap. VI.1 zusammengefasst). Erklärt werden die immanenten Tendenzen zur Dosissteigerung trotz zunehmender Risiken und abnehmenden Nutzens sowie zum Ausstieg bzw. zur Ausmusterung von Dopingunwilligen unter Athleten und Trainern (Kap. VI.2). Gezeigt wird, wie Doping im Sport als prinzipiell nicht regelkonformes, abweichendes Verhalten in sozialen Prozessen gelernt wird und wie der bisherige Umgang mit der Dopingproblematik dazu führt, dass einerseits die systemischen Einflüsse ausgeblendet und andererseits individuelle Ursachen für Dopinghandeln nur ausschnittsweise wahrgenommen werden (Kap. VI.3). Danach werden Forschungsergebnisse ausgewertet, die darauf hinweisen, dass bei extrem betriebenem Sport eine starke Korrelation zu süchtigem Substanzgebrauch besteht und Verbindungen zu Körperwahrnehmungs- und -umgangsstörungen naheliegen (Kap. VI.4). Präventionsansätze werden mit Blick auf eine über den Sport hinausgehende Medikalisierung diskutiert (Kap. VI.5), und im Ausblick werden die aus dem Leistungssport gewonnenen Erkenntnisse auf die Hochleistungserbringung im Berufsleben übertragen (Kap. VI.6).

In Ergänzung zu der einleitenden Diskussion des Enhancementbegriffs (Kap. I.2. u. I.5) ist für die folgende Darstellung das Begriffsverständnis von Singler (2010, S. 8 ff.) wichtig. Danach ist *Doping* aus normentheoretischer Sicht ein Verstoß gegen das Verbot des Dopings im organisierten Wettkampfsport. Es wird derzeit definiert als Einnahme von Mitteln und Anwendung von Methoden, die durch den Code der Welt-Anti-Doping-Agentur als Doping gekennzeichnet sind. Innerhalb des Sports und seiner normativen Strukturen wird Doping meist als individuelles Fehlverhalten beschrieben, mit dem der Einzelne sich in Erwartung eines ökonomischen oder ideellen Nutzens Vorteile gegenüber konkurrierenden Sportlerinnen und Sportlern zu verschaffen sucht. Demgegenüber verstehen geistes- und sozialwissenschaftliche Ansätze Doping vor allem als abweichendes Verhalten von Individuen als Ausdruck und Folge sozialer Strukturen und Prozesse.

Medikamentenmissbrauch liegt nach Singler (2010) vor, wenn Medikamente ohne medizinische Indikationsstellung eingenommen werden. Doping ist demnach ein Spezialfall des Medikamentenmissbrauchs, der sich auf den organisierten Wettkampfsport bezieht. Die Einnahme von zum Doping geeigneten Mitteln im – mitunter nicht minder leistungsorientierten – Freizeitsport wäre demnach unter Medikamentenmissbrauch zu subsumieren. Im Alltagsdiskurs wird jedoch häufig in beiden Bereichen von Doping gesprochen (und auch das AMG unterscheidet nicht zwischen Wettkampf- und sonstigem Sport; Kap III.3.3).

Neuroenhancement wird beispielsweise von Galert et al. (2009, S. 41) definiert als »Verbesserungen der kognitiven Leistungsfähigkeit oder psychischen Befindlichkeit, mit denen keine therapeutischen oder präventiven Absichten verfolgt werden und die pharmakologische oder neurotechnische Mittel nutzen«. Wie in Kapitel IV beschrieben, wird gerade in der bioethischen Debatte Neuroenhancement häufig nicht als Prozess, sondern reduziert auf diese Zielstellung betrachtet. Ein Vergleich mit dem Dopinggeschehen kann jedoch sinnvoll nur vorgenommen werden, wenn Neuroenhancement als soziales Handeln auch unabhängig von dessen Erfolg, verstanden wird.

ZUM DOPINGDISKURS: ARGUMENTATIONEN UND
RECHTFERTIGUNGSMUSTER   1.

Die Analyse des Dopingdiskurses in Deutschland seit dem frühen 20. Jahrhundert (Singler 2010, S. 10 ff.) dokumentiert mehrere Strategien und Haltungen, die darauf ausgerichtet sind, eine Dopingfreigabe zu erreichen bzw. eine Stimmung zu erzeugen, in der eine solche Freigabe über stillschweigende Duldung faktisch hergestellt werden kann. Beispielsweise werden durch »diskursive Subversion« immer wieder neue Zweifel am Sinn des Dopingverbots geweckt, auch wenn eine Dopingfreigabe nicht explizit gefordert wird. Ziel dieser Strategie ist keine konkrete politische Maßnahme (Änderung der Dopingbestimmungen, Modifikation des Arznei- und Betäubungsmittelgesetzes), sondern ein Klima, in dem Abweichung als »Kavaliersdelikt« oder als lässliche Sünde erscheint. Dies geht einher mit einer Betonung der Nutzenerwartung, die auf der gesellschaftlichen Ebene vor allem als Möglichkeit nationaler Repräsentation durch internationale sportliche Erfolge ihren Ausdruck findet. Typische Argumente für einen liberalen Umgang mit Dopingsubstanzen, die selbst wider besseres Wissen durchaus auf Überzeugung beruhen können, waren und sind u.a.:[75]

> Arzneimittel hätten in erster Linie therapeutische und nicht etwa eine Dopingwirkung. Eine Etikettierung als Doping wird daher so lange wie möglich abgelehnt.

> Es gehe um eine Verbesserung der physischen Disposition, nicht um Leistungssteigerung. Die Mittel würden nur helfen, die wahren Potenziale persönlicher Leistungsfähigkeit zu realisieren. Aktivierung, nicht Konstituierung von Leistung wird der pharmakologischen Manipulation zugeschrieben.

> Neue Dopingmittel erscheinen geeignet, zur Gesunderhaltung der Athletinnen und Athleten beizutragen, indem sie bereits bekannte Mittel mit großen Schädigungsmöglichkeiten ersetzen.

> Der Wettbewerbsdruck im System wird als Rechtfertigung bzw. als zwingendes Argument für die Einnahme von Arzneimitteln angesehen. Ein Verzicht impliziere den Abschied vom international wettbewerbsfähigen (Hoch-)Leistungssport und dessen politischen und ökonomischen Vorteilen.

> Im Sinne einer »Verdammung der Verdammenden« (Sykes/Matza 1968) werden nicht das Dopingverhalten oder die Wirkungen und Nebenwirkungen von Arzneimitteln problematisiert, sondern die negativen Reaktionen der Gesellschaft darauf. Kritikern wird unterstellt, ihre Kritik sei das Hauptproblem,[76] objektive Schädigungen seien, sofern überhaupt zweifelsfrei nachweisbar, eher zu vernachlässigen.

> Ein häufiger Vorwurf gegenüber Dopingkritikern, selbst wenn es sich bei diesen um herausragende Ex-Hochleistungssportler mit medizinischer Ausbildung handelt, ist mangelnde Kompetenz, Sachlichkeit oder Wissenschaftlichkeit. Dabei kommen immer gleiche Attribuierungen (»unsachlich«, »emotional«, »unwissenschaftlich«, »nicht objektiv«) zum Einsatz. Derartige Vorwürfe

---

75 Die hochinteressanten Details der teilweise amüsant, teilweise erschütternd unsachlichen, verharmlosenden oder auch verzweifelt wirkenden Dopingdebatte können hier aus Platzgründen nicht umfassend wiedergegeben werden (ausführlich in Singler 2010).

76 Hier haben z.B. Ärztekammern in mehreren Fällen Dopingkritiker nach Intervention der Kritisierten abgemahnt, niemals aber wohl ein Mitglied wegen bekannt gewordener Dopingbefürwortung zu einer Stellungnahme aufgefordert haben. Der Bundesärztekammer lagen im März 2010 laut Auskunft an A. Singler keine Angaben über, »in wie vielen Fällen Ärztekammern bei Dopingvorwürfen tätig werden«. Singler (2010) geht davon aus, dass kein einziger ärztlicher Dopingfall bislang mit Entzug der Approbation oder auch nur geringfügigeren Sanktionen geahndet wurde.

werden so gut wie nie gegen Befürworter von Manipulationsmaßnahmen erhoben, ihr Einsatz als diskursive Exklusionsstrategie ist daher evident.

> Eine defensiv erscheinende, aber wirkungsvolle und weitreichende Haltung
ist der »pragmatische Fatalismus«: Einmal in der Welt, könne die Uhr nun
nicht mehr zurückgedreht werden. Neue Mittel würden zwangläufig auch genommen. Ärzte, Wissenschaftler oder Politiker hätten daher die Aufgabe, eine
ohnehin nicht zu verhindernde Einnahme in gemäßigter Weise zu steuern
(»praktische Toleranz«).

Die Analyse von Singler (2010) zeigt, wie Personen in gesellschaftlichen Schlüssel-
positionen – Wissenschaftler, Ärzte, Medienvertreter, Politiker – den öffentlichen
Diskurs über Doping haben prägen und dominieren können. Dabei wurden Positionen in einer gewissen Regelmäßigkeit verändert, Haltungen modifiziert, Prio-
ritäten neu justiert. Zwar sind im Lauf der Zeit recht klare Antidopingregeln
aufgestellt sowie zuständige Institutionen etabliert worden, diese sind allerdings
mit einer Vielzahl von Problemen bei Umsetzung und Kontrolle konfrontiert
(Gerlinger et al. 2008; TAB 2008b). Von grundlegender Bedeutung, insbesondere
für das Thema des vorliegenden Berichts, sind die nach wie vor bestehenden Unzulänglichkeiten bei der Problemwahrnehmung und -kommunikation. Dabei
werden – bewusst oder unbewusst – sowohl umgebungs- bzw. systembedingte
Zusammenhänge und Verantwortlichkeiten als auch überindividuelle pathologische Auffälligkeiten bzw. Ursachen des »Fehlverhaltens« Einzelner ausgeblendet,
die im Folgenden näher dargestellt werden.

DOPINGSPIRALE: QUANTITÄTSGESETZ UND DROP-OUT 2.

Singler (2010) argumentiert, dass der Spitzensport auf seine Protagonisten in
ähnlicher Weise einwirkt wie Teile der Arbeitswelt auf die Beschäftigten. Mit Blick
auf das Thema Enhancement sind zwei immanente Dynamiken des Dopinggeschehens im Leistungssport aufschlussreich: einerseits der Zwang zu einer Dosissteigerung trotz zunehmender Risiken und abnehmenden Nutzens (das »Quantitätsgesetz des Dopings«) und andererseits der Ausstieg bzw. die Ausmusterung
von Dopingunwilligen unter Athleten und Trainern (»Drop-out«), aber auch von
Ärzten und Funktionären sowie anderen Rollenträgern innerhalb und außerhalb
des Sports.

Das »Quantitätsgesetz des Dopings« (Singler 2010, S. 80 ff.) spricht dagegen, dass
eine gemäßigte, »zivilisierte« oder »kontrollierte« Form der menschlichen pharmakologischen »Optimierung« realistisch und aussichtsreich ist. Selbst wenn man
annimmt, dass es im niedrigen, »therapeutischen« Dosierungsbereich so etwas
wie ein unschädliches Doping geben könnte, bewegen sich Sportler im Verlauf
ihrer Karriere offensichtlich zwangsläufig in den »nichttherapeutischen«, zu-

nehmend gesundheitsschädlichen und gleichzeitig immer weniger Leistungszugewinn versprechenden Dosierungsbereich hinein. Dies belegen Aussagen von Sportlern aus verschiedenen Disziplinen und Systemumgebungen. Nicht nur diejenigen Sportler, deren Körper besonders stark im beabsichtigten Sinn auf die Dopingsubstanzen reagiert und/oder die schädlichen Nebenwirkungen zumindest vorübergehend besonders gut toleriert, erhöhen die Dosis in besonderem Maße – sondern auch und gerade die »Nonresponder«, für die ein besonders schlechtes Nutzen-Risiko-Verhältnis besteht.

Aber unabhängig von den individuellen physiologischen Reaktionen: Dass Doping fast zwangsläufig in immer höheren Dosierungen praktiziert wird und daher mit immer höheren Risiken verbunden ist, setzt auf Dauer individuelle und soziale Abwärtsspiralen in Gang. Diese stellen eine Bedrohung des sozialen Systems (hier des gesellschaftlichen Teilsystems Sport) insgesamt dar. Eine in der öffentlichen Wahrnehmung wenig beachtete systemische Konsequenz ist der Ausstieg sowohl von Sportlern als auch von dopingkritischem Personal auf der Betreuer- und Funktionärsebene, von Singler/Treutlein (2001, S. 16 ff.) »Drop-out« genannt. Hierdurch verliert der Sport besonders kritische, selbstbewusste und konsequente Akteure in Form von Nachwuchsathleten sowie intelligent und kreativ arbeitenden Trainern, welche die pharmakologische Leistungssteigerung nicht mitmachen wollen.

Neben einem solchen bewussten Ausscheiden aus eigenem Antrieb wird ein Teil der Athleten »ausgemustert«, weil er oder sie die dopingbasierten Anforderungen nicht erfüllen kann. Die durch Doping erzielbaren höheren Leistungen gehen dabei zumindest in manchen Sportarten auf einseitige Effekte zurück, z.B. den extremen Muskelaufbau bei Sprintern durch Anabolika. Dies wiederum hat Auswirkungen auf die Art des Trainings, das auf den gedopten Körpertypus ausgerichtet wird. Ungedopte Sportler, die sich den neuen, von Doping begünstigten Bewegungsvorstellungen anzupassen haben, trainieren dann häufig falsch und werden einer erhöhten Verletzungsgefahr ausgesetzt (Singler/Treutlein 2001, S. 22).

Die Nutzenkalkulation bei der Verwendung leistungssteigernder Mittel ist grundsätzlich auf einzelne Parameter reduziert, die quantifizierbar sind. Wichtige Komponenten einer komplexen Leistungsentwicklung werden durch Doping auf überschaubare, gut handzuhabende und steuerbare Faktoren begrenzt. Verringert man die körperliche und psychische Komplexität von Individuen auf ein überschaubares Maß und trivialisiert dieses ursprünglich schwer regulierbare, komplexe System durch Doping, so lassen sich mit höherer Wahrscheinlichkeit Leistungsausprägungen zu bestimmten erwünschten Zeitpunkten relativ exakt planen. Längerfristige, qualitative Aspekte der Leistungserbringung bleiben unberücksichtigt, etwa indem bekannte, erwartbare körperliche Schäden oder auch psychische und soziale Folgeschäden systematisch ausgeblendet werden.

PHARMAKOLOGISCHE LEISTUNGSSTEIGERUNG: ABWEICHENDES, ABER ANGEPASSTES VERHALTEN?   3.

Die Parallelen von Doping und Enhancement sind unübersehbar: In beiden Fällen nehmen Menschen pharmakologische Substanzen ein, um ihre Leistung zu steigern. Gesellschaftlich und politisch stellen sich Fragen nach dem Umgang damit: Ist Enhancement sozial wünschenswert, und soll es deshalb gefördert werden? Oder zumindest akzeptabel und keinesfalls verbotswürdig? Oder aber riskant und daher (streng) zu regulieren? Hierbei ginge es gerade bei potenziellen neuartigen Enhancementsubstanzen bei Weitem nicht nur um die möglichen gesundheitlichen Auswirkungen, sondern, wie im Erweiterungsszenario herausgearbeitet, insbesondere um mögliche psychosoziale Folgen (Kap. V.2.3). Für deren Abschätzung bietet die soziologische und psychologische Forschung eine Reihe von Ergebnissen, die im Folgenden nach Singler (2010, S. 86 ff.) zusammengefasst werden.

LEISTUNG ALS WERT IN SPORT UND BERUF

Leistung und Ethik bilden in der Tradition moderner, westlicher Industriestaaten einen *Wertekomplex*. Im Leistungssport tritt diese von Max Weber insbesondere auf den Einfluss des Protestantismus zurückgeführte Leistungsethik in besonders augenfälliger Form auf. Anforderungen wie Fairness und Chancengleichheit bilden das ethische Regulativ eines bedingungslosen Leistungsprinzips. Am Beispiel des Dopings zeigt sich, dass zumindest teilweise eine Entkoppelung von Leistung und ethischen Prinzipien stattgefunden hat und der Leistung, wie auch immer sie zustande gekommen sein mag, auch per se eine hohe Bedeutung zuerkannt wird – unabhängig davon, wie sie erbracht worden ist.

Dieser Befund dürfte nahezu uneingeschränkt auf die Berufswelt übertragbar sein: Auch hier ist die Erbringung von Arbeitsleistungen grundsätzlich positiv konnotiert, unter welchen Bedingungen auch immer sie erfolgt. Die Bewertung der Einnahme von medizinisch nichtindizierten Medikamenten als leistungssteigernd und als Enhancement im Sinne einer »Verbesserung« wird vor diesem Hintergrund verständlich. Unübersehbar ist, dass Argumente, die zwischen Dopinggegnern und Dopingbefürwortern im Verlauf der letzten 100 Jahre ausgetauscht worden sind, in ähnlicher oder identischer Form heute im Diskurs über Neuroenhancement auftauchen, u.a. zum Recht auf Selbstbestimmung und Selbstschädigung, zur Chancengleichheit und zur Gerechtigkeit (Kap. IV.1). Die positive Konnotation von Leistung(ssteigerung) führt vermutlich auch dazu, dass die Frage, ob die pharmakologische Intervention überhaupt konkret leistungssteigernd ist, oft gar nicht substanziell diskutiert wird – es zählt der »lobenswerte« Versuch der Selbstoptimierung.

Eine gewisse Bereitschaft von Teilen der Gesellschaft kann angenommen werden, eine zusätzliche pharmakologische Selbstoptimierung von »Leistungsträgern« als verständlich und möglicherweise auch als »innovatives Manöver« zu bewerten – anders als beim Substanzmissbrauch durch überforderte Berufstätige mit weniger anspruchsvollen Aufgabenfeldern (oder zur Bewältigung sonstiger Lebenskrisen), bei denen eher von einer (Sucht-)Erkrankung ausgegangen wird. Die »Leistungsträger« sind meist »Kopfarbeiter«, die komplexe Abläufe zu durchdenken haben und unter großem Zeitdruck stehen. Ihr Einkommen ist überdurchschnittlich hoch, die von ihnen erbrachten Steuern sind für die Gesellschaft wertvoll. Daher verwundert es nicht, wenn Enhancement in hochqualifizierten Berufsfeldern eher als positive Innovation im Sinn einer »brauchbaren Illegitimität« (Bette 1989, S. 200, bezugnehmend auf Luhmann 1984) diskutiert und empfunden wird denn als verwerfliche Form der Beeinflussung von Leistungsfähigkeit. Für die Bewertung kommt hinzu, dass in der Regel mit einem »Doping am Arbeitsplatz« nicht, wie im Sport, Konkurrenten durch pharmakologische Manipulation aus dem Feld geschlagen werden.[77] Vielmehr, so kann Enhancement rationalisiert werden, trägt der sich derart verhaltende Mensch zum Erreichen von Betriebszielen bei. In ökonomisch schwierigen Zeiten sichert er damit das Überleben des Betriebs und fördert die wirtschaftliche Wohlfahrt.

Ein Vergleich zwischen Sport- und Arbeitswelt zeigt aber nicht nur Gemeinsamkeiten, sondern auch Unterschiede – beispielsweise in der regulativen Rahmung, die einen starken Einfluss auf die individuelle und soziale Bewertung ausübt.

Doping im Sport ist auch deshalb ein schillerndes Thema, weil es explizit verboten ist (und darüber auch definiert wird). Dies ist im Berufsleben nicht der Fall, ein formaler Regelverstoß erfolgt nur bei einer Einnahme illegal erlangter Substanzen bzw. Medikamente. Strafbar ist hier auch nicht die Einnahme, sondern lediglich die Abgabe bzw. der Handel mit den Substanzen. Allerdings dürften die bereits genannte Leistungsethik sowie andere wertbasierte Einstellungen zum eigenen Körper und dessen Beeinflussung durch Pharmaka dazu führen, dass ein relevanter Teil der Bevölkerung die gezielte Einnahme (vermeintlich) leistungsfördernder Substanzen dennoch als abweichendes Verhalten von der (ethischen) Norm einschätzt. Hierfür sprechen die journalistische Verwendung des Begriffs Alltags- oder Hirndoping und auch die Ergebnisse der DAK-Umfrage (DAK 2009), die Ablehnungsraten (gegenüber der eigenen Nutzung) von 55 bis 70 % ergaben (Kap. III.4.1). Eine genauere Untersuchung der Einstellungen von Nutzern und Nichtnutzern liegt allerdings nicht vor und wäre für die weitere Debatte des Themas Enhancement von großer Bedeutung (Kap. VII). Eine interessante

---

77 Es erscheint daher folgerichtig, dass im DAK-Gesundheitsreport (2009, 81 f.) ethische Argumente bei der Ablehnung medizinisch nichtindizierter Arzneimittel nur eine marginale Rolle spielen. Die Versicherten empfinden ihre Arbeitssituation eben nicht als Wettkampf, was hohe Belastung und Druck nicht ausschließen muss.

Frage ist beispielsweise, ob die o.g. angenommene »verständnisvolle«, positive Bewertung darauf basiert, dass die pharmakologische Leistungssteigerung nicht nur egoistischen Zwecken, sondern auch wichtigen Betriebszielen dient, und ob sich dies ändert, sobald ein Effekt der Erhöhung von Leistungsanforderungen, ähnlich wie durch Doping im Sport, angenommen bzw. befürchtet wird.

DOPING ALS INDIVIDUELLE ANPASSUNG AN SYSTEMANFORDERUNGEN

Die Sportsoziologie hat vielfach herausgearbeitet, wie problemunangemessen es ist, Dopinghandlungen lediglich als individuell zu verantwortendes Fehlverhalten zu interpretieren, so wie es in der öffentlichen Diskussion immer noch häufig geschieht. Singler (2010, S. 89) betont, dass Doping immer eine Handlung in Bezug auf die Werte und Normen des kulturellen Bezugssystems darstellt. Die Abweichung von den explizit erlaubten Maßnahmen (physisches und mentales Training, Nahrungsergänzungsmittel) erfolgt dann, wenn diese legitimen Mittel nicht mehr ausreichen, um die Systemanforderungen zu erfüllen (Singler 2010, S. 141). Es handelt sich um eine illegitime Form der Anpassung an Ziele, die kulturell in hohem Maße akzeptiert werden. Regelverstöße können von Abweichlern somit subjektiv als Ausdruck von Konformität und Integrationsbereitschaft rationalisiert werden.

Doping tritt dann gehäuft auf, wenn Sportlerinnen und Sportler den für eskalatorische Prozesse typischen Überforderungstendenzen ausgesetzt sind (hierzu und zum Folgenden Singler 2010, S. 142). Erleichtert wird abweichendes Verhalten vor allem dann, wenn entgegen der offiziellen Norm des Dopingverbots gleichzeitig informelle Normen in Umlauf sind, die Doping gutheißen oder dessen moralische Verwerflichkeit relativieren. Dopingbegünstigende Einstellungen sind nicht individuell, sondern sozial konstruiert: Sie werden in sozialen Prozessen gelehrt und gelernt. Entscheidend für die Genese solcher abweichenden Lernprozesse sind der Kontakt zu und die Identifikation mit Personen, die der Abweichung wohlwollend gegenüberstehen oder diese sogar explizit verlangen. Subkulturelle Gemeinschaften halten hierfür Sonderwerte bereit, die Regelverletzungen begünstigen. Dies muss nicht zwingend einen Angriff auf die Regel selbst bedeuten. Kognitive Dissonanzen, die sich aus der Gleichzeitigkeit der Gültigkeit einander widersprechender Werte ergeben, können mittels sogenannter Techniken der Neutralisierung und durch den Einsatz von Rationalisierung reduziert werden. Doping wird beispielsweise dadurch ermöglicht, dass es nicht als Doping bezeichnet und empfunden wird. Begriffliche Neucodierungen wie Therapie, Konstitutionsförderung oder Nachteilvermeidung lassen es moralisch legitim, annehmbar oder sogar zwingend erscheinen.

In einem System, in dem Erfolg und die Bedingungen seines Zustandekommens nicht mit ausreichender Entschlossenheit hinterfragt werden, geht der nichtdopende Sportler ein soziales Risiko ein (hierzu und zum Folgenden Singler 2010,

S. 102). Nicht der ehrlich agierende Athlet wird öffentlich gelobt, finanziell gefördert und Nachwuchssportlern als leuchtendes Vorbild präsentiert, sondern ein siegreicher Konkurrent, selbst wenn seine Leistungen ohne plausiblen Grund plötzlich besser geworden sind und ihm folglich Doping zuzutrauen wäre. Nichtdopende Athleten, die öffentlich auf die Manipulationspraktiken des Sports aufmerksam machen, werden nicht etwa für ihre aufklärerische Aktion belohnt. Vielmehr drohen ihnen Diffamierung und Repression. Solche Athleten wurden immer wieder als schlechte Verlierer verleumdet und mit Verbandsgerichtsverfahren überzogen. In der Sportgeschichte wurden Dopingvorwürfe durch Sportorganisationen fast immer härter sanktioniert als Doping selbst. Wenn Organisationen so auf Kritik reagieren, müssen ihre Mitglieder fast zwangsläufig annehmen, dass Doping erwünscht ist – zumindest solange es unbewiesen bleibt.

Beim Neuroenhancement wäre ebenfalls von einem abweichenden, »innovativen« Verhalten zu sprechen, als Versuch von Einzelpersonen, sich an überfordernde Sozialstrukturen anzupassen (hierzu und zum Folgenden Singler 2010, S. 103 f.). Eine zunehmende Überforderung in der Arbeits- oder Ausbildungswelt ist Ausdruck solcher Prozesse, und ein nicht geringer Teil der Menschen reagiert anscheinend darauf durch die Einnahme leistungssteigernder Mittel. So wie Lüschen (1981, S. 204) für den Sport festgestellt hat, dass der Grad der Ungewissheit über den Ausgang eines Wettbewerbs Betrug zunehmend wahrscheinlicher mache, so ließe sich für die Arbeits- und Ausbildungswelt formulieren: Je unsicherer die persönliche Situation von Menschen im Zusammenhang mit Prozessen der Leistungserbringung und je größer etwa die Gefahr ist, den Arbeitsplatz zu verlieren oder wichtige Ausbildungsziele nicht zu erreichen, desto höher ist die Wahrscheinlichkeit, dass Menschen darauf mit Arzneimittelmissbrauch reagieren.

Umso weniger überzeugt die Argumentation, dass bei einer freien Verfügbarkeit von Enhancementpräparaten zum Zweck der Steigerung des Wohlbefindens oder der Arbeitsleistung jeder selbst entscheiden könne, ob er davon Gebrauch machen möchte oder nicht (hierzu und zum Folgenden Singler 2010, S. 93 f.). Der strukturelle Druck würde damit nicht nachlassen, sondern zunehmen, denn es steht nicht zu erwarten, dass die Leistungsanforderungen nicht weiter steigen. Aufgrund des verbindlichen Regelwerks des Sports und der harten, bis hin zum Berufsverbot reichenden Strafen im Wiederholungsfalle sollte man doch annehmen, dass im Hochleistungssport nur relativ wenige Individuen dopen. Stattdessen aber ist von einer so hohen Prävalenz auszugehen, dass Doping z.B. im Hochleistungsradsport geradezu als *informelle Norm* anzusehen ist.

Gleichzeitig erscheint die Bereitschaft zur Einnahme von Arzneimitteln oder Substanzen zur Leistungssteigerung als Zeichen fehlender *Selbstwirksamkeitserwartung* im Sinne von Hurrelmann (2006, S. 99). Er bezeichnet damit »die Überzeugung eines Menschen, ein bestimmtes Verhalten auch tatsächlich ausführen und dabei auftretende Hindernisse oder Schwierigkeiten überwinden zu können« (hierzu und zum Folgenden Singler 2010, S. 130). Dies kann als grundsätzliches Argument gegen die Einnahme von Neuroenhancementpräparaten betrachtet werden. Deren Etikettierung als Maßnahme geistiger »Optimierung« macht es noch lange nicht plausibel, dass Menschen, deren hohe geistige Leistungsfähigkeit durch ihren Bildungsweg eigentlich ebenso gut dokumentiert ist wie durch ihren beruflichen Werdegang, eine pharmakologische Leistungssteigerung als Zuwachs an Souveränität und Autonomie erleben (Kap. VI.6).

WELCHE SOZIALE GRUPPE IST FÜR NEUROENHANCEMENT PRÄDESTINIERT?

Darauf, dass diese Bereitschaft zur pharmakologischen Leistungssteigerung in hohem Maße positiv mit dem sozioökonomischen Status der Eltern korreliert, verweist die »College Alcohol Study« (McCabe et al. 2005; Kap. III.4.1). Je höher der Bildungsgrad der Eltern, desto wahrscheinlicher ist demnach, dass Studierende zur medizinisch nichtindizierten Einnahme verschreibungspflichtiger Arzneimittel neigen. Dafür, dass dies kein Einzelbefund (für die USA) war, sondern dass Enhancement bei Angehörigen höherer sozialer Schichten grundsätzlich eher zu erwarten ist, sprechen zwei Gründe bzw. Befunde (Singler 2010, S. 104 f.): Zum einen ist bei ihnen die Leistungsorientierung besonders hoch ausgeprägt, und zum anderen besteht anscheinend eine höhere Bereitschaft zur Medikalisierung, gerade in prophylaktischer Absicht, wie eine Studie im Auftrag des Bundesverbandes Deutscher Apotheker nahelegt (ABDA 2009). Danach geben im Bevölkerungsschnitt 11 % der Eltern ihren Kindern sogenannte Nahrungsergänzungsmittel, in der höchsten Einkommensgruppe erfolgt dies jedoch »doppelt so häufig wie in den übrigen« – obwohl sie gleichzeitig ihre Kinder in höherem Maße als die Eltern anderer Gruppen für gesund halten. Insgesamt geben 20 % der Eltern, die bei ihren Kindern bereits eine »sehr gute« oder »gute« Gesundheit sehen, diesen dennoch Vitamine oder Nahrungsergänzungsmittel, wovon sowohl die Deutsche Gesellschaft für Ernährung als auch die Deutsche Gesellschaft für Sportmedizin und Prävention (DGSP) ohne das Vorliegen einer besonderen Indikation abraten (Hipp/Nieß 2008).

Wollte man Risikofaktoren für gesellschaftliche Medikalisierung nebst den unerwünschten gesundheitlichen Nebenwirkungen benennen, so müsste man Bildung bzw. generell einen hohen sozioökonomischen Status anführen. Allein deshalb ist es naiv zu glauben, dass Neuroenhancementmittel einen Beitrag zu einer größeren gesellschaftlichen Gerechtigkeit leisten könnten. Es ist viel näherliegend, dass Personen mit niedrigem sozioökonomischem Status weniger häufig zu leistungssteigernden Mitteln greifen, zumal der mögliche berufliche und finanzielle Zugewinn in unteren Einkommensgruppen in der Regel deutlich geringer ausfallen wird.

PATHOLOGISCHE ASPEKTE DER HOCHLEISTUNG   4.

Eine überraschende Beobachtung der vergangenen Jahre ist, dass viele Menschen Dopingmittel einnehmen, obwohl sie keine Leistungssportler sind (hierzu und zum Folgenden Singler 2010, S. 142 ff.): Sie mögen zwar an Volks- und Marathonläufen teilnehmen oder mehrmals pro Woche Kraftübungen ausführen, dennoch messen sie sich nicht mit anderen zu Wettbewerbs- oder gar Berufszwecken. Ihr Gegner ist die innere Uhr oder das individuelle Maß an Leistungsfähigkeit. Im Freizeitsport, durch den dem menschlichen Wunsch nach Selbstoptimierung in vielfältiger Form Ausdruck verliehen werden kann – sei es in Form von messbaren Leistungen, sei es in Form von Körperkomposition im Kraftsport –, dürften in Deutschland wohl 1 Mio. Menschen Dopingsubstanzen zu sich nehmen (Tab. 12, Kap. III.4.1). Formal betreiben sie Arzneimittelmissbrauch und kein Doping, da dieses das regelwidrige Verhalten von organisierten Wettkampfsportlern bezeichnet. Aber die Bezeichnung des Verhaltens sagt wenig über die individuellen psychologischen Aspekte und die sozialen und kulturellen Dimensionen dieses Phänomens aus.

Es gibt Gründe dafür anzunehmen, dass dem Doping im Leistungssport, bei dem nach den Regeln des organisierten Sports gekämpft wird, und dem Arzneimittelmissbrauch im weitgehend ohne spezielle Regeln betriebenen Freizeitsport identische kulturelle Bedingungen zugrunde liegen. Dass Doping wie Medikamentenmissbrauch Ausdruck einer problematischen, teils pathologischen Seite der Leistungsorientierung in der Gesellschaft sein können, ist eine Annahme, die in Deutschland bislang wenig Beachtung gefunden hat. In Frankreich und den USA hingegen wird der Sport und dessen gesellschaftliche Hervorbringung und Erscheinung seit Längerem unter dieser Perspektive zunehmend wissenschaftlich hinterfragt.[78]

Körperorientierte Aktivitäten, neben kosmetischen Eingriffen vor allem Diäten und verschiedene Formen des intensiven, organisierten oder nichtorganisierten Sporttreibens zur Verbesserung der Ausdauer, der Steigerung der Kraft oder der Ästhetisierung des Körpers, werden von Psychiatern und Soziologen als Ausdruck eines Wunsches gewertet, angesichts der individuellen Überforderung durch die Komplexität moderner Gesellschaften wenigstens die Kontrolle über den eigenen Körper auszuüben – und dies so weit wie möglich (Bette 1989 u. 1999; Yates 1991). Diese Selbstformungsversuche werden von besonders leistungsorientierten Menschen äußerst hartnäckig vorgenommen und scheinen dabei immer mehr

---

78 Insbesondere nach dem Festina-Skandal 1998 bei der Tour de France hat sich in Frankreich eine kritische Denkrichtung unter Medizinern, Psychiatern oder Soziologen herausgebildet, die extrem betriebenem Leistungssport mit großer Skepsis gegenübersteht. Entsprechende Hinweise wurden jedoch bereits früher vorgetragen (z.B. Carrier 1993 u. Carrier/Violette 1990).

außer Kontrolle zu geraten. Hierfür sprechen zunehmende Fälle von Essstörungen, das nach Singler (2010) bislang viel zu wenig diskutierte Phänomen der Sportsucht und die vermutete Zunahme der Prävalenzraten des Dopings bzw. Arzneimittelmissbrauchs im Freizeitsport (Boos et al. 1998; Kläber 2009; Striegel et al. 2006).

Über die Bedingungs- und Verstärkungsfaktoren herrscht allerdings keine wissenschaftliche Klarheit. Im vorliegenden Zusammenhang ist eine wichtige Frage, welche Wechselwirkungen zwischen Leistungsorientierung, Substanzgebrauch und Suchtproblematik bestehen und welche sonstigen gesundheitlichen und sozialen Folgen auftreten können. Besorgniserweckende Hinweise stammen aus Untersuchungen vor allem französischer Suchtexperten, die bei (Hoch-)Leistungssportlern eine deutlich höhere Anfälligkeit für Drogensucht gefunden haben als bei Nicht- oder Gelegenheitssportlern. Ob dies primär auf die bereits vorher vorhandene Persönlichkeitsstruktur der Betroffenen zurückzuführen ist, die sie sowohl zum Leistungssport als auch in die Substanzabhängigkeit geführt haben, welchen Anteil der Substanzgebrauch und die Systemstruktur des Leistungssports, aber auch z.B. die Konsequenzen der jahrelangen Konzentration auf den Sport für die Berufs- und Lebensperspektive haben, muss noch weiter untersucht werden (Peretti-Watel 2009; hierzu und zum Folgenden Singler 2010, S. 121 ff.).

In den französischen Untersuchungen gab der Großteil der Drogensüchtigen unter den ehemaligen Sportlern an, keine Verbindung ihrer Abhängigkeit zum Doping zu sehen. Die meisten waren erst nach ihrem Karriereende süchtig geworden, wobei unerheblich war, ob das Karriereende durch eine Verletzung oder altersbedingt eingeläutet worden war (Lowenstein 2005, S. 181). Dies spricht auf jeden Fall dafür, dass intensives Sporttreiben nicht, wie häufig vermutet, eine protektive Wirkung entfaltet, sondern sogar das Suchtrisiko erhöhen kann (Lowenstein et al. 2000, nach INSERM 2007, S. 553). Hinweise für einen kausalen Zusammenhang zwischen intensivem Sporttreiben und Sucht stammen bislang aus Tierversuchen (Larson/Carroll 2005; Ferreira et al. 2006), in denen hyperaktive Ratten nach längerer Bewegungsabstinenz deutliche Entzugserscheinungen und eine erhöhte Affinität zu Amphetaminen oder Morphinen aufwiesen (INSERM 2007, S. 551 f.). Vermutet wird, dass extreme Bewegung durch endogene Opioidpeptidausschüttung in ähnlicher Weise zu Abhängigkeit führen kann wie die exogene Verabreichung von Opiaten. Der Athlet, so Lowenstein (2005, S. 187), gerate in Abhängigkeit von »inneren Drogen, die bei intensivem Sport produziert werden« (Adrenalin, Dopamin, Endorphin u.a.). Bereits bei längeren Pausen innerhalb einer durch permanente Hyperaktivität gekennzeichneten Sportlerkarriere werde der Kreislauf der neurobiologischen Belohnung unterbrochen. Damit steige die Gefahr, dass sich ein Bedürfnis entwickle, den entstandenen Bedarf durch exogene Zufuhr von Drogen zu decken. Nach Lowenstein (2005, S. 183) wird es besonders gefährlich, wenn der tägliche Trainingsumfang vier bis fünf Stunden übersteigt. Ab da wachse die Gefahr, dass Bewegung als einzige Form eines ak-

zeptablen Lebensgefühls angesehen wird. Sport werde damit zum Zwang. Inne-
halten sei gleichzusetzen mit dem Gefühl der Bedrohung. Verletzungen könnten
nun nicht nur als physische Beeinträchtigung empfunden werden, sondern sich
geradezu als psychische Katastrophe auswirken (Lowenstein 2005, S. 188).

Das soziale Umfeld scheint für Sportler zu den entscheidenden Faktoren zu zählen, die angesichts der bei intensiv betriebenem Hochleistungssport wachsenden
Gefahr von Sucht- und Abhängigkeitsverhalten mäßigenden oder verstärkenden
Einfluss ausüben können. Nicht Substanzen oder Verhaltensweisen alleine er-
zeugten Sucht, sondern die Umgangsweise einer bestimmten Persönlichkeit mit
Substanzen in einem soziokulturellen Umfeld (Hautefeuille 2009, S. 83). Mit
simplen Präventionsstrategien kann dieser komplexen Problematik daher nicht
erfolgreich begegnet werden (Kap. VI.5).

Bemerkenswert ist im Zusammenhang mit der Hyperaktivität im Sport wie im
Berufsleben, wie wenig die Gesellschaft von diesen eigentlich kaum zu überse-
henden Problemen bislang Notiz genommen hat. Plausibel erscheint die Vermutung der Psychiaterin Alayne Yates (1991), dass die hohe gesellschaftliche Wertschätzung der Leistung den Blick verstelle für die pathologischen Seiten der Leistungserbringung. Bei der Beurteilung von Doping oder Medikamentenmissbrauch sollte nach Singler (2010, S. 126) mehr als bisher üblich zumindest *auch*
von einem pathologischen Geschehen ausgegangen werden. Den Typus des rational agierenden Innovators, der gezielt und zweckbezogen, vorsichtig dosiert
und nur für begrenzte Zeiträume ein leistungssteigerndes Mittel einnimmt und
der damit wieder problemlos aufzuhören vermag – diesen Typus mag es geben.
In der überwiegenden Zahl der Fälle dominiert zumindest beim Doping ein anderer Typus, den man auch als Betroffenen einer pathologischen sozialen Entwicklung verstehen muss.

Die »College Alcohol Study« hat gezeigt, dass die Einnahme medizinisch nichtindizierter verschreibungspflichtiger Medikamente mit anderen Risikoverhaltens-
weisen einhergeht: »Non-medical prescription stimulants users were more likely
to report use of alcohol, cigarettes, marijuana, ecstasy, cocaine and other risky
behaviors.« (McCabe et al. 2005, S. 96) Konsumenten nichtindizierter verschreibungspflichtiger Arzneimittel neigten außerdem mehr als doppelt so häufig wie
Nichtkonsumenten dazu, alkoholisiert Auto zu fahren, und mehr als dreimal so
häufig dazu, mit einem betrunkenen Fahrer mitzufahren. Fast viermal häufiger als
Nichtkonsumenten pflegen Konsumenten nichtindizierter verschreibungspflichtiger Arzneimittel selbst nach exzessivem Alkoholgenuss (»binge drinking«) Auto
zu fahren (McCabe et al. 2005, S. 103).

Mit Blick auf Neuroenhancement stellt sich die Frage, inwieweit sich die bisherigen Beobachtungen pathologischer Aspekte aus dem Leistungssport auf die Arbeitswelt übertragen lassen. Entsprechende Forschung ist ein konkretes Desiderat.

Neurobiologisch wären z.b. Auswirkungen extremen Arbeitens auf das Gehirn zu untersuchen. Zu prüfen wäre, inwieweit geistige Arbeit ähnliche negative Folgen zeitigen kann, wie dies bei der körperlichen Hyperaktivität anscheinend festzustellen ist. Spezifisch wäre zu fragen, ob der Konsum von Neuroenhancementpräparaten oder andere Formen von Arzneimittelmissbrauch hierfür ein zusätzliches Risiko darstellen oder nicht.

PRÄVENTION: STRATEGIEN GEGEN EINE WEITERE MEDIKALISIERUNG?   5.

Welche Schlüsse lassen sich aus den vorgestellten Ergebnissen für eine zukünftige Dopingprävention ziehen? Singler (2010, S. 127) zitiert hierzu den Hirnforscher Manfred Spitzer (2003, S. 313 f.): »Es liegt an uns, die Rahmenbedingungen unseres Sozialverhaltens so zu gestalten, dass wir den Menschen die Möglichkeit geben, sich entsprechend den ›Spielregeln‹ zu verhalten und auf diese Weise kooperatives Verhalten zu erlernen. Das Predigen von ›seid lieb zueinander‹ bei offener frühkapitalistischer Grundeinstellung in vielen Bereichen der Gesellschaft (Stichwort: Der Markt wird es schon regeln.), bei hartem anonymem (weil globalem) Wettbewerb und bei gleichzeitigen halbstündlichen Börsennachrichten wird nicht dazu beitragen, aus egoistischen Kindern (sie können nicht anders) kooperative Erwachsene zu machen.«

Mit welchen Problemen und Unzulänglichkeiten die Dopingprävention im Leistungs- und Breitensport zu kämpfen hat, soll an dieser Stelle nicht im Einzelnen diskutiert werden, weil hier die Eigengesetzlichkeiten des Sports im Vergleich zur Berufswelt und zum Alltagsleben in mehrfacher Hinsicht eine recht unterschiedliche Ausgangslage für spezifische Maßnahmen schaffen. Singler (2010, S. 127) beurteilt die bisherigen Erfolge der Prävention im Sport äußerst negativ bzw. als abschreckendes und nur dadurch lehrreiches Beispiel – man könne aus der Beschäftigung damit lernen, wie Prävention unter keinen Umständen betrieben werden sollte. Bemerkenswert sei aus sozialwissenschaftlicher Sicht, wie von der Wissenschaft bereitgestelltes und in vielen Bereichen praktisch erprobtes Wissen überwiegend nicht genutzt werde. Es liege nahe zu vermuten, dass dort, wo eine Prävention ausbleibt, die diese Bezeichnung tatsächlich verdient, das dahinterstehende Problem nicht mit der gebotenen Konsequenz angegangen werden soll.

Mit Blick auf einen Arzneimittelmissbrauch jenseits des Sports erscheint es wenig zweifelhaft, dass verhaltensbezogene Präventionsansätze nicht im Bereich von Verbot und Strafe, sondern eher im Bereich einer allgemeinen Gesundheitserziehung anzusiedeln wären (Singler 2010, S. 145). Traditionelle Konzepte der (Verhaltens-)Prävention – Abschreckung und Aufklärung – zielen meist zu einseitig auf das Individuum (Singler 2010, S. 133). Diese Maßnahmen gelten, zumindest ohne Einbettung in umfassendere Konzepte, als weitgehend überholt. Insbesondere bei Jugendlichen haben sich Präventionsbemühungen in Form von Warnungen vor gesundheitlichen Beeinträchtigungen wenig bewährt. Dies liegt daran, dass bei Jugendlichen »Risikoverhalten fest in die Bewältigung von Entwicklungsaufgaben integriert ist« (Hurrelmann 2006, S. 207). Wissensvermittlung durch Information und Aufklärung ist zwar nach wie vor ein wichtiger Bestandteil von Präventionsstrategien, als alleinige Maßnahmen genügen sie jedoch nicht.

In den vergangenen Jahrzehnten hat in der allgemeinen Präventionslehre ein Paradigmenwechsel dazu geführt, dass Abstand davon genommen wird, konkret zu verhinderndes Verhalten direkt zu bekämpfen. Stattdessen wird immer stärker darauf gesetzt, gesundes oder regelbewusstes und -konformes Verhalten durch Maßnahmen der positiven Prävention zu ermöglichen. Es geht darum, *Schutzfaktoren* und *Kompetenzen* zu fördern. Die für unerwünschtes Verhalten maßgeblichen Gelegenheitsstrukturen sollten so gestaltet werden, dass dieses unwahrscheinlicher und erwünschtes Verhalten wahrscheinlicher wird (Verhältnisprävention). Dies schließt die immer wieder von Suchtexperten durchaus mit seriösen Argumenten diskutierte Freigabe von Drogen eigentlich aus. In Anlehnung an Hurrelmann (2006, S. 177) wären z.B.

> ökonomische Anreizsysteme für gesunde oder Sanktionen für ungesunde Verhaltensweisen zu entwickeln (z.B. durch steuerbeeinflusste Preisgestaltung),
> Individuen vor Risiken zu schützen, indem der Zugang zu Arzneimitteln erschwert wird und die Bedingungen für das Inverkehrbringen von Substanzen, deren Schaden nicht ausgeschlossen werden kann, verschärft werden oder Schlüsselfiguren der Verbreitung von Arzneimitteln besser kontrolliert werden können (z. B. ärztliche Verschreibungspraxis durch Krankenkassen) und
> das Informationsangebot so zu steuern, dass riskante Produkte sowie Produkte, deren Nutzen fraglich ist, mit Auflagen oder Verboten für Werbung belegt und andererseits Werbekampagnen für gesundes Verhalten und einen sorgsamen Umgang mit Arzneimitteln entwickelt werden.

Singler (2010, S. 136) plädiert insgesamt für ein System- und Präventionsverständnis, das Doping, Arzneimittel- oder Drogenmissbrauch als unterschiedliche Auswirkungen einer gleichartigen Problemlage versteht und auf eine gemeinsame Strategieentwicklung abzielt. Der für das Doping notwendigen Kompetenz der Abweichung – zum Teil sind beachtliche Detailkenntnisse nötig – wäre eine Kompetenz der Regelkonformität entgegenzusetzen. Zu berücksichtigen wären dabei die biografischen Bedingungen und sozialen Umgebungen von Kindern und Jugendlichen, sodass Elternhaus und Schulen in Präventionsmaßnahmen einzubeziehen wären. Dabei sollte man sich von dem Missverständnis verabschieden, dass Bildung per se ein Schlüssel für die Gesundheitserziehung ist. Wie das Beispiel der Nahrungsergänzungsmittel zeigt (Kap. VI.4), kann hoher sozioökonomischer Status sogar ein Risikofaktor für den Substanzge- und -missbrauch sein.

FAZIT   6.

Die Verwendung von Enhancementpräparaten in der Arbeitswelt wird teilweise als seriöse Option im Sinn einer Antwort auf die allenthalben beschriebene Zunahme von psychischen Anforderungen im Berufsleben diskutiert (hierzu und zum Folgenden Singler 2010, S. 145 f.). Sie erscheint als Maßnahme, schwer zu bewältigende Komplexität zu reduzieren und Überforderungssituationen handhabbar werden zu lassen. In kurzfristiger Perspektive mögen solche Nutzenerwartungen noch plausibel erscheinen. Langfristig, dies legt die historische Entwicklung des Dopinggeschehens nahe, erscheint das Konzept der pharmakologischen Manipulation von Menschen jedoch wenig erfolgversprechend.

LEISTUNGSSTRESS ALS PRINZIP? ÜBERFORDERUNG IN DER AUSBILDUNG

Die »College Alcohol Study« belegt, dass nicht vorrangig die besten, sondern in deutlich höherem Maße die weniger guten Studierenden Enhancement versuchen (McCabe et al. 2005). Als Prädiktoren fanden die Wissenschaftler folgende Merkmale: männlich, weiß, hoher sozioökonomischer Status und akademische Bildung der Eltern, mittlere oder schwächere Studienleistungen, Mitgliedschaft in Studentenverbindungen und wohnhaft in Verbindungswohnheimen. Mit Blick auf die Systembedingung wurde – wenig überraschend – gefunden, dass ausgeprägt kompetitive Bedingungen an Universitäten bzw. hohe Zugangskriterien die Bereitschaft steigern, verschreibungspflichtige Arzneimittel zur geistigen Leistungssteigerung einzunehmen (McCabe et al. 2005, S. 99). Der höhere sozioökonomische Status der Eltern erleichtert dabei die Zugangsmöglichkeiten. Dementsprechend ließe sich die Einnahme von verschreibungspflichtigen Arzneimitteln ohne Indikationsstellung als Ergebnis hoher sozialer Erwartungen aufgrund des leistungsorientierten familiären Hintergrunds in Verbindung mit subkulturellen Milieus verstehen, die die konkrete Gelegenheitsstruktur sowohl motivational als auch logistisch bereitstellen können (Singler 2010, S. 146 f.). Neuroenhancement müsste dementsprechend wohl als Versuch gewertet werden, Überforderungssituationen zu begegnen.

Die Ergebnisse der Untersuchung von Franke et al. (2010) deuten für Deutschland in eine ähnliche Richtung (vergleichsweise stärkerer Konsum bei schlechteren Gymnasiasten sowie Berufsschülern; Kap. III.4.1). Nach verbreiteter Meinung haben durch die Einführung der Bachelor- und Master-Studiengänge der Leistungsdruck und die Lernanforderungen als Folge häufiger Prüfungen an Studierende in Deutschland deutlich zugenommen. Die Beratungsstellen und Krankenkassen verzeichnen eine Zunahme psychischer Erkrankungen bei Studierenden (Zentrale Studienberatung an der Universität Münster; ntv 2009). Die Problematik zunehmender Leistungsanforderungen und damit möglicherweise einhergehender Medikalisierung beginnt allerdings nicht erst mit einem Studium. Sowohl andere Ausbildungsgänge, die ebenfalls immer anspruchsvoller werden, als auch die gesamte Schulzeit und teils sogar die vorschulische Kindheit werden zunehmend von Denk- und Umgangsweisen geprägt, die dem Leistungs- und Effizienzdenken der globalisierten und ökonomisierten Wettbewerbsgesellschaft geschuldet sind.

PERMANENTER VERBESSERUNGSDRUCK IM BERUFSLEBEN

Der Begriff »Leistungssteigerungsgesellschaft« (Coenen 2008) erscheint weniger geeignet, eine Zukunftsvision als vielmehr die Entwicklung der beruflichen Anforderungen in den vergangenen Jahrzehnten zu bezeichnen (zum Folgenden Singler 2010, S. 148 ff.).

Die DAK (2009, S. 46) verweist auf die naheliegende Einschätzung, dass Neuroenhancement vor allem für »kognitiv stark beanspruchte, leistungsbereite Gruppen« von Interesse ist bzw. sein kann, darunter Manager, Broker, Journalisten, Mediziner u.a. Diesen Berufsgruppen ist gemeinsam, dass sich die Arbeits- und Beschäftigungsbedingungen enorm geändert haben – soziale Absicherung und Verpflichtungen der Arbeitgeber wurden reduziert, die Arbeitsanforderungen und Eigenverantwortlichkeit gesteigert. Die durchgreifende Rationalisierung aller gesellschaftlichen Teilbereiche in Zeiten knapper werdender Ressourcen und damit verknüpfter permanenter Evaluationsdruck überbeanspruchen die physische und psychische Belastbarkeit vieler Beschäftigten. Laut DGB-Index Gute Arbeit (2009, S. 10) geben lediglich 12 % der Beschäftigten an, sie würden über eine »gute Arbeit« verfügen. 25 % der Befragten berichteten, dass sie sich zwei- oder mehrmals in den vorangegangenen zwölf Monaten Arzneimittel hatten verschreiben lassen, um fit für die Arbeit zu sein (DGB-Index Gute Arbeit 2009, S. 19).

Besonders drastische Änderungen erlebte die IT-Branche in den letzten zehn Jahren. Mit der Etablierung weltweit nutzbarer Räume durch das Internet hatte die Branche einen grundlegenden Wandel zu verzeichnen, in dessen Verlauf eine positive Grundstimmung und eine hohe Identifikation der Beschäftigten mit ihren Unternehmen im Zuge von Rationalisierung und grundlegenden Neuorientierungen in der Unternehmenskultur nahezu eliminiert worden sind (Boes/Kämpf 2009, S. 25). Immer mehr Beschäftigte fühlen sich kaum noch als »ganzer Mensch«, sondern reduziert auf ihre Funktion als Arbeitskräfte (Boes/Kämpf 2009, S. 31 f.). Dabei zeichnet sich die Branche durch eine enorme Steigerung der Leistungsanforderungen aus, die weite Teile der Belegschaften gesundheitlich gefährdet – und diese Entwicklung schlägt zum Teil auf die Unternehmen selbst negativ zurück. Die zunehmende Orientierung an sogenannten »key performance indicators« (KPI) hat laut Boes et al. (2009, S. 58) eine Kontrollkultur anstelle der früheren Vertrauenskultur treten lassen. Kontrolliert wird dabei aber lediglich das Kontrollierbare, und was aus diesem nur vordergründig rationalen Raster fällt, droht als ökonomischer Faktor nicht mehr ernst genommen zu werden.

Die für den Fall der Dopingproblematik geschilderten Zwänge und Risikoent-
wicklungen scheinen also auch in der Arbeitswelt der Hochqualifizierten in vielen Bereichen Platz zu greifen. Einerseits gefährden immer höhere Belastungen
die Gesundheit von Menschen. Andererseits wird mit zunehmendem Leistungsdruck und steigenden Leistungserwartungen eine erfolgreiche Weiterentwicklung
sowohl für die Betriebe als auch für die einzelnen Mitarbeiter immer weniger
wahrscheinlich. Hier dürften Mechanismen vergleichbar dem aus der Sportwissenschaft bekannten »Quantitätsgesetz des Trainings« greifen, das besagt, dass
für immer kleinere Leistungsverbesserungen immer größere Anstrengungen erforderlich sind. Das Betreten weiterer Eskalationsstufen, wie sie durch Doping,
Arzneimittelmissbrauch und zukünftig eventuell durch wirkungsvolles Neuroenhancement möglich werden, macht diesen Prozess nicht rückgängig oder erträglicher. Es sollte daher auch im Interesse der Unternehmen liegen, die Entwicklungen einer um sich greifenden pharmakologischen Unterstützung zu beobachten
und gegebenenfalls gegenzusteuern.

Insgesamt erscheint es vor dem Hintergrund der arbeitsweltlichen Realitäten und
der am Beispiel des Dopings aufgezeigten pathologischen Seite moderner *Hyper-
trophie der Leistungsorientierung* wenig überzeugend, Neuroenhancement im
Arbeitsleben unter dem Aspekt der Selbstbestimmung und Selbstoptimierung als
kühl kalkulierbare Rational-Choice-Entscheidungen zu diskutieren (Singler 2010,
S. 152). Die Einnahme vermeintlich leistungssteigernder Substanzen in der Berufs-
und Ausbildungswelt ist vornehmlich von Personen zu erwarten, die einerseits
sehr gut ausgebildet sind und über eine hohe Leistungsbereitschaft verfügen –
und sich dennoch überfordert fühlen. Ihr erhoffter sozioökonomischer Zugewinn
wäre besonders groß im Vergleich zu Geringerqualifizierten.

Sollte die von mehreren (allerdings nicht allen!) Hirnforschern und Psychopharmakologen vertretene Ansicht zutreffen, dass ein von Natur und Umgebung sehr
gut ausgebildetes Gehirn durch pharmakologische Beeinflussung in seiner Leistungsfähigkeit eigentlich nur beeinträchtigt werden kann, weil es praktisch bereits
am Optimum arbeitet – dann ergäbe sich in Verbindung mit den Überlegungen
in diesem Kapitel die Konsequenz, dass die besonders »anfälligen« Hochleistungsberufstätigen in jeder Hinsicht nur Nachteile durch Enhancement erleiden
könnten. Im besten Fall blieben die Mittel auf physiologischer Ebene wirkungs-
los – das Gefühl der Überforderung hingegen würde vermutlich nicht abgeschwächt (höchstens vorübergehend wie bei einem Placebo), sondern vielmehr
noch verstärkt: weil die Betroffenen sich überhaupt genötigt fühlen, diese Mittel
zu nehmen, und dann feststellen, dass sie ihnen auf Dauer nichts nützen.

RESÜMEE UND HANDLUNGSFELDER VII.

Der vorliegende Bericht befasst sich mit »pharmakologischen Interventionen zur Leistungssteigerung als gesellschaftliche Herausforderung«. In den Mittelpunkt der Untersuchung wurde die angezielte Steigerung kognitiver Fähigkeiten gestellt, die im heutigen Berufsleben als Kernkompetenz angesehen werden und deren pharmakologische Beeinflussung infolge intensiver Hirnforschung sowie der verstärkten Suche nach Antidementiva seit einigen Jahren als Vision bzw. Zielsetzung verfolgt und kommuniziert wird (Hennen et al. 2008). Ein »kognitives« oder »Neuroenhancement« bildet auch den Kern vieler anderer Untersuchungen und Debatten zur »Verbesserung des Menschen« (Kap. I.5 u. IV.1). Allerdings ist davon auszugehen, dass eine klare Trennung kognitiver von sonstigen psychischen Fähigkeiten emotionaler und sozialer Art, die eine geistige Leistung, zumal im Arbeitsleben, erst in ihrem Zusammenspiel ermöglichen, nicht vorgenommen werden kann (Kap. II.1.2). Darüber hinaus können psychische Vorgänge oft nicht sinnvoll getrennt von physischen betrachtet werden: So beeinflusst die körperliche Verfassung die emotionale Gestimmtheit und die geistige Leistungsfähigkeit, und viele Hormone wirken z.b. sowohl auf das vegetative, die Körperfunktionen unmittelbar steuernde als auch auf das zentrale Nervensystem einschließlich des Gehirns und dessen Aktivität.

KAUM HINWEISE AUF SPEZIFISCHE LEISTUNGSSTEIGERNDE WIRKUNGEN

Die Erhebung und Auswertung des Wissensstands zu den als (kognitiven) Enhancementsubstanzen betrachteten Wirkstoffen zeigten, dass kaum Effekte nachgewiesen sind, die eine Steigerung relevanter Leistungsparameter belegen – weder bei verschreibungspflichtigen Arzneimitteln, denen ein besonderes Wirkpotenzial unterstellt wird, noch bei freiverkäuflichen Substanzen (Kap. II).[79] Vieles deutet darauf hin, dass die physische und psychische Verfassung der – grundsätzlich gesunden – Versuchsteilnehmer einen wichtigen Bestimmungsfaktor für die Wirksamkeit unterschiedlicher Substanzen darstellt. Einiges spricht dafür, dass die wenigen nachgewiesenen Effekte der jeweiligen pharmakologischen Substanzen lediglich bei einer defizitären Ausgangssituation der Versuchsteilnehmer auftreten (u.a. Schlafentzug, Neurotransmitterdefizit ohne expliziten Krankheitswert). Bei einem hohen Ausgangsniveau der geistigen Leistungsfähigkeit hingegen führt eine zusätzliche Aktivierung anscheinend eher zu einer kontraproduktiven Über-

79 Zu der leistungssteigernden Wirkung illegaler Substanzen kursieren vielfältige Annahmen und Einschätzungen, gestützt auf zahlreiche nichtwissenschaftliche, teils journalistische, teils künstlerische Erfahrungsberichte (über größere Kreativität/Schaffenskraft oder ein Erleben von Bewusstseinserweiterung) – aber nicht auf belastbare Daten zu Wirkungen und Nebenwirkungen, ohne die eine spezifische und substanzielle Bewertung (jenseits vager Einschätzungen) kaum möglich ist.

reizung und dadurch zu Leistungsminderungen. Zu berücksichtigen ist, dass mögliche leistungssteigernde Substanzwirkungen an gesunden Menschen kein expliziter Gegenstand der medizinischen Forschung sind, was bedeutet, dass die bisherigen Erkenntnisse auf mehr oder weniger unsystematischen Studien mit kleinen Probandenzahlen basieren.

VERWENDUNG AUCH OHNE WIRKSAMKEITSBELEGE UND TROTZ DROHENDER NEBENWIRKUNGEN

Allerdings ist es fraglos, dass auch ohne evidenzbasierte Wirksamkeitsbelege unterschiedlichste Substanzen zum Leistungserhalt und zur Leistungssteigerung angeboten und nicht nur in Einzelfällen nachgefragt und verwendet werden. Im Lebensmittelbereich werden insbesondere Nahrungsergänzungsmittel mit ihrer angeblichen Fähigkeit zur Leistungssteigerung beworben. Gemeinsam mit manchen frei verfügbaren Arzneimitteln fungieren sie vermutlich als Türöffner und Wunschverstärker für eine Nachfrage nach spezifisch wirksamen, nebenwirkungsarmen leistungssteigernden Substanzen (Kap. II.4 u. III.2.4).

Auch verschreibungspflichtige Arzneimittel werden in bestimmtem Umfang in den Grenzbereichen therapeutischer Indikation verwendet. Dafür sprechen erste Untersuchungen zu Abverkaufszahlen und Rezeptauswertungen (Kap. III.4), die eine nicht zu vernachlässigende Zahl von Off-Label-Verschreibungen entsprechender Arzneimittel belegen und als Maßnahme zum Erhalt der Arbeitsfähigkeit in besonders anfordernden Berufs- und Ausbildungssituationen interpretiert werden können. Detaillierte Daten zur Verbreitung der Nutzung vermeintlich leistungssteigernder Substanzen liegen allerdings nicht vor und bilden ein wichtiges Forschungsdesiderat, um das Gesamtphänomen besser erfassen zu können (s.u.).

Befragungsergebnisse deuten darauf hin, dass Anforderungen insbesondere in Ausbildungs- und Arbeitsumgebungen von einem – vermutlich wachsenden – Teil der Betroffenen als so hoch empfunden werden, dass sie meinen, diese nur unter Verwendung leistungssteigernder Substanzen erfüllen zu können. Da die derzeit hierfür verwendeten Substanzen (z.B. Ritalin, Modafinil) ein nicht unerhebliches Nebenwirkungspotenzial besitzen (Kap. II.3), ist mit dem Konsum grundsätzlich eine Gesundheitsgefährdung verbunden. Diese Problematik verweist auf ein Handlungsfeld im Bereich der allgemeinen Gesundheitsförderung im Sinn der Ottawa-Charta der WHO (1986) und der betrieblichen Gesundheitsförderung als Konsequenz der Luxemburger Deklaration des Europäisches Netzwerks für betriebliche Gesundheitsförderung (2007) sowie der EG-Rahmenrichtlinie Arbeitsschutz (89/391/EWG), denen zufolge Gesundheitsförderung auf individueller, kollektiver (z.B. betrieblicher oder schulischer) und gesamtgesellschaftlicher Ebene verknüpft und vorangebracht werden soll.

AUSWEITUNG PHARMAZEUTISCHER ANWENDUNGSFELDER – MEDIKALISIERUNGSPROZESSE

Die individuelle Verwendung unterschiedlicher pharmakologischer Substanzen in Alltagssituationen ohne Krankheitsbezug – neben der Leistungssteigerung in Ausbildung und Beruf z.b. zur Steigerung der sexuellen Leistungsfähigkeit oder zur Unterstützung des Muskelaufbaus beim Bodybuilding – wird aufseiten der pharmakologischen Forschung und Entwicklung gespiegelt durch die Tendenz, pharmakologische Substanzen auch in Grenzbereichen möglicher therapeutischer Anwendung bzw. für Zustände ohne eigentlichen Krankheitswert zu entwickeln und bereitzustellen. Diese Medikalisierungsprozesse manifestieren sich in zwei Entwicklungen (Kap. IV.2): einerseits in Form der Pathologisierung früher als gegeben, als »normal« angesehener individueller Befindlichkeiten (Melancholie, Hyper- und Hypoaktivität usw.) oder Lebensphasen (»Abbau« im Alter) und andererseits als »Veralltäglichung« medizinischer Technologien, die sich zunehmend auf explizit nichtpathologische Zustände nach Wunsch der Kunden – und nicht mehr Patienten – richtet (z.B. im Bereich Kosmetik und Wellness, wobei Leistungsaspekte im weiten Sinn auch eine Rolle spielen). Damit wird der ursprüngliche Handlungsraum der Medizin, der vorrangig auf die Behandlung von an Krankheit oder Behinderung leidenden Menschen sowie präventive Maßnahmen zur Gesunderhaltung gerichtet war, schrittweise ausgedehnt.

Entscheidungen über Grenzziehungen müssen kontinuierlich sowohl im Rahmen der Arzneimittelentwicklung und -zulassung (zur Legitimität von klinischen Studien sowie bei der Nutzen-Risiko-Bewertung) als auch auf der Ebene der sozialen Sicherungssysteme (zur Behandlungswürdigkeit und Kostenübernahme) getroffen werden. In einer arbeitsleistungs- und wettbewerbsorientierten Gesellschaft läge es nahe, dass pharmakologische Substanzen, die nicht explizit pathologische Zustände verminderter Arbeitsfähigkeit ausgleichen können, als erstattungsfähige Mittel eingestuft werden könnten, wenn ihre Verschreibung Arbeitsausfälle und – zumindest kurzfristig – Folgekosten reduzieren kann. Die Analyse der rechtlichen und gesundheitsökonomischen Ist-Situation (Kap. III) zeigt allerdings, dass derzeit eine Reihe von Barrieren gegen einen liberalen Umgang mit vorhandenen Arzneimitteln insbesondere im ersten Gesundheitsmarkt besteht.

LIBERALISIERUNG VON ENHANCEMENTSUBSTANZEN – EINE REALISTISCHE HANDLUNGSOPTION?

Die bioethische und öffentliche Debatte zum (pharmakologischen) Enhancement wurde im Rahmen des TAB-Projekts vor allem dahingehend analysiert, welche aktuelle und mittelfristige gesellschaftliche und politische Relevanz daraus abgeleitet werden kann. Die wichtigsten Konsequenzen könnten aus Forderungen nach einem liberaleren Umgang mit vorhandenen und zukünftigen leistungssteigernden Substanzen und nach einer systematischen Erforschung der längerfristigen Folgen ihres Gebrauchs resultieren. Diese Forderungen haben sowohl international (Greely et al. 2008) als auch national (Galert et al. 2009) die öffentliche Debatte erst richtig befeuert und zu Überlegungen bezüglich möglicher Regulierungsoptionen geführt (Coenen et al. 2009).[80]

Der vorliegende Bericht bietet mit Blick auf die Optionen Förderung und Regulierung zwei Analysen, die in dieser Form und Ausführlichkeit noch nicht vorliegen und für den weiteren rechts- und forschungspolitischen Umgang mit Fragen leistungssteigernder Substanzen zentral sind: in Kapitel III eine arznei-, lebensmittel- und gesundheitsrechtliche Einordnung, die zeigt, dass ein »liberalerer« Umgang mit pharmakologischen wirksamen Substanzen für Gesunde im bestehenden Regulierungssystem nicht möglich ist, und in Kapitel V Überlegungen dazu, welche wissenschaftlichen Entwicklungen und politischen Entscheidungen angesichts dessen notwendige Voraussetzung wären, um ein liberaleres Szenario zukünftiger Pharmanutzung zur Leistungssteigerung zu ermöglichen.

REGULATIVE VORAUSSETZUNGEN EINER ÖFFNUNG FÜR ENHANCEMENT

Das Erweiterungsszenario (Kap. V) geht angesichts der bestehenden Restriktionen für die Erforschung und Vermarktung von Pharmaka zur nichttherapeutischen Leistungssteigerung von der Notwendigkeit grundlegender Veränderungen vor allem bei den Zulassungskriterien für Arzneimittel aus. Dabei wäre die Anerkennung der Leistungssteigerung bei Gesunden als Nutzendimension – und damit die Schaffung einer neuen Zulassungskategorie bzw. -indikation nichttherapeutischer Pharmaka – entscheidend. Die Etablierung einer eigenständigen Produktgruppe außerhalb der Arzneimittelgesetzgebung erscheint hingegen rechtlich und politisch äußerst unrealistisch, weil dann der Arzneimittelbegriff als solcher geändert werden müsste, was kaum absehbare Folgen für die ohnehin schwierige Abgrenzung gegenüber Lebensmitteln und Chemikalien hätte.

Doch allein schon für die Etablierung der – nichttherapeutischen, leistungssteigernden – Wirkung bei Gesunden als Nutzenkriterium bedürfte es wegen der damit vollzogenen grundsätzlichen Änderung der Arzneimittelzulassungslogik eines klaren politischen Willens, der wiederum überzeugende, starke Argumente für den gesellschaftlichen Wert pharmakologischer Leistungssteigerung voraussetzen würde. Bevor sich eine befürwortende Meinung bei relevanten gesellschaftlichen Akteuren bilden könnte, müssten sicherlich belastbarere Informationen als heute zu (zukünftigen) potenten, nebenwirkungsarmen Substanzen zur

---

80 Nicht übersehen werden sollte allerdings der jeweils verschiedene Fokus: Während Greely et al. (2008) und Galert et al. (2009) sich speziell zu pharmakologischem Neuroenhancement geäußert haben, behandelt die ETAG-Studie im Auftrag des Europäischen Parlaments (Coenen et al. 2009) Enhancement als Sammelkategorie verschiedener biomedizinischer Technologien.

Verfügung stehen. Diese könnten entweder im Zuge der bislang begrenzt durchgeführten legalen und halblegalen Forschung unter den jetzigen Rahmenbedingungen in Europa, den USA und Japan oder aber durch verstärkte Aktivitäten in den wirtschaftlich und wissenschaftlich zunehmend potenten Staaten mit weniger restriktiver Regulierung (China, Brasilien, Indien) gewonnen werden.

Dass pharmakologische Substanzen überhaupt eine relevante kognitive Leistungssteigerung bei Gesunden bewirken können, wäre ein notwendiger, aber bei Weitem noch kein hinreichender Grund für die gesellschaftliche Anerkennung der Nützlichkeit und Wünschbarkeit der Verbreitung entsprechender Substanzen – und erst eine solche Bewertung könnte Ausgangspunkt und Anstoß für die Änderung der Arzneimittelzulassung und dadurch eine gezielte Stimulierung weiterer FuE zu Enhancementmitteln sein. Nötig wäre also eine eindeutig positive gesamtgesellschaftliche Nutzen-Risiko-Bewertung.

MEDIKALISIERUNG DER LEISTUNG: LEHREN AUS DEM SPORT

Solange es keine wirksamen kognitiven Enhancer gibt, kann nur auf vorhandene Informationen zur sonstigen pharmakologischen Beeinflussung der Leistungsfähigkeit zurückgegriffen werden. Der größte Wissensbestand hierzu resultiert aus der Forschung zum Doping im Sport als demjenigen gesellschaftlichen Teilsystem, in dem einerseits messbare Leistung der zentrale Bewertungsmaßstab ist und andererseits eine gezielte Leistungsbeeinflussung durch Training, Technologie und pharmazeutische Wirkstoffe erfolgt. Auch wenn der Wettkampf- und insbesondere der Hochleistungssport eine Vielzahl spezifischer Systembedingungen sozialer, rechtlicher und ethischer Art aufweist, drängt sich seine Analyse bei der Frage des Zusammenhangs zwischen (Hoch-)Leistungswillen, Leistungs(steigerungs)anforderungen und Systemeinflüssen geradezu auf. Dass mögliche Lehren aus der Geschichte und Praxis des Dopings in der Enhancementdebatte bislang eine untergeordnete Rolle gespielt haben, ist zumindest überraschend.

Die Analyse im Rahmen des vorliegenden Berichts (Kap. VI) zeigt, dass sich eine nähere Befassung mit den Ursachen, Erscheinungsformen und gesellschaftlichen Konsequenzen von Doping im Sport für ein Verständnis der möglichen Funktion von Enhancement in der »Leistungssteigerungsgesellschaft« durchaus fruchtbar machen lässt. Von besonderer Relevanz erscheinen zwei Dynamiken des Dopinggeschehens im Leistungssport: zum einen die des »Drop-outs«, d.h. des Ausstiegs bzw. der Ausmusterung von Dopingunwilligen unter Athleten und Trainern, und zum anderen die des Zwangs zur Dosissteigerung trotz zunehmender Risiken und abnehmenden Nutzens für den Einzelnen. Beide wirken in Richtung einer (Selbst-)Zerstörung bzw. fundamentalen Schädigung des Systems Leistungssport – dessen innere Logik und Zielvorgaben sie erst hervorgebracht und befördert haben.

Gründlicher als bislang zu untersuchen und auszuwerten wären insbesondere Hinweise auf physiologische und psychologische Zusammenhänge zwischen

Hochleistungserbringung und süchtigem Substanzgebrauch. Viele Fragen zum Verhältnis von Ursachen und Wirkungen, nach Verbindungen zu anderen Körperwahrnehmungs- und -umgangsstörungen sind hier noch offen und bilden ein Forschungsfeld, das auch für die Hochleistungserbringung jenseits des Sports von Bedeutung wäre. Die bisherige Thematisierung möglicher pathologischer Aspekte extremer Leistungsorientierung erscheint insgesamt unzureichend – was an der hohen gesellschaftlichen Wertschätzung von Leistung liegen dürfte.

Das Dopinggeschehen bietet auch eine Fülle von Belegen dafür, dass eine Individualisierung der Ursachen, der Verantwortung, der Konsequenzen und möglicher Präventionsmaßnahmen unter Ausblendung der systemischen Bedingungen und Einflüsse hochgradig problemunangemessen und ethisch fragwürdig ist. Diese Einsicht wäre mit Blick auf die Nutzung möglicher kognitiver Enhancementmittel in der Wettbewerbsgesellschaft von entscheidender Bedeutung.

Insgesamt liefert die Befassung mit der Dopingproblematik wenig Hinweise für die Plausibilität des rational agierenden, innovativen Nutzers, der gezielt, vorsichtig dosiert und nur über begrenzte Zeiträume ein leistungssteigerndes Mittel einnimmt und der damit wieder problemlos aufzuhören vermag – also den Typ des autonomen Enhancementanwenders. Deutlich eher spricht die Erfahrung im Sport dafür, dass die meisten Nutzer pharmakologischer Substanzen versuchen, sich an Anforderungen anzupassen, von denen sie annehmen müssen, ihnen ohne die Hilfe dieser Mittel nicht gewachsen zu sein.

AUFGABEN DES KÜNFTIGEN BIOPOLITISCHEN DISKURSES

Die Gutachter Viehöver et al. (2009, S. 78 ff.) bemängeln, dass im dominierenden pragmatischen, lösungsorientierten biopolitischen Diskurs vor allem nach den möglichen Risiken sowie der ethischen Zulässigkeit technischer Eingriffe in die menschliche Natur gefragt werde. Zwar würden dabei auch die sozialen Bedingungen der Anwendung neuer biomedizinischer Technologien betrachtet, das primäre Ziel aber sei die Meinungsbildung und -beeinflussung mit Blick auf kollektiv bindende Entscheidungen zum Umgang mit neuen biotechnischen Optionen. Ein solches, im Wesentlichen *reaktives* Verständnis von Biopolitik greift nach Ansicht von Viehöver et al. (2009) bei Enhancementtechniken und -diskursen zu kurz, weil dadurch der Blick auf die gesellschaftliche Prägung von Enhancementwünschen sowie die Entstehung entsprechender Techniken verstellt werde. Aufgabe und Ziel einer »antizipierenden Governance« seien dagegen, relevante Entwicklungen möglichst frühzeitig zu erfassen und zu diskutieren, um Problemlagen zu erkennen, auf die ggf. besser mit sozialen Maßnahmen anstelle von technologischen Mitteln reagiert werden kann und soll, bevor die Folgen wissenschaftlich-technischer und gesellschaftlicher Entwicklungen Fakten geschaffen haben.

Dieses Votum erscheint problemangemessen und überzeugend, zumindest mit Blick auf das hier zugrundegelegte Verständnis von Enhancement als pharmakologische Leistungssteigerung in Beruf und Alltag. Nachdem die tatsächlich leistungssteigernden Enhancementmittel noch nicht vorhanden sind, sondern erst durch gezielte Forschung und Entwicklung hervorgebracht werden müssten, eröffnet sich in diesem Fall eine ernsthafte Möglichkeit der frühzeitigen (bio)politischen Debatte und gesellschaftlichen Steuerung der zukünftigen Entwicklung.

HANDLUNGSFELDER

Wie dieser Bericht zeigt, sind mit dem Thema Enhancement sehr heterogene Handlungen unterschiedlicher individueller und kollektiver Akteure in Wissenschaft, Wirtschaft und Gesundheitssystem angesprochen. Insgesamt ergeben sich Handlungsfelder in den Bereichen Forschung, Regulierung, gesundheitlicher Verbraucherschutz und Prävention sowie öffentliche Debatte:

> Mit Blick auf die Forschung stellt sich die Frage, welche Untersuchungsfragen und -ziele so bedeutsam sind, dass sie durch öffentliche Gelder unterstützt werden sollten.
> Hinsichtlich der Regulierung ist zu prüfen, ob die vorhandenen Rechtsvorschriften und ihre prozedurale und institutionelle Umsetzung angemessen erscheinen.
> In Bezug auf die derzeitige Situation der Verwendung vermeintlich leistungssteigernder Mittel ergeben sich Anforderungen an eine neutrale Verbraucherinformation, die öffentliche Gesundheitsvorsorge sowie den betrieblichen Gesundheitsschutz.
> Mit Blick auf die weitere Debatte ist zu fragen, ob und wie eine gesellschaftliche Auseinandersetzung und Meinungsbildung aktiv zu befördern wäre.

FORSCHUNG

Eine Kernfrage der Befassung mit Enhancement lautet (Coenen et al. 2009; Galert et al. 2009): Soll die Erforschung und Entwicklung potenter leistungssteigernder Substanzen ohne therapeutische Wirkung, ob für kognitives, sonstiges psychisches oder auch physisches Enhancement, erlaubt oder gar gezielt gefördert werden? In Anbetracht des bisherigen Wissensstands erscheint eine gezielte pharmakologische Leistungssteigerung weder sonderlich erfolgversprechend noch gesellschaftlich wünschenswert. Im Gegensatz zu verhaltensbezogenen Lernstrategien existieren bislang keine überzeugenden Belege dafür, dass durch die Einnahme von Pharmaka komplexere menschliche Fähigkeiten oder Leistungen, deren Steigerung möglicherweise gesellschaftlich nützlich sein könnte, tatsächlich gezielt, spezifisch und nebenwirkungsarm beeinflusst werden können.

Vielfältiger Forschungsbedarf hingegen ergibt sich mit Blick auf die verschiedenen, bereits vorhandenen gesellschaftlichen Erscheinungsformen bewusster Pharmakanutzung zur Leistungserbringung – und teilweise vermutlich zumindest erhofften

Leistungssteigerung – im Kontext von Medikalisierungstendenzen psychosozialer Problemlagen. Als Grundlage für die Abschätzung zukünftiger Entwicklungen wäre eine fundiertere Erhebung des Status quo nötig. Die bereits existierenden empirischen Analysen (allgemein zum Ge- und Missbrauch von Arzneimitteln sowie speziell zur Leistungssteigerung in Arbeits- und Sportumgebungen) für Deutschland (u.a. DAK 2009; Franke et al. 2011) bieten eine Basis, die durch Untersuchungen insbesondere zu folgenden Aspekten zu verbreitern wäre:

> Wie groß ist der Anteil der Menschen – differenziert nach sozialen Gruppen, beruflichen Kontexten und Lebenssituation –, die bewusst Arzneimittel (oder illegale Substanzen) einnehmen, um ihre Leistung zu steigern, ohne dass sie sich als krank empfinden, und welche Substanzen werden genommen?

> Welche Bedeutung hat die Ausbildungs-/Arbeitsumgebung? Fühlen sich die Betroffenen unter Druck gesetzt, Substanzen einzunehmen, und wenn ja, von wem oder wodurch? Sind die Betroffenen zufrieden mit ihrer Situation, oder würden sie alternative Handlungsoptionen vorziehen, die keinen Substanzkonsum einschließen würden?

> Welche ökonomischen und sozialen Bedingungen und Entwicklungen motivieren/prägen das Nutzungsverhalten und die Akzeptanz der Substanzverwendung?

> Wie eng ist die Verbindung zum Bereich der Anti-Aging-Medizin als Treiber der zunehmenden Medikalisierung eines kontinuierlich länger werdenden Lebensabschnitts vieler Menschen?

> Welchen Einfluss auf das Nutzungsverhalten hat die Anwendung verwandter Körperinterventionstechniken wie kosmetische Chirurgie, Tätowierung, Piercing?

> Welche gesundheitlichen und psychosozialen Folgen sind beobachtbar?

Wie der vorliegende Bericht zeigt, ist die Datenlage hierzu bislang bei Weitem noch nicht ausreichend. Um die empirische Basis zu verbessern, könnten gezielt unterschiedliche »Risikogruppen« (z.B. Beschäftigte in Wissenschaft und Forschung, Musiker, Manager) befragt werden. Entsprechende Analysen könnten im Rahmen der »Initiative Neue Qualität der Arbeit« (INQA) vorgenommen werden. Sinnvoll erscheint es, die derzeit vorhandene Wissensbasis über beobachtete und denkbare Effekte – in den Grenzen der gültigen forschungs- und medizinethischen Vorgaben – noch gründlicher als bislang auszuwerten. Um Befragungs- oder Beobachtungsergebnisse von Anwendern einordnen zu können, wären in bestimmtem Umfang vermutlich auch gezielte Tests mit häufig genutzten Substanzen auf die Leistungsfähigkeit Gesunder begründbar und vertretbar.

Da Forschung und Entwicklung im Pharmamarkt ausgesprochen global ausgerichtet sind und leistungssteigernde Pharmaka durchaus zunächst im außereuropäischen Raum Fuß fassen könnten, ist ein periodisches Monitoring der internationalen Entwicklungen in diesem Bereich angezeigt.

Die Analyse des Sportdopings hat konkrete Hinweise auf Forschungsbedarf gegeben, einerseits zur Frage der Vergleichbarkeit und Übertragbarkeit der sozialwissenschaftlichen und psychologischen Erkenntnisse aus dem Sport auf die Berufswelt und andererseits zu den pathologischen Aspekten extremer Leistungs- und Körperorientierung und deren Bedingungsfaktoren. Mit neurobiologischen Ansätzen ließen sich beispielsweise Auswirkungen extremen Arbeitens auf das Gehirn untersuchen. Zu prüfen wäre, inwieweit geistige Arbeit ähnliche negative Folgen haben kann, wie dies bei der körperlichen Hyperaktivität der Fall zu sein scheint. Spezifisch wäre zu fragen, ob der Konsum von Neuronenhancementpräparaten oder andere Formen von Arzneimittelmissbrauch hierfür ein zusätzliches Risiko darstellen.

REGULIERUNG

Dringender Regelungs- bzw. rechtlicher Anpassungsbedarf zum Tatbestand »Pharmakologisches (Neuro-)Enhancement« ist nicht erkennbar. Alle bislang als vermeintliche Enhancer bekannten Substanzen fallen unter das Arznei- (einschließlich Betäubungsmittel-) oder das Lebensmittelrecht (Kap. II u. III). Es wird im Einzelfall über die Zugänglichkeit bzw. die Form der Verkehrsfähigkeit entschieden. Daher stellt sich derzeit gar nicht die Frage eines prinzipiellen Substanz- oder Konsumverbots, welche bisher nicht nur die ethische, sondern auch die daran anknüpfende juristische Debatte prägt (Gärditz 2010; Merkel et al. 2007; Simon et al. 2008).

Allerdings kann bereits heute ein gewisser Klärungsbedarf mit Blick auf das im Arzneimittelgesetz verankerte Dopingverbot begründet werden, welches zum Schutz der Gesundheit (§ 6 AMG) das Inverkehrbringen und Verschreiben sowie die Anwendung von Arzneimitteln bei anderen zu Dopingzwecken ausschließlich im Sport verbietet (§ 6a AMG). Sollte sich im Zuge der detaillierteren empirischen Erhebungen herausstellen, dass der Missbrauch von Arzneimitteln zur psychischen/kognitiven Leistungssteigerung ein ähnlich großes Problem wie das zur physischen Leistungssteigerung darstellt, dann läge es aufgrund des Nebenwirkungspotenzials der verwendeten Substanzen nahe, eine Gleichstellung beider Vorgänge im Arzneimittelgesetz zu prüfen, was zu einer Erweiterung des dort verankerten Dopingverbots führen könnte. Vertreter des organisierten Sports weisen darauf hin, dass eine klärende Auseinandersetzung mit der Gleich- bzw. Ungleichbehandlung geboten scheint.

Eine regulative Unschärfe besteht darüber hinaus bei der therapeutischen Nutzendefinition als Legitimation klinischer Forschung und späterer Zulassung von Arzneimitteln auf der einen Seite und der Finanzierung durch die Krankenkassen, insbesondere unter den Bedingungen eines kontinuierlichen Einspardrucks, auf der anderen Seite. Hierdurch können Substanzen gegebenenfalls zugelassen, aber von vornherein aus dem Leistungskatalog insbesondere der GKV ausgeschlossen werden. Als Konsequenz wird vermutlich eine wachsende Zahl von Substanzen vorwiegend auf dem zweiten Gesundheitsmarkt umgesetzt, dessen Erfassung und Kontrolle weniger strikt als die des ersten ist. Mit Blick auf mögliche Enhancementtendenzen, aber auch auf den allgemeinen Arzneimittelge- und -missbrauch, wäre eine systematische, transparente und detaillierte Erhebung der Verschreibungen und Umsätze wünschenswert bzw. notwendig. Auch müsste die unabhängige Nutzen-Risiko-Bewertung gestärkt und eine seriöse, leicht zugängliche und verständliche Information der Patienten bzw. Klienten bei »Individuellen Gesundheitsleistungen« (IGeL) oder Off-Label-Verschreibungen sichergestellt werden.

Die in ihrem Umfang nicht genau bekannte heutige Praxis gezielter Off-Label- oder Gefälligkeitsverschreibungen in den Grenzbereichen zur Leistungssteigerung durch Ärzte erfordert weniger eine regulative Verschärfung als vielmehr eine gesamtgesellschaftliche und berufsständische Auseinandersetzung mit der Thematik. Medizinische Standesorganisationen und Verbände sollten ihre Positionen definieren und prüfen, ob die jeweiligen Berufsordnungen modifiziert werden müssten. Die Stellungnahme zu Doping und ärztlicher Ethik der Bundesärztekammer (2009) könnte als Ausgangspunkt dienen.

Im Bereich des Lebensmittelrechts wären eine Beobachtung der Zielerreichungseffekte der Umsetzung der Health-Claims-Verordnung und ggf. eine Überprüfung der Auflagen speziell im Bereich der Leistungssteigerungsbewerbung wichtig, um wunscherzeugende oder -verstärkende Praktiken zu begrenzen.

GESUNDHEITLICHER VERBRAUCHERSCHUTZ UND PRÄVENTION

Viele Gründe sprechen dagegen, dass die Verwendung pharmakologischer Substanzen eine adäquate, gesellschaftlich wünschenswerte Handlungsoption für den Umgang mit besonders fordernden oder auch überfordernden Leistungserwartungen bzw. -vorgaben ist. Die Beobachtung aber, dass diese Handlungsoption trotz möglicher vielfältiger, nicht unerheblicher Nebenwirkungen praxisrelevant ist, spricht für die Notwendigkeit einer ganzheitlichen Stärkung von gesundheitsbewussten individuellen Lebensweisen durch die Bereitstellung und Vermittlung von verlässlichen Informationen und durch die Gestaltung gesundheitsfördernder Umfeldbedingungen im Sinn der Ottawa-Charta der WHO (1986).

Die vielfältigen, neuartigen Informations- bzw. Werbestrategien besonders im Internet ermöglichen regelmäßig neue und oft auch unlautere Geschäftspraktiken. Es bestehen berechtigte Zweifel daran, dass die bisherigen Maßnahmen der Verbraucherinformation (Kap. III.2.3 u. III.3.4) einen adäquaten und wirksamen Verbraucherschutz gewährleisten. Daher ist es eine wichtige Handlungsaufgabe für die unterschiedlichen Akteure des Gesundheitssystems und des Verbraucherschutzes, ein Gegengewicht zu interessengeleiteten Werbeaussagen und unübersichtlichen Internetinformationen zu schaffen und Verbraucher verständlich, neutral, umfassend und vertrauenswürdig über Wirkungs-, Nichtwirkungs- und Nebenwirkungsaussagen sowohl von Lebensmitteln als auch von Arzneimitteln zu informieren.

Bei der Gestaltung gesundheitsfördernder Umfeldbedingungen in Ausbildung und Beruf muss unterschieden werden zwischen der allgemeinen Frage nach der Ausgestaltung und Durchsetzung von Leistungsanforderungen – die als gesamtgesellschaftliche Grundsatzfrage im nächsten Kapitel angesprochen wird – und dem Umgang mit konkreten Gesundheitsfolgen in betrieblicher Arbeitsumgebungen, wie z.B. mit der wachsenden Zahl psychischer Erkrankungsdiagnosen und Arbeitsausfälle (Bundespsychotherapeutenkammer 2010b; Bundesregierung 2010). Betriebliche Gesundheitsförderung liegt im Eigeninteresse der Arbeitgeber und muss umfassend ausgestaltet werden, um angesichts wachsender Komplexität der Arbeitsbedingungen wirksam sein zu können (Europäisches Netzwerk für betriebliche Gesundheitsförderung 2007). Ein großes Problem stellen die psychischen Erkrankungen bei von Arbeitslosigkeit Betroffenen dar, was die Bedeutung einer erfolgreichen Beschäftigungspolitik und Notwendigkeit einer umfassenden, integrativen Erwerbslosenbetreuung unterstreicht.

Die Schwerpunktsetzung der Bundesanstalt für Arbeitsschutz und Arbeitsmedizin im Bereich Forschung zu den »Psychischen Belastungen vor dem Hintergrund neuer Arbeitsformen« (BAuA 2010) erscheint daher geradezu notwendig, eine Berücksichtigung der Problematik pharmakologischer Leistungssteigerung wäre naheliegend. Hierfür könnten Kooperationen mit anderen geeigneten Einrichtungen der Ressortforschung und sonstigen wissenschaftlichen Institutionen aufgebaut werden.

GESELLSCHAFTLICHE UND POLITISCHE DEBATTE

Der vorliegende Bericht geht davon aus, dass sich die vorrangige gesellschaftliche und politische Relevanz von Enhancement nicht aus dessen Verständnis als Teil einer wissenschaftlich-technisch fundierten »Verbesserung des Menschen« erschließt, sondern daraus, dass pharmakologische Interventionen zur Leistungssteigerung Teil einer »Medikalisierung der Leistungs(steigerungs)gesellschaft« sind. Antworten auf die Frage, ob es zum Merkmal der Gattung Mensch gehört, einer »Selbstoptimierung« nachzustreben, sind für die kulturelle und philosophische Rahmung zweifellos interessant, sagen aber nicht viel aus über die gesellschaftliche Akzeptanz und Erwünschtheit der Verwendung von (Psycho-)Pharmaka zur Leistungssteigerung in Beruf und Alltag. Hierfür erscheint es wichtiger, die Konsequenzen einer entsprechenden Medikalisierung für Arbeitswelt, Ausbildung und Gesundheitssystem, aber auch für die individuellen psychosozialen Kapazitäten und Kompetenzen zur Problembewältigung zu debattieren.

Gegenstand der gesellschaftlichen und politischen Auseinandersetzung müsste also der zukünftige Stellenwert pharmakologischer und sonstiger (bio)medizinischer Strategien und Maßnahmen beim Umgang mit Leistungsvorgaben und -anforderungen in der globalisierten Ausbildungs- und Arbeitswelt sowie mit den Folgen des demografischen Wandels sein. Es erscheint notwendig, die Schul-, Studien- und Arbeitsbedingungen konkret zu hinterfragen und gegebenenfalls die Leistungskennziffern anzupassen, anstatt von vornherein Strategien maximaler individueller und kollektiver Leistungssteigerung angesichts des weltweiten Wettbewerbs als unausweichlich anzusehen. Hierfür sprechen zumindest mittel- und längerfristig auch betriebs- und volkswirtschaftliche Gründe. Das Beispiel des Dopings im Sport bietet hierbei Anschauungsmaterial zu einer möglichen Selbstzerstörung eines Wettbewerbssystems durch unbegrenzte Leistungssteigerungserwartung.

Dass Leistung und Leistungserbringung in modernen Gesellschaften ein zentraler Faktor und Maßstab sind, dürfte unstrittig sein, und angesichts der globalen Zukunftsprobleme und -herausforderungen erscheint die Abkehr von der Leistungsgesellschaft weder realistisch noch mehrheitsfähig. Sinnvoll und angemessen aber wären Fragen zur Ausgestaltung der Leistung(serwartung) und zum Umgang mit gesellschaftlich unterschiedlich verteilten Leistungsniveaus: Welche Art von Leistung – ökonomisch, sozial, kulturell – wird gesellschaftlich wertgeschätzt und von wem und wie entlohnt? Wie stark sollen Leistungsanforderungen standardisiert werden, und wieviel Platz ist für individuelle Unterschiede? Wo und wie werden Grenzen der vertretbaren Leistungssteigerung sichtbar, und wie kann ihr Überschreiten vermieden werden? Gibt es Alternativen z.B. im Bereich der Arbeitsorganisation zur kontinuierlichen Erhöhung von Anforderungen an die Leistungsbereitschaft des Einzelnen? Inwiefern ist eine Verdichtung und Verkürzung der schulischen und beruflichen Ausbildung auch in Anbetracht der kontinuierlich steigenden Lebenserwartung sinnvoll und notwendig?

Der Psychologe und (Neuro-)Philosoph Stephan Schleim (2010) stellt grundsätzlich infrage, dass geistige Leistungsfähigkeit ein Gut an sich ist, und bezweifelt, dass Leistungs- und Verbesserungsstreben eine konstitutive Komponente allen menschlichen Handelns sei. Er weist darauf hin, dass unabhängig davon, wer wie seine Leistung steigert, »immer nur die besten fünf Prozent die besten fünf Prozent sein können«. Es sei deshalb an der Zeit, »dass sich nicht nur Menschen, die selbst als Gewinner in den Top-Positionen unserer Leistungsinstitutionen sitzen, sondern auch der Rest der Gesellschaft an der Diskussion um das Enhancement beteiligt«. Nötig sei eine »Diskussion darüber, wieviel Leistung man uns noch abverlangen darf und wann essenzielle Bestandteile eines erfüllten Lebens auf der Strecke bleiben, wenn man den Fokus zu sehr auf die geistige Leistungsfähigkeit legt« (Schleim 2010).

Ein gewichtiges Argument für ein pharmakologisches Enhancement, das in vielen bioethischen Einlassungen angeführt wird, wäre ein besonderer Nutzen für weniger leistungsstarke Menschen insbesondere im Beruf und dadurch die Herbeiführung größerer Chancengleichheit und Gerechtigkeit. Auch die Analyse der Wirkungsdimensionen der bisher verfügbaren Substanzen deutet darauf hin, dass Personen in »defizitären« Ausgangssituationen eher profitieren könnten. Wenn sich diese These erhärten sollte, verstärkt sich die schwierige Frage der Grenzziehung aufgrund der fortschreitenden Pathologisierung normaler Zustände, der sich immer auch die sozialen Sicherungssysteme stellen müssen. Gleichzeitig sprechen die bisherigen Befragungen dafür, dass am ehesten solche Personen leistungssteigernde Substanzen verwenden, die sehr gut ausgebildet sind und über eine hohe Leistungsbereitschaft verfügen – und sich dennoch überfordert fühlen. Insgesamt erscheint es wenig überzeugend, dass ein berufliches Enhancement als autonome Handlung mit positiven Folgen erlebt würde.

Wenn sich in ferner Zukunft stärkere Hinweise als bislang auf spezifische, leistungssteigernde Wirkungen ohne relevante unerwünschte Nebenwirkungen ergeben, dürften Stimmen laut werden, die eine systematischere Erforschung von Enhancementmitteln fordern. Bei der Frage nach der öffentlichen Forschungsförderung müsste angesichts des damit zu vollziehenden Paradigmenwechsels in der medizinischen Forschung spätestens dann ein gesellschaftlicher Meinungsbildungsprozess initiiert werden, ob dies wirklich eine gewünschte Verwendung von öffentlichen Ressourcen darstellt.

Die Ergebnisse des vorliegenden Berichts sprechen allerdings nicht dafür, dass leistungssteigernde Substanzen die öffentliche Wohlfahrt, das soziale Gefüge oder das individuelle Glück auf längere Sicht positiv beeinflussen werden.

LITERATUR

IN AUFTRAG GEGEBENE GUTACHTEN   1.

Ach, J.S., Bisol, B. (2009): Neuro-Enhancement – Die Argumente. Centrum für Bioethik, Universität Münster, Münster

Bleß, H.H., Krämer, K., Nolting, H.D. (2010): Das Gesundheitssystem und seine derzeitige und zukünftige Rolle bei der Diffusion von Enhancementmitteln. IGES (Institut für Gesundheits- und Sozialforschung GmbH), Berlin

Eckhardt, A., Bachmann, A., Gundert, G., Marti, M., Neuss Münzel, J., Telser, H. (2010): Forschungs- und Innovationssystem: Medikamentöse Leistungssteigerung – ein künftiges Entwicklungsfeld? risicare GmbH, Zürich

Rempe, C. (2008): Marktangebot von Lebensmitteln, die mit Aussagen zur Leistungssteigerung oder über die Beeinflussung des optischen Erscheinungsbildes beworben werden. Berlin

Repantis, D., Heuser, I. (2008): Psychopharmakologisches Neuroenhancement – Aktuelle Möglichkeiten, Risiken und Perspektiven. Charité Centrum für Neurologie, Neurochirurgie und Psychiatrie, Berlin

Schumacher, R., Stern, E. (2008): Der Stand der psychologischen Forschung zu Enhancement-Trainings im Vergleich zu pharmakologischen und technischen Interventionen. Berlin

Simon, J., Robienski, J., Paslack, R. (2008): Enhancement in Medizin und Alltag: Eine erste Sondierung der ethischen Implikationen und des rechtlichen Regulierungsbedarfs. Bardowick u.a.O.

Singler, A. (2010): Doping und Medikamentenmissbrauch in Sport und Beruf. Soziologische und psychologische Aspekte des Dopings und ihr Projektionspotential für das Enhancementproblem. Mainz

Viehöver, W., Wehling, P., Böschen, S., Karsch, F. (2009): Die Entgrenzung der Medizin und die Optimierung der menschlichen Natur. Augsburg

WEITERE LITERATUR   2.

ABDA (Bundesvereinigung Deutscher Apothekerverbände) (2009): Kinder und Arzneimittel. Präsentation zum Tag der Apotheke am 18. Juni 2009 unter dem Motto: »Von klein auf in guten Händen.« www.abda.de/fileadmin/assets/Pressetermine/2009/02_Tag_der_Apotheke/SchmidtPressegespraech_170609.pdf, 7.4.2011

Ach, J.S. (2009): Enhancement. In: Bohlken, E., Christian, T. (Hg.): Handbuch Anthropologie. Der Mensch zwischen Natur, Kultur und Technik. Stuttgart/Weimar, S. 107-115

Ach, J.S., Pollmann, A. (Hg.) (2006): no body is perfect. Baumaßnahmen am menschlichen Körper. Bioethische und Ästhetische Aufrisse. Bielefeld

Antalis, C.J., Stevens, L.J., Campbell, M., Pazdro, R., Ericson, K., Burgess, J.R. (2006): Omega-3 fatty acid status in attention-deficit/hyperactivity disorder. In: Prostaglandins, leukotrienes, and essential fatty acids 75(4-5), S. 299–308

Apud, J.A., Mattay, V., Chen, J., Kolachana, B.S., Callicott, J.H., Rasetti, R., Alce, G., Iudicello, J.E., Akbar, N., Egan, M.F., Goldberg, T.E., Weinberge, D.R. (2007): Tolcapone improves cognition and cortical information processing in normal human subjects. In: Neuropsychopharmacology 32, S. 1011–1020

Arbeitsgemeinschaft ADHS (2009): Leitlinie der Arbeitsgemeinschaft ADHS der Kinderund Jugendärzte e.V. ADHS bei Kindern und Jugendlichen. www.ag-adhs.de/up loads/Leitlinie2009.pdf, 7.4.2011

Asendorpf, J. (2009): Persönlichkeitspsychologie. Heidelberg

Ausschuss für Gesundheit (2009): Beschlussempfehlung und Bericht des Ausschusses für Gesundheit (14. Ausschuss). Deutscher Bundestag, Drucksache 16/13266, Berlin

Bachurin, S., Bukatina, E., Lermontova, N., Tkachenko, S., Afanasiev, A., Grigoriev, V., Grigorieva, I., Ivanov, Y., Sablin, S., Zefirov, N. (2001): Antihistamine agent Dimebon as a novel neuroprotector and a cognition en-hancer. In: Annals of the New York Academy of Sciences 939, S. 425–435

Bahr, D. (2010): Antwort des Parlamentarischen Staatssekretärs Daniel Bahr vom 27. September 2010. In: Deutscher Bundestag: Schriftliche Fragen mit den in der Woche vom 27. September 2010 eingegangenen Antworten der Bundesregierung. Drucksache 17/3114, S. 46–47

Bailey, S.W., Ayling, J.E. (2009): The extremely slow and variable activity of dihydrofolate reductase in human liver and its implications for high folic acid intake. In: Proceedings of the National Academy of Sciences in the USA 106(36), S. 15424–15429

Bamberger, Christoph (2008): Besser leben, länger leben. 10 gesunde Jahre mehr sind machbar – das individuelle Präventionsprogramm. München

Baranski, J., Gil, V., McLellan, T. M., Moroz, D., Buguet, A., Radomski, M.W. (2002): Effects of Modafinil on Cognitive Performance During 40 Hr of Sleep Deprivation in a Warm Environment. In: Military Psychology 14, S. 23–47

Baranski, J.V., Pigeau, R.A. (1997): Self-monitoring cognitive performance during sleep deprivation: Effects of modafinil, d-amphetamine and placebo. In: Journal of Sleep Research 6, S. 84–91

Barker, A.T., Jalinous, R., Freeston, I.L. (1985): Non-invasive magnetic stimulation of human motor cortex. In: Lancet 1985(1), S. 1106–1107

Barkley, R.A. (2006): Attention Deficit Hyperactivity Disorder: A Handbook for Diagnosis and Treatment. New York

Bartens, W. (2006): Medizin und Ökonomie. Es geht und Leib und Kohle. In: Süddeutsche Zeitung 24.5.2006

BAuA (Bundesanstalt für Arbeitsschutz und Arbeitsmedizin) (2010): Forschungs- und Entwicklungsprogramm der Bundesanstalt für Arbeitsschutz und Arbeitsmedizin für die Jahre 2010 – 2013. Dortmund

Bauch, J. (1996): Gesundheit als sozialer Code. Von der Vergesellschaftung des Gesundheitswesens zur Medikalisierung der Gesellschaft. Weinheim/München

Beauchamp, T.L., Childress, J.F. (2001): Principles of Biomedical Ethics. Oxford

Beck, S. (2006): Enhancement – die fehlende rechtliche Debatte einer gesellschaftlichen Entwicklung. In: Medizinrecht 24(2), S. 95–102

Beglinger, L.J., Tangphao-Daniels, O., Kareken, D.A., Zhang, L., Mohs, R., Siemers, E.R. (2005): Neuropsychological test performance in healthy elderly volunteers before and after donepezil administration: a randomized, controlled study. In: Journal of clinical psychopharmacology 25(2), S. 159–165

Bette, K.-H. (1989): Körperspuren. Zur Semantik und Paradoxie moderner Körperlichkeit. Berlin/New York

Bette, K.-H. (1999): Systemtheorie und Sport. Frankfurt/M.

BfArM (Bundesinstitut für Arzneimittel und Medizinprodukte) (2010): Nichtinterventionelle klinische Prüfungen von Arzneimitteln (Anwendungsbeobachtungen). www.bfarm.de/DE/Arzneimittel/1_vorDerZul/klinPr/nichtInterventPruef/nichtInterventPruef-home.html, 7.4.2011

BfR (Bundesinstitut für Risikobewertung) (2007a): Nährwertprofile aus Voraussetzung für Health Claims. www.health-claims-verordnung.de/resources/hcvo-bfr-positions papier.pdf, 7.4.2011

BfR (2007b): Fragen und Antworten zu Nährwertprofilen und Health Claims. www.bfr.bund.de/cm/276/fragen_und_antworten_zu_naehrwertprofilen_und_health_claims.pdf, 7.4.2011

BfR (2008): Abschlussbericht des wissenschaftlichen Screenings der gesundheitsbezogenen Angaben über Lebensmittel. www.bfr.bund.de/cm/208/abschlussbericht_zum_wissenschaftlichen_screening_der_gesundheitsbezogenen_angaben_ueber_le bensmiittel.pdf, 7.4.2011

Birg, H. (2003): Die Demographische Zeitenwende. München

Birks, J., Grimley Evans, J. (2009): Ginkgo biloba for cognitive impairment and dementia. In: Cochrane Database of Systematic Reviews 2009 Nr. 1. Art. Nr.: CD003120

Bishop, C., Roehrs, T., Rosenthal, L., Roth, T. (1997): Alerting effects of methylphenidate under basal and sleep-deprived conditions. In: Experimental and Clinical Psychopharmacology 5, S. 344–352

Block, A.E. (2007): Costs and Benefits of Direct-to-Consumer Advertising. In: Pharmacoeconomics 25(6), S. 511–521

BMBF (Bundesministerium für Bildung und Forschung) (o.J.): Interdisziplinäre Zentren für Klinische Forschung (IZKF). www.gesundheitsforschung-bmbf.de/de/163.php, 7.4.2011

BMF (Bundesministerium der Finanzen) (2010): Die Bundeszollverwaltung – Jahresstatistik 2009. Berlin

Boes, A., Kämpf, T. (2009): Offshoring und die neuen Unsicherheiten einer globalisierten Arbeitswelt. In: ver.di (Hg.): Hochseilakt – Leben und Arbeiten in der IT-Branche. Berlin, S. 23–41; www.isf-muenchen.de/pdf/Hochseilakt-Unsicherheit.pdf, 7.4.2011

Boes, A., Kämpf, T., Trinks, K. (2009): Gesundheit am seidenen Faden – Zur Gesundheits- und Belastungssituation in der IT-Industrie. In ver.di (Hg.): Hochseilakt – Leben und Arbeiten in der IT-Branche. Ein Reader. Berlin, S. 53–64; www.isf-muenchen.de/pdf/Hochseilakt-Gesundheit.pdf, 7.4.2011

Boos, C. (2007): Die bessere Dopinggesellschaft. Interview von J. Schmitt. In: Tagesspiegel vom 13.05.2007, S. 3

Boos, C., Wulff, P. (2001): Der Medikamentenmissbrauch beim Freizeitsportler im Fitnessbereich. Öffentliche Anhörung zum Doping im Freizeit- und Fitnessbereich. Protokoll der 38. Sitzung des Sportausschusses, 14. Wahlperiode, S. 115–152

Boos, C., Wulff, P., Kujath, P., Bruch, P. (1998): Medikamentenmissbrauch beim Freizeitsportler im Fitnessbereich. In: Deutsches Ärzteblatt 95(16), S. A-953–957; www.aerzteblatt.de/v4/archiv/artikel.asp?id=10615, 7.4.2011

Borchers, D. (2008): Neuroenhancement. In: Information Philosophie 4, S. 46–51

Brackmann, K. (1993): Krankenversicherung – Leistungen. KrHilfe, Allg., Begriff der Krankheit. 59. Nachtrag – März 1983. In: Handbuch der Sozialversicherung, Band II, S. 384a

Bray, C.L., Cahill, K.S., Oshier, J.T., Peden, C.S., Theriaque, D.W., Flotte, T.R., Stacpoole, P.W. (2004): Methylphenidate does not improve cognitive function in healthy sleep-deprived young adults. In: Journal of Investigative Medicine 52, S. 192–201

Brownfield, E.D., Bernhardt, J.M., Phan, J.L., Williams, M.V., Parker, R.M. (2004): Direct-to-consumer drug advertisements on network television: an exploration of quantity, frequency, and placement. In: Journal Health Communication 9(6), S. 491–497

Bühren, A., Flenker, I., Jacobowski, C., Kunstmann, W., Schwantes, U. (2007): Medikamente – schädlicher Gebrauch und Abhängigkeit. Leitfaden für die ärztliche Praxis. Bundesärztekammer, Arzneimittelkommission der deutschen Ärzteschaft (Hg.), Köln

Bundesärztekammer (2004): Gemeinsam gegen Schönheitswahn. Pressemitteilung, 25.09.04; www.bundesaerztekammer.de/page.asp?his=0.1.17.3676.3816.7162, 7.4.2011

Bundesärztekammer (2006): (Muster-)Berufsordnung für die deutschen Ärztinnen und Ärzte. www.bundesaerztekammer.de/page.asp?his=1.100.1143, 7.4.2011

Bundesärztekammer (2009): Stellungnahme der zentralen Kommission zur Wahrung ethischer Grundsätze in der Medizin und ihren Grenzgebieten (Zentrale Ethikkommission) bei der Bundesärztekammer zu Doping und ärztliche Ethik. In: Deutsches Ärzteblatt 106(8), S. 360–364

Bundespsychotherapeutenkammer (2010a): ADHS-Behandlung: Ritalin & Co nur noch zweite Wahl. Pressemitteilung vom 24.10.10; www2.bptk.de/uploads/100924_adhs_methylphenidat_g_ba.pdf, 7.4.2011

Bundespsychotherapeutenkammer (2010b): Komplexe Abhängigkeiten machen psychisch krank – BPtK-Studie zu psychischen Belastungen in der modernen Arbeitswelt. Pressekonferenz der Bundespsychotherapeutenkammer am 23. März 2010, Berlin. www2.bptk.de/uploads/psychische_erkrankungen_im_fokus_der_berichte_der_krankenkassen.pdf, 8.4.2011

Bundesregierung (1998): Gesetzentwurf der Bundesregierung. Entwurf eines Achten Gesetzes zur Änderung des Arzneimittelgesetzes. Deutscher Bundestag, Drucksache 13/9996, Bonn

Bundesregierung (2008): Der »Zweite Gesundheitsmarkt« wächst. www.bundesregie rung.de/Content/DE/Magazine/MagazinWirtschaftFinanzen/061/sb-zweiter-gesund heitsmarkt.html, 7.4.2011

Bundesregierung (2010): Antwort der Bundesregierung auf die Kleine Anfrage der Abgeordneten Maria Klein-Schmeink, Birgitt Bender, Katrin Göring-Eckardt, weiterer Abgeordneter und der Fraktion BÜNDNIS 90/DIE GRÜNEN – Drucksache 17/2557 – Zunahme von psychischen Erkrankungen. Deutscher Bundestag, Drucksache 17/2663, Berlin

BVE (Bundesvereinigung der deutschen Ernährungsindustrie)(2007): Consumer's Choice 2007. www.bve-online.de/download/consumers_choice2007, 7.4.2011

BVerwG (Bundesverwaltungsgericht)(2007): Bundesverwaltungsgericht grenzt Nahrungsergänzungsmittel von Arzneimitteln ab. Pressemitteilung 49/2007, o.O.

Cahill, L., Prins, B., Weber, M., McGaugh, J.L. (1994): Beta-adrenergic activation and memory for emotional events. In: Nature 371(6499), S. 702–704

Carrier, C. (1993): La pratique sportive intensive en tant que conduite addictive. In: Nervure tome VI(9), S. 51–58

Carrier, C., Violette, J. (1990): Commitment to high level sports and addidictive behaviors in teenagers. In: Annales de Psychiatrie 5(1), S. 87–90

Carroll, J.B. (1993): Human cognitive abilities: A survey of factor-analytical studies. New York

Cephalon (2011): Mitteilung an die Angehörigen der Heilberufe zur Einschränkung der Anwendungsgebiete für Modafinil. www.akdae.de/Arzneimittelsicherheit/RHB/Archiv/2011/20110207.pdf, 7.4.2011

CIOMS (Council for International Organizations of Medical Sciences)(2002): International Ethical Guidelines for Biomedical Research Involving Human Subjects. Prepared by the Council for International Organizations of Medical Sciences (CIOMS) in collaboration with the World Health Organization (WHO). Genf

Clausen, J. (2006): Die »Natur des Menschen«: Geworden und gemacht – Anthropologisch-ethische Überlegungen zum Enhancement. In: Zeitschrift für medizinische Ethik 52, S. 391–401

Coenen, C. (2008): Schöne neue Leistungssteigerungsgesellschaft. In: TAB-Brief Nr. 33, S. 21–26

Coenen, C. (2009): Zauberwort Konvergenz. In: Technikfolgenabschätzung – Theorie und Praxis 18(2), S. 44–50

Coenen, C., Gammel, St., Heil, R., Woyke, A. (Hg.) (2010): Die Debatte über »Human Enhancement«. Historische, philosophische und ethische Aspekte der technologischen Verbesserung des Menschen. Bielefeld

Coenen, C., Schuijff, M., Smits, M., Klaassen, P., Hennen, L., Rader, M., Wolbring, G. (2009): Human Enhancement. European Parliament (IP/A/STOA/FWC/2005-28/SC32 & 39), Brüssel

Conrad, P. (1976a): The Discovery of Hyperkinesis: Notes on the Medicalization of Deviant Behaviour. In: Social Problems 23, S. 12–21

Conrad, P. (1976b): Identifying Hyperactive Children. The Medicalization of Deviant Behavior. Burlington

Conrad, P. (1992): Medicalization and social control. In: Annual Review of Sociology 18, S. 209–232

Conrad, P. (2005): The Shifting Engines of Medicalization. In: Journal of Health and Social Behavior 46(3), S. 3–14

Conrad, P., Potter, D. (2000). From Hyperactive Children to ADHD Adults: Observations on the Expansion of Medical Categories. In: Social Problems 47(4), S. 559–582

Daele, W. van den (2005): Einleitung: Soziologische Aufklärung zur Biopolitik. In: Daele, W. van den (Hg.): Biopolitik. Leviathan, Sonderheft 23, Wiesbaden, S. 7–41

Daele, W. van den (2010): Auf eigene Rechnung. Gegen Neuro-Enhancement lässt sich schwer argumentieren. In: WZB-Mitteilungen 127, S. 9–11

DAK (Deutsche Angestellten Krankenkasse)(2009): DAK Gesundheitsreport 2009. www.dak.de/content/filesopen/Gesundheitsreport_2009.pdf, 7.4.2011

Deary, I.J., Strand, S., Smith, P., Fernandes, C. (2007): Intelligence and educational achievement. In: Intelligence 35, S. 13–21

Deck, S. (2008): Roland Berger Studie: Globale Pharmabranche am Scheideweg. www.presseportal.de/pm/32053/1223962/roland_berger_strategy_consultants, 7.4.2011

DGB (Deutscher Gewerkschaftsbund)(Hg.) (2009): DGB-Index Gute Arbeit. Der Report 2009. www.dgb-index-gute-arbeit.de/downloads/publikationen/data/diga_report_09.pdf, 7.4.2011

DGE (Deutsche Gesellschaft für Ernährung) (2003): DGE-Stellungnahme: Vitaminversorgung in Deutschland. www.dge.de/modules.php?name=News&file=article&sid=344, 7.4.2011

DGN (Deutsche Gesellschaft für Neurologie)(2008): Leitlinien der DGN 2008. Narkolepsie. www.dgn.org/inhalte-a-z/509-leitlinien-der-dgn-narkolepsie-.html, 10.4.2011

DIMDI (Deutsches Institut für Medizinische Dokumentation und Information) (2010): Internationale statistische Klassifikation der Krankheiten und verwandter Gesundheitsprobleme. 10. Revision, German Modification, Version 2011. www.dimdi.de/static/de/klassi/diagnosen/icd10/htmlgm2011/index.htm, 7.4.2011

DKFZ (Deutsches Krebsforschungszentrum)(2010): Gesundheitliche Folgen des Rauchens. www.dkfz.de/de/tabakkontrolle/Gesundheitliche_Folgen_des_Rauchens.html; abgerufen am 7.4.2011

Domke, A., Großklaus, R., Niemann, B., Przyrembel, H., Richter, K., Schmidt, E., Weißenborn, A., Wörner, B., Ziegenhagen, R. (Hg.) (2004): Verwendung von Vitaminen in Lebensmitteln. Toxikologische und ernährungsphysiologische Aspekte, Teil I. Bundesinstitut für Risikobewertung, Berlin

Döpfner, M., Fröhlich, J., Lehmkuhl, G. (2000): Hyperkinetische Störungen: Leitfaden Kinder- und Jugendpsychologie. Göttingen/Hogrefe

Durga, J., Boxtel van M.P.J., Schouten, E.G., Kok F.J., Jolles, J., Katan, M.B., Verhoef, P., (2007): Effect of 3-year folic acid supplementation on cognitive function in older adults in the FACIT trial: a randomised, double blind, controlled trial. In: The Lancet 369(9557), S. 208–216

Eberbach, W.H. (2008): Die Verbesserung des Menschen. In: Medizinrecht, S. 325–336

EFSA (European Food Safety Autority) (2008): SI omega kids®/Pufan 3 kids® and serenity. www.efsa.europa.eu/en/scdocs/scdoc/831.htm, 7.4.2011

EFSA (2010): Scientific Opinion on the substantiation of health claims related to docosa hexaenoic acid (DHA). In: EFSA Journal 8(10), S. 1734; www.efsa.europa.eu/en/efsajournal/doc/1734.pdf, 7.4.2011

Egan, M.F., Goldberg, T.E., Kolachana, B.S., Callicott, J.H., Mazzanti, C.M., Straub, R.E., Goldman, D., Weinberger, D.R. (2001): Effect of COMT Val108/158 Met genotype on frontal lobe function and risk for schizophrenia. In: Proceedings of the National Academy of Sciences in the USA 98(12), S. 6917–6922

Elliott, R., Sahakian, B.J., Matthews, K., Bannerjea, A., Rimmer, J., Robbins, T.W. (1997): Effects of methylphenidate on spatial working memory and planning in healthy young adults. In: Psychopharmacology 131, S. 196–206

Emonson, D.L., Vanderbeek, R.D. (1995): The use of amphetamines in U.S. Air Force tactical operations during Desert Shield and Storm. In: Aviation, Space, and Environmental Medicine 66, S. 260–263

Emrich, E., Klein, M., Papathanassiou, V., Pitsch, W., Schwarz, M., Urhausen, A. (2004): Freizeit- und Gesundheitsverhaltens saarländischer Schüler. In: Deutsche Zeitschrift für Sportmedizin 55(9), S. 222–231

Enquete-Kommission (2002): Schlussbericht der Enquete-Kommission »Recht und Ethik der modernen Medizin«. Deutscher Bundestag, Drucksache 14/9020, Berlin

Europäischer Rat (2005): Additional Protocol to the Convention on Human Rights and Biomedicine concerning biomedical Research. European Treaty Series No. 195, Strasbourg

Europäisches Netzwerk für betriebliche Gesundheitsförderung (2007): Luxemburger Deklaration zur betrieblichen Gesundheitsförderung in der Europäischen Union. www.luxemburger-deklaration.de, 8.4.2011

EVM (Expert Group on Vitamins and Minerals) (2003): Safe Upper Levels for Vitamins and Minerals. www.food.gov.uk/multimedia/pdfs/vitmin2003.pdf, 7.4.2011

Fatke, B., Förstl, H. (2010): Pharmakologie und Suchtpotenzial von Neuro-Enhancern. In: Suchtmagazin 2/2010, S. 27–31

Ferrari, A., Coenen, C., Grunwald, A., Sauter, A. (2010): Animal Enhancement – Neue technische Möglichkeiten und ethische Fragen. Bundesamt für Bauten und Logistik, Beiträge zur Ethik und Biotechnologie 7, Bern

Ferreira, A., Lamarque, St., Boyer, P., Perez-Diaz, F., Jouvent, R., Cohen-Salmon, Ch. (2006): Spontaneous appetence for wheel-running: a model of dependency on physical activity in rat. In: European psychiatry 21(8), S. 580–588

Fiedeler, U. (2008): Stand der Technik neuronaler Implantate. Wissenschaftliche Berichte, FZKA 7387, Karlsruhe

Flöel, A., Roesser, N., Michka, O., Knecht, S., Breitenstein, C. (2008a): Non-invasive brain stimulation improves language learning. In: Journal of Cognitive Neuroscience 20, S. 1415–1422

Flöel, A., Vomhof, P., Lorenzen, A., Roesser, N., Breitenstein, C., Knecht, S. (2008b): Levodopa improves skilled hand functions in the elderly. In: European Journal of Neuroscience 27(5), S. 1301–1307

Foucault, M. (2002): Die Geburt der Klinik. Eine Archäologie des ärztlichen Blicks. Frankfurt/M.

Franke, A.G., Bonertz, C., Christman, M., Huss, M., Fellgiebel, A., Lieb, K. (2011): Non-medical use of prescpription stimulants and illicit use of stimulants of cognitive enhancement in pupils and students in Germany. In: Pharmacopsychiatry 44(2), S. 60–66

Franke, A.G., Lieb, K. (2010): Pharmakologisches Neuroenhancement und »Hirndoping« – Chancen und Risiken. In: Bundesgesundheitsblatt 53, S. 853–860

Franke, E. (2004): Die ethische Herausforderung der ästhetischen Sonderwelt des Sports – für die Sportwissenschaft. In: Pawlenka, C. (Hg.): Sportethik. Regeln – Fairneß – Doping. Paderborn, S. 187–198

Franke, E. (2007): Doping – ein nicht zufälliges Dilemma: Die traditionelle Athletenverantwortung in der (globalisierten) Systemwelt des Sports. Berlin

Frith, C.D., Frith, U. (2007): Social cognition in humans. In: Current Biology 17(16), S. R724–R732

Fuchs, M. (1998): Enhancement. In: Korff, W., Beck, L., Mikat, P. (Hg.): Lexikon der Bioethik. Band 1, Gütersloh, S. 604–605

Fuchs, M., Lanzerath, D., Hillebrand, I., Runkel, T., Balcerak, M., Schmitz. B. (2002): Enhancement. Die ethischeDiskussion über biomedizinische Verbesserungen des Menschen. Bonn

Fukuyama, F. (2004): Das Ende des Menschen. München.

Galert, T. (2009): Wie mag Neuro-Enhancement Personen verändern? In: Schöne-Seifert et al. 2009, S. 159–187

Galert, T., Bublitz, C., Heuser, I., Merkel, R., Repantis, D., Schöne-Seifert, B., Talbot, D. (2009): Das optimierte Gehirn. In: Gehirn und Geist 11/2009, S. 40–48

Gandolfi, S. (2006): Dottore, mi aiuti: Ho 80 anni e ne ho davanti ancora 40. In: Corriere della Sera Magazine Nr. 13, S. 82–84

Gärditz, K.F. (2010): Neuro-Enhancement – Doping fürs Gehirn? – die Sicht der Rechtswissenschaften. Vortrag auf dem Symposium »Neuro-Enhancement – Doping fürs Gehirn: Prüfungsvorbereitung auf Rezept?« Deutscher Hochschulverband, 29.11.2010, Bonn www.hochschulverband.de/cms1/fileadmin/redaktion/download/pdf/seminare/Gaerditz_Vortrag%29.pdf, 7.4.2011

Gassmann, O., Reepmeyer, G., Zedtwitz, M. von (2008): Leading Pharmaceutical Innovation. Berlin/Heidelberg

Gerlinger, K., Petermann, T., Sauter, A. (2008): Gendoping. Wissenschaftliche Grundlagen – Einfallstore – Kontrolle. Studien des Büros für Technikfolgen-Abschätzung beim Deutschen Bundestag 28, Berlin

Gerst, T. (2005): Individuelle Gesundheitsleistungen. Anstoß für eine offene Diskussion. In: Deutsches Ärzteblatt 102(20), S. A1414

Gesang, B. (2007): Perfektionierung des Menschen. Berlin

Gilbert, J.G., Donnelly, K.J., Zimmer, L.E., Kubis, J.F. (1973): Effect of magnesium pemoline and methylphenidate on memory improvement and mood in normal aging subjects. In: International Journal of Aging and Human Development 4, S. 35–51

Glaeske, G., Janhsen, K. (2005): GEK-Arzneimittelreport 2005. Auswertungsergebnisse der GEK-Arzneimitteldaten aus den Jahren 2003 bis 2004. GEK-Edition, Schriftenreihe zur Gesundheitsanalyse 36, St. Augustin

Gobbi, G., Slater, S., Boucher, N., Debonnel, G., Blier, P. (2003): Neurochemical and psychotropic effects of bupropion in healthy male subjects. In: Journal of Clinical Psychopharmacoloy 23, S. 233–239

Grabner, R., Neubauer, A., Stern, E. (2006): Superior Performance and Neural Efficiency. In: Brain Research Bulletin 69, S. 422–439

Grabner, R., Stern, E., Neubauer, A. (2003): When intelligence loses its impact: Neural efficiency during reasoning in a highly familiar area. In: International Journal of Psychophysiology 49, S. 89–98

Grafman, J., Pascual-Leone, A., Always, D., Nichelli, P., Gomez-Tortosa, E., Hallett, M. (1994): Induction of a recall deficit by rapid-rate transcranial magnetic stimulation. In: Neuroreport 5, S. 1157–1160

Greaves, P., Williams, A., Eve, M. (2004): First dose of potential new medicines to humans: how animals help. In: Nature Reviews Drug Discovery 3, S. 226–236

Grebe, W. (2010): Kaffee und physische Leistungsfähigkeit. Marburg

Greely, H., Sahakian, B., Harris, J., Kessler, R.C., Gazzaniga, M., Campbell, P., Farah, M.J. (2008): Towards responsible use of cognitive enhancing drugs by the healthy. In: Nature 456, S. 702–705

Grey, A. de, Rae, M. (2010): Niemals alt! So lässt sich das Altern umkehren. Fortschritte der Verjüngungsforschung. Bielefeld

Gron, G., Kirstein, M., Thielscher, A., Riepe, M.W., Spitzer, M. (2005): Cholinergic enhancement of episodic memory in healthy young adults. In: Psychopharmacology 182(1), S. 170–179

Grosse. K.-P. (2006): Therapie mit Fettsäuren bei Aufmerksamkeitsdefizit-Hyperaktivitätsstörungen. In: Pädiatrische Praxis 68, S. 264–269

Grunwald, A. (2008): Auf dem Weg in eine nanotechnologische Zukunft. Philosophisch-ethische Fragen. Angewandte Ethik 10, Freiburg/München

Grunwald, A. (2010): From Speculative Nanoethics to Explorative Philosophy of Nanotechnology. In: Nanoethics 4(2), S. 91–101

Habermas, J. (2001): Die Zukunft der menschlichen Natur. Auf dem Weg zu einer liberalen Eugenik? Frankfurt/M.

Harris, J. (2007): Enhancing Evolution. The Ethical Case for Making Better People. Princeton

Häßler, F., Dück, A., Reis, O., Buchmann, J. (2007): »Alternative« pharmakologische Therapien bei ADHS. In: Psychopharmakotherapie 14, S. 229–237

Hautefeuille, M. (2009): Dopage et vie quotidienne. Paris

Healy, D. (2004): Let Them Eat Prozac: The Unhealthy Relationship Between the Pharmaceutical Industry and Depression. New York

Heil, R. (2009): Transhumanismus, Nanotechnologie und der Traum von Unsterblichkeit. In: Ferrari, A., Gammel, S. (Hg.): Visionen der Nanotechnologie. Heidelberg, S. 25–50

Henke, K.D. (2009): Der zweite Gesundheitsmarkt. In: Public Health Forum 17(64), S. 16–18

Hennen, L., Grünwald, R., Revermann, C., Sauter, A. (2008): Einsichten und Eingriffe in das Gehirn. Die Herausforderung der Gesellschaft durch die Neurowissenschaften. Studien des Büros für Technikfolgen-Abschätzung beim Deutschen Bundestag 24, Berlin

Hennen, L., Petermann, T., Sauter, A. (2001): Das genetische Orakel. Prognosen und Diagnosen durch Gentests – eine aktuelle Bilanz. Studien des Büros für Technikfolgen-Abschätzung beim Deutschen Bundestag 10, Berlin

Hipp, A., Nieß, A. (2008): Vitamine im Sport – Nutzen oder Risiko? In: Deutsche Zeitschrift für Sportmedizin 59(3), S. 76–77

Hurrelmann, K. (2006): Gesundheitssoziologie. Eine Einführung in sozialwissenschaftliche Theorien von Krankheitsprävention und Gesundheitsförderung. Weinheim/München

Illich, I. (1975): Die Nemesis der Medizin – Die Kritik der Medikalisierung des Lebens. München

Ingvar, M., Ambros-Ingerson, J., Davis, M., Granger, R., Kessler, M., Rogers, G.A., Schehr, R.S., Lynch, G. (1997): Enhancement by an ampakine of memory encoding in humans. In: Experimental Neurology 146(2), S. 553–559

INSERM (Institut national de la santé et de la recherche médicale) (ed.) (2007). Activité physique. Contexte et effets sur la santé. Paris

IQWiG (Institut für Qualität und Wirtschaftlichkeit im Gesundheitswesen) (2008): Ginkgohaltige Präparate bei Alzheimer Demenz. www.iqwig.de/download/A05-19B_Abschlussbericht_Ginkgohaltige_Praeparate_bei_Alzheimer_Demenz.pdf, 7.4.2011

IQWiG (2009): Abschlussbericht A05-19C: Memantin bei Alzheimer Demenz. www.iqwig.de/download/A05-19C_Kurzfassung_Abschlussbericht_Memantin_bei_Alzheimer_Demenz.pdf&download=1, 7.4.2011

IQWiG (2011): Rapid Report A10-06 – Responderanalysen zu Memantin bei Alzheimer Demenz. www.iqwig.de/download/A10-06_Rapid-Report_Kurzfassung_Responder-analysen_zu_Memantin_bei_Alzheimer_Demenz.pdf, 7.4.2011

ITAS (Institut für Technikfolgenabschätzung und Systemanalyse)(2009): TA-Fragen und ethische Herausforderungen durch Converging Technologies. Schwerpunkt. In: Technikfolgenabschätzung in Theorie und Praxis 18(2), S. 4–50

Jaeggi, S.M., Buschkuehl, M., Jonides, J., Perrig, W.J. (2008): Improving fluid intelligence with training on working memory. In: Proceedings of the National Academy of Sciences of the United States of America 105(19), S. 6829–6833

Jäger, A.O., Süß, H.-M., Beauducel, A. (1982): Der Berliner Intelligenzstruktur-Test. www.psychologie.uni-mannheim.de/psycho2_alt/prod/bis/bis4.htm, 7.4.2011

Jost, P.J. (2008): Organisation und Motivation. Eine ökonomisch-psychologische Einführung. Wiesbaden

Jotterand, F. (2008): Beyond Therapy and Enhancement: The Alteration of Human Nature. In: Nanoethics 2, S. 15–23

Juengst, E.T. (1998): Was bedeutet »Enhancement«? In: Schöne-Seifert/Talbot 2009, S. 25–45

Karsch, F. (2007): Entgrenzung von Krankheit und Gesundheit: Fallbeispiel ADHS. Arbeitspapier 1/2007, zum Projekt A2 des SFB536 »reflexive Modernisierung«. Unveröffentlichtes Manuskript, Universität Augsburg

Kenagy, D.N., Bird, C.T., Webber, C.M., Fischer, J.R. (2004): Dextroamphetamine use during B-2 combat missions. In: Aviation, Space, and Environmental Medicine 75, S. 381–386

Kettner, M. (2006a): »Wunscherfüllende Medizin« zwischen Kommerz und Patientendienlichkeit. In: Ethik in der Medizin 18 (1), S. 81–91

Kettner, M. (2006b): »Wunscherfüllende Medizin« – Assistenz zum besseren Leben? www-theol.kfunigraz.ac.at/cms/dokumente/10004575/2a85af7c/Wunscherf%FCllende+Medizin_Kettner.pdf, 7.4.2011

Kickbusch, I. (2006): Die Gesundheitsgesellschaft. Megatrends der Gesundheit und deren Konsequenzen für Politik und Gesellschaft. Gamburg

Kipke, R. (2010): Was ist so anders am Neuroenhancement? Pharmakologische und mentale Selbstveränderung im ethischen Vergleich. In: Honnefelder, L., Sturma, D.: Jahrbuch für Wissenschaft und Ethik 2010, Berlin/New York, S. 69–100

Kläber, M. (2009): Medikamentenmissbrauch im Freizeit- und Breitensport. Sportausschuss des Deutschen Bundestages, Ausschussdrucksache 198, Berlin, S. 3–49

Klentze, M. (2003): Die Macht der eigenen Hormone. München

Knecht, S., Breitenstein, C., Bushuven, S., Wailke, S., Kamping, S., Flöel, A., Zwitserlood, P., Ringelstein, E.B. (2004): Faster and better language learning with levodopa. In: Annals of Neurology 56, S. 20–26

Kollek, R., Lemke, T. (2008): Der medizinische Blick in die Zukunft. Gesellschaftliche Implikationen prädiktiver Gentests. Frankfurt/New York

Koselleck, R. (1989): Zur historisch-politischen Semantik asymmetrischer Gegenbegriffe. In: Koselleck, R.: Vergangene Zukunft. Zur Semantik geschichtlicher Zeiten. Franfurt/M., S. 211–260

Krämer, F. (2009): Neuro-Enhancement von Emotionen. Zum Begriff emotionaler Authentizität. In: Schöne-Seifert et al. 2009, S. 189–217

Kramer, P.D. (1993): Listening to Prozac: A Psychiatrist explores antidepressant drugs and the remaking of the self. New York

Kubinger, K., Jäger, R. (2003): Schlüsselbegriffe der Psychologischen Diagnostik. Weinheim

Landau, K., Presse, G. (Hg.) (2009): Medizinisches Lexikon der beruflichen Belastungen und Gefährdungen: Definition – Vorkommen – Gefährdungen. Stuttgart

Langlitz, N. (2010a): Neuro-Enhancement: Das Gehirn ist kein Muskel. In: FAZ net; www.faz.net/s/Rub7F74ED2FDF2B439794CC2D664921E7FF/Doc~EC8AFAD35 9F794C97B4E82E560F7AF7D7~ATpl~Ecommon~Scontent.html, 7.4.2011

Langlitz, N. (2010b): »Better Living Through Chemistry« – Entstehung, Scheitern und Renaissance einer psychedelischen Alternative zur kosmetischen Psychopharmakologie. In: Coenen et al. 2010, S. 263–286

Larson, E.B., Carroll, M.E. (2005): Wheel running as a predictor of cocaine self-administration and reinstatement in female rats. In: Pharmacology Biochemistry & Behavior 82, S. 590–600

Lau, C., Keller, R. Viehöver, W., Wehling, P. (2005): Biologisierung des Sozialen oder neue Biosozialität? Die Erosion alltagsnaher Natur-Gesellschafts-Unterscheidungen und ihre Konsequenzen. In: Sonderforschungsbereich 536 Reflexive Modernisierung – Analysen zur Transformation der industriellen Moderne. Band 1, München, S. 19–64

Lau, Ch., Keller, R. (2001): Natur und Gesellschaft – Zur Politisierung gesellschaftlicher Naturabgrenzungen. In: Beck, U., Bonß, W. (Hg.): Die Modernisierung der Moderne. Frankfurt/M., S. 82–95

Lemke, T. (2006): Die Polizei der Gene. Formen und Felder genetischer Diskriminierung. Frankfurt/M.

Lenk, C. (2002): Therapie und Enhancement. Ziele und Grenzen der modernen Medizin. Münster

Lenk, C. (2009): Kognitives Enhancement und das Argument der offenen Lebensweges. In: Schöne-Seifert et al. 2009, S. 93–106

Lieb, K. (2010): Hirndoping. Warum wir nicht alles schlucken sollten. Mannheim

Lindenberger, U., Li, S.-C., Bäckmann, L. (2006): Delineating Brain-behavior Mappings Accross the Life Span: Substantive and Methodological Advances in Developmental Neuroscience. In: Neuroscience and Biobehavioral Reviews 30, S. 713–717

Löbell-Behrends, S., Schweizer, D., Kohl-Himmelseher, M., Maixner, S., Marx, G., Lachenmeier, D.W. (2008): Sportlernahrungsmittel – Internethandel von als »hormonell-aktiv« beworbenen Produkten. In: Deutsche Lebensmittel-Rundschau 104(9), S. 415–422

Lowenstein, W. (2005): Ces dépendances qui nous gouvernent. Comment s'en libérer? Paris

Lowenstein, W., Arvers, P., Gourarier, L., Porche, A.S., Cohen, J.M. et al. (2000): Physical and sports activities in the history of patients treated for addictions. Report 1999 of the study sponsored by the Ministry of Youth and Sports (France). In: Annales de Médecine Interne 151, Paris, Supplement A, S. A18–A26

Lück, H.E., Miller, R., Rechtien, W. (Hg.) (1984): Geschichte der Psychologie. Ein Handbuch in Schlüsselbegriffen. München

Luhmann, N. (1984): Soziale Systeme. Grundriss einer allgemeinen Theorie. Frankfurt/M.

Luhmann, N. (1990): Der medizinische Code. In: Soziologische Aufklärung 5. Konstruktivistische Perspektiven. Opladen, S. 183–195

Lüschen, G. (1981): Betrug im Sport: Formen, Ursachen und soziale Kontrolle. In: Kutsch, T., Wiswede, G.: Sport und Gesellschaft: Die Kehrseite der Medaille. Königstein/Taunus, S. 200–211

Mac Donald, S., Nyberg, L., Bäckmann, L. (2007): Intra-individual variability in behavior: links to brain structure, neurotransmission and neuronal activity. In: Trends in Neurosciences 8, S. 474–480

Maher, B. (2008): Poll results: look who's doping. Nature 452(10), S. 674–675

Maio, G. (2006): Die Präferenzorientierung der modernen Medizin als ethisches Problem. Ein Aufriss am Beispiel der Anti-Aging-Medizin. In: Zeitschrift für medizinische Ethik 52, S. 339–354

Marckmann, G. (2000): Was ist eigentlich prinzipienorientierte Medizinethik? In: Ärzteblatt Baden-Württemberg 56(12), S. 499–502

Maritsch, F., Uhl, A. (1989): Kaffee und Tee. In: Scheerer, S., Vogt, I. (Hg.): Drogen und Drogenpolitik. Frankfurt/M.

Markert, D. (2008): Das Jungbrunnenwunder. Der Markert-Plan für 120 Jahre Lebenskraft. Hannover

Marshall, L., Helgadóttir, H., Mölle, M., Born, J. (2006): Boosting slow oscillations during sleep potentiates memory. In: Nature 444(7119), S. 610–613

Mattay, V.S., Callicott, J.H., Bertolino, A., Heaton, I., Frank, J.A., Coppola, R., Berman, K.F., Goldberg, T.E., Weinberger, D.R. (2000): Effects of dextroamphetamine on cognitive performance and cortical activation. In: Neuroimage 12, S. 268–275

Mattay, V.S., Goldberg, T.E., Fera, F., Hariri, A.R., Tessitore, A., Egan, M.F., Kolachana, B., Callicott, J.H., Weinberger, D.R. (2003): Catechol O-methyltransferase val158-met genotype and individual variation in the brain response to amphetamine. In: Proceedings of the National Academy of Sciences of the USA 100, S. 6186–6191

McCabe, S.E., Knight, J.R., Teter, C.J., Wechsler, H. (2005): Nonmedical Use of Prescription Stimulants among U.S. College Students: Prevalence and Correlates from a National Survey. In: Addiction 100, S. 96–106

Meffert, M., Burmann, C., Kirchgeorg, M. (2007): Marketing. Grundlagen marktorientierter Unternehmensführung. Konzepte – Instrumente – Praxisbeispiele. Wiesbaden

Mehta, M.A., Owen, A.M., Sahakian, B.J., Mavaddat, N., Pickard, J.D., Robbins, T.W. (2000): Methylphenidate enhances working memory by modulating discrete frontal and parietal lobe regions in the human brain. In: Journal of Neuroscience 20(6), S. RC65

Merkel, B., Boer, G., Fegert, J., Galert, T., Hartmann, D., Nuttin, B., Rosahl, S. (2007): Intervening in the Brain – Changing Psyche and Society. Berlin/Heidelberg

Merkel, R. (2005): Fremdnützige klinische Forschung ein Einwilligungsunfähigen? Rechtsethische Grundlagen. In: Brudermüller, G., Hauck, M.E., Lücker, P.W., Seelmann, K., Westhofen, M. (Hg.): Forschung am Menschen. Ethische Grenzen medizinischer Machbarkeit. Würzburg, S. 137–173

Metzinger, T. (2009): Schönheitchirurgie für die Seele. (Interview) In: Gehirn & Geist 11/2009, S. 50–51

Miller, P., Wilsdon, J. (eds.) (2006): Better Humans? The politics of human enhancement and life extension. London

Minssen, H., Wilkesmann, U. (2003): Lassen Hochschulen sich steuern? In: Soziale Welt 54(2), S. 123–144

Morris, M.C., Evans, D.A., Tangney, C.C., Bienias, J.L., Wilson, R.S. (2005): Fish consumption and cognitive decline with age in a large community study. In: Archives of Neurology 62(12), S. 1849–1853

MRI (Max-Rubner-Institut)(2008): Nationale Verzehrsstudie II; Ergebnisbericht, Teil 1. www.was-esse-ich.de/uploads/media/NVS_II_Abschlussbericht_Teil_1_mit_Ergaenzungsbericht.pdf, 8.4.2011

Müller, O. (2008): Der Mensch zwischen Selbstgestaltung und Selbstbescheidung. Zu den Möglichkeiten und Grenzen anthropologischer Argumente in der Debatte um das Neuroenhancement. In: Clausen, J., Maio, G., Müller, O. (Hg.): Die »Natur des Menschen« in Neurowissenschaft und Neuroethik. Würzburg, S. 185–209

Müller, S. (2009): Ist »Cognitive Enhancement« zur Steigerung der Intelligenz ethisch geboten? Diskussion utilitaristischer und idealistischer Argumente. In: Schöne-Seiffert et al. 2009, S. 107–139

Mumenthaler, M.S., Yesavage, J.A., Taylor, J.L., O'Hara, R., Friedman, L., Lee, H., Kraemer, H.C. (2003): Psychoactive drugs and pilot performance: a comparison of nicotine, donepezil, and alcohol effects. In: Neuropsychopharmacology 28(7), S. 1366–1373

NADA (Nationale Anti Doping Agentur) (2009): Nationaler Anti Doping Code. www.nada-bonn.de/fileadmin/user_upload/nada/Recht/Codes_Vorlagen/080930_NADA_Code_2009_final.pdf, 8.4.2011

Nagel, S., Stephan, A. (2009): Was bedeutet Neuroenhancement? Potentiale, Konsequenzen, ethische Dimensionen. In: Schöne-Seiffert et al. 2009, S. 19-47

Nassehi, A.(2006): Die Praxis ethischen Entscheidens: Eine soziologische Forschungsperspektive. In: Zeitschrift für medizinische Ethik 52, S. 367–377

Nationaler Ethikrat (2004): Wortprotokoll Niederschrift über die Jahrestagung, Welche Ärzte will unsere Gesellschaft? www.ethikrat.org/dateien/pdf/Wortprot-koll_Jahres tagung_2004-10-21.pdf, 8.4.2011

Neubauer, A., Stern, E. (2007): Lernen macht intelligent. München

Nink, K., Schröder, H. (2005): Zu Risiken und Nebenwirkungen: Lesen Sie die Packungsbeilage? WIdO-Materialien 53, Bonn

Nordmann, A. (2007): If end Then: A Critique of Speculative Nanoethics. In: Nanoethics 1(1), S. 31–46

ntv (2009): Angst und Depressionen. Bachelor-Studenten gestresst. www.n-tv.de/rat geber/jobkarriere/Bachelor-Studenten-gestresst-article54273.html, 8.4.2011

Nye, R.A. (2003): The Evolution of the Concept of Medicalization in the Late Twentieth Century. In: Journal of History of the Behavioural Sciences 39, S. 115–129

OECD (Organisation for Economic Co-operation and Development) (2010): OECD Health Data 2010: Statistics and Indicators. www.oecd.org/document/30/0, 3746,en_2649_37407_12968734_1_1_1_37407,00.html, 8.4.2011

ÖKO-TEST (2008): Pressemitteilung. Vitamine und Mineralstoffe. http://presse.oeko test. de/presse/PM-M0802-Vitamine.pdf, 8.4.2011

Othman, N., Vitry, A., Roughead, E.E. (2009): Quality of Pharmazeutical Advertisements in Medical Journals: A Systematic Review. In: PLoS ONE 4(7): e6350. doi:10.1371/journal.pone.0006350

Owen, A.M., Hampshire, A., Grahn, J.A., Stenton, R., Dajani, S., Burns, A.S., Howard, R.J., Ballard, C.G. (2010): Putting brain training to the test. In: Nature 465, S. 775–779

Papp, K.V., Walsh, S.J., Snyder, P.J. (2009): Immediate and delayed effects of cognitive interventions in healthy elderly: a review of current literature and future directions. In: Alzheimers Dement 5, S. 50–60

Parens, E. (ed.) (1998): Enhancing Human Traits: Ethical and Social Implications. Washington, D.C.

Pascual-Leone, A., Valls-Sole, J., Wassermann, E. M., Brasil-Neto, J., Hallet, M. (1994): Responses to rapid-rate transcranial magnetic stimulation of the human motor cortex. In: Brain 117, S. 847–858

Pascual-Leone, A., Valls-Sole, J., Wassermann, E.M., Brasil-Neto, J., Hallett. M. (1991): Responses to rapid-rate transcranial magnetic stimulation of left dorsolateral prefrontal cortex in drug-resistant depression. In: Neurology 41(5), S. 697–702

Peretti-Watel, P. (2009): Sports and Drugs: Further Interpretative Hypotheses Are Necessary. In: Addiction 104, S. 150–151

Pfeiffer, T., Heinke, T., Portugall, P. (2010): Rechtsvergleichende Untersuchung der Verbraucherinformationsrechts in Deutschland, Belgien, Dänemark, Frankreich, Großbritannien, Irland, Schweden, und den Vereinigten Staaten von Amerika. Abschlussbericht Band I. Im Auftrag der Bundesanstalt für Landwirtschaft und Ernährung. http://download.ble.de/08HS025.pdf, 8.4.2011

Philipsen, A., Hesslinger, B., Tebartz van Elst, L. (2008): Aufmerksamkeitsdefizit-Hyperaktivitätsstörung (ADHS) im Erwachsenenalter (Diagnostik, Ätiologie und Therapie). In: Deutsches Ärzteblatt 17, S. 311–317

Pitsch, W., Emrich, E., Klein, M. (2005): Zur Häufigkeit des Dopings im Leistungssport. Ergebnisse eines www-surveys. In: Leipziger Sportwissenschaftliche Beiträge 46(2), S. 63–77

Pitsch, W., Maats, P., Emrich, E. (2009): Zur Häufigkeit des Dopings im deutschen Spitzensport. In: magazin forschung 1/2009, S. 15–19; www.uni-saarland.de/file admin/user_upload/Campus/Forschung/forschungsmagazin/2009/1/Emrich.pdf; abgerufen 8.4.2011

President's Council on Bioethics (2003): Beyond Therapy. Biotechnology and the Pursuit of Happiness. http://bioethics.georgetown.edu/pcbe/reports/beyondtherapy/be yond_therapy_final_webcorrected.pdf, 8.4.2011

Quednow, B.B. (2010): Neurophysiologie des Neuro-Enhancements: Möglichkeiten und Grenzen. In: Sucht-Magazin 2/2010, S. 19–25

Randall, D.C., Shneerson, J.M., File, S.E. (2005): Cognitive effects of modafinil in student volunteers may depend on IQ. In: Pharmacology Biochemistry and Behavior 82, S. 133–139

Repantis, D., Laisney, O., Heuser, I. (2010a): Acetylcholinesterase inhibitors and memantive for neuroenhancement in healthy individuals: A systematic review. In: Pharmacological Research 61, S. 473–481

Repantis, D., Laisney, O., Heuser, I. (2010b): Modafinil and methylphenidat for neuroenhancement in healthy individuals: A systematic review. In: Pharmacological Research 62(3), S. 187–206

Repantis, D., Schlattmann, P., Laisney, O., Heuser, I. (2009): Antidepressants for neuroenhancement in healthy individuals: A systematic review. In: Poiesis & Praxis 6, S. 139–174

Rheinberger, H.-J. (1996): Jenseits von Natur und Kultur. In: Borck, C. (Hg.): Anatomien medizinischen Wissens. Medizin, Macht, Moleküle. Frankfurt/M., S. 287–306

Richardson, A.J., Montgomery, P. (2005): The Oxford-Durham Study: A Randomized, Controlled Trial of Dietary Supplementation With Fatty Acids in Children With Developmental Coordination Disorder. In: Pediatrics 115, S. 1360–1366

Ridding, M.C., Rothwell, J.C. (2007): Is there a future for therapeutic use of transcranial magnetic stimulation? In: Nature Reviews Neuroscience 8, S. 559–567

Rieser, S. (2005): IGeL-Markt. Seriös durch Siegel. In: Deutsches Ärzteblatt 102 (27), S. A 1922

Roco, M., Bainsbridge, W.S. (2002): Converging Technologies for Improving Human Performance. Washinton, D.C.

Roehrs, T., Meixner, R., Turner, L., Johanson, C.E., Roth, T. (2004): Reinforcing and subjective effects of methylphenidate: Dose and time in bed. In: Experimental and Clinical Psychopharmacology 12, S. 180–189

Roehrs, T., Papineau, K., Rosenthal, L., Roth, T. (1999): Sleepiness and the reinforcing and subjective effects of methylphenidate. In: Experimental and Clinical Psychopharmacology 7, S. 145–150

Rose, N. (2005): Will Biomedicine transform Society? The political, economic, social and personal Impact of medical Advances in the Twenty First Century. www.lse.ac.uk/collections/LSEPublicLecturesAndEvents/pdf/20050202-WillBiomedicine-NikRose.pdf, 8.4.2011

Rötzer, F. (2002): US-Kampfpiloten auf Speed. In: telepolis 07.08.2002, www.heise.de/tp/r4/artikel/13/13046/1.html, 8.4.2011

Sahakian, B., Morein-Zamir, S. (2007): Professor's little helper. In: Nature 450(20), S. 1157–1159

Salomon, G., Perkins, D.N. (1989): Rocky roads to transfer: Rethinking mechanisms of a neglected phenomenon. In: Educational Psychologist 24(2), S. 113–142

SAMW (Schweizerische Akademie der Medizinischen Wissenschaften) (2009): Forschung mit Menschen. Ein Leitfaden für die Praxis. Basel

Sandel, M. (2008): Plädoyer gegen die Perfektion. Ethik im Zeitalter der genetischen Technik. Berlin

Savulecu, J., Bostrom, N. (eds.) (2008): Human Enhancement. Oxford

Schäfer, G., Groß, D. (2008): Eingriff in die personale Identität. Argumente für psychopharmakologisches Enhancement greifen zu kurz. In: Deutsches Ärzteblatt 105(5), S. A210–A212

Schänzer, W. (2003): Untersuchung von Nahrungsergänzungsmittel-ähnlichen Produkten der Deutschen »Rote Liste®« auf anabol-androgene Steroide. www.dopinginfo.de/rubriken/07_info/NEM_030923.pdf, 8.4.2011

Schermer, M., Bolt, I., de Jongh, R., Olivier, B. (2009): The Future of Psychopharmacological Enhancements: Expectations and Policies. In: Neuroethics 2009(2), S. 75–87

Schleim, S. (2010): Enhancement: Wer will immer mehr leisten? In: telepolis 23.01.2010, www.heise.de/tp/r4/artikel/31/31803/1.html, 8.4.2011

Schmidt-Felzmann, H. (2009): Prozac und das wahre Selbst: Authentizität bei psychopharmakologischem Enhancement. In: Schöne-Seiffert et al. 2009, S. 143–158

Schöne-Seifert, B. (2006): Pillen-Glück statt Psycho-Arbeit. Was wäre dagegen einzuwenden? In: Ach/Pollmann 2006, S. 279–291

Schöne-Seifert, B. (2009): Neuro-Enhancment: Zündstoff für tiefergehende Kontroversen. In: Schöne-Seiffert et al. 2009, S. 347–363

Schöne-Seifert, B., Talbot, D. (Hg.) (2009): Enhancement. Die ethische Debatte. Paderborn

Schöne-Seifert, B., Talbot, D., Oploka, U., Ach, J.S. (Hg.) (2009): Neuro-Enhancement. Ethik vor neuen Herausforderungen. Paderborn

Schwabe, U., Paffrath, D. (Hg.) (2008): Arzneiverordnungs-Report 2007. Heidelberg

Simon, J., Robienski, J., Paslack, R. (2007): Rechtliche Aspekte des Gendopings im Sport. Lüneburg/Bielefeld

Singler, A., Treutlein, G. (2001): Doping – von der Analyse zur Prävention. Vorbeugung gegen abweichendes Verhalten in soziologischem und pädagogischem Zugang. Band 2, Aachen

Singler, A., Treutlein, G. (2006): Doping im Spitzensport. Aachen

Singler, A., Treutlein, G. (2007): Doping in demokratischen Gesellschaftssystemen. Mainz/Heidelberg

Solomon, P.R., Adams, F., Silver, A., Zimmer, J., DeVeaux, R. (2008): Ginkgo for Memory Enhancement. A Randomized Controlled Trial. In: The Journal of the American Medical Association 288, S. 835–840

Spitzer, M. (2003): Lernen. Gehirnforschung und die Schule des Lebens. Heidelberg/Berlin

Statistisches Bundesamt (2010a): Gesundheitsausgabenrechnung. Wiesbaden

Statistisches Bundesamt (2010b): Gesundheitsberichterstattung des Bundes. Wiesbaden

Steer, L., Straßmann, V. (2008). Verordnung von Psychostimulanzien zur Behandlung des ADHS. In: Bayrisches Ärzteblatt 11/2008, S. 682–683

Stern, E. (2010): Was heißt hier erblich? In: Die Zeit 2.9.2010, Nr. 36

Sternberg, R. (2008): Increasing fluid intelligence is possible after all. In: Proceedings of the National Academy of Sciences of the United States of America 105(19), S. 6791–6792

Stieglitz, T. (2010): Neuroprothetik und Neuromodulation. In: Bundesgesundheitsblatt 53(8), S. 783–790

Stix, G. (2010): Doping für das Gehirn. In: Spektrum der Wissenschaft 01/10, S. 46–54

Striegel, H., Simon, P., Frisch, St., Roecker, K., Dietz, K., Dickhuth, H.H., Ulrich, R. (2006): Anabolic ergogenic substance users in fitness-sports: A distinct group supported by the health care system. In: Drug and Alcohol Dependence 81, S. 11–19

Stuckelberger, A. (2008): Anti-Ageing Medicine: Myths and Chances. TA-SWISS 52, Zürich

Sürmann, H. (2007): Arzneimittelkriminalität – ein Wachstumsmarkt? Bundeskriminalamt (Hg.), Wiesbaden

Sykes, G.M., Matza, D. (1968): Techniken der Neutralisierung: Eine Theorie der Delinquenz. In: Sack, F., König, R. (Hg.): Kriminalsoziologie. Frankfurt/M., S. 360–371

Szasz, T.S. (1961): The Myth of Mental Illness: Foundations of a Theory of Personal Conduct. New York

TAB (Büro für Technikfolgen-Abschätzung beim Deutschen Bundestag) (1999): Functional Food – Funktionelle Lebensmittel (Autoren: Hüsing, B., Menrad, K., Menrad, M., Scheef, G.). TAB-Hintergrundpapier Nr. 4, Berlin

TAB (2000): Risikoabschätzung und Nachzulassungs-Monitoring transgener Pflanzen (Autoren: Sauter, A., Meyer, R.). TAB-Arbeitsbericht Nr. 68, Berlin

TAB (2007): Hirnforschung (Autoren: Hennen, L., Grünwald, R., Revermann, C., Sauter, A.). TAB-Arbeitsbericht Nr. 117, Berlin

TAB (2008a): Konvergierende Technologien und Wissenschaften. Der Stand der Debatte und politischen Aktivitäten zu »Converging Technologies« (Autor: Coenen, C.) TAB-Hintergrundpapier Nr. 16, Berlin

TAB (2008b): Gendoping (Autoren: Gerlinger, K., Petermann, T., Sauter, A.). TAB-Arbeitsbericht Nr. 124, Berlin

TAB (2010): Stand und Bedingungen klinischer Forschung in Deutschland und im Vergleich zu anderen Ländern unter besonderer Berücksichtigung nichtkommerzieller Studien (Autoren: Bührlen, B., Georgieff, P., Vollmar, H.C.). TAB-Arbeitsbericht Nr. 135, Berlin

Talbot, D. (2009): Ist Neuro-Enhancement keine ärztliche Angelegenheit? In: Schöne-Seiffert et al. 2009, S. 321–345

Teter, C.J., McCabe, S.E., Cranford, J.A., Boyd, C.J., Guthrieb, S.K. (2005): Prevalence and Motives for Illicit Use of Prescription Stimulants in an Undergraduate Student Sample. In: Journal of American College Health; www.informaworld.com/smpp/ftinterface~content=a925301023~fulltext=713240930~frm=content, 10.10.2009

Thomsen, J.J., Rentsch, R.L., Robach, P., Calbet, J.A.L., Boushel, R., Rasmussen, P., Lundby, J., Lundby, C. (2007): Prolonged administration of recombinant human erythropoietin increases submaximal performance more than maximal aerobic capacity. In: Journal of Applied Physiology 101(4), S. 481–486

Vellas, B., Andrieu, S., Sampaio, C., Wilcock, G. (2007): Disease-modifying trials in Alzheimer's disease: a European task force consensus. In: Lancet Neurology 6, S. 56–62

Verheugen, G. (2005): Wachstumsmarkt Gesundheit in Europa. www.journal-of-preventive-medicine.com/pdf/artikel030101.pdf, 15.10.2009

VfA (Verband der forschenden Arzneimittelhersteller) (2010): Vfa-Unternehmen registrieren ihre Studien und publizieren die Ergebnisse. www.vfa.de/de/wirtschaft-politik/artikel-wirtschaft-politik/studien-und-ergebnisse.html, 8.4.2011

Villa, P.-I. (Hg.) (2008): Schön normal. Manipulationen am Körper als Technologien des Selbst. Bielefeld

Vock, M. (2004): Arbeitsgedächtniskapazität bei Kindern mit durchschnittlicher und hoher Intelligenz. Dissertation Fachgebiet Psychologie. http://miami.uni-muenster.de/servlets/DerivateServlet/Derivate-2643/diss_vock/diss_vock.pdf, 8.4.2011

Völkel, N. (2007): Der Einfluss der repetitiven Transkraniellen Magnetstimulation auf CCK-4-induzierte Panikattacken. Münschen

WADA (World Anti-Doping Agency) (2011): The 2011 Prohibited List, International Standard. www.nada-bonn.de/fileadmin/user_upload/nada/Medizin/Prohibited_List_2011.pdf, 8.4.2011

Wasem, J., Greß, S. (2006): Direkte Patienteninformationen für verschreibungspflichtige Arzneimittel – Internationale Erfahrungen und Optionen für Deutschland. www.mm.wiwi.uni-due.de/fileadmin/fileupload/BWL-MEDMAN/Forschung/Abschlussbericht Patienteninformationen.pdf, 8.4.2011

Wehling, M. (2005): Klinische Pharmakologie. Stuttgart

Wehling, P. (2005): Social inequalities beyond the modern nature-society-divide? The cases of cosmetic surgery and predictive genetic testing. In: Science, Technology & Innovation Studies 1, S. 3–15

Wehling, P. (2006): Im Schatten des Wissens? Perspektiven der Soziologie des Nichtwissens. Konstanz

Wehling, P. (2008a): Selbstbestimmung oder sozialer Optimierungsdruck? Perspektiven einer kritischen Soziologie der Biopolitik. In: Leviathan 36, S. 249–273

Wehling, P. (2008b): Biomedizinische Optimierung des Körpers – individuelle Chance oder suggestive soziale Norm? In: Rehberg, K.S. (Hg.): Die Natur der Gesellschaft. Verhandlungen des 33. Kongresses der Deutschen Gesellschaft für Soziologie in Kassel 2006. Frankfurt/New York

Wehling, P. (2008c): Von der Schüchternheit zur Sozialen Angststörung: Die Medikalisierung alltäglichen Verhaltens. In: Neue Zeitschrift für Sozialforschung 4(2), S. 151–161

Wehling, P., Viehöver, W., Keller, R., Lau, C. (2007): Zwischen Biologisierung des Sozialen und neuer Biosozialität: Dynamiken der biopolitischen Grenzüberschreitung. In: Berliner Journal für Soziologie 17(4), S. 547–567

Weiss, B., Laties, V.G. (1962): Enhancement of human performance by caffeine and the amphetamines. In: Pharmacological Review 14, S. 1–36

Weltärztebund (2008): Deklaration des Weltärztebundes von Helsinki. Ethische Grundsätze für die medizinische Forschung am Menschen. www.aerzteblatt.de/v4/plus/down.asp?typ=PDF&id=5324, 8.4.2011

Werner, M.H. (2004): Krankheitsbegriff und Mittelverteilung: Beitrag zu einer konservativen Therapie. In: Mazouz, N., Werner, M.H., Wiesing, U. (Hg.): Krankheitsbegriff und Mittelverteilung. Baden-Baden, S. 139–156

Wesensten, N.J., Killgore, W.D., Balkin, T.J. (2005): Performance and alertness effects of caffeine, dextroamphetamine, and Modafinil during sleep deprivation. In: Journal of Sleep Research 14, S. 255–266

Wesensten, N.J., Reichardt, R.M., Balkin, T.J. (2007): Ampakine (CX717) effects on performance and alertness during simulated night shift work. In: Aviation, Space, and Environmental Medicine 78(10), S. 937–943

Weß, L. (Hg.) (1989): Die Träume der Genetik. Gentechnische Utopien vom sozialen Fortschritt. Schriften der Hamburger Stiftung für Sozialgeschichte des 20. Jahrhunderts, Band 6, Nördlingen

Wezenberg, E., Verkes, R.J., Ruigt, G.S., Hulstijn, W., Sabbe, B.G. (2007): Acute effects of the ampakine farampator on memory and information processing in healthy elderly volunteers. In: Neuropsychopharmacology 32(6), S. 1272–12383

Whitehouse, P.J., Juengst, E.T., Mehlman, M., Murray, T.H. (1997): Verbesserung der Kognition bei intellektuell normalen Menschen. In: Schöne-Seifert/Talbot 2009, S. 213–234

WHO (World Health Organization) (1946 Stand 2009):Verfassung der Weltgesundheitsorganisation. www.admin.ch/ch/d/sr/i8/0.810.1.de.pdf, 8.4.2011

WHO (1986): Ottawa Charter for Health Promotion. www.euro.who.int/de/who-we-are/policy-documents/ottawa-charter-for-health-promotion,-1986, 8.4.2011

WHO (2010): WHO Essential Medicines Library. http://apps.who.int/emlib/Medicine Display.aspx?Language=EN&MedIDName=186 %40levodopa+carbidopa, 8.4.2011

Williams, E., Abarbanel, H., Brenner, M., Despain, A., Drell, S., Dyson, F., Joyce, G., Lewis, N., Press, W., Vesecky, J., Woodin, H. (2008): Human Performance. Report Nr. JSR-07-625 des Office of Defense Research and Engineering des Pentagon, Washington, D.C.; www.fas.org/irp/agency/dod/jason/human.pdf, 7.4.2011

Winters, J., Nettekoven, S., Ritter, G., Hahn, A. (2008): »Muskelaufbaupräparate« aus Konsumentensicht – Ergebnisse einer Verbraucherbefragung in Nordrhein-Westphalen. In: Journal für Verbraucherschutz und Lebensmittelsicherheit 3(4), S. 380–384

Wissenschaft-Online-Lexika: Coffein. Lexikon der Ernährung; www.wissenschaft-online.de abgerufen am 8.4.2011

WMA (World Medical Association) (2008): World Medical Association Declaration of Helsinki – Ethical Principles for Medical Research Involving Human Subjects. www.wma.net/en/30publications/10policies/b3/17c.pdf, 7.4.2011

Wyatt, J.K., Cajochen, C., Ritz-De Cecco, A., Czeisler, C.A., Dijk, D.J. (2004): Low-dose repeated caffeine administration for circadian-phase–dependent performance degradation during extended wakefulness. In: Sleep 27(3), S. 374–381

Yates, A. (1991): Compulsive exercise and the eating disorders: toward an integrated theory of activity. New York

Yerkes, R.M., Dodson, J.D. (1908): The relation of strength of stimulus to rapidity of habit-formation. In: Journal of Comparative Neurology and Psychology 18, S. 459–482

Yesavage, J.A., Mumenthaler, M.S., Taylor, J.L., Friedman, L., O'Hara, R., Sheikh, J., Tinklenberg, J., Whitehouse, P.J. (2002): Donepezil and flight simulator performance: effects on retention of complex skills. In: Neurology 59, S. 123–125

Zagermann-Muncke, P., Frölich, S., Schulz, M. (2010): Unerwünschte Wirkungen an die AMK melden. In: Pharmazeutische Zeitung online 10/2010, http://pharmazeutische-zeitung.de/index.php?id=32933, 8.4.2011

Zok, K. (2010): WIDO Monitor. Die Versichertenumfrage des wissenschaftlichen Instituts der AOK. Ausgabe 2/2010; www.wido.de/fileadmin/wido/downloads/pdf_wido_monitor/wido_mon_ausg2-2010_1210.pdf, 8.4.2011

Zok, K., Schuldzinski, W. (2005): Private Zusatzleistungen in der Arztpraxis – Ergebnisse aus Patientenbefragungen. www.wido.de/fileadmin/wido/downloads/pdf_ambulaten_versorg/wido_amb_pub-igel2005_0807.pdf, 8.4.2011

ANHANG

TABELLENVERZEICHNIS 1.

ABBILDUNGSVERZEICHNIS 2.

ABKÜRZUNGSVERZEICHNIS 3.

ADHS   Aufmerksamkeits-/Hyperaktivitätssyndrom
AMG   Arzneimittelgesetz
AOK   Allgemeine Ortskrankenkasse
BfArM   Bundesinstitut für Arzneimittel und Medizinprodukte
BfR   Bundesinstitut für Risikobewertung
BKA   Bundeskriminalamt
BSG   Bundessozialgericht
BtMG   Betäubungsmittelgesetz
CGS   Abkürzung der Einheiten Zentimeter (cm), Gramm (g), Sekunde (s)
CIAA   Confederation des Industries Agro-Alimentaires (europäischer Dachverband
der Lebensmittelhändler)
COMT   Catechol-O-Methyltransferase-Enzym
DAK   Deutsche Angestellten Krankenkasse
EFSA   European Food Safety Authority (Europäische Behörde für Lebensmittel-
sicherheit)
EMA   European Medicines Agency (Europäische Arzneimittelagentur)
FDA   Food and Drug Administration (amerikanische Arzneimittelbehörde)
G-BA   Gemeinsamer Bundesausschuss

GCP	Good Clinical Practice (gute klinische Praxis)
GG	Grundgesetz
GKV	Gesetzliche Krankenversicherung
HCVO	Health-Claims-Verordnung
HLP	hypothetische leistungssteigernde Pharmaka
HWG	Heilmittelwerbegesetz
ICD	International Statistical Classification of Diseases and Related Health Problems (Internationale statistische Klassifikation der Krankheiten und verwandter Gesundheitsprobleme)
IGeL	Individuelle Gesundheitsleistung
IQ	Intelligenzquotient
LFGB	Lebensmittel- und Futtermittelgesetzbuch
MPH	Methylphenidat
NEM	Nahrungsergänzungsmittel
PKV	Private Krankenversicherung
SGB	Sozialgesetzbuch
UAW	unerwünschte Arzneimittelwirkung
WHO	World Health Organization (Weltgesundheitsorganisation)
WIdO	Wissenschaftliches Institut der AOK
ZNS	Zentrales Nervensystem

Ebenfalls bei edition sigma – eine Auswahl

In dieser Schriftenreihe sind zuletzt erschienen:

Thomas Petermann, H. Bradke, A. Lüllmann, M. Poetzsch, U. Riehm
Was bei einem Blackout geschieht
Folgen eines langandauernden und großflächigen Stromausfalls
Studien des Büros für Technikfolgen-Abschätzung, Bd. 33
2011   259 S.   ISBN 978-3-8360-8133-7   € 24,90

Christoph Revermann, Bärbel Hüsing
Fortpflanzungsmedizin
Rahmenbedingungen, wissenschaftlich-technische Fortschritte und Folgen
Studien des Büros für Technikfolgen-Abschätzung, Bd. 32
2011   278 S.   ISBN 978-3-8360-8132-0   € 24,90

Michael Friedewald, O. Raabe, P. Georgieff, D. J. Koch, P. Neuhäusler
Ubiquitäres Computing
Das „Internet der Dinge" – Grundlagen, Anwendungen, Folgen
Studien des Büros für Technikfolgen-Abschätzung, Bd. 31
2010   300 S.   ISBN 978-3-8360-8131-3   € 27,90

Christoph Revermann, Katrin Gerlinger
Technologien im Kontext von Behinderung
Bausteine für Teilhabe in Alltag und Beruf
Studien des Büros für Technikfolgen-Abschätzung, Bd. 30
2010   286 S.   ISBN 978-3-8360-8130-6   € 24,90

Ulrich Riehm, Chr. Coenen, R. Lindner, Cl. Blümel
Bürgerbeteiligung durch E-Petitionen
Analysen von Kontinuität und Wandel im Petitionswesen
Studien des Büros für Technikfolgen-Abschätzung, Bd. 29
2009   278 S.   ISBN 978-3-8360-8129-0   € 24,90

Katrin Gerlinger, Thomas Petermann, Arnold Sauter
Gendoping
Wissenschaftliche Grundlagen – Einfallstore – Kontrolle
Studien des Büros für Technikfolgen-Abschätzung, Bd. 28
2008   158 S.   ISBN 978-3-8360-8128-3   € 18,90

edition sigma   Tel. [030] 623 23 63   www.
Leuschnerdamm 13   Fax [030] 623 93 93
D-10099 Berlin   verlag@edition-sigma.de   edition-sigma.de

Steffen Kinkel, M. Friedewald, B. Hüsing, G. Lay, R. Lindner
Arbeiten in der Zukunft
Strukturen und Trends der Industriearbeit
Studien des Büros für Technikfolgen-Abschätzung, Bd. 27
2008   298 S.   ISBN 978-3-8360-8127-6   € 22,90

Christopher Coenen, Ulrich Riehm
Entwicklung durch Vernetzung
Informations- und Kommunikationstechnologien in Afrika
Studien des Büros für Technikfolgen-Abschätzung, Bd. 26
2008   272 S.   ISBN 978-3-8360-8126-9   € 22,90

Reinhard Grünwald
Treibhausgas – ab in die Versenkung?
Möglichkeiten und Risiken der Abscheidung und Lagerung von CO_2
Studien des Büros für Technikfolgen-Abschätzung, Bd. 25
2008   141 S.   ISBN 978-3-8360-8125-2   € 15,90

Leonhard Hennen, R. Grünwald, Ch. Revermann, A. Sauter
Einsichten und Eingriffe in das Gehirn
Die Herausforderung der Gesellschaft durch die Neurowissenschaften
Studien des Büros für Technikfolgen-Abschätzung, Bd. 24
2008   208 S.   ISBN 978-3-8360-8124-5   € 18,90

Christoph Revermann, Arnold Sauter
Biobanken als Ressource der Humanmedizin
Bedeutung, Nutzen, Rahmenbedingungen
Studien des Büros für Technikfolgen-Abschätzung, Bd. 23
2007   228 S.   ISBN 978-3-8360-8123-8   € 18,90

Joachim Hemer, Michael Schleinkofer, Maximilian Göthner
Akademische Spin-offs
Erfolgsbedingungen für Ausgründungen aus Forschungseinrichtungen
Studien des Büros für Technikfolgen-Abschätzung, Bd. 22
2007   174 S.   ISBN 978-3-8360-8122-1   € 18,90

edition sigma   Tel. [030] 623 23 63   www.
Leuschnerdamm 13   Fax [030] 623 93 93   edition-sigma.de
D-10099 Berlin   verlag@edition-sigma.de